독자의 1초를
아껴주는 정성을
만나보세요!

세상이 아무리 바쁘게 돌아가더라도 책까지 아무렇게나 빨리 만들 수는 없습니다.

인스턴트 식품 같은 책보다 오래 익힌 술이나 장맛이 밴 책을 만들고 싶습니다.

땀 흘리며 일하는 당신을 위해 한 권 한 권 마음을 다해 만들겠습니다.

마지막 페이지에서 만날 새로운 당신을 위해 더 나은 길을 준비하겠습니다.

PROBABILITY
AND STATISTICS
FOR PROGRAMMERS

프로그래머를 위한 확률과 통계

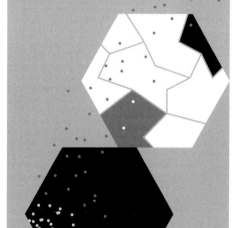

히라오카 카즈유키, 호리 겐 지음

이창신 옮김

길벗

Original Japanese language Edition
PROGRAMMING NO TAME NO KAKURITSU TOUKEI
by Kazuyuki Hiraoka, Gen hori
Copyright © Kazuyuki Hiraoka, Gen hori 2009

Korean translation rights arranged with Ohmsha, Ltd.
through Japan UNI Agency, Inc., Tokyo and Korea Copyright Center, Inc., Seoul

프로그래머를 위한 확률과 통계
Probability and Statistics For Programmers

초판 발행 · 2019년 5월 10일
초판 5쇄 발행 · 2022년 8월 25일

지은이 · 히라오카 카즈유키, 호리 겐
옮긴이 · 이창신
발행인 · 이종원
발행처 · (주)도서출판 길벗
출판사 등록일 · 1990년 12월 24일
주소 · 서울시 마포구 월드컵로 10길 56(서교동)
대표 전화 · 02)332-0931 | **팩스** · 02)323-0586
홈페이지 · www.gilbut.co.kr | **이메일** · gilbut@gilbut.co.kr

기획 및 책임 편집 · 이원휘(wh@gilbut.co.kr) | **디자인** · 박상희 | **제작** · 이준호, 손일순, 이진혁
마케팅 · 임태호, 전선하, 차명환, 박민영, 지운집, 박성용 | **영업관리** · 김명자 | **독자지원** · 윤정아, 최희창

교정교열 · 전도영 | **전산편집** · 김정하 | **출력 및 인쇄** · 예림인쇄 | **제본** · 예림바인딩

▸ 잘못 만든 책은 구입한 서점에서 바꿔 드립니다.
▸ 이 책은 저작권법에 따라 보호받는 저작물이므로 무단전재와 무단복제를 금합니다. 이 책의 전부 또는 일부를 이용하려면 반드시 사전에
  저작권자와 (주)도서출판 길벗의 서면 동의를 받아야 합니다.

ISBN 979-11-6050-782-9 93000
(길벗 도서번호 006957)

정가 32,000원

독자의 1초를 아껴주는 정성 길벗출판사
길벗 | IT실용서, IT교육서, 교양&실용서, 경제경영서
길벗스쿨 | 어린이학습, 어린이어학

페이스북 · www.facebook.com/gbitbook

이 책에 대해

수학자를 꿈꾸지는 않더라도 자신의 관심 분야에서 확률통계를 활용해보고 싶은 독자를 위해 이 책을 썼습니다. 책의 제목은 시리즈의 전편인 『프로그래머를 위한 선형대수』(참고문헌 [32] 참조)를 따랐지만, 실제 내용은 좀 더 일반적인 관점에서 이야기합니다. 흔히 확률통계라고 하면 귀찮은 나열에서 출발해 공식이나 ○○ 검정 단계까지 배웠지만, 결국 실제 업무에 도움이 되는 것은 단지 스프레드시트의 조작법이라고 생각하기 쉽습니다. 사용하지 않으면 과학적·객관적으로 인정받을 수 없기 때문에 어쩔 수 없이 정해진 절차에 따르는 것과 같은 소극적인 동기로 접하는 분도 많을 것입니다.

하지만 한 단계 더 발전된, 더 현명한 정보 처리를 위해 확률통계를 적극적으로 활용하려는 움직임이 최근 여기저기서 나타나고 있습니다. 데이터 마이닝, 스팸 메일의 자동 판정 필터, 문서 자동 분류 및 유사 문서 검색, 부정 검출(신용카드 내역에서 평소와 다른 구매 패턴을 식별하는 것과 인터넷 트래픽을 감시하고 평소와 다른 접근 패턴을 분별하는 것 등), 음성 인식이나 화상 인식, 통신 공학(예를 들어 간섭이 없는 고음질의 휴대전화), 유전자 분석, 포트폴리오 등의 금융공학, 생물에게 배운 유연한 정보 처리 기법(신경망, 유전자 알고리즘 등), 몬테카를로 시뮬레이션에 의한 증거 기반 스케줄링(참고문헌 [42]) 같은 주제를 들어본 사람도 있을 것입니다.

이러한 기술을 말하려면 확률통계에 대한 기초 지식은 필수입니다. 그런데 이과 분야를 전공하지 않은 사람이 "무엇을 공부해야 할까요?"라고 물으면, 추천할 만한 책이 의외로 쉽게 떠오르지 않습니다.

확률을 정확히 정리하며 다루는 책은 수학적으로도 타협이 없어서 평범한 사람이 읽기에는 조금 가혹합니다. 그러나 읽기 쉬운 책은 자칫 체계가 없거나 설명이 부족할 우려가 있습니다. 응용하는 것이 목표라면 토대가 좀 더 튼튼한 것이 좋습니다. 예를 들어 응용에서 자주 나오는 '여러 현상의 관계 상태'를 감이나 애매모호한 말에 의존하지 않고 자신 있게 다룰 수 있나요? 이를 위해서는 소박한 산수적인 설명에 머무는 것이 아니라 다음과 같은 본격적인 견해까지 가져야 합니다.

- 확률은 면적과 체적을 일반화한 것이다.
- 확률변수는 비록 '변수'라고 부르지만 실제로는 함수다.

(처음에는 이상한 관점이라고 느껴지겠지만, 사실 이런 관점이 현대 확률론의 토대가 됩니다.)

또한, 통계라는 이름이 붙는 책은 아무래도 ○○ 분포, ○○ 검정 같은 방향으로 흐르기 쉽습니다. 이는 앞서 언급한 현대적인 활용과는 다른 방향입니다. 그렇다고 갑자기 스팸 메일 판정을 전문적으로 다루는 책을 읽으면 좋을까요? 그것도 바람직하지 않습니다. 역설적이지만, 응용만 배우면 응용하는 데 효과가 없습니다. 기초 없이 응용에 도전하는 것은 겉만 따라 하는 것이기 때문입니다. 원래 기술은 현재진행형으로 계속 발전하기 때문에 지금 이 순간의 겉모습만 임시 방편으로 이해해봤자 무의미하지 않겠습니까? 먼저 추구해야 할 것은 각각의 검정법과 활용법에 대한 설명이 아니라 넓은 응용(앞으로 나올 것까지 포함)에 대응할 수 있는 기초를 다지는 일이라고 생각합니다.

수학 스타일(수식의 유무뿐만 아니라 추상성과 스마트한 기술 등도 포함)에 조금이라도 익숙한 사람에게는 좋은 책이 이미 많습니다. 효율적으로 배울 수 있는 책, 제대로 바닥부터 쌓아올리는 책, 즐겁게 읽어나갈 책 등이 있으므로 마음대로 골라잡으면 됩니다. 그러나 아무래도 이 수학 스타일이라는 아주 조금의 차이 때문에 '일상 대화 수준보다 더 높은 확률통계가 통하는 사람'이 상당히 감소했다고 생각합니다.

그런 사정을 감안해 이 책에서는

- 수학자를 목표로 하지 않아도 꼭 알아야 할 사항을 추려서
- 대학생으로서 가슴을 펴도 좋은 수준의 이야기를(수학과 학생은 제외)
- 잘 알아들을 수 있도록 여러 가지 방법으로 끈질기게 설명합니다.

따라서 표준 교과서와는 강조하는 방법도, 말투도 다릅니다. 초보자용이면서도 앞서 말한 바와 같이 본격적인 견해를 제시하거나 처음부터 기합을 넣고 조건부 확률을 다루지만, 다양한 분포의 카탈로그, 기교를 부린 열거, 특성함수 등은 그다지 언급하지 않습니다. 그런 것보다는 전자가 우선이라고 생각합니다. 또한, 묘하게 글자가 많아 부담스러울지도 모르지만, 어느 정도 반복해 설명하는 편이 사실 읽기 편하지 않을까요?

물론 ○○ 추정이나 ○○ 검정 등과 같은 통계 관련 지식만 공부해서 단계뿐만 아니라 의미를 이해하며 사용하고 싶은 독자는 기초 개념과 사고방식을 받쳐줄 참고서로 이 책을 사용해줬으면 합니다. 이러한 이유로 이 책은 통계에 대한 내용을 포괄적으로 언급하지 않습니다(특히 데이터 수집 방법과 기술 통계 및 구간 추정 등은 거의 다루지 않습니다). 이런 경우 이런 방법으로 추정·

검정을 한다는 구체적인 방법을 소개하는 것은 통계 전문서에 맡기고, 이 책에서는 '왜 그렇게 하는가?'라는 이론적 틀을 알기 쉽게 설명합니다.

0.1 이 책을 읽으려면 수학에 대한 사전 지식이 어느 정도 필요합니까?

- 고등학교 이과 수준의 지식(벡터와 미적분 등의 개념과 기본 계산)을 갖춘 독자를 대상으로 합니다.
- 필요에 따라 대학생 수준(주로 다차원 미적분학)의 지식도 사용하지만, 그에 대해 배운 적이 없는 사람도 이야기의 줄거리는 잡을 수 있도록 배려합니다.
- 몇몇 이과 계열 학과 수준의 지식(주로 측정 이론)은 사용하지 않습니다. 필요한 때는 가정이라고 명시한 후에 이론적으로가 아니라 감각적으로 설명합니다.

또한, 5장 '공분산행렬과 다변량 정규분포와 타원' 또는 8.1절 '회귀분석과 다변량 분석에서'의 일부에서는 대학생 수준의 선형대수학이 이야기의 열쇠를 쥐고 있습니다(대칭행렬은 직교행렬로 대각화할 수 있다!). 선형대수학 이론이 얼마나 쓸모 있는지 지금까지 실감한 적이 없는 사람은 그 활약상에 놀랄지도 모릅니다.

합 $\sum$와 지수 · 로그 등과 같은 기초 사항은 부록 A에 간단히 요약해 놓았으므로 적절히 참조하세요.

0.2 왜 선형대수 책 다음이 확률통계 책인가요?

선형대수와 확률통계 모두 초보자 수준과 그 위 수준 간의 격차가 크다고 느꼈기 때문입니다. 조금 익숙한 사람 눈에는 명확히 보이는데 초보자에게는 복잡한 문제가 되는 상황이 두 분야 모두 종종 발생합니다. 이것은 '행렬이란 무엇인가?', '확률이란 무엇인가?'라는 근본적인 이미지가 수준에 따라 크게 달라지기 때문입니다.

예를 들어 행렬이 사상을 나타내는 것은 선형대수를 어느 정도 공부한 사람이라면 모두 알고 있습니다. 그러나 초보자에게는 이 내용이 어려울 것이라 생각하고, 입문 수준에서 더 소박하면서 더 피상적인 방식으로 설명하는 것이 보통이었습니다. 그 관례를 깨고

행렬은 사상이다

라는 본격적인 견해를 굳이 초보자에게 설명한 책이 『프로그래머를 위한 선형대수』입니다.

- 친절하고 알기 쉽게 진심으로 설명하면 초보자에게도 본격적인 견해를 전할 수 있다.
- 본격적인 견해를 익히는 것은 수학자를 목표로 하지 않아도 메리트가 크다.
- 사실 본격적인 견해를 전면에 내세우는 편이 오히려 의미를 이해하기 쉽다.

이는 선형대수 책으로 이미 검증됐다고 생각합니다. 이 책의 목적도 같습니다. 확률통계를 어느 정도 배운 사람이라면 모두 알고 있는

확률은 면적이다

라는 견해를 더 많은 사람에게 전하는 것이 이 책의 핵심입니다.[1] '확률은 면적이다'라는 슬로건의 구체적인 의미는 1.3절에서 '신의 관점'으로 잘 설명하고 있습니다(상상과 다를지도 모릅니다). 이 견해에 의해 확률의 여러 가지 이야기가 얼마나 일목요연해지는지 살펴볼 테니 많이 기대해주세요.

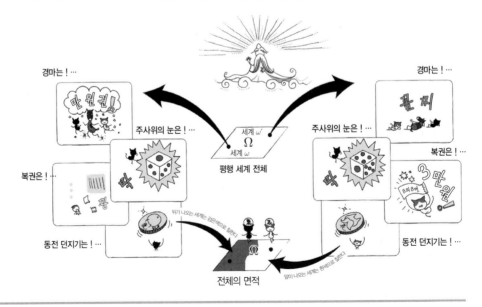

---

1 제대로 말하면 '확률은 측도(測度)다'입니다. 측도는 면적과 체적을 일반화한 것으로 이해할 수 있습니다.

구성에 대해

이 책의 내용은

- 1부 확률 자체의 이야기
- 2부 확률에 도움이 될 이야기

이렇게 두 개의 부로 구성됩니다. 2부는 각 항목을 독립적으로 읽을 수 있으므로 필요한 곳, 흥미로운 곳부터 원하는 순서대로 읽으면 좋습니다.

이것이 1부와 2부를 나눈 표면적인 이유입니다. 실은 숨겨진 이유가 하나 더 있고, 이 쪽이 더 중요합니다. 관측값과 '그 관측값이 생성되는 배후 메커니즘'을 뒤죽박죽 섞지 않기 위해서입니다. 아주 간단한 예로 운세 뽑기를 생각해보세요.

- 배후 메커니즘: 길(吉)이 7, 흉(凶)이 3인 비율
- 관측값: 다섯 명이 뽑아보니 우연히 네 명이 길, 나머지 한 명이 흉

모두 7/10과 4/5처럼 길의 비율을 논할 수 있지만, 그 의미와 의의는 다릅니다. 관측값은 직접 관측할 수 있는 반면, 메커니즘은 직접 관측할 수 없습니다. 이 구분을 명확하게 인식하는 것이 통계적 방법을 '알고' 사용하는 데 무엇보다 중요합니다.

1부에서는 메커니즘이 주어졌을 때 '이 메커니즘에서 생성되는 관측값은 어떤 성질을 가지고 있을까?'라는 방향만 다룹니다. 이것을 우선 제대로 파악한 다음 2부로 이동해서 이번에는 반대 방향의 이야기로 관심을 옮깁니다. '그럼 반대로 이런 관측값이 나온다면 메커니즘은 이런 거잖아'라는 식입니다. 전자를 순문제, 후자를 역문제라고 부르겠습니다. 행간을 읽어야 하는 만큼 역문제가 더 어렵고, 역문제를 논의하려면 순문제를 확실히 배워야 합니다.

역문제 쪽이 현실적으로 흔하므로 독자의 마음을 끌기 위해 역문제를 곳곳에 넣고 싶습니다만, 그렇게 하면 혼란스러울 수 있습니다. 1부에서 순문제에 전념해 확률을 충분히 다룰 수 있게 되면 더 복잡한 역문제를 이야기할 것입니다.

1부의 예로 도박이나 게임이 유난히 많은 이유는 무엇인가요?

방금 말한 바로 그 이유 때문입니다. 도박이나 게임이라면 배후 메커니즘을 규칙으로 미리 명문화해두는 것이 자연스러우므로 1부의 예로 안성맞춤입니다.

온라인 리소스

이 책과 관련해 시뮬레이션 프로그램(각 장 끝의 칼럼에서 소개하고 있는 테스트용 루비(Ruby) 스크립트)을 제공합니다. 다음 웹사이트를 참조하세요.

루비 스크립트 다운로드 경로

길벗출판사 웹사이트: https://www.gilbut.co.kr/

길벗출판사 깃허브: https://github.com/gilbutITbook/006957

옴사의 웹사이트: https://www.ohmsha.co.jp/book/9784274067754/

감사의 말

하라 케이스케, 타카하시 신, 코야마, 호리 히데아키에게 이 책의 원고를 검토해줄 것을 부탁하고 내용, 구성, 표현에 대해 많은 조언을 받았습니다(부족한 원고를 읽는 일이 틀림없이 매우 부담스러운 과정이었겠지만, 초기에 리뷰해주신 분들 덕분에 판을 새로 짜고 효과적으로 개선할 수 있었습니다). 코시바 타케시는 의사난수와 관련해 매우 중요한 지적을 해줬습니다. 이 책의 베타 버전을 사용한 스터디에서도 유용한 피드백을 받았습니다. 또한, kogai 님, studio-rain 님, mia 님, pige 님, 무명 님은 웹에 공개했던 초안에서 잘못된 점을 익명으로 바로잡아주셨습니다. 또한, 옴사 개발부는 모든 면에서 집필을 지원해주고(메일링 리스트, 버전 관리 시스템, 버그 추적 시스템이 당연한 것처럼 준비되어 언제든지 make 명령 한 방에 확인할 수 있다니, 과

연 대단합니다), 저자의 힘만으로는 결코 닿을 수 없는 수준까지 원고를 다듬어주셨습니다. m
UDA 님은 이 책의 핵심 개념을 활기찬 일러스트로 그려서 감명을 주셨습니다. 여러분께 진심으
로 감사드립니다. 이 책이 지금의 형태로 정리된 것은 여러분의 도움이 있었기 때문입니다(그래
도 오류가 남아 있다면 물론 저자의 책임입니다).

2009년 10월
히라오카 카즈유키
호리 겐

확률통계는 낯선 분야가 아닙니다.

초등학교 때 표와 그래프부터 시작해서, 중학교에서는 분산과 표준 편차, 그리고 고등학교에서는 조건부 확률과 정규분포에 이르기까지 우리는 수학이라는 과목 안에서 이 모든 내용을 배웁니다. 대학에서는 보통 통계 과목이 따로 있고 (사실상) 필수로 취급합니다.

그런데도 이런 책은 왜 나오는 걸까요?

전에 학교에서 배웠다고 해서 지금까지 다 이해하고 기억하는 것은 아닙니다. 배울 당시에는 모두 이해했고 기억했더라도 말이죠. 자, 그럼 그때 그 공부를 다시 하려고 초중고 교과서와 참고서를 보려 하니… (대입 시험을 마치자마자 치를 떨면서) 그 책들을 다 버렸겠죠? 비교적 최근에 대학에서 통계 수업을 듣고 졸업했다면, 그때 교재로 활용한 통계책은 (수업을 제대로 들었다는 가정하에) 도움이 될 것입니다.

즉, 고등학교 과정을 마친 사람에게 지금의 확률통계 공부는 다시 하는 공부인 셈입니다. 이처럼 새로운 것을 배우는 과정이 아니라고 할 때 우리는 다음과 같은 세 가지 항목에 맞닥뜨리게 됩니다.

- 기억이 생생한 것: 잘 아는 것
- 얼추 기억나는 것: 대강 아는 것
- 전혀 기억나지 않는 것: 어려운 것

어쩌면 그때 어려웠던 것은 지금도 어려운 것일 수 있습니다. 그렇다면 이번에는 그 어려운 것까지 정복할 수 있을까요? 그럴 가능성은 예전보다 더 높습니다. 그때보다 배경지식과 통찰력이 늘었고, 시간이 촉박하지도 않기 때문입니다. 하지만 그런 유리한 환경이 모든 내용을 숙달하게 된다는 것을 보장하지는 않습니다.

농담 삼아 이 책의 리텐션(retention)을 가정해봤습니다. 아마 1장을 완독하는 독자는 전체 책 구입자 중 50%, 2장까지 읽는 독자는 25%, 3장까지는 12%, 4장까지는 6%… 정도 될 것으로 예상하며, 사실 여기까지만 해도 대단한 것입니다. 아마 8장까지 다 읽는 독자는 1%쯤 되지 않을까 싶은데, 다시 말해 100명이 이 책을 사면 한 명만이 책값을 완전히 뽑는 셈입니다. 스스로 돈을 들여 샀는데도 왜 책값을 다 뽑아내지 못하는 것일까요?

책을 읽기만 해도 그 책에 담긴 지식을 모두 터득할 수 있다면, 영화 '매트릭스'에서 헬기 조정술이 필요할 때 몇 초 만에 조정법을 로딩(!)해 바로 헬기를 조정할 수 있게 되는 경우와 크게 다르지 않을 것입니다. 요새 유튜브에서 무언가를 보고 따라 하는 것과도 비슷한데, 그대로 따라 했는데도 결과가 다를 수 있고, 그대로 따라 하는 것 이상의 응용은 또 다른 문제일 수 있습니다. 결국 배운 것을 자기 것으로 만드는 과정이 필요합니다. 그래서 수학은 질문에 답을 합니다. 그렇게 해서 자기 것이 되면 미지의 문제에 대해서도 자신감을 가지고 도전할 수 있게 됩니다.

그렇게 노력해서 이 책을 다 뗐다고 하더라도 그 지식을 유지하는 것은 또 다른 도전입니다. 전에 배웠던 확률통계를 다 잊어버리게 된 것은 그만큼 머릿속에 꼭 유지해야 할 지식들 중에서 우선순위가 떨어졌기 때문입니다. 확률통계를 배울 당시에는 시험을 보기 위해 공부해야 했지만, 더 이상 시험을 치르지 않으니 필요 없어진 거죠. 그렇다면 어떻게 그 지식을 유지할 수 있을까요? 그런 노력을 기울일 가치가 있을까요?

여기서 원점으로 돌아와봅시다. 왜 다시 공부할 생각을 했나요? 배운 다음 얼마나 자주 들여다볼 건가요? 물론 확률통계를 내 머릿속에서 반드시 1순위로 둘 필요는 없습니다. 좀 멀어졌다 싶어도 끈을 놓지 않으면 언제든지 다시 당겨올 수 있습니다. 그렇지만 끈을 놓지 않는 수준을 유지하는 데도 각별한 관심이 필요할 것입니다.

그래서 이 책을 얼마나 읽었는지 기록할 수 있는 사이트(https://withbook-ca0df.firebaseapp.com/)를 만들었습니다. 그동안 시작만 창대했던 분들에게 큰 자극과 도움이 되리라 믿습니다. 아무쪼록 많이 사용해주시길 기대합니다.

끝으로 감사를 표하고 싶습니다. 이 책의 작업을 함께해준 전민영 님과 배인진 님의 노고 덕분에 마침내 출간에 이르렀습니다. 이번 번역 과정도 역시나 다년에 걸친 프로젝트가 되고 말았는데, 이원휘 님이 매끄럽게 진행해주셔서 결국 무사히 마쳤습니다. 미국에서 시작한 작업을 한국에서 완료했고, 다시 한국 생활에 적응하기 시작한 딸이 제 생일 카드에 적은 "한국에 오니까 기분이 좋아?"라는 질문에는 선뜻 답하지 못하고 있습니다. 이제 가족들을 잘 알아보지 못하시는 아버지를 보며 그동안 제 책이 나올 때마다 기뻐해주셨던 모습을 떠올립니다. 늘 함께해주는 사람들이 제 삶의 이유가 되는 것을 깨달았습니다.

이창신

베타리딩 후기

정의나 개념만 담은 책이 아니라 수식이 의미하는 바가 무엇인지, 그 결과가 의미하는 것은 무엇인지 확률과 통계의 '사고 방식'도 담은 책이어서 흥미롭게 읽었습니다. 예를 들어 1장 '확률이란 무엇인가'를 보면 보통 용어와 개념 정리를 하는 책들과는 다르게 '몬티 홀 문제', '세 조합—신의 관점' 등 수학적 견해와 입장, 사고 방식을 먼저 제시합니다. 이러한 전개 방식에 덕분에 책을 다 읽고 나면 데이터 마이닝, 통신 공학, 신경망 등과 같이 응용 분야에 확률통계가 어떻게 적용되고 어떻게 사용되는지 감이 올 것입니다. 다만 뒷장으로 갈수록 행렬 같은 개념이 나오므로 선형대수학을 먼저 선행하는 것이 좋을 것 같습니다.

이다빈 | 회사원

편집자 후기

저는 학교 다닐 때 수학에서 확률과 통계가 가장 어려웠던 것 같습니다. 이해했다고 생각했지만 다시 원점으로 돌아가곤 했기 때문입니다. 사실 명확히 이해하지 못했으면서 이해했다고 착각했던 것 같습니다. 이 책의 목표는 확률과 통계를 근본적으로 이해하는 것입니다. 주제도 쉽지 않은데 명확한 이해를 목표로 근본을 파헤치기 때문에 결코 쉬운 책은 아니라고 생각합니다. 한 번 읽어서 이해되지 않는 부분도 많았습니다. 읽고 생각하고 다시 읽고, 그래도 어려운 부분은 건너 뛰었다가 다시 돌아와서 읽어야 했습니다. 이 책을 끝까지 읽어내는 것 자체가 도전이 될 수도 있습니다. 하지만 먼저 소개해 드린 〈프로그래머를 위한 선형대수〉와 마찬가지로 단순히 계산 연습이 아니라 근본적으로 이해하고 싶다는 니즈를 충족시켜줄 수 있는 책이라고 생각합니다.

네이버 오디오 클립에서 〈프로그래머를 위한 확률과 통계〉를 교재로 한 오디오 강의를 들을 수 있습니다.

오디오 클립 채널을 찾아가는 방법은 두 가지입니다.

1. 네이버 오디오 클립에서 '프로그래머를 위한 확률과 통계'를 검색합니다.
   - https://audioclip.naver.com/

2. 오디오 클립 채널 URL로 직접 접속합니다.
   - https://audioclip.naver.com/channels/1897

2부   확률에 도움이 될 이야기

6장   추정 및 검정   287

7장   의사난수   319

제 **1** 부

확률 자체의 이야기

1^장

확률이란?

A: 제가 조사한 바에 따르면 내년 경기가 좋아질 확률은 71.42857…%입니다.

B: 숫자가 쓸데없이 세세한데?

A: 일곱 가지 설정으로 시뮬레이션해보니 그중 다섯 가지 설정에서 경기가 개선됐습니다. 따라서 $5/7 = 0.7142857\cdots$입니다.

B: 음, 지적할 곳이 너무 많아서 곤란하군. 일단 확률이 무엇인지부터 다시 알아봐 줄래?

확률은 직관적으로 이해되지 않으므로 어렵습니다. 구체적인 이미지가 떠오르지 않는 것을 감으로 이러쿵저러쿵해도 좀처럼 결론이 나지 않습니다.

이 장의 주제는 확률이라는 모호한 개념을 또렷한 피사체로 촬영해 정지 화면으로 바라보는 것입니다. 핵심은 '확률은 면적이다'입니다. 이 관점(신의 관점이라고 부릅니다)을 익히면 어려운 말도 당연해집니다.

이 책에서 이 장의 역할은 토대를 구축하는 것입니다. 첫 번째 단계로 확률 이론의 무대가 되는 세 조합 $(\Omega, \mathcal{F}, \mathrm{P})$를 소개합니다. 그리고 두 번째 단계로 그 무대 위에 확률변수·확률분포라는 주연 배우들을 세웁니다.

1.1 수학의 입장

'확률이란 무엇인가?'라는 질문은 꽤 귀찮습니다.

- 주사위에서 1이 나올 확률은 1/6
- 트럼프에서 스페이드를 뽑을 확률은 1/4

이러한 확률이라면 수월하게 다음과 같이 해석할 수 있습니다.

- 600번 하면 대략 100번 정도 1이 나온다.
- 400번 하면 대략 100번 정도 스페이드가 나온다.

그럼 이런 확률은 있을까요?

- 내일 여기에 비가 올 확률
- 1192년 6월 6일에 여기에 비가 왔을 확률

애초에 '내일 비가 올 확률은 30%'란 말은 어떤 의미일까요? 한 번밖에 없는 일을 확률이라고 부르거나 조금 전과 같이 해석할 수는 없습니다. 하물며 '비가 왔을 확률'은 과거의 일로 자기가 모르는 사실일 뿐, 원래는 완전히 확정된 과거입니다. 확정적인 사건에 대한 확률은 대체 어떤 의미일까요?

지금의 '어떤 의미일까요?'와 같은 논의는 시작하면 끝이 없어서 진도가 나가지 않습니다. 그래서 수학에서의 의미 문제는 옆으로 치우고, 확률이라는 것을 추상적으로 정의하면 이렇습니다. "다음 조건을 충족하는 세 조합 $(\Omega, \mathcal{F}, P)$를 확률 공간이라고 부른다. 조건은 (어쩌고저쩌고) ······"[1] 어쨌든 이런 것을 정의하면 '확률'에 기대되는 계산을 모두 할 수 있습니다. 그래서 불만은 없다는 거죠. 그러나 수학자가 되려고 한다면 몰라도 아마추어에게 이렇게 설명하고 나서 '알아들었지?'라고 하면 쩔쩔매고 맙니다. 이 장의 목표는 우리가 어딘지 모르게 가지고 있는 확률의 이미지와 이 추상적인 정의를 연결시키는 것입니다.

1.1 아마추어를 위한 책이 왜 그런 추상적인 정의에 집착하나요?

굳이 $(\Omega, \mathcal{F}, P)$ 이야기를 하는 이유는 두 가지입니다.

하나는 단순히 재미있기 때문입니다. 사람의 생각을 바꾸는 이야기라니 흥분되지 않나요? 자신이 지금까지 가지고 있던 이미지와 전혀 다른 사고방식이 요구되면 물론 지치고 답답할 것이라 생각합니다. 하지만 그것을 극복하고 새로운 풍경을 봤을 때는 발을 동동 구르고 싶을 만큼 상쾌한 기분을 맛볼 것입니다.

또 하나는 확률의 여러 가지 이야기가 놀랍도록 일목요연해지기 때문입니다. 실제로 까다로울 것 같은 개념과 특성에 대한 설명이 $(\Omega, \mathcal{F}, P)$라면 그림 한 장으로 끝나버리는 경우도 종종 있습니다.

이 책에서 예를 들어보면 2장 '여러 확률변수의 조합', 3.3절 '기댓값', 3.5절 '큰 수의 법칙' 등입니다.

---

1 Ω는 그리스 문자 ω(오메가)의 대문자, $\mathcal{F}$는 F의 다른 서체입니다. 둘 다 지금은 신경 쓸 필요가 없습니다.

1.2 세 개의 문(몬티 홀 문제) – 비행선 시점

갑자기 $(\Omega, \mathcal{F}, P)$ 이야기를 꺼내면 당황스러울 수 있으므로 전반적인 이해를 돕는 징검다리로서 **세 개의 문**이라는 게임을 살펴봅시다. 이 이야기는 **몬티 홀 문제**(Monty Hall problem)라 불리며, 뜨거운 논쟁을 불러일으키는 것으로 유명합니다. 몬티 홀 문제를 처음 접하는 분에게는 이 절의 내용이 조금 복잡할지도 모릅니다. 하지만 이 절의 주제가 '그런 까다로운 이야기를 어떻게 다루면 감당할 수 있을까?'이므로 잘 읽어주세요. 몬티 홀 문제를 이미 들어본 사람도 있겠죠. 하지만 이야기 자체보다 '$(\Omega, \mathcal{F}, P)$를 의식한 설명'이 주목적이기 때문에 역시 잘 읽어주세요.

1.2.1 몬티 홀 문제

그림 1-1처럼 가, 나, 다라는 세 개의 문이 있습니다. 그중 하나만 정답이고, 문을 열면 고급차가 놓여 있습니다. 나머지 둘은 오답으로 염소가 있을 뿐입니다. 어느 문이 정답인지 외부에서는 알 수 없습니다. 도전자는 세 개의 문 중에서 하나만 선택할 수 있습니다.

하나를 선택하면 두 개의 문이 남고 그중 적어도 하나는 오답일 것입니다. 그래서 사회자(정답을 알고 있는)는 선택받지 못한 문 중에서 오답을 하나 열어 염소를 보여주며 말합니다. "다시 선택해도 좋습니다."

도전자는 다시 선택해야 할까요? 아니면 처음 선택을 유지해야 할까요? 또는 어떻게 해도 마찬가지일까요?

▼ 그림 1-1 몬티 홀 문제

이것이 몬티 홀 문제입니다. 여러분이라면 어떤 선택을 할지 한번 생각해보세요. 확률 문제로 명확하게 이야기하기 위해 다음과 같이 가정합시다.

- 사회자가 어떤 문에 고급차를 둘지는 주사위로 결정한다(1 또는 2라면 문 가, 3 또는 4라면 문 나, 5 또는 6이라면 문 다).
- 도전자가 어떤 문을 선택할지도 주사위로 결정한다(1 또는 2라면 문 가, 3 또는 4라면 문 나, 5 또는 6이라면 문 다).
- 도전자가 선택한 문이 정답일 때 사회자가 나머지 문(모두 오답) 중 어느 문을 열어 보여줄지도 주사위로 결정한다(1 또는 2 또는 3이면 왼쪽, 4 또는 5 또는 6이면 오른쪽).

1.2.2 정답과 흔한 착각

머리가 좋은 사람이라면 즉시 올바른 답을 도출할 수 있을지도 모릅니다. 예를 들어 다음과 같습니다.

도전자가 최초에 선택한 상태 그대로 간다면 단순히 확률 1/3로 정답, 확률 2/3로 오답이다. 이것은 논쟁의 여지가 없다. 그럼 다시 선택하면 어떻게 될까? 규칙을 살펴보면

- 만약 첫 번째 선택이 정답인 경우 다시 선택하면 반드시 오답이다.
- 만약 첫 번째 선택이 오답인 경우 다시 선택하면 반드시 정답이다.

'첫 번째 선택이 오답일 확률'이 그대로 '다시 선택하게 했을 때 정답일 확률'이다. 즉, 다시 선택하면 확률 2/3로 정답이다. 그래서 다시 선택하는 편이 이득이다.

그러나 이런 사람이라도 잘못된 생각에 빠져 있는 상대를 말로 설득하고 오해를 푸는 데는 꽤 애를 먹지 않을까요? 예를 들어 덜렁이의 주장은 다음과 같습니다.

게임 시작 시점에는 잠재적으로

$$\begin{cases} \text{문 가가 정답 (확률 1/3)} \\ \text{문 나가 정답 (확률 1/3)} \\ \text{문 다가 정답 (확률 1/3)} \end{cases}$$

라는 세 가지 경우가 있다. 예를 들어 도전자가 문 다를 선택하고 사회자가 문 가를 열어 보였다고 하자. 이제 첫 번째 가능성은 사라졌으니 남은 가능성은

$$\begin{cases} \text{문 나가 정답 (확률 1/2)} \\ \text{문 다가 정답 (확률 1/2)} \end{cases}$$

중 하나다. 그러면 다시 선택해서 문 나를 열든, 그대로 문 다를 열든 정답 확률은 1/2
로 같지 않은가?

이러한 주장에 일단 사로잡힌 사람은 조금 전과 같은 생각을 아무리 설명해줘도 좀처럼 납득하지
못합니다. '확실히 너의 설명은 당연하지만 나의 주장도 틀리지 않아 보인다'고 말해 대화가 안
됩니다. 자, 어떻게 된 것일까요?

1.2.3 비행선 시점에서의 번역

확률이라는 시각화하기 어려운 개념을 감으로 논의하는 한, 뚜렷한 결론은 기대할 수 없습니다.
그래서 최대한 눈에 띄게, 실제로 셀 수 있는 이야기로 문제를 '번역'해 바꿔봅시다. 구체적으로
는 주사위를 던지는 것에서 벗어나는 것입니다. 이 발상의 전환이야말로 현대의 수학적 확률을
정의하는 데 기여할 것이며, 이 책에서 맨 먼저 전하고 싶은 핵심 아이디어입니다. 처음에는 번
거롭다고 느낄지도 모르지만, 이것을 몸에 익히면 확률의 여러 가지 이야기가 훨씬 명료해지기
때문에 유연하게 생각해보세요.

그림 1-2처럼 게임장을 많이 준비했다고 상상해봅시다. 큰 광장에 게임장 360개를 나란히 설치
해 운영하고, 각각의 게임장에서 동시에 병렬로 게임을 실시합니다. 그 모습을 당신은 하늘 위
비행선에서 관찰합니다. 번역 전 이야기와 다른 점은 각 게임장에 그 게임장에 대한 시나리오가
배포되어 있다는 것입니다. 사회자도 도전자도 이 시나리오대로 연기할 뿐입니다. 할 일은 모두
미리 정해져 있습니다. 그러나 게임장마다 시나리오 내용은 다릅니다.

그런데 번역 전 이야기에서는 먼저 사회자가 주사위를 던져서 정답 문을 결정했습니다. 이에 맞
춰 360개 게임장 중 120개 게임장은 문 가가 정답, 또 다른 120개 게임장은 문 나가 정답, 나머
지 120개 게임장은 문 다가 정답이라는 시나리오를 정합니다. 다음은 도전자의 선택이지만, 이
것도 주사위는 아닙니다. 대신에 문 가가 정답인 120개 게임장 중 40개 게임장은 문 가를 선택,
또 다른 40개 게임장은 문 나를 선택, 나머지 40개 게임장은 문 다를 선택한다고 시나리오에 써
둡니다. 문 나가 정답인 120개 게임장과 문 다가 정답인 120개 게임장도 마찬가지입니다. 여기
까지 의 내용을 표로 정리하면 다음과 같습니다.

	도전자가 가를 선택	도전자가 나를 선택	도전자가 다를 선택
가가 정답	○ 40개 게임장	× 40개 게임장	× 40개 게임장
나가 정답	× 40개 게임장	○ 40개 게임장	× 40개 게임장
다가 정답	× 40개 게임장	× 40개 게임장	○ 40개 게임장

❤ 그림 1-2 비행선 시점

어디어디.

이어서 사회자가 오답을 하나 열어 보이는데, 여기서 주의하세요. 도전자의 선택이 오답(×)이었을 때 남은 두 개의 문은 정답과 오답이므로 오답 쪽을 열어 보이는 수밖에 없습니다. 도전자의 선택이 정답(○)이었을 때는 남은 문 중 어느 쪽을 보여줄지는 반반의 선택입니다. 그러면 표는 이렇게 되겠죠.

	도전자가 가를 선택		도전자가 나를 선택		도전자가 다를 선택	
	나를 보여줌	다를 보여줌	가를 보여줌	다를 보여줌	가를 보여줌	나를 보여줌
가가 정답	○ 20개 게임장	○ 20개 게임장	–	× 40개 게임장	–	× 40개 게임장
나가 정답	–	× 40개 게임장	○ 20개 게임장	○ 20개 게임장	× 40개 게임장	–
다가 정답	× 40개 게임장	–	× 40개 게임장	–	○ 20개 게임장	○ 20개 게임장

그럼 비행선에서 아래를 바라보며 게임장을 세어봅시다. 만약 도전자가 첫 번째 선택을 그대로 관철한다면 정답이 되는 것은 ○이 붙은 총 120개 게임장이고, 오답이 되는 것은 ×가 붙은 총 240개 게임장입니다. 한편 도전자가 문을 다시 선택한다면 ×가 붙은 총 240개 게임장이 반대로 정답이 되고, ○이 붙은 총 120개 게임장이 오답이 됩니다. 이 결과를 보면 다시 선택하는 편이 좋다는 것을 명확하게 알 수 있습니다. 수를 세기만 하면 되므로 모호한 부분은 없습니다.

비행선에서 바라보고 있으면 딜렁이의 주장이 어디가 잘못되어 있는지도 수를 세어 확인할 수 있습니다.

도전자가 문 다를 선택하고 사회자가 문 가를 열어 보이는 게임장은 총 60개입니다. 그중 문 나가 정답인 게임장은 40개며, 문 다가 정답인 게임장은 20개뿐입니다. 비율은 반반이 아닙니다.

1.2 그렇게 많은 장소를 준비할 필요 없이 18개 게임장이면 충분하지 않나요?

예. 하지만 '많이'라는 이미지가 앞서 이야기에 연결되기 때문에 그렇게 했습니다.

비행선 시점의 위력을 다시 확인하겠습니다.

- 장소를 많이 준비하고 동시에 병렬로 게임을 실시한다.
- 각 게임장에서는 미리 완전하게 정해진 시나리오를 연기할 뿐이다.
- 시나리오를 잘 배분해 전체적으로 원래 확률적인 이야기를 시뮬레이션할 수 있다.
- 비행선에서 게임장의 수를 세는 경우 주장의 진위를 명확하게 판단할 수 있다.

장점이 훌륭하다고 생각하지 않나요? 확률이라는 모호한 것을 감으로 이렇다저렇다 말하면 명쾌함 따위는 기대할 수 없습니다. 비행선이라면 확률이 구체적으로 셀 수 있는 이야기로 번역되는 것이죠.

1.3 번역이라고는 하지만 원래 확률적이었는데 지금은 완전히 명확해졌으니 같은 뜻이라고 생각되지 않습니다. 그런 것을 번역이라고 말해도 좋을까요?

당연히 불안하겠지만 괜찮습니다. 번역 후 이야기도 필요에 따라 확률적으로 해석할 수 있고, 그렇다면 충분히 같은 이야기입니다. 구체적으로 말하면 방영할 게임장을 룰렛으로 결정하면 됩니다.

1에서 360까지의 번호가 붙은 거대한 룰렛을 준비합니다. 이 룰렛을 돌려서, 예를 들어 124가 나오면 124번 게임장을 방영하기로 합니다. 360개 게임장을 준비해 두더라도 방영하는 것은 한 곳뿐입니다. 이런 방식을 모르는 시청자에게 이 프로그램은 어떤 모습일까요?

문 가가 정답이 되는 것은 360개 게임장 중 120개 게임장이었습니다. 그렇다면 시청자의 관점에서 문 가가 정답이 될 확률은 120/360 = 1/3입니다. 문 나와 문 다도 모두 똑같이 확률 1/3입니다. 이 결과는 맨 처음 주사위를 던졌을 때와 완전히 같습니다.

또한, 도전자가 문 가를 선택한 것도 360개 게임장 중 120개 게임장이었습니다. 시청자가 볼 때 도전자가 문 가를 선택할 확률은 120/360 = 1/3입니다. 문 나와 문 다도 모두 똑같이 확률 1/3입니다. 이 또한 맨 처음 주사위를 던졌을 때와 같습니다.

이런 식으로 원래의 이야기가 제대로 시뮬레이션되어 있습니다. …… 사실 이 설명으로는 충분하지 않지만, 심도 있는 이야기는 2.2절 '결합 확률과 주변 확률'에서 이어가겠습니다.

1.4 몬티 홀 문제라면 더 맛깔나는 설명을 읽은 적이 있습니다만?

그렇습니다. 예를 들어 '문이 100개고, 사회자가 98개를 열 경우를 생각해보자'와 같이 수식을 사용하지 않고 잘 설득하는 방법도 알려져 있습니다. 그런 능숙한 설명과 본문과 같은 충실한 설명 중 어느 쪽이 좋은지는 목적에 따라 달라집니다. 이 절의 경우, 몬티 홀 문제 자체가 아니라 더 일반적인 개념을 소개하는 것이 목적이었으므로 충실한 설명을 했습니다. 앞으로는 그때그때 필요에 따라 어느 쪽의 노선도 사용할 수 있습니다.

1.3
PROBABILITY AND STATISTICS

세 조합 $(\Omega, \mathcal{F}, P)$ – 신의 관점

1.2절에서는 많은 장소에서 각각의 연기자가 연기하는 모습을 하늘의 비행선에서 내려다봤습니다. 여기서 마음껏 상상의 나래를 펼치면 신이 본 세계라는 것도 같은 것일지 모릅니다. 게임장에 해당하는 것이 '세계'입니다. 즉, 그림 1-3처럼 많은 평행 세계가 모습을 드러내고 있으며, 신은 그 모습을 위에서 바라봅니다.

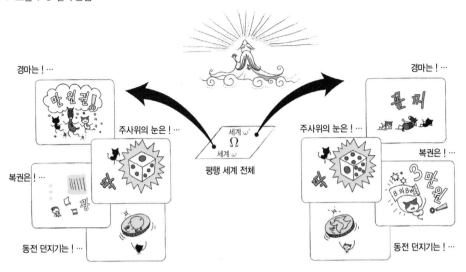

그림에서 평면상의 한 점 한 점이 각각 하나의 세계입니다. 어느 세계에도 은하가 있고, 지구가 있고, 사람들이 살고 있습니다. 그러나 각 세계에서 일어나는 일은 동일하지 않습니다. 어떤 세계에서는 주사위를 던져 1이 나오는데, 다른 세계에서는 4가 나오기도 합니다. 그것은 할당된 시나리오가 다르기 때문입니다. 네, 이 상상에서는 모든 세계에 그 세계의 시나리오가 미리 할당되어 있습니다. 시나리오에는 그 세계에서 일어나는 일이 과거부터 미래까지 완전히 적혀 있습니다. 사람도 물건도 시나리오에 맞게 움직일 뿐입니다. 각 세계는 모든 것이 확정되어 있고, 확률적인 것은 하나도 없습니다.

그럼 확률은 어떻게 논할까요? '게임장 개수를 센다'에 해당하는 일을 하면 됩니다. 그러나 그림 1-3과 같다면 세계의 개수 따위는 셀 수 없습니다. 그래서 세는 대신 면적을 측정합니다. 예를 들어 동전 던지기를 하고 앞면이 나올 확률을 측정해봅시다. 이를 위해 먼저 앞면이 나오는 세계(시나리오에 '앞면이 나온다'고 쓰여져 있는 세계)는 흰색으로, 뒷면이 나오는 세계는 검은색으로 구분해 칠합니다. 그 결과를 나타낸 것이 그림 1-4며, 그림에서 흰색 영역의 면적 0.5가 '앞면이 나올 확률'을 나타냅니다. 또한, 전체 면적은 1이라고 해둡니다.

또한, 다시 한 번 동전 던지기를 했을 때의 확률도 측정해봅시다. 또 다시 앞면은 흰색, 뒷면은 검은색으로 나눠 칠했을 때 흰색의 면적 0.5가 '다시 한 번 동전 던지기를 해서 앞면이 나올 확률'입니다. 흑백의 모양이 이전과는 다른 것에 주의하세요. 이전에 앞면이었다고 해서 이번에도 앞면이 된다고 할 수 없기 때문에 다른 것은 당연합니다. 두 번 겹쳐서 색을 칠하면 동전을 두 번 던졌을 때의 상황을 정리해볼 수 있습니다. 이야기를 슬쩍 꺼냈는데요. 중요한 부분이므로 잘 음미해주세요. 첫 번째도 두 번째도 확률(영역의 면적)은 같습니다. 하지만 1번 동전 던지기와 2번 동전 던지기가 같다는 의미는 아닙니다. 영역 자체가 같지 않기 때문입니다. 이 책은 이러한 여러 요인과 현상의 연관성을 집요하게 파고듭니다. 확률·통계를 현대적으로 활용하려면 관계를 분석하는 것이 하나의 열쇠이기 때문입니다.

▼ 그림 1-4 평행 세계의 색칠 구분(확률 = 면적)

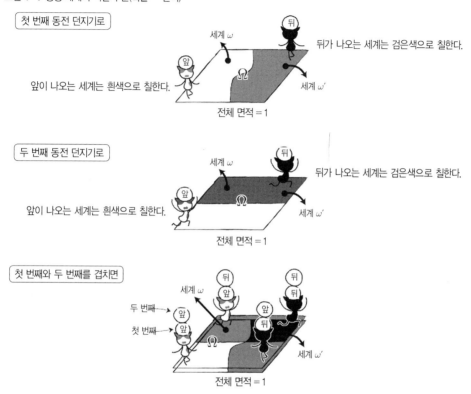

지금 상황에서 중요한 것은 다음 장치입니다.

- 각 세계 ω에서 동전 던지기의 결과는 완전히 확정적이다.
- 그러나 인간은 자신이 어떤 세상 ω에 살고 있는지 인식할 수 없다.

예를 들어 1번 동전 던지기로 앞면이 나오면 자신이 살고 있는 세계가 그림 1-5의 굵은 선 범위까지 좁아집니다. 그러나 굵은 선 범위 내 어떤 세계인지는 알 수 없습니다. 그리고 범위에는 2회 동전 던지기가 앞이 되는 세계와 뒤가 되는 세계가 섞여 있습니다. 그래서 다음 동전 던지기의 결과를 확신할 수 없습니다. 질문 1.3과도 비교해보세요.

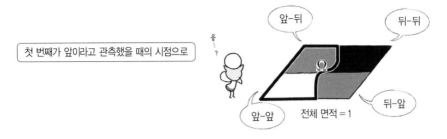

처음 들으면 꽤 이상한 생각이라고 할지도 모르지만, 확실한 이야기와 불확실한 이야기를 이런 식으로 명확하게 나누면 앞으로의 여러 가지 논의가 매우 명료해집니다. 이것은 뭐라 해도 내 것으로 만들어야 합니다.[2]

이제 준비를 마쳤습니다. 드디어 실전입니다. 세 조합 $(\Omega, \mathcal{F}, \mathrm{P})$에 대해 설명합니다. ……라고 해도, 실은 벌써 설명했습니다. 다음 내용은 지금까지 나온 것들에 기호를 붙인 것뿐입니다. 각 평행 세계는 보통 그리스 문자 ω(오메가)로 나타내고, 평행 세계 전체 집합은 오메가의 대문자 Ω로 나타냅니다. Ω의 각 원소 ω가 각각 하나의 세계입니다. 이것이 $(\Omega, \mathcal{F}, \mathrm{P})$의 첫 번째입니다. 그럼 Ω의 부분 집합 A(이런 용어에 익숙하지 않다면 Ω 안의 영역 A)의 면적을 $\mathrm{P}(A)$로 나타냅니다. 이전에 나온 예제에서는 P(흰색 영역) = 0.5였습니다. 이런 식으로 면적을 주는 함수 P가 $(\Omega, \mathcal{F}, \mathrm{P})$의 세 번째입니다.[3] 평행 세계 전체에 대한 전제는 $\mathrm{P}(\Omega)$ = 1이었습니다. 남은 두 번째 $\mathcal{F}$는 어렵기 때문에 넘어갑니다.

결국 '평행 세계 전체 집합 Ω와 Ω 영역의 면적을 측정하는 함수 P가 주어지면 확률 이야기를 할 수 있다'는 것입니다. 이것으로 확률 이야기를 '영역 및 면적의 이야기'로 번역할 수 있기 때문입니다. 번역하면 모든 것이 확정된 일반적인 수학이 되는 것이 핵심입니다. 직관의 효과를 보기 어려운 확률이라는 개념을 면적이라는 뚜렷한 양으로 바꿈으로써 명랑한 논의를 위한 기초가 마련됐습니다.

(신의 관점)	완전히 확정된 면적의 문제	$\longrightarrow$	면적의 답
(인간의 관점)	불확실성에 흔들리는 확률의 문제	$--\rightarrow$	확률의 답

---

2 미래가 정해져 있다는 가정이나 신이라는 말은 편의상 한 말이며, 특정 종교 등을 생각한 것은 물론 아닙니다. 독자의 신념에 맞지 않는 경우도 있겠지만, 확률 문제를 해결하기 위한 유용한 틀이라고 이해해주세요.

3 P 함수라고 하지만 '집합을 넣으면 숫자가 나오는' 형태입니다. 여러분이 친숙한 '숫자를 넣으면 숫자가 나오는' 함수와는 그 점에서 조금 다릅니다.

1.5 왜 평행 세계라는 허풍으로 확대해야 합니까? 게임장과 비행선 쪽이 알기 쉬울 텐데요.

후보가 무한대일 경우에 대비하는 것입니다. 예를 들어 비거리와 어휘량(무게)은 연속적인 양입니다. 가능한 값의 후보는 한두 개로 꼽히지 않습니다. 이런 경우 게임장을 여러 개 준비해도 모든 후보를 나타낼 수는 없고, 시뮬레이션도 다 할 수 없습니다. 또한, 확률이 $1/\sqrt{2}$ 같은 무리수('정수/정수'의 형태로 표현할 수 없는 실수)인 경우에는 장소를 여러 개 준비해도 이 비율을 엄격하게 제공할 수 없습니다. 그래서 이야기를 넓힐 필요가 있었습니다.

1.6 평행 세계 전체의 집합 Ω라니 정말 상상할 수 없습니다. 어떤 이미지를 떠올리면 좋을까요?

일단 당분간은 삽화와 면적이 1인 사각형을 떠올려주세요. 1.7절 'Ω는 배후'에서 다시, 좀 더 자세히 이야기합니다.

1.7 아무래도 너무 단순화시켰다고 할까요? 중요한 것을 빠뜨려 쓸모없는 이야기가 된 듯한데…

이것이 수학식으로 길들이는 방법이죠.

예를 들어 행성 탐사기의 거리처럼 시시각각 움직이는 양이어도, 가로축에 시간, 세로축에 거리를 두고 그래프로 나타내면 과거에서 미래까지를 한 장의 그림으로 볼 수 있습니다. 이런 식으로 시간이라는 특별한 개념도 보통의 집합과 수와 함수로 구성된 수학으로 번역해 다뤄온 것입니다.

이 절의 이야기도 마찬가지입니다. 여러 가지 가능성을 가진 확률적인 양이어도, $(\Omega, \mathcal{F}, P)$에 비춰보면 모든 가능성을 나란히 한 장의 정지 영상으로 볼 수 있습니다. 이런 식으로 확률이라는 특별한 개념도 보통의 집합이나 수나 함수로 구성된 수학으로 번역해 다룹니다.

덧붙여서 각각의 세계 ω를 **표본**, 평행 세계 전체 Ω를 **표본 공간**, Ω의 부분 집합을 **사상**이라고 합니다.[4] 하지만 쓸데없이 어려워 보이므로 이 책에서는 이러한 용어를 사용하지 않습니다.

---

[4] ω를 **표본점** 또는 **근원 사건**이라 부르고, Ω를 **기초 공간**이라 부르기도 합니다. 사실 사건에는 $\mathcal{F}$에 얽힌 자격 제한이 있는데, 여기서는 깊이 설명하지 않습니다.

1.4 확률변수

1.3절에서 무대를 다 만들었습니다. 다음으로는 무대 위에서 확률적인 양을 표현하는 방법을 이야기합니다. 비행선에서 벼르고 온 것을 마무리하고 정리합시다.

확률적인 양은 **확률변수**라고 합니다. 일상어로 말하면 운에 따라 왔다갔다하는 확정되지 않은 양입니다. 그러나 우리는 지금 그림 1-6처럼 신의 관점에 서 있습니다. 이 관점에서 바라보면 '모든 평행 세계' Ω가 내려다보입니다. 그리고 각각의 세계 ω는 흔들림 따위 없이 시나리오에 따라 모든 것이 정해져 있습니다.

❤ 그림 1-6 신의 관점(다시 보기)

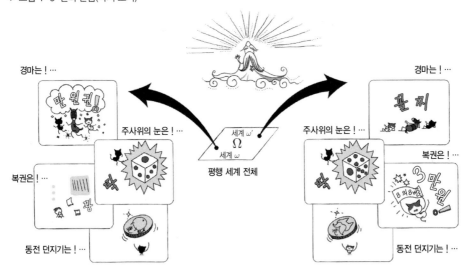

$(\Omega, \mathcal{F}, P)$의 입장에서 말하면 확률변수는 Ω 위의 단순한 함수입니다. 그림 1-7을 보세요. 이런 식으로 예를 들어 Ω의 각 요소 ω에 정숫값을 반환하는 함수 $f(\omega)$가 있으면, 그것은 정수의 확률변수입니다.[5] f 자체는 아무런 불확실성도 없는 순수한 보통 함수입니다. Ω에 정의되어 있다는 것을 제외하고는 $g(x) = x + 3$ 같은 함수와 크게 다르지 않습니다. 그러나 자신이 어떤 세상 ω에 속해 있는지 감지할 수 없는 '인간'의 관점에서 $f(\omega)$ 값은 불확실합니다. $f(\omega)$ 값은 ω에 따라 다른데, 그 ω가 명확하지 않기 때문입니다. 이해했나요?

---

5 '값을 반환한다'라는 말은 프로그래밍 전문 용어스럽네요. f라는 함수를 호출해 ω를 받았다면 f가 중간에 뭔가 처리를 하고 그 결과를 호출자에게 돌려주는 식의 이미지입니다.

▼ 그림 1-7 확률변수는 Ω 위에서의 함수. 왼쪽은 정수(이산값) 확률변수. 오른쪽은 실수(연속값) 확률변수

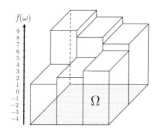 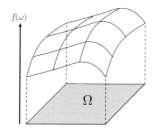

중요한 곳이므로 반복해둡니다. 확실·불확실을 의식해 확인하면서 읽어보세요. 신의 관점에서 보면 확률변수라는 것은 완전히 확정된 단순한 함수 $f(\omega)$입니다. 그러나 인간에게는 어떤 세상 ω인지 불확실하기 때문에 $f(\omega)$ 값도 불확실한 것으로 느낄 수 있습니다. 양자의 관점을 자유롭게 왕래할 수 있게 되면 자신감을 갖고 확률을 논의할 수 있을 것입니다.

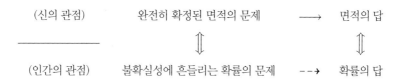

또한, 확률변수는 $X(\omega)$와 같이 대문자를 사용하는 것이 관례입니다. 이제부터는 가능한 한 대문자를 사용하기로 합시다.

그럼 몇 가지 예를 들겠습니다.

Ω는 그림 1-8과 같은 사각형이라고 합니다. 집합으로 말하면 0부터 1까지의 실수를 두 구간으로 나눈 집합입니다. 즉, Ω의 원소는 $\omega = (u, v)$라는 모습을 하고 있습니다($0 \leq u \leq 1$이고, $0 \leq v \leq 1$). 또한, P는 보통 면적을 의미합니다. Ω 전체 면적은 1이므로 자격은 제대로 갖추고 있습니다.

또한, 확률변수 X를 그림 1-9처럼

$$X(u, v) \equiv \begin{cases} \text{당첨} & (0 \leq v \leq 1/4) \\ \text{탈락} & (1/4 \leq v \leq 1) \end{cases} \tag{1.1}$$

으로 정의합니다.[6] X는 '당첨' 또는 '탈락' 값 중 하나를 가질 확률변수입니다. 이런 식으로 정숫

---

6 지금 식 ≡는 '정의'라는 뜻입니다. 책에 따라 =과 ≜ 같은 기호를 사용할 수도 있습니다. 또한, 분야에 따라 ≡를 다른 의미로 사용하기도 합니다.

값과 실제 값 이외의 것을 확률변수라고 불러도 괜찮습니다. 예를 들어 $\omega = (0.3,\ 0.5)$라는 점에서는 $X(0.3,\ 0.5) =$ 탈락. 또한, $\omega = (0.2,\ 0.1)$이라는 점에서는 $X(0.2,\ 0.1) =$ 당첨. 그러면 X가 '당첨'이 될 확률은? 답은 다음과 같습니다. $X =$ 당첨이 되는 영역의 크기가 1/4이므로, X는 1/4 확률로 '당첨' 값을 가집니다.

▼ 그림 1-8 패러럴 월드 전체의 집합　　　▼ 그림 1-9 확률변수 X

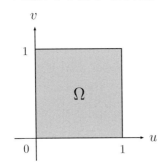
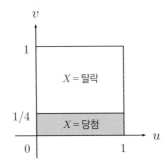

만약을 위해 하나 더,

$$Y(u,\ v) \equiv \begin{cases} \text{당첨} & (2u + v \le 1) \\ \text{탈락} & (\text{기타}) \end{cases} \tag{1.2}$$

이라는 확률변수는 어떨까요? 그림 1-10을 보면 Y는 1/4 확률로 '당첨', 3/4 확률로 '탈락'임을 알 수 있습니다.

다시 하나 더, 이번에는 실수의 확률변수입니다.

$$Z(u,\ v) \equiv 20(u - v) \tag{1.3}$$

그렇다면

- Z가 가질 수 있는 값의 범위는?
- Z가 0 이상 10 이하가 될 확률은?

첫 번째, 주어진 u, v 의 범위에서 Z는 -20부터 20까지의 실수를 취한다는 것을 알 수 있습니다. 두 번째, $0 \le Z(u,\ v) \le 10$이 되는 $(u,\ v)$의 영역이 그림 1-11과 같기 때문에 그 면적 $3/8 (= 1/2 - 1/8)$이 답입니다.

연습을 위해 위의 예는 굳이 식을 내세워 설명했습니다. 위의 예를 세계나 시나리오라는 말로 설명하는 것은 여러분에게 숙제로 남겨둡니다. 잠시 눈을 감고 '신의 관점에서 어떻게 보이는지',

'인간의 관점에서 어떻게 보이는지'를 생각해보세요.

▼ 그림 1-10 확률변수 Y  ▼ 그림 1-11 확률변수 Z

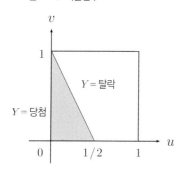

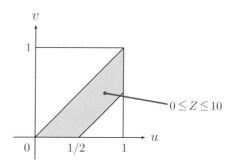

그리고 잔소리처럼 들리겠지만 주의하세요. X와 Y 모두 '1/4 확률로 당첨, 3/4 확률로 탈락'이라는 것은 같지만, X, Y 자체가 같다는 의미는 아닙니다. 세계나 시나리오를 사용한 해석에서 이 사실이 어떤 의미를 가지는지도 자신의 언어로 이해해두세요.

정수나 실수의 확률변수 X, Y에 대해 $X + 1$이나 $3X$나 $X + Y$나 XY 등의 의미는 자연스럽게 해석해주면 좋습니다. 인간의 관점이라면 '변하는 값 X'에 1을 더해 얻을 수 있는 '변하는 값'이 $X + 1$입니다. 신의 관점이라면 각 세계 ω에 $X(\omega) + 1$이라는 값을 할당하는 함수가 $X + 1$입니다.

1.8   위에서 나온 것처럼 식의 영역은 어떤 방식으로 그리면 좋을까요?

경계선의 방정식을 생각하는 것이 간단하고 명확합니다. 예를 들어 '$Y(u, v) = $ 당첨'이 되는 영역, 즉 $2u + v \leq 1$이라는 영역을 찾아보세요. 이 영역의 경계선 방정식 $2u + v = 1$을 변형하면 $v = -2u + 1$입니다. 이것은 직선 방정식이며, 절편이 1, 기울기가 -2입니다. 이 직선을 먼저 그려 넣습니다. 그리고 직선의 어느 쪽이 해당 영역인지를 확인합니다. 그러려면 적당한 점을 찍어보는 것이 매우 빠릅니다. 예를 들어 $(u, v) = (0, 0)$을 대입해보면 $2u + v = 0$이므로, 점 $(0, 0)$은 영역 $2u + v \leq 1$에 속합니다. 또한, $(u, v) = (1, 0)$을 대입해보면 $2u + v = 2$이므로, $(1, 0)$은 이 영역에 속하지 않습니다. 그래서 $(u, v) = (0, 0)$이 있는 쪽이 해당 영역이라고 볼 수 있습니다(연속성을 암묵적으로 사용하고 있는 것이라는 등의 트집을 잡고 싶은 분은 애초에 이런 질문을 하지 않겠죠).

덧붙여서 확률변수는 영어로 random variable이라고 합니다. 설명할 때 **r.v.**이라고 줄여서 쓰는 경우가 있으므로 만약을 위해 소개했습니다.

1.5 확률분포

확률변수는 각각의 세계까지를 인식하는 개념이었습니다. 이에 대해 더 대략적으로 면적만을 신경 쓰는 것이 **확률분포**라는 개념입니다. 오해의 소지가 없게 단순히 **분포**라고 부르기도 합니다. 대충 말하면 이런 표입니다.

▼ 표 1-1 사기 주사위의 확률분포

주사위의 눈	그 눈이 나올 확률
1	0.4
2	0.1
3	0.1
4	0.1
5	0.1
6	0.2

또는 그림 1-12처럼 그래프로 나타내는 편이 알기 쉬울지도 모릅니다.

▼ 그림 1-12 사기 주사위의 확률분포 그래프

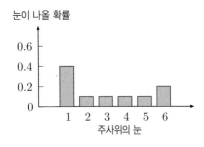

어쨌든 확률변수와의 차이에 주의하세요. 확률변수는 어떤 세계에서 어떤 값이 나오는지를 정합니다. 확률분포는 '어떤 세계'까지는 정하지 않습니다.

그런데 확률변수가 주어지면 그 확률분포를 계산할 수 있습니다. 예를 들어 이전 식 (1.1)과 (1.2)의 X, Y라면 표 1-2, 1-3과 같습니다.

❤ 표 1-2 X의 확률분포

값	그 값이 나올 확률
당첨	1/4
탈락	3/4

❤ 표 1-3 Y의 확률분포

값	그 값이 나올 확률
당첨	1/4
탈락	3/4

X와 Y는 다른 확률변수입니다만, 확률분포는 같습니다. 이 표를 식으로는

$$\begin{cases} P(X = 당첨) = 1/4 \\ P(X = 탈락) = 3/4 \end{cases}$$

과 같이 나타냅니다. 다음과 같이 써도 같은 의미입니다.

$$P(X = k) = \begin{cases} 1/4 \quad (k = 당첨) \\ 3/4 \quad (k = 탈락) \end{cases}$$

어떻게 써도 X가 당첨될 확률은 1/4, 탈락될 확률은 3/4이라는 뜻입니다.

일반적인 확률변수 X에 대한 확률분포를 구하는 방법도 예상될 것입니다.

$$P(X = k) = \text{'} X(\omega) = k\text{가 되는 } \omega \text{ 영역의 면적'}$$

이 'X가 k가 될 확률'이므로 그것을 정렬한 목록이 X의 확률분포입니다. 확률변수 X가 주어지면 그 확률분포를 구할 수 있습니다만, 확률분포만 주어지면 확률변수는 정해지지 않습니다. 이런 주의는 이미 몇 번이나 반복했으니 괜찮겠죠.

확률분포에 관한 두 가지 성질을 짚어두겠습니다.

- 확률은 0 이상 1 이하
- 확률을 모두 합하면 반드시 1

위와 같이 면적의 이야기로 바꿔 생각하면 당연한 일입니다(전체 Ω의 면적은 1이라는 전제였습니다).

또한, 일람표가 아니어도 어쨌든 '그 값이 될 확률'을 모두 지정하고 있으면 확률분포라고 불러도 괜찮습니다. 그래서 예를 들어 다음과 같이 확률분포를 수식으로 표현할 수 있습니다.

$$P(X = k) = \frac{12}{25k} \qquad (단, k = 1, 2, 3, 4) \tag{1.4}$$

이럴 때 '확률변수 X의 확률분포는 식 (1.4)'라고 말하는 대신, '확률변수 X는 식 (1.4)의 확률분포를 따른다'는 표현이 자주 사용됩니다.

덧붙여서 식 (1.3)의 Z와 같은 연속값의 확률변수에 대해서도 확률분포의 개념은 정의됩니다. 단지 조금 머리를 써야 하기 때문에 이 이야기는 4장으로 돌리겠습니다.

1.6 실전용 축약법

확률을 엄격하게 식으로 나타내는 것은 익숙한 사람에게는 답답합니다. 그래서 간단한 축약(줄여쓰기)이 널리 사용됩니다. 이 절에서는 흔히 볼 수 있는 축약법을 소개합니다. 익숙한 사람이라면 축약으로 읽을 수 있어서 좋지만, 공부 중인 사람에게는 오히려 혼란스러울지도 모릅니다. 조금이라도 헷갈린다면 본래 표기법으로 다시 써보세요. 비록 선생님이 축약을 사용해도 말입니다.

1.6.1 확률변수의 표기법

확률변수는 대문자가 원칙입니다. 대문자, 소문자를 나눠 $X(\omega) = a$와 같이 쓰면 X가 확률변수, a가 단순한 숫자라는 것을 시각적으로 명확하게 구분해 보여줄 수 있습니다. 하지만 이 원칙이 반드시 지켜지지는 않습니다. 복잡한 이야기를 하다 보면 문자가 부족해지니 어쩔 수 없죠.

그보다는 $X(\omega)$로 쓰거나 단순히 X로 줄여 쓰는 쪽이 혼란스러울지도 모릅니다. $X = a$라고 쓰면 '불확실성에 오락가락하는 값 X가 우연히 어떤 a가 됐다'라는 인간 관점의 뉘앙스가 느껴집니다. 이것을 필요에 따라 $X(\omega) = a$라는 신의 관점으로 옮길 수 있도록 합니다. 신의 관점에서는 '점 ω의 함수 X의 값이 수 a'입니다.[7]

또한, 귀찮아서 같은 문자 X를 확률변수와 보통의 수로 애매하게 사용해버리는 경우도 있습니다. 'Ω 위의 함수'인 확률변수와 '그것이 취할 수 있는 값'인 단순한 숫자는 본래 별개입니다만, 사용하는 이유를 잊고 모두 X라고 써버립니다. 어떤 의미인지는 읽는 사람이 문맥 등을 통해 그때그때 판단하지 않으면 안 됩니다. 적어도 확률 공부를 하는 동안에는 이렇게 작성하지 않는 것이 무난하겠죠.

---

7 사실 $X = a$라는 표기는 모호하기 때문에 아무 말도 없이 갑자기 이렇게 쓰면 사람에 따라 다른 의미로 받아들일 우려가 있습니다.

- 공학 등과 같은 응용 분야에 몸담은 사람은 대개 본문과 같이 해석하죠. 우리도 앞으로 그렇게 하겠습니다.
- 깔끔한 '수학파' 사람은 '어떤 ω에 있어서도 a라는 일정한 값을 취하는 확률변수'라고 해석합니다. 인간의 관점에서 말하면 전혀 오차가 없이 반드시 a 값이 나올 확률변수입니다(이런 식으로 상수 확률변수의 일종으로 간주될 수 있습니다).

1.9 아직까지는 알파벳 문자 26개로 충분하지 않나요?

곧 부족해집니다. 문자 26개를 무조건 자유롭게 사용할 수는 없기 때문입니다. 관습에 의해 각 문자에는 이미 이미지와 뉘앙스가 스며들어 있습니다. 이는 나왔던 수식을 쫙 훑을 때 상당히 도움이 됩니다. 한편 이 관습 때문에 문자를 자유롭게 사용할 수 없습니다. 예를 들어 '함수 $f(x) = 3x + 1$'과 '함수 $x(f) = 3f + 1$'은 이름이 바뀌었을 뿐 본질적인 의미는 바뀌지 않습니다. 하지만 후자에서는 위화감을 느끼지 않을까요.

규칙으로 꼭 정해진 것은 아니지만, 관습을 따르는 편이 읽기 쉽습니다. 이 관습과 '확률변수는 대문자' 중 어느 쪽을 우선할지는 상황에 따라 다릅니다. 그 밖에도 집합이나 행렬은 (대소문자를 혼용하지 않고) 대문자를 사용한다는 강력한 관습도 있기 때문에 혼동하지 마세요.

참고문헌 [25]에서 이에 대한 좀 더 자세한 설명을 볼 수 있습니다(1.1.3 '토론').

1.6.2 확률의 표기법

이 책에서는 세 조합 $(\Omega, \mathcal{F}, \mathrm{P})$의 P로 측정되는 면적이 확률이라고 설명했습니다. 이 설명에서 보면 본래는 P(Ω의 부분 집합)라고 써야 합니다. 하지만 실제로는 P(조건)이라고도 부담 없이 씁니다. 예를 들어 P($2 \leq X < 7$)라고 쓰면 '$2 \leq X(\omega) < 7$이 되는 ω의 집합'을 A라 했을 때의 P(A)라는 것입니다. 마찬가지로, P($X = 3$)이라고 쓰면 '$X(\omega) = 3$이 되는 ω의 집합'을 A라 했을 때의 P(A)를 나타냅니다.

다만 이 작성법은 P($X = 3$) = 0.2처럼 =이 나란히 나와 보기 흉하다는 단점이 있습니다. 이를 피하고 싶다면 P($X = 3$)을 $P_X(3)$이라고 쓸 수도 있습니다.[8] 또한, 오해의 소지가 없는 경우 $P(3)$이라고만 쓰기도 합니다.

문제는 X, Y처럼 두 확률변수가 있을 때 그 분포를 어떻게 구분해 나타낼지입니다. P($X = 3$)과 $P_X(3)$이라면 확실합니다만, X라는 글자가 너무 많이 나와서 눈이 피로해지므로 쓰는 것도 답답해져버립니다.

원만하게 'X의 확률분포를 P, Y의 확률분포를 Q로 한다'와 같이 다른 문자를 사용하는 사람들도 있습니다. 앞서 든 예의 경우 $P(3)$을 쓰면 P($X = 3$), $Q(3)$을 쓰면 P($Y = 3$)입니다. 첨자 같

---

8 유사한 기법 $P_A(B)$를 다른 의미로 사용하는 책도 있습니다(사상 A가 있을 때 사상 B의 조건부 확률 → 2.3절).

은 것 없이 후닥닥 쓰는 것이 장점이고, 사용하는 문자의 종류가 늘어나는 것이 단점입니다.

실제 현업에서는 더 과격한 축약도 사용합니다. 함정이 있어서 아마추어에게는 추천하지 않지만, 이런 표기법으로 된 책을 읽을 수 없다면 곤란하므로 소개만 해둡니다. 'P(x)로 쓰면 P$(X = x)$고, P(y)로 쓰면 P$(Y = y)$다'라는 식입니다. P(3)이라고 쓰면 어느 쪽인지 모르는 것이 함정입니다.

책에 따라 **P** 대신 **Pr**$(\cdots)$이나 **Prob**$(\cdots)$이라고 쓰는 경우도 있습니다만, 의미는 같습니다.

1.7 / Ω는 배후

평행 세계 전체의 집합 등 과장된 표현에 사용된 Ω지만, 그 역할은 기본적으로 배후입니다. 여기서는 왜 Ω가 전면에 나서서 눈에 띄게 할 수 없는지 그 사정을 설명합니다.

1.7.1 Ω의 정체에 구애되지 않는다

지금까지 Ω는 면적 1의 정사각형이라는 설정으로 이야기했습니다. 하지만 사실 Ω를 다른 것으로 교체해도 확률로는 똑같은 이야기를 할 수 있습니다. 예를 들어 그림 1–13처럼 Ω가 면적 1인 원이었다고 해도 괜찮습니다. Ω와 그 안의 영역 A의 형태 자체에 관심이 없기 때문입니다. 관심 분야는 면적 P(A) 쪽입니다. P(A)만 원하는 값으로 되어 있으면 Ω가 사각형이든 원형이든, 더 자세한 이유를 몰라도 상관없습니다.

▼ 그림 1–13 '평행 세계 전체의 집합 Ω'가 원판이라고 설정해도 같은 이야기다.

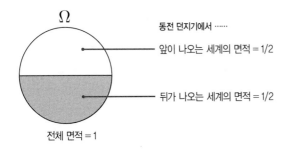

또한, 크기에 집착할 필요도 없습니다. 예를 들어 그림 1-14의 왼쪽 그림과 같이 Ω가 부피 1의 정육면체였다고 해도, P를 면적이 아닌 부피로 바꿔 읽으면 같은 이야기입니다. 오른쪽 그림과 같이 Ω가 구체여도 마찬가지입니다. 결국 P로, 면적 및 부피와 성질이 유사하다면 무엇으로 설정해도 상관없습니다. 그러나 P(Ω) = 1이라는 전제는 지켜야 합니다.

▼ 그림 1-14 '평행 세계 전체의 집합 Ω'가 정육면체나 공 모양이라고 설정해도 같은 이야기다.

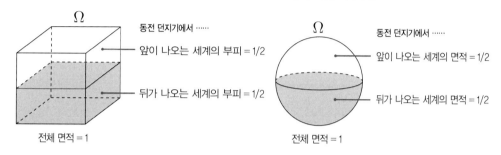

여기까지 일단 주의를 줬습니다만, 이 책에서는 앞으로도 정사각형 삽화를 그려 면적이라는 말을 계속 사용합니다. 이에 대해 양해를 바랍니다.

1.7.2 Ω를 다루는 요령

'수학' 이야기는 여기까지입니다. 결국 Ω 위 영역의 면적(또는 면적을 일반화한 측도라는 것)만 효과가 있는 것이지, 그나마 원하는 값으로 되어 있으면 Ω 자체는 아무래도 상관없습니다.

다만, 실제 문제에 이 틀을 대입할 때는 두 가지 방식이 있습니다.

하나는 지금까지 이야기한 것처럼 허풍인 Ω를 사용하는 방식입니다. 즉, Ω로는 일반적인 큰 무대를 준비해두고, 그 위에 다양한 확률변수를 설정해 개별 문제를 취급합니다. 신의 관점에서 평행 세계라는 해석을 취하는 경우 이 방식이 이미지에 잘 어울립니다. 이 책은 원칙적으로 이 방식을 사용합니다.

또 하나는 문제마다 구체적으로 더 작은 집합 Ω를 만드는 방식입니다. 쉬운 확률론 책에서는 이 방식을 많이 볼 수 있습니다. 예를 들어 1회 동전 던지기를 생각한다면 원소 두 개로 이뤄진 집합 {앞면, 뒷면}을 Ω로 잡으면 충분합니다.[9]

---

9 P를 다음과 같이 결정하면 이것도 '면적 및 부피와 같은 것'의 일종입니다. ∅는 공집합 { }를 나타냅니다.

$$P(\emptyset) = 0, \quad P(\{앞\}) = 1/2, \quad P(\{뒤\}) = 1/2, \quad P(\{앞, 뒤\}) = P(\Omega) = 1$$

1.2절의 몬티 홀 문제에서도 (정답 문, 도전자가 선택한 문, 사회자가 연 문)의 조합이 고작 $3 \times 3 \times 3 = 27$가지밖에 없으므로

$$\Omega = \{(가,가,가),\ (가,가,나),\ (가,가,다),\ (가,나,가),\ \cdots,\ (다,다,다)\}$$

라는 27개 원소의 집합을 취하면 충분합니다(있을 수 없는 조합도 섞여 있습니다만, 그것은 P를 0이라고 설정하면 됩니다).

1.10 본격적인 확률론 교과서를 읽어보면 Ω를 어떻게 취할지 명확하게 적지 않았어요. 안 좋은 책인가요?

아니오. 첫 번째 방식에서는 흔한 일입니다.

결국 Ω의 존재 의의는 '존재하고 있다'는 것뿐입니다. 지금 생각하고 싶은 문제를 시뮬레이션할 수 있다면 Ω의 구체적인 모습 따위는 아무래도 좋습니다. 그럼 Ω를 구체적으로 적을 필요도 없겠죠.

이런 이유로 확률론을 전개할 때는 Ω가 구체적으로 무엇인지를 일일이 말하지 않습니다. 어쨌든 뭔가 Ω라는 집합이 있다고만 선언하고 나머지는 나몰라라 하는 것입니다.

1.7.3 Ω 없는(신의 관점 없음) 확률론

이 책에서는 신의 관점을 강조해 전면에 내세웁니다.

- 확률은 평행 세계 전체 Ω를 구분해 칠할 수 있는 영역의 면적이다.
- 확률변수는 그냥 Ω 위의 함수다.

쉬운 확률론 책에서 신의 관점은 나오지 않습니다. 확률분포에서 주로 이야기를 하기 때문입니다. 확률분포는 단순한 일람표이므로 신의 관점 없이도 이야기가 됩니다. 그 대신 약점으로 확률변수의 개념이 희미해지고 버려지기 십상입니다. 물론 그에 대해 말로 뭐라고 설명하기는 합니다만, 결국은 인간의 관점입니다. 신의 관점 같은 수학적으로 뚜렷한 논의는 좀처럼 하기 어려워집니다.

확률변수 하나만 논의할 때면 그래도 그다지 곤란하지 않습니다. 확률변수가 여러 개 얽힌 때야말로 정말 곤란합니다. 계속 주의해온 '확률분포는 같지만 확률변수로는 다른' 사례를 떠올려보세요. 이야기가 복잡해지면 인간의 관점에서 말과 감으로 논의해도 결말이 나지 않고, 신의 관점

이 훨씬 유리해집니다. 그리고 확률·통계의 현대적 활용에서는 그러한 상호 연관 상태의 해석이 하나의 열쇠가 됩니다.

1.8 / 요약

1.8.1 무엇을 하고 싶었나?

확률에 대해서는 말로 논의하기가 어렵고, '나는 이렇게 생각했다'는 식의 자기 주장이 되기 쉽습니다. 말만 하면 이상하게 철학적인 이야기가 되거나 뜻밖의 착각에 빠지기도 합니다.

그래서 어떻게든 순수 수학의 힘을 빌려 나머지는 수학으로 결론을 내고 싶어집니다. 그 때문에 확률이라는 모호한 개념을 집합, 수, 함수라는 기존 수학의 대상으로 번역하고 정지 영상으로 볼 필요가 있습니다.

그래서 이 장의 내용을 설명했습니다.

1.8.2 면적이라…

'확률은 면적이다'라는 신의 관점을 분명히 짚고 넘어가면 상당히 많은 부분이 일일이 배우지 않아도 되는 당연한 말이 됩니다. 앞으로 다룰 것도 그런 당연한 말의 한 예이므로 이 책 입장에서 보면 이 이야기는 사족일 뿐입니다.

그럼에도 확률 공부를 묵묵히 하다 보면 몰려드는 화제에 파묻혀 '면적이다'라는 말을 잊어버릴 수도 있겠죠. 그래서 '면적이다'라는 말을 잊지 않기 위해서라도 이 절을 쪼개 확인해두겠습니다. 지금부터 나오는 ○○과 ×× 기호는 '뭔가 적당한 조건'을 나타내는 것으로 이해하고 읽어주세요.

우선 확률로 취할 수 있는 범위입니다. 그림 1–15처럼 확률은 면적이니까 음수가 되는 일은 없습니다. 또한, 전체 면적이 1이라는 전제이므로 최대도 1까지입니다.

$$0 \leq P(\bigcirc\bigcirc) \leq 1$$

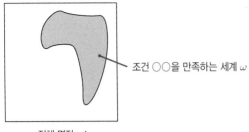

▼ 그림 1-15 확률로 취할 수 있는 범위

조건 ○○을 만족하는 세계 ω

전체 면적 = 1

이어서 '○○일 확률'과 '○○이 아닐 확률'을 합치면 1입니다.

$$P(○○) + P(○○이 \ 아니다) = 1$$

예를 들어

$$P(X = 3) + P(X \neq 3) = 1$$
$$P(X < 3) + P(X \geq 3) = 1$$

같은 것이지만 이런 표현에도 익숙해지세요.

$$P(○○이 \ 아니다) = 1 - P(○○)$$
$$P(X \neq 3) = 1 - P(X = 3)$$
$$P(X \geq 3) = 1 - P(X < 3)$$

어쨌든 그림 1-16 같은 그림을 띄우면 일목요연하죠.

▼ 그림 1-16 ○○이 아닐 확률

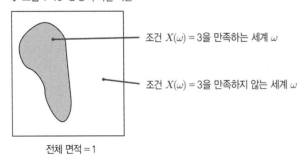

조건 $X(\omega) = 3$을 만족하는 세계 ω

조건 $X(\omega) = 3$을 만족하지 않는 세계 ω

전체 면적 = 1

다음은 조금만 조심해주세요. 만약 ○○과 ××가 결코 동시에 일어나지 않는다면 '○○ 또는 ××'일 확률은 각 확률의 단순 합계가 됩니다.

$$\mathrm{P}(\bigcirc\bigcirc \text{ 또는 } \times\times) = \mathrm{P}(\bigcirc\bigcirc) + \mathrm{P}(\times\times)$$

왜냐하면, 결코 동시에 일어나지 않는다는 전제가 영역이 중복되지 않음을 보장하기 때문입니다. 가령 다음 관계는 그림 1-17에서 분명하죠.

$$\mathrm{P}(X = 3 \text{ 또는 } X = 7) = \mathrm{P}(X = 3) + \mathrm{P}(X = 7)$$
$$\mathrm{P}(X < 3 \text{ 또는 } X > 7) = \mathrm{P}(X < 3) + \mathrm{P}(X > 7)$$

▼ 그림 1-17 '$X = 3$ 또는 $X = 7$'일 확률

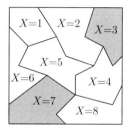

전체 면적 = 1

이 이야기에서 주의했으면 하는 점은 결코 동시에 일어나지 않는다는 전제입니다. 이 전제가 무너지면 단순한 합계로 끝나지 않습니다. 가령 주사위의 눈을 X라고 합시다. 이때 P(X가 짝수, 또는 X가 3으로 나눠 떨어진다)는 P(X가 짝수) + P(X가 3으로 나눠 떨어진다)가 되지는 않습니다. 그림 1-18처럼 겹친 영역의 부분을 두 번 세어버리기 때문입니다.

▼ 그림 1-18 중복이 있다면…

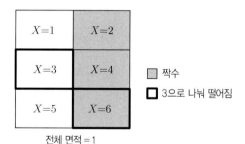

□ 짝수
□ 3으로 나눠 떨어짐

전체 면적 = 1

1.8.3 변명

마지막으로 한 가지 해명을 하겠습니다. 이 책의 목표는 일상 대화 수준보다 더 높은 수준의 확률통계를 터득하는 것입니다. 수학자를 목표로 하지 않는다는 전제로 이 목표를 위해 우선 무엇

이 중요한지를 고심한 끝에 이 책에서는 다음과 같은 규칙을 정했습니다.

- 측도론이나 확률의 공리에는 발을 들이지 않는다.
- 면적의 정의도 하지 않는다.
- 면적의 성질은 일상생활을 통해 아는 것으로 한다.

이는 본격적인 수학의 태도가 아닙니다. 만일 이것이 수학으로 보인다면 아직 진짜 수학을 만난 적이 없는 것입니다(수리 계열 학과가 아니라면 한 번도 접해보지 못한 채 대학을 졸업하는 경우도 많습니다).

정의도 없이 성질이 이러쿵저러쿵하다고 말하는 것은 정말 난센스입니다. 어떤 것을 면적이라고 부르는지 엄밀하게 동의하지 않은 채 면적을 논의한 곳에서는 분명한 결말이 날 리가 없죠. 이와 같은 불성실함은 이 책의 신의 한수입니다. 한편 수학이 아닌 것을 수학이라고 우기지 않는 성실함은 이 책의 정수입니다.

공식 석상에 내놓아도 부끄럽지 않을 수학을 원하는 독자는 측도론이나 공리적 확률론을 따로 배우세요. 그에 대한 교과서를 찾을 때 르베그 적분이라는 용어도 키워드로 사용할 것을 권해봅니다.

Column 三 **몬티 홀 문제의 시뮬레이션**

의사난수열을 써서 그림 1-19의 몬티 홀 문제를 컴퓨터로 시뮬레이션했습니다.[10] 처음의 선택을 관철하겠다는 전략으로 1만 번 시행해 집계한 결과, 맞은 것은 약 33%였고 빗나간 것은 약 67%였습니다. 문을 다시 선택한다는 전략으로 1만 번 시행해 집계하면 맞은 것은 약 67%, 빗나간 것은 약 33%였습니다. 이 결과를 놓고 봐도 다시 선택하는 쪽이 확실히 승률이 높습니다.

▼ 그림 1-19 몬티 홀 문제(다시 보기). 자세한 것은 1.2절을 참조한다.

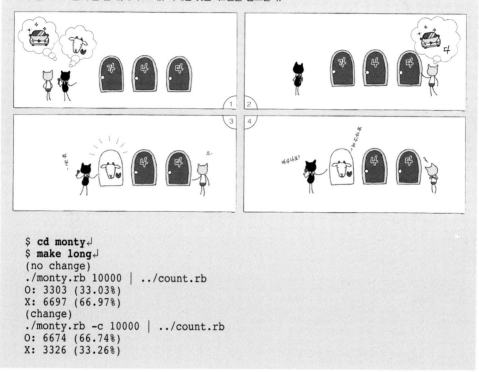

```
$ cd monty↵
$ make long↵
(no change)
./monty.rb 10000 | ../count.rb
O: 3303 (33.03%)
X: 6697 (66.97%)
(change)
./monty.rb -c 10000 | ../count.rb
O: 6674 (66.74%)
X: 3326 (33.26%)
```

10 프로그램을 다운로드하는 방법은 '지은이의 말'의 '온라인 리소스' 절을 참조하세요. 실행 예에서 $ 이후의 대문자 부분이 사용자가 입력하는 내용입니다.
    $ 자체를 입력할 필요는 없습니다. 의사난수열이란 무엇이고 의사난수 순서를 사용한 시뮬레이션이 어떤 의미를 가지는지는 7장에서 다루겠습니다. 키워드는 몬테카를로 방법입니다.

2^장

여러 확률변수의
조합

A : 조사한 바에 따르면 게임기 소지자의 범죄율은 50% 이상입니다. 무언가 규제를 해야겠네요.

B : 수치가 엄청 높은데?

A : 요즘 범죄를 저지른 청소년의 절반 이상이 게임기를 소지하고 있었습니다.

B : 음, 따질 곳이 너무 많아 곤란하군. 일단 범죄와 관계없이 요즘 청소년의 게임기 소지율부터 다시 조사해줄래? (→ 2.5.2절 '사상의 독립성(말 바꾸기)')

여러 개 확률변수 간의 관계를 해석하는 것이 확률통계를 현대적으로 활용하는 하나의 열쇠입니다. '공짜라는 단어를 포함한 메일은 광고일 가능성이 높다', '금요일에 기저귀를 찾는 손님은 맥주도 함께 사는 경향이 있다' 같은 이야기를 어디선가 들은 적이 있죠? 이런 이야기를 하려면 여러 개의 확률변수가 뒤엉키는 상황을 조사해야 합니다.

다행히 우리는 이미 신의 관점이라는 강력한 생각을 익혔습니다. 신의 관점을 사용해 자신감을 갖고 '확률변수의 조합'을 다뤄보세요. 목표는 먼저 결합 확률·주변 확률·조건부 확률이라는 삼종 세트를 제안하는 것입니다. 이 삼종 세트가 조합을 논하기 위한 기본 도구입니다. 최근 여러 분야에서 활약하고 있는 베이즈(Bayes) 공식도 삼종 세트를 응용한 덕분에 두드러지게 활용될 수 있었습니다. 게다가 독립성이란 개념도 삼종 세트를 근거로 정의됩니다. 일상생활 수준의 확률론이라면 독립성을 명시하지 않고 암묵적으로 다룰 수도 있지만, 이 책이 목표로 하는 수준에 닿기 위해서는 독립이란 무엇인지 그 의미를 분명히 해야 합니다. 여러 조합을 해석할 때는 무엇이 독립이고 무엇이 독립이 아닌지가 종종 이야기의 핵심이 되니까요.

여기서 다루면 번거로울 수 있으므로 이 장에서는 연속값 확률변수는 생각하지 않기로 합니다(연속값 이야기는 4장 참조).

2.1 각 도의 토지 이용(면적 계산 연습)

확률변수의 조합을 확률의 문제로 그대로 생각하면 이야기가 복잡해지기 십상입니다. 그러므로 앞 장에서 말했듯이 확률의 문제를 면적의 문제로 비유해 살펴보는 작전으로 갑니다.

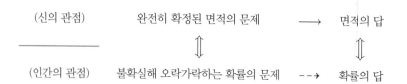

(신의 관점)	완전히 확정된 면적의 문제	$\longrightarrow$	면적의 답
(인간의 관점)	불확실해 오락가락하는 확률의 문제	$--\rightarrow$	확률의 답

이렇게 살펴보면 이제 이야기는 단지 산수입니다. 일단 확률을 잊고 떠올리기 쉬운 소재로 산수만 먼저 바라봅시다.

이 절은 그냥 면적을 계산하는 산수로 슬쩍 읽으면 됩니다. 2.2절 이후에는 같은 계산을 확률로 해석합니다.

2.1.1 도별 · 용도별 집계(결합 확률과 주변 확률의 연습)

Ω나라에는 그림 2-1과 같은 세 개의 도(A도 · B도 · C도)가 있고, 면적은 각각 P(A), P(B), P(C)라고 합니다. 면적의 합계, 즉 나라의 총면적은 1입니다.

$$P(A) + P(B) + P(C) = 1$$

이 나라의 땅은 모두 주택 · 공장 · 논밭 중 하나로 사용되고 있습니다. 각각의 면적을 P(주택) + P(공장) + P(논밭)이라고 하면 합계는 역시 나라의 총면적인 1입니다.

$$P(주택) + P(공장) + P(논밭) = 1$$

❤ 그림 2-1 Ω 나라

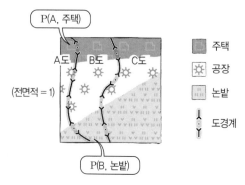

이것만으로는 내용을 잘 모르니 좀 더 자세히 말하면, A도의 주택 면적은 P(A, 주택), B도의 논밭 면적은 P(B, 논밭)처럼 조사했다고 합시다. 당연히

$$P(주택) = P(A, 주택) + P(B, 주택) + P(C, 주택)$$
$$P(공장) = P(A, 공장) + P(B, 공장) + P(C, 공장)$$
$$P(논밭) = P(A, 논밭) + P(B, 논밭) + P(C, 논밭)$$

일 테고(각 도의 주택 면적의 합계가 이 나라의 주택 총면적),

$$P(A) = P(A, 주택) + P(A, 공장) + P(A, 논밭)$$
$$P(B) = P(B, 주택) + P(B, 공장) + P(B, 논밭)$$
$$P(C) = P(C, 주택) + P(C, 공장) + P(C, 논밭)$$

입니다(도 내의 주택·공장·논밭 면적을 합친 것이 그 도의 총면적). 또 전체 합계는 나라의 총면적과 일치합니다.

$$P(A, 주택) + P(A, 공장) + P(A, 논밭)$$
$$+ P(B, 주택) + P(B, 공장) + P(B, 논밭)$$
$$+ P(C, 주택) + P(C, 공장) + P(C, 논밭)$$
$$= 1$$

2.1.2 도 내·용도 내에서의 비율(조건부 확률의 연습)

다른 도와 비교해서 A도는 공장을 중시하는 것 같습니다. 이와 같은 모습을 알기에 각 도 내의 공장 면적인

$$P(A, 공장)과 P(B, 공장)과 P(C, 공장)$$

을 비교하면 불공평해집니다. 그림 2-1과 같이 A도는 C도보다 훨씬 좁아서 공장 면적 자체가 작으므로 $P(A, 공장) < P(C, 공장)$이 되기 때문입니다. 주요 상황을 비교하려면 면적 자체가 아니라 그 도 내에서의 비율을 봐야죠.

거기에 A도에서 공장 비중을 가리키는 값을 $P(공장|A)$처럼 나타냅니다. 계산 방법은 'A도 내의 공장 면적'을 'A도의 총면적'으로 나누는 것입니다. 그래서 A도에서 각 용도의 비율은 다음과 같습니다.

$$P(주택|A) = \frac{P(A, 주택)}{P(A)}, \quad P(공장|A) = \frac{P(A, 공장)}{P(A)}, \quad P(논밭|A) = \frac{P(A, 논밭)}{P(A)} \tag{2.1}$$

비율이므로 이들의 합계는 1이 됩니다(이 '1'은 나라의 총면적과는 관계없습니다).

이라는 뜻입니다. 즉, 공장의 총면적 P(공장) 중에서 A도 공장이 차지하는 비율을 나타냅니다. 그림 2-1에서 P(공장|A)와 P(A|공장)이 다른 것을 확인하세요.

- P(공장|A)는 '도의 토지 50%는 공장'과 같은 이야기
- P(A|공장)은 '나라의 공장 총면적에서 A도에 있는 것은 20%'와 같은 이야기

그림과 같이 A도는 좁아서 공장이 도의 절반을 차지하더라도, 나라의 공장 전체 면적으로 보면 20% 정도에 불과합니다.

2.1.3 비율을 역산하려면(베이즈 공식 훈련)

이전 절에서 P(용도|도)와 P(도|용도)가 다른 것을 강조했습니다. 여기서는 P(용도|도)의 값들 (과 각 도의 면적)으로부터 P(도|용도)를 역으로 구하려면 어떻게 하면 좋을지 생각해봅시다. 구체적인 예로 설명합니다.

설정은 같습니다. 면적 1의 나라가 있습니다. 이 나라의 장관은 토지 이용 비율이 궁금했습니다. 그래서 조사해볼 것을 지시했더니 다음과 같은 보고가 모였습니다.

- A도에서의 보고
  우리 도에서는 토지 20%가 주택에, 60%가 공장에, 20%가 논밭에 사용되고 있습니다.
- B도에서의 보고
  우리 도에서는 토지 50%가 주택에, 25%가 공장에, 25%가 논밭에 사용되고 있습니다.
- C도에서의 보고
  우리 도에서는 토지 25%가 주택에, 25%가 공장에, 50%가 논밭에 사용되고 있습니다.

그림 2-2는 이 모습을 나타내고 있습니다.

▼ 그림 2-2 각 도 내의 토지 이용 비율

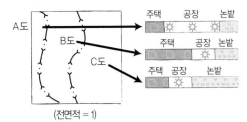

$$P(주택|A) + P(공장|A) + P(논밭|A) = 1$$

또 면적과 비중에서

$$P(A, 주택) = P(주택|A)P(A)$$
$$P(A, 공장) = P(공장|A)P(A)$$
$$P(A, 논밭) = P(논밭|A)P(A)$$

라는 관계도 성립합니다. A도의 면적에 A도의 공장 비중을 곱하면 A도의 공장 면적이 나옵니다. 모두 식 (2.1)을 변형하면 분명히 알 수 있지만, 식뿐 아니라 개념도 당연하다는 점을 잘 이해해두세요.

이런 '도 내의 공장 비중'을

$$P(공장|A) = \frac{P(A, 공장)}{P(A)}, \quad P(공장|B) = \frac{P(B, 공장)}{P(B)}, \quad P(공장|C) = \frac{P(C, 공장)}{P(C)}$$

처럼 각자 계산하고 비교하면 어느 도가 공장을 중시하고 있는지 알 수 있습니다. 여기서 주의할 점은

$$P(공장|A) + P(공장|B) + P(공장|C)$$

는 1이라고 한정할 수 없다는 것입니다. 앞서 나온

$$P(주택|A) + P(공장|A) + P(논밭|A) = 1$$

과 어떻게 다른지 잘 생각해봅시다. A도 전체에서

주택 비율 + 공장 비율 + 논밭 비율

은 1이 됩니다만, 분모가 다른 것끼리

공장 비율 + 공장 비율 + 공장 비율

이라고 계산하는 것은 그다지 의미 있는 양은 아닙니다. 비율 이야기를 할 때는 세로줄의 오른쪽과 왼쪽의 차이를 주의 깊게 살펴봐야 합니다.

그럼 세로줄의 좌우를 지금까지와 반대로 한 $P(A|공장)$ 같은 식은 어떤 의미가 될까요? 이 식은

$$P(A|공장) = \frac{P(A, 공장)}{P(공장)}$$

하지만 이와 같은 보고를 받은 장관은 못마땅합니다. 사실 장관이 알고 싶었던 것은 각 도의 기여 비율이었습니다. 즉, '이 나라의 전체 공장 중에서 A도에 있는 것은 몇 %인가?' 같은 데이터를 기대하고 있었습니다. 장관을 위해 이를 계산해볼까요? A도의 총면적은 0.2, B도의 총면적은 0.32, C도의 총면적은 0.48입니다.

질문을 정리하면 다음과 같습니다.

- 각 도의 면적: $P(A) = 0.2, P(B) = 0.32, P(C) = 0.48$
- A도의 상황: $P(주택|A) = 0.2, P(공장|A) = 0.6, P(논밭|A) = 0.2$
- B도의 상황: $P(주택|B) = 0.5, P(공장|B) = 0.25, P(논밭|B) = 0.25$
- C도의 상황: $P(주택|C) = 0.25, P(공장|C) = 0.25, P(논밭|C) = 0.5$
- 이때 $P(A|공장)$은?

즉, $P(도)$와 $P(용도|도)$의 목록을 보여주고, 반대로 $P(도|용도)$를 물어보는 것입니다. 어떻게 계산하면 될까요?

- 구하고 싶은 $P(A|공장)$은 'A도 공장 면적'을 '나라 전체 공장 면적'으로 나눈 것이다.

$$P(A|공장) = \frac{P(A, 공장)}{P(공장)}$$

그래서 $P(A, 공장)$과 $P(공장)$만 알면 구할 수 있다.

- 분자(A도 공장 면적)는 간단하다. A도의 총면적 0.2 중 60%가 공장이라고 하니, A도 공장 면적은 다음과 같다.

$$P(A, 공장) = P(공장|A)P(A) = 0.6 \cdot 0.2 = 0.12$$

- 분모(나라 전체 공장 면적)는 경우에 따라 구분해서 집계해야 한다. A도, B도, C도 각 공장 면적을 계산하고, 그것을 합산하면 나라 전체 공장 면적이다.

$$P(공장) = P(A, 공장) + P(B, 공장) + P(C, 공장)$$

- 이 중 A도 공장 면적은 이미 계산됐다. 이어서 B도, C도의 공장 면적을 똑같이 계산하면 된다.

$$P(B, 공장) = P(공장|B)P(B) = 0.25 \cdot 0.32 = 0.08$$
$$P(C, 공장) = P(공장|C)P(C) = 0.25 \cdot 0.48 = 0.12$$

정리하면 다음과 같은 답을 얻을 수 있다.

$$P(A \mid 공장) = \frac{P(A, 공장)}{P(공장)}$$

$$= \frac{P(A, 공장)}{P(A, 공장) + P(B, 공장) + P(C, 공장)}$$

$$= \frac{P(공장 \mid A)P(A)}{P(공장 \mid A)P(A) + P(공장 \mid B)P(B) + P(공장 \mid C)P(C)}$$

$$= \frac{0.12}{0.12 + 0.08 + 0.12} = 0.375$$

2.1.4 비율이 획일적인 경우(독립성 훈련)

만약 그림 2-3처럼 각 도가 똑같은 비율로 주택·공장·논밭을 할당했다고 합시다.

$$\begin{cases} P(주택 \mid A) = P(주택 \mid B) = P(주택 \mid C) \\ P(공장 \mid A) = P(공장 \mid B) = P(공장 \mid C) \\ P(논밭 \mid A) = P(논밭 \mid B) = P(논밭 \mid C) \end{cases} \tag{2.2}$$

▼ 그림 2-3 획일적인 할당

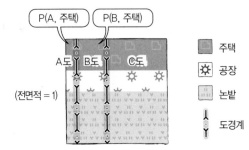

어느 도를 찾아가도

- 주택이 30%
- 공장이 20%
- 논밭이 50%

와 같이 토지 이용 비율은 일정하다는 것입니다. 이러한 획일성을 P(용도 | 도) 이외의 식에서 확인할 수 있을까요? 이를 확인하기 위해 여기서는 획일성을 여러 가지 표현으로 바꿔 말해봅니다.

처음으로 주의해야 할 점은 비록 토지 이용 비율이 획일적이더라도

P(A, 주택)과 P(B, 주택)과 P(C, 주택)

은 아직 다르다는 점입니다. 이는 위의 그림 2-3을 봐도 당연하죠. C도는 A도보다 훨씬 넓고 주택 면적 역시 훨씬 넓습니다. 그래서 획일성을 알려면 면적 그 자체가 아니라 각 도에서 비율을 비교해야 합니다.

획일성의 다양한 다른 표현을 차례로 살펴봅시다. 획일성은 우선 비율을 써서

$$P(A, 주택) : P(A, 공장) : P(A, 논밭)$$
$$= P(B, 주택) : P(B, 공장) : P(B, 논밭) \tag{2.3}$$
$$= P(C, 주택) : P(C, 공장) : P(C, 논밭)$$

이라고 달리 말할 수 있습니다.

도 내의 주택 면적 : 도 내의 공장 면적 : 도 내의 논밭 면적

이라는 비율이 어느 도에서나 같다는 것입니다.

혹은 '어느 도에서도 토지 이용 비율은 국가 전체의 비율과 마찬가지'라고 바꿔 말해도 되겠죠. 즉, 다음 관계가 어느 도(A도 · B도 · C도)에서도 성립한다는 것입니다.

$$\begin{cases} P(주택 | 도) = P(주택) \\ P(공장 | 도) = P(공장) \\ P(논밭 | 도) = P(논밭) \end{cases} \tag{2.4}$$

이것도 획일성을 의미합니다.

다음과 같은 특징도 위의 획일성과 같은 가치(이하 등가)를 지닙니다.

$$P(A, 주택) = P(A)P(주택), \quad P(B, 주택) = P(B)P(주택), \quad P(C, 주택) = P(C)P(주택)$$
$$P(A, 공장) = P(A)P(공장), \quad P(B, 공장) = P(B)P(공장), \quad P(C, 공장) = P(C)P(공장)$$
$$P(A, 논밭) = P(A)P(논밭), \quad P(B, 논밭) = P(B)P(논밭), \quad P(C, 논밭) = P(C)P(논밭)$$

한마디로 정리하면

$$P(도, 용도) = P(도)P(용도) \tag{2.5}$$

입니다. 원래는 $P(A, 주택) = P(주택 | A)P(A)$처럼 계산해야 하지만, 획일적인 경우에는 도에 관계없이 주택의 비율이 일정합니다($P(주택 | A) = P(주택)$). 그래서 도별 비율을 꺼내지 않아도 단순하게

'A도의 면적' × '전국 주택 비율' = 'A도의 주택 면적'

이 될 것입니다. 나라의 총면적이 마침 1이므로

'전국 주택 비율' = '전국 주택 면적'

입니다. 또 반대로, 식 (2.5)처럼 되어 있으면 획일적이라고 할 수 있다는 것도 확인해두세요.
P(도, 용도) = P(도) P(용도)라면 확실히 어느 도에서도 토지 이용 비율은 같습니다.

좀 의외일 수도 있는 것은 지금부터입니다. 획일성은 뒤집어서

$$
\begin{cases}
P(A \,|\, 주택) = P(A \,|\, 공장) = P(A \,|\, 논밭) \\
P(B \,|\, 주택) = P(B \,|\, 공장) = P(B \,|\, 논밭) \\
P(C \,|\, 주택) = P(C \,|\, 공장) = P(C \,|\, 논밭)
\end{cases} \tag{2.6}
$$

이라고 표현할 수도 있습니다. 즉, 예를 들어

- 주택의 총면적 중 10%가 A도
- 공장의 총면적 중 10%가 A도
- 논밭의 총면적 중 10%가 A도

처럼 A도의 기여는 어떤 용도로도 10%입니다. 마찬가지로 B도의 기여는 어떤 용도로도 30%
고, C도의 기여는 어떤 용도로도 60%입니다. 이것도 앞에서 처음에 말한 획일성과 같은 가치입
니다. 이를 간단히 이해하려면 앞에 나온 조건(식 2.5)을 잘 생각해보세요. 식 (2.5)에서는 도와
용도가 대등합니다. 대등하므로 둘의 역할을 바꿔도 등가, 즉 원래 가치와 같습니다. 그리고 식
(2.5)는 지금까지 나온 어떤 획일성 조건과도 등가였습니다. 그렇게 되면 결국 어떤 획일성 조건
에서나 도와 용도의 역할을 교체해도 무방합니다. 거기서 식 (2.2) 조건으로 도와 용도의 역할을
교체하면 식 (2.6) 조건이 됩니다. 이와 비슷하게 식 (2.3) 조건으로 도와 용도의 역할을 바꿔

$$
\begin{cases}
P(A, 주택) : P(B, 주택) : P(C, 주택) \\
P(A, 공장) : P(B, 공장) : P(C, 공장) \\
P(A, 논밭) : P(B, 논밭) : P(C, 논밭)
\end{cases}
$$

이라는 것도 역시 획일성의 조건으로 등가입니다. 말로 풀어 설명하면 용도별 각 도의 기여 비는

- A도의 주택 면적 : B도의 주택 면적 : C도의 주택 면적
- A도의 공장 면적 : B도의 공장 면적 : C도의 공장 면적
- A도의 논밭 면적 : B도의 논밭 면적 : C도의 논밭 면적

이지만, 주택이나 공장이나 논밭에 상관없이 일정하다는 것입니다. 그림 2-4는 이 모습을 나타내고 있습니다.[1]

또한, 식 (2.4) 조건의 도와 용도를 교체한 버전, 즉

$$
\begin{cases}
P(A\,|\,용도) = P(A) \\
P(B\,|\,용도) = P(B) \\
P(C\,|\,용도) = P(C)
\end{cases}
$$

가 어떤 용도(주택, 공장, 논밭)에서도 성립한다는 것 역시 획일성과 등가입니다. 용도에 상관없이 '각 도의 기여 비중은 각 도의 총면적 비율과 마찬가지'라는 것입니다. 나라의 총면적이 1이므로,

'도의 면적' = '나라의 총면적 중 그 도가 차지하는 비중'

인 것을 생각하세요.

▼ 그림 2-4 비율이 일정

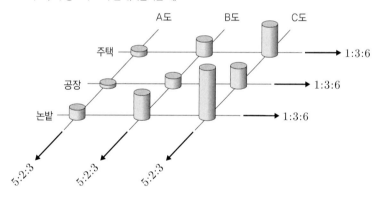

각 도, 각 용도의 토지 면적(획일적인 예)

2.1.5 연습 완료

이것으로 연습을 마쳤습니다. 이후 내용에서 개념이 헷갈릴 때는 언제든지 이 절로 돌아오세요.

---

1 뒤에 나오는 연속값의 경우(4.4.6절)와 비교하기 쉽게 여기서만 일부러 개념도를 입체 막대 그래프로 그렸습니다. 일반적으로 입체 막대 그래프는 추천하지 않습니다(6.1.2절 '기술 통계').

2.2 / 결합 확률과 주변 확률

그러면 확률 이야기로 돌아갑시다. 지금부터는 여러 개의 확률변수를 종합해 생각하겠습니다.

파악해야 하는 이야기는 2.1절의 계산에서 거의 해뒀으므로 당분간은 같은 내용을 확률 이야기로 바꿔서 설명합니다(본질적으로 새로운 이야기는 2.5.4절 '세 개 이상의 독립성(요주의)'에서 나옵니다).

2.2.1 두 개의 확률변수

확률변수 X, Y에 대해, $X = a$고 $Y = b$가 될 확률은 $P(X = a, Y = b)$입니다. 이렇게 여러 조건을 지정하고 모든 조건이 동시에 성립하는 확률을 **결합 확률**이라고 부릅니다.[2] '어떤 것이나 성립'이 아니라 모든 것이 '각각' 성립해야 한다는 것을 잘 새겨두세요. 결합 확률과 대비해서 $P(X = a)$나 $P(Y = b)$ 같은 단독 확률은 **주변 확률**이라고 부릅니다. 결합 확률의 목록이 **결합분포**, 주변 확률의 목록이 **주변분포**입니다.

결합 확률과 주변 확률의 관계는 다음과 같습니다.

$$P(X = a) = \sum_b P(X = a, Y = b)$$

$$P(Y = b) = \sum_a P(X = a, Y = b)$$

기호 $\sum_b (\cdots)$은 'Y가 취할 수 있는 모든 값 b에 대한 $(\cdots)$의 합계'를 나타냅니다. $\sum_a$ 역시 X가 취할 수 있는 모든 값 a에 대한 합계입니다. 이 관계가 성립하는 것은 그림 2–5와 같은 토지 이용의 이야기며, 도를 X, 용도를 Y라고 바꾸고 나서 그대로 신의 관점의 평행 세계 이야기로 바꿔 해석하면 명확하죠.

---

2 **동시 확률**이라고 부르는 사람도 있습니다. 표기할 때 $P(X = a, Y = b)$를 $P_{X,Y}(a, b)$라고 쓰는 사람도 있습니다.

▼ 그림 2-5 Ω나라(다시 보기)

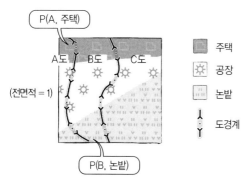

예제 2.1

다음과 같이 카드 16장을 뒤섞어 한 장을 뽑은 뒤 색깔(빨강인지 검정인지)을 X, 종류(수 카드인지 그림 카드인지)를 Y로 합니다. 이때 X, Y의 결합분포를 구하세요. 또 X의 주변분포도 구하세요.

◇J	◇Q	◇K	♡J
♡Q	♡K	♡1	♡2
♠K	♠1	♠2	♡3
♠3	♠4	♠5	♠6

답

각 조건에 해당하는 카드가 16장 중 몇 장인지를 따져보면 X, Y의 결합분포는 다음 표와 같습니다.

	Y = 수 카드	Y = 그림 카드
X = 빨강	3/16	6/16
X = 검정	6/16	1/16

또 X의 주변분포는

$$\begin{cases} \mathrm{P}(X = \text{빨강}) = \mathrm{P}(X = \text{빨강}, Y = \underline{\text{수 카드}}) + \mathrm{P}(X = \text{빨강}, Y = \underline{\text{그림 카드}}) \\ \qquad = 3/16 + 6/16 = 9/16 \\ \mathrm{P}(X = \text{검정}) = \mathrm{P}(X = \text{검정}, Y = \underline{\text{수 카드}}) + \mathrm{P}(X = \text{검정}, Y = \underline{\text{그림 카드}}) \\ \qquad = 6/16 + 1/16 = 7/16 \end{cases}$$

(양쪽 다 밑줄 부분으로 경우를 구분했다고 생각하면 됩니다.)

이상과 같이 결합분포에서 주변분포를 계산할 수 있습니다. 한편 주변분포가 지정됐다고 해서 그것으로 결합분포를 결정할 수는 없습니다. 실제로 주변분포가 같지만 결합분포가 다른 예를 다음과 같이 얼마든지 만들 수 있습니다.

	수	그림
빨강	4/16	5/16
검정	5/16	2/16

	수	그림
빨강	5/16	4/16
검정	4/16	3/16

	수	그림
빨강	6/16	3/16
검정	3/16	4/16

예제 2.2

각각에 대해 반드시 성립하는지(○) 또는 성립하지 않는지(×)를 답하세요.

1. $P(X = a, Y = b) = P(X = b, Y = a)$
2. $P(X = a, Y = b) = P(Y = b, X = a)$
3. $P(X = a, Y = b) = P(Y = a, X = b)$
4. $0 \leq P(X = a, Y = b) \leq P(X = a) \leq 1$
5. $\sum_a P(X = a, Y = b) = 1$
6. $\sum_a \sum_b P(X = a, Y = b) = 1$

여기서 $\sum_a$는 'X가 취할 수 있는 모든 값 a에 대한 합계', $\sum_b$는 'Y가 취할 수 있는 모든 값 b에 대한 합계'입니다.[3]

답

1. ×   2. ○   3. ×

'X = a고 Y = b'와 'Y = b고 X = a'는 같은 것입니다. 나머지는 다른 조건으로 바뀌어 있습니다.

4. ○

확률은 0 이상 1 이하입니다. 그래도 '$X(\omega) = a$고 $Y(\omega) = b$인 세계 ω들의 집합'은 '$X(\omega) = a$인 세계 ω들의 집합'에 포함되므로 후자가 더 넓습니다.

5. ×   6. ○

결합분포의 모든 조합에 대한 확률을 합하면 1입니다. 방금 "응?"이라고 한 사람은 토지 이용 이야기를 복습하세요.

2.2.2 더 많은 확률변수

더 많은 확률변수를 다루는 예로 1.2절의 몬티 홀 문제를 다시 보겠습니다.

---

3   $\sum_a \sum_b$라는 이중 합이 어리둥절한 사람은 부록 A.4절 '합 $\sum$'를 참조하세요. $\sum_a$와 $\sum\limits_a$는 같은 의미입니다.

정답 문을 X, 도전자가 선택한 문을 Y, 사회자가 열어 보인 문을 Z라고 합시다. X, Y, Z는 모두 확률변수며 '가' '나' '다' 중에서 어느 한 가지 값을 취합니다. X, Y, Z의 결합분포는 다음과 같았습니다.

	$Y=$ 가			$Y=$ 나			$Y=$ 다		
	$Z=$ 가	$Z=$ 나	$Z=$ 다	$Z=$ 가	$Z=$ 나	$Z=$ 다	$Z=$ 가	$Z=$ 나	$Z=$ 다
$X=$ 가	0	1/18	1/18	0	0	2/18	0	2/18	0
$X=$ 나	0	0	2/18	1/18	0	1/18	2/18	0	0
$X=$ 다	0	2/18	0	2/18	0	0	1/18	1/18	0

도전자가 문 '다'를 고르고 사회자가 문 '가'를 열 확률, 즉 주변 확률 $P(Y=$ 다, $Z=$ 가$)$를 구하려면 지정되지 않은 X의 값이 가, 나, 다 중 어느 것인지에 의해 경우를 구분하고 다음과 같이 계산합니다.

$P(Y=$ 다, $Z=$ 가$)$

$= P(X=$ 가, $Y=$ 다, $Z=$ 가$) + P(X=$ 나, $Y=$ 다, $Z=$ 가$) + P(X=$ 다, $Y=$ 다, $Z=$ 가$)$

$= 0 + \dfrac{2}{18} + \dfrac{1}{18} = \dfrac{3}{18} = \dfrac{1}{6}$

'$Y=$ 다, $Z=$ 가'로 되어 있는 모든 조합의 확률을 합하면 $P(Y=$ 다, $Z=$ 가$)$가 구해집니다. 이 원칙은 확률변수의 개수가 늘어나도 통용됩니다.

그럼 사회자가 문 '가'를 열 확률, 즉 주변 확률 $P(Z=$ 가$)$는 계산할 수 있을까요? 같은 원칙에 따르면 '$Z=$ 가'가 되는 모든 조합의 확률을 합함으로써 다음과 같이 구해집니다.

$P(Z=$ 가$)$

$= P(X=$ 가, $Y=$ 가, $Z=$ 가$) + P(X=$ 나, $Y=$ 가, $Z=$ 가$) + P(X=$ 다, $Y=$ 가, $Z=$ 가$)$

$+ P(X=$ 가, $Y=$ 나, $Z=$ 가$) + P(X=$ 나, $Y=$ 나, $Z=$ 가$) + P(X=$ 다, $Y=$ 나, $Z=$ 가$)$

$+ P(X=$ 가, $Y=$ 다, $Z=$ 가$) + P(X=$ 나, $Y=$ 다, $Z=$ 가$) + P(X=$ 다, $Y=$ 다, $Z=$ 가$)$

$= (0 + 0 + 0) + \left(0 + \dfrac{1}{18} + \dfrac{2}{18}\right) + \left(0 + \dfrac{2}{18} + \dfrac{1}{18}\right) = \dfrac{6}{18} = \dfrac{1}{3}$

2.1 $P(Y=$ 다, $Z=$ 가$)$는 주변 확률인가요? 콤마가 들어 있으므로 결합 확률 아닌가요?

주변 확률이라는 용어는 상대적인 것입니다. X, Y, Z의 결합분포에서 보면 $P(Y=$ 다, $Z=$ 가$)$도 주변 확률입니다. 그리고 $P(Y=$ 다, $Z=$ 가$)$ 자체는 $Y=$ 다와 $Z=$ 가의 결합 확률이기도 합니다.

2.3 조건부 확률

2.2절에서는 결합 확률과 주변 확률이라는 개념을 배웠습니다. 이와 더불어 이 절에서는 조건부 확률이라는 개념을 배웁니다. 결합 확률·주변 확률·조건부 확률이라는 삼종 세트가 각각 어떻게 다르고, 서로 어떤 관계인지 잘 기억해두세요. 삼종 세트를 자유자재로 구사하는 힘이야말로 서로 뒤얽혀 있는 문제를 분석하기 위해 꼭 필요합니다.

2.3.1 조건부 확률이란

실제 흥미를 끄는 양*에는 **조건부 확률**이라는 개념으로 파악되는 경우가 많습니다.

이 장의 서두에서 '공짜라는 단어를 포함한 메일은 광고일 가능성이 높다'고 말한 것처럼, ○○일 때 ××의 확률이라는 것이 조건부 확률입니다.

예제 2.1에서 나온 이야기로 설명하겠습니다. 트럼프의 명세와 X, Y의 결합분포는 다음과 같았습니다.

◇J	◇Q	◇K	♡J
♡Q	♡K	♡1	♡2
♠K	♠1	♠2	♡3
♠3	♠4	♠5	♠6

	Y = 수 카드	Y = 그림 카드
X = 빨강	3/16	6/16
X = 검정	6/16	1/16

이제 'X = 빨강'의 경우로 이야기를 한정해봅시다. 신의 관점에서 말하면 그림 2-6 같은 영역으로 이야기를 한정하는 것입니다. 거기만 보면 X = 빨강 세계 중 삼분의 일이 Y = 수 카드, 삼분의 이가 Y = 그림 카드입니다. 이를

$$P(Y = 수\ 카드\,|\,X = 빨강) = \frac{1}{3}$$

$$P(Y = 그림\ 카드\,|\,X = 빨강) = \frac{2}{3}$$

처럼 쓰고 각각

---

* 역주 여기서 양은 숫자로 표현되는 양을 의미합니다.

- X = 빨강이라는 조건하에서, Y = 수 카드일 조건부 확률은 $\dfrac{1}{3}$

- X = 빨강이라는 조건하에서, Y = 그림 카드일 조건부 확률은 $\dfrac{2}{3}$

처럼 말합니다.[4] 둘을 하나로 정리하면 다음과 같습니다.

X = 빨강이라는 조건하에서 Y의 **조건부분포**

세로줄 '|'를 읽을 때는 영어로 'given'이라고 흔히 읽습니다.

▼ 그림 2-6 조건에 의한 영역의 한정

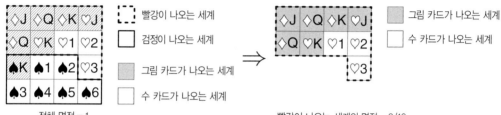

일반적으로 쓰면

$$P(Y = b \mid X = a) = \frac{P(X = a,\, Y = b)}{P(X = a)} \tag{2.7}$$

이것이 조건부 확률의 정의입니다(a도의 b의 비율은 'a도의 b의 면적 $P(X = a,\, Y = b)$'를 'a도 전체 면적 $P(X = a)$'로 나눈 것이었죠).

조건부 확률에 관해 우선 분명히 짚고 넘어가야 할 것은

$$P(Y = \underline{수\ 카드} \mid X = 빨강) + P(Y = \underline{그림\ 카드} \mid X = 빨강) = 1$$

이라는 성질입니다. 'X = 빨강이라는 조건하에서 Y의 조건부분포'도 'Y의 분포'의 일종으로 'Y가 취할 수 있는 값 모두에 대한 확률을 합하면 1'입니다. 일반적으로 쓰면 다음과 같습니다.

$$\sum_b P(Y = b \mid X = a) = 1 \qquad \text{(좌변은 } Y\text{가 취할 수 있는 모든 } b\text{를 합한다는 뜻)}$$

또한, $\sum_a P(Y = b \mid X = a)$ 쪽은 1이 전혀 아닙니다. 여기서 "응?"이라고 한 사람은 2.1.2절 '도 내·용도 내에서의 비율(조건부 확률의 연습)'을 복습하세요.

---

4 $P(Y = b \mid X = a)$를 $P_{Y|X}(b \mid a)$라고 쓰는 사람도 있습니다. 또 다른 기법은 1장의 주석 8번을 참조하세요.

예제 2.3

X, Y의 결합분포가 다음 표와 같을 때 조건부 확률 $P(Y = 동 \,|\, X = 가)$를 구하세요.

	$Y = 서$	$Y = 동$
$X = 가$	0.1	0.2
$X = 나$	0.3	0.4

답

$$P(Y = 동 \,|\, X = 가) = \frac{P(X = 가, Y = 동)}{P(X = 가)} = \frac{0.2}{0.1 + 0.2} = \frac{2}{3}$$

이학과 공학에서는 조건부 확률이 주목받을 때가 많습니다. 이학과 공학의 문제를 규명하면 '어떤 X가 이런 값이었을 때 다른 어떤 양 Y는 이런 값이 된다'는 관계를 둘러싼 이야기에 이르기 때문이죠. 유동성이 없는 경우 이러한 이야기는 함수 $Y = f(X)$라는 개념으로 기술됩니다. 그러나 현실에서는 노이즈가 섞여 들어오는 것을 피할 수 없으므로 완벽하게 정확히 측정하기란 불가능합니다. 따라서 X의 측정치가 같아도 얻는 Y의 측정치는 달라져버립니다. 그렇기 때문에 X가 이런 값이었을 때 Y의 확률분포는 어떻게 될지를 논의해야 합니다. 다시 말해 함수 $Y = f(X)$가 아니라 조건부 확률 $P(Y = b \,|\, X = a)$를 논한다는 것입니다.

따라서 확률론을 응용하고 싶다면 반드시 조건부 확률을 자유자재로 계산할 수 있어야 합니다. 다음 절에서는 조건부 확률 계산에 사용되는 기본적인 관계식을 설명합니다.

2.2 본문에 나온 예의 조건부 확률을 식 (2.7)로 구하려고 하니 $\dfrac{3/16}{9/16}$이라는 분수의 분수가 되고 말았습니다. 이것은 어떻게 계산해야 할까요?

분모 분자에 같은 수를 걸고 소거하는 것은 쉽죠?

$$\frac{3/16}{9/16} = \frac{\frac{3}{16} \cdot 16}{\frac{9}{16} \cdot 16} = \frac{9}{3} = \frac{1}{3}$$

혹은 분수끼리의 나눗셈으로 해석해도 괜찮습니다. 나눗셈은 분모 분자를 뒤집어서 곱셈하면 됩니다.

$$\frac{3/16}{9/16} = \frac{3}{16} \div \frac{9}{16} = \frac{3}{16} \cdot \frac{16}{9} = \frac{3 \cdot 16}{16 \cdot 9} = \frac{3}{9} = \frac{1}{3}$$

2.3 **세로줄의 오른쪽과 왼쪽이 어디가 어디였는지 기억할 수 없습니다.**

이런 것은 어떻습니까? $P(Y = \text{수카드} \mid X = \text{빨강})$을 읽을 때 우선 '피 괄호 Y = 수 카드'까지 읽고 한숨 돌립니다. 여기까지 읽는 법은 $P(Y = \text{수 카드})$와 같습니다. 여기까지는 Y가 수 카드가 될 확률을 나타내고 있는 것이라고 의식합시다. 그리고 인상을 쓰며 '다만 X = 빨강(이라는 조건 아래)'이라고 이어 읽습니다.

2.4 $P(Y = \textbf{수 카드} \mid X = \textbf{검정})$**과** $P(Y = \textbf{수 카드}, X = \textbf{검정})$**이 뒤죽박죽이 됩니다.**

기억하세요. 어떻게든 기억하세요. 이것을 기억하지 않으면 결코 확률을 이야기할 수 없습니다. 참고로 집합의 조건 제시법

$$\{2n \mid n\text{은 1 이상 5 이하의 정수}\}$$

에서도 '세로줄의 오른쪽이 조건' '세로줄은 '다만'이라고 읽는다'는 공통입니다(부록 A.3절 '집합'). 이를 함께 머리에 새기면 좋습니다.

2.5 **혹시** $P(X = a) = 0$**이면** $P(Y = b \mid X = a)$**는 어떻게 되나요?**

이 책에서는 부정(분모가 0)이라고 간주해, 나아가 '이 부정'을 가리키는 0은 0이라고 정하겠습니다. $P(Y = \text{수 카드} \mid X = \text{빨강}) + P(Y = \text{그림 카드} \mid X = \text{빨강}) = 1$과 같은 식도 잘 이해되도록 '적당히' 해석해주세요. 이렇게 해놓지 않으면 여러 가지 이야기가 주의 투성이(다만 $P(X = a) = 0$의 경우는 제외하고)가 되어서 눈에 거슬리니까요. 2.1절의 Ω나라에 비유하면, 국내에 논밭이 전혀 없는데도 "논밭 전체(면적 0) 중 A도에 있는 것(면적 0)의 비율은 얼마인가?"라고 묻는 것 같은 선문답입니다.

2.3.2 결합분포 · 주변분포 · 조건부분포의 관계

지금까지 여러 개의 확률변수가 서로 얽혀 있는 문제를 논하는 데 필요한 결합분포 · 주변분포 · 조건부분포라는 삼종 세트를 살펴봤습니다.

- 결합 확률 $P(X = a, Y = b)$:

  $X = a$고 $Y = b$인 영역의 면적

- 주변 확률 $P(X = a)$:

  Y는 뭐든 좋으니까 일단 $X = a$인 영역의 합계 면적

- 조건부 확률 $P(Y = b \mid X = a)$:

  $X = a$인 영역으로만 이야기를 한정할 때 $Y = b$인 영역의 비율

이 절에서는 세 분포의 관계를 정리합니다.

결합분포와 주변분포의 관계는 이렇습니다.

$$P(X = a) = \sum_b P(X = a, Y = b), \quad P(Y = b) = \sum_a P(X = a, Y = b)$$

그림 2-7은 그 일례입니다.

▼ 그림 2-7 결합 확률에서 주변 확률을 계산

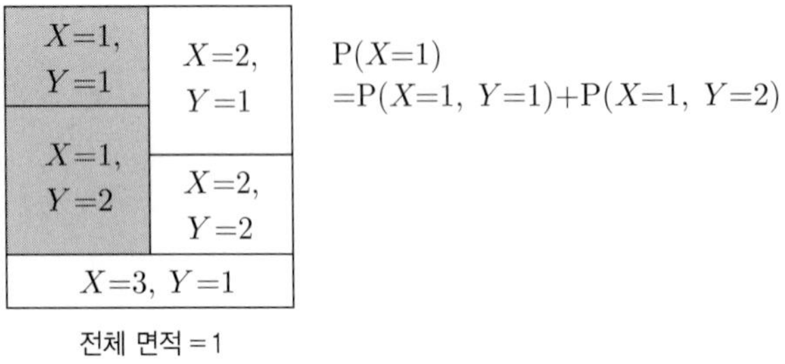

주변분포와 조건부분포에서 다음과 같이 결합분포를 나타낼 수 있습니다.

$$P(X = a, Y = b) = P(X = a \mid Y = b)\,P(Y = b)$$
$$= P(Y = b \mid X = a)\,P(X = a)$$

이것이 성립한다는 사실은 조건부분포의 정의에서 금방 알 수 있고, 토지 이용 이야기에서도 분명히 나타납니다. 예를 들어 예제 2.1에 대해 그림 2-8을 보면서 확인하세요. 붉은 면적이 9/16로, 그 삼분의 이가 그림 카드였으니 '붉은 그림 카드' 면적(즉, 확률)은

$$\frac{2}{3} \cdot \frac{9}{16} = \frac{6}{16}$$

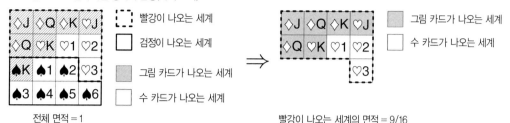

입니다.[5] 이 식의 좌변이 $P(Y = \text{그림 카드} \mid X = \text{빨강}) P(X = \text{빨강})$, 우변이 $P(X = \text{빨강}, Y = \text{그림 카드})$입니다.

▼ 그림 2-8 조건에 따른 영역의 한정(다시 보기)

전체 면적 = 1   빨강이 나오는 세계의 면적 = 9/16

여기서 무심코 '○○으로 ××가 될 확률'이라고 말해버리면 혼란을 초래할 수 있습니다.

- ○○이고 ××일 결합 확률 $P(○○, ××)$
- ○○이라는 조건 아래에서 ××의 조건부 확률 $P(×× \mid ○○)$

처럼 뚜렷한 표현에 유의합시다.

예제 2.4

조커를 제외한 트럼프 카드 52장을 섞은 뒤 한 장을 뽑아서 카드의 색깔을 X로 합니다. 계속해서 나머지 51장을 다시 섞은 뒤 한 장을 뽑아서 카드의 색깔을 Y로 합니다. X, Y가 같은 색으로 될 확률을 구하세요.

답

$$
\begin{aligned}
P(X,\ Y\text{가 같은 색}) &= P(X = \text{빨강},\ Y = \text{빨강}) + P(X = \text{검정},\ Y = \text{검정}) \\
&= P(Y = \text{빨강} \mid X = \text{빨강})\, P(X = \text{빨강}) \\
&\quad + P(Y = \text{검정} \mid X = \text{검정})\, P(X = \text{검정}) \\
&= \frac{25}{51} \cdot \frac{1}{2} + \frac{25}{51} \cdot \frac{1}{2} = \frac{25}{51} \approx 0.490 \qquad (\approx \text{는 '대략'을 의미함})
\end{aligned}
$$

---

5 예를 들어 절반의 절반은 $\frac{1}{2} \cdot \frac{1}{2} = \frac{1}{4}$이고, 삼분의 일의 사분의 일은 $\frac{1}{4} \cdot \frac{1}{3} = \frac{1}{12}$입니다.

다음 각각에 대해 반드시 성립하는지(○) 또는 다 그런 것은 아닌지(×) 답하세요.

1. $\sum_a \sum_b P(X = a \mid Y = b) = 1$

2. $\sum_a P(X = a \mid Y = b) = 1$

3. $\sum_b P(X = a \mid Y = b) = 1$

4. $P(X = a \mid Y = b) + P(Y = b \mid X = a) = 1$

5. $P(X = a \mid Y = b) = P(Y = b \mid X = a)$

6. $P(X = a \mid Y = b) = P(X = a) + P(Y = b)$

7. $P(X = a \mid Y = b) = P(X = a) P(Y = b)$

8. $0 \leq P(X = a, Y = b) \leq P(X = a \mid Y = b) \leq 1$

9. $0 \leq P(X = a \mid Y = b) \leq P(X = a) \leq 1$

단, $\sum_a$는 'X가 취할 수 있는 모든 값 a에 대한 합계', $\sum_b$는 'Y가 취할 수 있는 모든 값 b에 대한 합계'로 합니다.

답

2번과 8번이 ○, 나머지는 모두 ×입니다. 2번은

$$\sum_a P(X = a \mid Y = b) = \sum_a \frac{P(X = a, Y = b)}{P(Y = b)} = \frac{\sum_a P(X = a, Y = b)}{P(Y = b)} = \frac{P(Y = b)}{P(Y = b)} = 1$$

이므로 확실히 성립합니다. 8번도 확률이 0 이상 1 이하이므로

$$0 \leq P(X = a, Y = b)$$

$$P(X = a, Y = b) = P(X = a \mid Y = b) P(Y = b) \leq P(X = a \mid Y = b)$$

가 성립되고, 더욱이 $P(X = a, Y = b) \leq P(Y = b)$(예제 2.2)로부터

$$P(X = a \mid Y = b) = \frac{P(X = a, Y = b)}{P(Y = b)} \leq 1$$

이라 할 수 있습니다. 나머지는 예제 2.3이 반례가 되는 것을 각각 확인해주세요. 예를 들어 9번입니다. 그럼 $P(X = 가 \mid Y = 동)$과 $P(X = 가)$를 비교해봅시다. '반드시 성립한다'는 주장을 부정하는 데는 반례를 하나 보이면 충분합니다. 이 논리는 이 책에서 계속 사용됩니다.

예제 2.6

(걸리기 쉬우므로 주의)

1. A산과 B산에서 P(다람쥐 목격, 눈이 내린다)를 비교하면 A산 쪽이 높습니다. 또한, P(다람쥐 목격, 눈이 오지 않음)도 A산 쪽이 높습니다. P(다람쥐 목격)은 A산 쪽이 위라고 단정하죠?

2. C산과 D산에서 P(다람쥐 목격 | 눈이 내린다)를 비교하면 C산 쪽이 높습니다. 또한, P(다람쥐 목격 | 눈이 오지 않음)도 C산 쪽이 높습니다. P(다람쥐 목격)은 C산 쪽이 위라고 단정하죠?

3. E산은 다음과 같습니다.

$$\text{P(곰 목격 | 눈이 내린다)} < \text{P(다람쥐 목격 | 눈이 내린다)}$$

$$\text{P(곰 목격 | 눈이 오지 않음)} < \text{P(다람쥐 목격 | 눈이 오지 않음)}$$

E산에서는 P(곰 목격) < P(다람쥐 목격)이라고 단정할 수 있을까요?

답

1. Yes. 다음과 같기 때문입니다.

$$\text{P(다람쥐 목격)} = \text{P(다람쥐 목격, 눈이 내린다)} + \text{P(다람쥐 목격, 눈이 오지 않음)}$$

2. No. 예를 들면 이런 반례를 만들 수 있습니다(**심슨의 패러독스**).

   - C산:

     P(눈이 내린다) = 0.01, P(다람쥐 목격 | 눈이 내린다) = 0.8,

     P(다람쥐 목격 | 눈이 오지 않음) = 0.1

   - D산:

     P(눈이 내린다) = 0.99, P(다람쥐 목격 | 눈이 내린다) = 0.5,

     P(다람쥐 목격 | 눈이 오지 않음) = 0

3. Yes. 다음 식의 우변을 각각 비교하세요.

$$\text{P(곰 목격)} = \text{P(곰 목격 | 눈이 내린다)} \, \text{P(눈이 내린다)}$$
$$+ \text{P(곰 목격 | 눈이 오지 않음)} \, \text{P(눈이 오지 않음)}$$
$$\text{P(다람쥐 목격)} = \text{P(다람쥐 목격 | 눈이 내린다)} \, \text{P(눈이 내린다)}$$
$$+ \text{P(다람쥐 목격 | 눈이 오지 않음)} \, \text{P(눈이 오지 않음)}$$

이전 질문과의 차이점은 '조건이 공통이었는지'의 여부입니다. 즉, C산의 강설과 D산의 강설은 예외였습니다.

2.6 너무 어려워서 이제 따라갈 수가 없습니다…

2.1절 '각 도의 토지 이용(면적 계산 연습)'을 다시 복습해보세요. 식의 글자만 놓고 풀지 말고, 그 이미지를 떠올리거나 실제로 종이에 그려보면 분명히 이해하게 될 것입니다. 또한, 예제 2.6이라면 각 산을 각각 다른 그림에 그려보면서 좀 더 쉽게 이해할 수 있습니다.

2.7 앞서 예제 2.4는 첫 번째 색 X가 우선 결정되어 그에 따른 두 번째 색 Y의 확률이 오르내린다는 말이었을 것입니다. 그런데 X, Y의 결합분포를 찾아보면 다음과 같이 X, Y가 완전히 대등해집니다. 이 표에서는 $X \rightarrow Y$라는 방향을 읽어낼 수 없을까요?

	Y = 빨강	Y = 검정
X = 빨강	25/102	26/102
X = 검정	26/102	25/102

네, 읽어낼 수 없습니다. 결합분포가 대등하기에 거기서 구할 수 있는 주변분포와 조건부분포도 모두 대등합니다. 결국 **인과 관계**는 확률분포에서 읽어낼 수 없습니다. 확률론에서 다루는 것은 어디까지나 X와 Y가 관련 있는 곳까지입니다. 어느 쪽이 원인이고 어느 쪽이 결과인지는 확률론과는 다른 이야기입니다(참고문헌 [23][29]).

2.8 그럼 어떻게든 원인과 결과를 구별하고 싶은 경우에는 어쩌면 좋을까요?

단순히 확률뿐만 아니라 뭔가 다른 개념을 적용할 수밖에 없습니다.

한 가지 방법은 시간이라는 개념을 적용하고 시간적 선후 관계를 보는 것입니다. 현상 X가 현상 Y보다 먼저 발생했다면 적어도 Y는 X의 원인이 아닐 것입니다. 다만 '사실은 관측할 뻔했던 현상 A가 더 전에 있어, X도 Y도 A라는 원인에서 생긴 결과에 불과하다'는 가능성을 잊지 마세요. 개구리가 운 다음 날에는 비가 내리기 십상이라고 해서 개구리가 비를 뿌리는 것은 아닙니다.

더 확실한 방법은 수동적으로 관측하지 말고 능동적으로 개입하는 것입니다. X가 Y의 원인($X \rightarrow Y$)이라면 X를 고의로 바꿨을 때 Y에도 영향이 나타나겠죠. X가 Y의 결과($X \leftarrow Y$)라면 X를 강제로 바꿨다고 해도 Y는 영향을 받지 않죠. 자세한 것은 역시 참고문헌 [23][29]를 참조하세요.

2.3.3 등호 이외의 조건에서도 마찬가지

여기까지는 '지정된 값이 될 확률'만 다뤄왔는데, 같은 이치가 임의의 조건에도 통용됩니다. 예를 들어

$$P(X < a, Y > b) \cdots X < a고 Y > b가 되는 결합 확률$$

$$P(X < a \,|\, Y > b) \cdots Y > b라는 조건하에서 X < a가 되는 조건부 확률$$

에 대해 다음이 성립합니다(주목할 부분에 밑줄을 그었습니다).

$$P(X < a) = P(X < a, \underline{Y < b}) + P(X < a, \underline{Y = b}) + P(X < a, \underline{Y > b})$$

$$P(X < a, Y > b) = P(X < a \,|\, \underline{Y > b})\,P(\underline{Y > b})$$

신의 관점인 그림 2-9를 그리고 '영역이 어떻고, 면적이 어떻고, 비율이 어떻고' 하는 논리까지 다시 세우면 지금과 마찬가지로 이해될 것입니다.

▼ 그림 2-9 등호 이외의 조건으로도 마찬가지다.

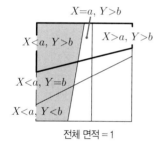

부등식뿐만 아니라 더 복잡한 조건에서도 OK입니다. 예를 들어 X가 주사위의 눈이라고 가정한 뒤 다음 식을 각자 해석해보세요.

$P(X가 가끔)$

$\quad = P(X가 소수, X가 짝수) + P(X가 소수 아님, X가 짝수)$

$\quad = P(X가 짝수 \,|\, X가 소수)\,P(X가 소수) + P(X가 짝수 \,|\, X가 소수 아님)\,P(X가 소수 아님)$

$\quad = \dfrac{1}{3} \cdot \dfrac{1}{2} + \dfrac{2}{3} \cdot \dfrac{1}{2} = \dfrac{1}{2}$(소수에 대해서는 부록 A.2절 참조)

지금 설명한 것을 정식 용어로 말하면 **사상**에 관한 결합 확률과 조건부 확률에 해당합니다(사상이라는 말은 1.3절 '세 조합 (Ω, $\mathcal{F}$, P) – 신의 관점'에서 살짝만 다뤘습니다). 예를 들어 P(X가 소수, X가 짝수)는 'X가 소수다'라는 사상과 'X가 짝수다'라는 사상의 결합 확률입니다. 과거에 확률을 배운 적이 있다면 확률변수보다 사상의 결합 확률·조건부 확률이 더 친숙할지도 모릅니다.

2.3.4 세 개 이상의 확률변수

(여기서는 선행 학습 수준의 내용을 다루므로 이해하기 어렵다면 2.4절 '베이즈 공식'까지 넘어가도 상관없습니다.[6])

세 개 이상의 확률변수의 조건부 확률

세 개 이상의 확률변수에 대해서도 이처럼 조건부 확률을 정의합니다.

- '$Y = b$고 $Z = c$'일 때 $X = a$가 되는 조건부 확률

$$P(X = a \mid Y = b, Z = c) \equiv \frac{P(X = a, Y = b, Z = c)}{P(Y = b, Z = c)}$$

- $Z = c$일 때 '$X = a$고 $Y = b$'일 조건부 확률

$$P(X = a, Y = b \mid Z = c) \equiv \frac{P(X = a, Y = b, Z = c)}{P(Z = c)}$$

- '$Z = c$고 $W = d$'일 때 '$X = a$고 $Y = b$'일 조건부 확률

$$P(X = a, Y = b \mid Z = c, W = d) \equiv \frac{P(X = a, Y = b, Z = c, W = d)}{P(Z = c, W = d)}$$

라는 식입니다.

순간 당황스러웠을지도 모르지만, 실제로는 지금까지 설명한 내용에서 특별히 비약한 것은 없습니다. 모두 단순히 이전 2.3.3절의 P(조건 | 조건)에서 각 조건이 복합적(○○이고 ××)이 된 것입니다.

여기서 일반적으로

$$P(○○, ××, △△)$$
$$= P(○○ | ××, △△) \, P(××, △△)$$
$$= P(○○ | ××, △△) \, P(×× | △△) \, P(△△)$$

라는 형태로 분해할 수 있다는 것을 명심하세요. 예를 들어

$$P(X = a, Y = b, Z = c) = P(X = a \mid Y = b, Z = c) \, P(Y = b \mid Z = c) \, P(Z = c) \qquad (2.8)$$

와 같은 조합입니다. 우변은 오른쪽부터 읽는 것이 의미를 알기 쉽죠. 그림 2-10과 같습니다.

---

6 이후 2.5.4절 '세 개 이상의 독립성(요주의)'이나 8.2절 '확률 과정에서'의 내용을 살펴볼 때는 이 절에서 다루는 내용이 쓰입니다. 그때는 여기로 다시 돌아오세요.

$X = a$가 될 확률은 일반적으로 Y뿐 아니라 Z에 의해서도 영향받는다는 것을 잊지 마세요.

❤ 그림 2-10 세 변수의 결합 확률의 계산

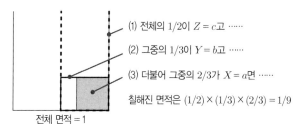

(1) 전체의 1/2이 $Z = c$고 ……

(2) 그중의 1/3이 $Y = b$고 ……

(3) 더불어 그중의 2/3가 $X = a$면 ……

칠해진 면적은 $(1/2) \times (1/3) \times (2/3) = 1/9$

전체 면적 = 1

위 식에서 ○○, ××, △△의 순서를 바꿔 넣은 식도 성립합니다.

$$P(○○, ××, △△)$$
$$= P(○○|××, △△)\,P(××|△△)\,P(△△)$$
$$= P(△△|○○, ××)\,P(××|○○)\,P(○○)$$
$$= P(△△|○○, ××)\,P(○○|××)\,P(××)$$

어떤 순서대로 생각해도 최종적으로는 ○○이고 ××이고 △△인 확률을 구할 수 있을 것입니다.

개수가 더 많아도 마찬가지입니다. 예를 들어 네 개라면 이런 형태로 분해됩니다.

$$P(○○, ××, △△, □□)$$
$$= P(○○|××, △△, □□)\,P(××|△△, □□)\,P(△△|□□)\,P(□□)$$

예: 세 개의 문(몬티 홀 문제)

예를 들어 그림 2-11의 '세 개의 문(몬티 홀 문제)'을 지금 되돌아보면 이런 식으로 보이죠.

❤ 그림 2-11 몬티 홀 문제(다시 보기). 자세한 것은 1.2절을 참조한다.

X를 정답 문, Y를 도전자가 선택하는 문, Z를 진행자가 열어 보이는 문으로 합니다. 알고 싶었던 것은 예를 들어 다음과 같은 값이었습니다.

$$\mathrm{P}(X = \text{다} \,|\, Y = \text{다},\ Z = \text{가})$$

… 도전자가 다를 뽑고 진행자가 가를 열어 보였을 때 다가 정답인 조건부 확률

그 답은 다음과 같이 구합니다.

$$\mathrm{P}(X = \text{다} \,|\, Y = \text{다},\ Z = \text{가})$$

$$= \frac{\mathrm{P}(X = \text{다},\ Y = \text{다},\ Z = \text{가})}{\mathrm{P}(Y = \text{다},\ Z = \text{가})}$$

$$= \frac{\mathrm{P}(X = \text{다},\ Y = \text{다},\ Z = \text{가})}{\mathrm{P}(X = \underline{\text{가}},\ Y = \text{다},\ Z = \text{가}) + \mathrm{P}(X = \underline{\text{나}},\ Y = \text{다},\ Z = \text{가}) + \mathrm{P}(X = \underline{\text{다}},\ Y = \text{다},\ Z = \text{가})}$$

이 안에서 나오는 결합 확률은 게임의 룰에 따라 다음과 같이 계산됩니다. X는 주사위를 던지므로 다음과 같습니다.

$$\mathrm{P}(X = \text{가}) = \mathrm{P}(X = \text{나}) = \mathrm{P}(X = \text{다}) = \frac{1}{3}$$

또한, Y도 그와 무관하게 주사위를 던져서 다음과 같습니다.

$$\mathrm{P}(Y = \text{다} \,|\, X = \underline{\text{가}}) = \mathrm{P}(Y = \text{다} \,|\, X = \underline{\text{나}}) = \mathrm{P}(Y = \text{다} \,|\, X = \underline{\text{다}}) = \frac{1}{3}$$

그리고 사회자가 가를 열어 보이는 조건부 확률은 다음과 같습니다.

$$\mathrm{P}(Z = \text{가} \,|\, X = \underline{\text{가}},\ Y = \text{다}) = 0 \qquad \cdots\cdots \text{ 정답을 열었기에 보여줄 것이 없다.}$$

$$\mathrm{P}(Z = \text{가} \,|\, X = \underline{\text{나}},\ Y = \text{다}) = 1 \qquad \cdots\cdots \text{ 남은 오답은 가뿐이므로 필연}$$

$$\mathrm{P}(Z = \text{가} \,|\, X = \underline{\text{다}},\ Y = \text{다}) = \frac{1}{2} \qquad \cdots\cdots \text{ 나머지는 모두 오답이라 반반}$$

위 식을 정리하면

$$\mathrm{P}(X = \underline{\text{가}},\ Y = \text{다},\ Z = \text{가}) = \mathrm{P}(Z = \text{가} \,|\, X = \text{가},\ Y = \text{다})\,\mathrm{P}(Y = \text{다} \,|\, X = \text{가})\,\mathrm{P}(X = \text{가})$$

$$= 0 \cdot \frac{1}{3} \cdot \frac{1}{3} = 0$$

$$\mathrm{P}(X = \underline{\text{나}},\ Y = \text{다}, Z = \text{가}) = \mathrm{P}(Z = \text{가} \,|\, X = \text{나},\ Y = \text{다})\,\mathrm{P}(Y = \text{다} \,|\, X = \text{나})\,\mathrm{P}(X = \text{나})$$

$$= 1 \cdot \frac{1}{3} \cdot \frac{1}{3} = \frac{1}{9}$$

$$\mathrm{P}(X = \text{다}, Y = \text{다}, Z = \text{가}) = \mathrm{P}(Z = \text{가} \,|\, X = \text{다}, Y = \text{다}) \,\mathrm{P}(Y = \text{다} \,|\, X = \text{다}) \,\mathrm{P}(X = \text{다})$$

$$= \frac{1}{2} \cdot \frac{1}{3} \cdot \frac{1}{3} = \frac{1}{18}$$

다음과 같이 구할 수 있습니다.

$$\mathrm{P}(X = \text{다} \,|\, Y = \text{다}, Z = \text{가}) = \frac{1/18}{0 + 1/9 + 1/18} = \frac{1/18}{3/18} = \frac{1}{3}$$

이것이 도전자가 처음으로 택한 문을 관철하다가 통했을 때의 정답 확률입니다. 이를 보면 도전자는 문을 다시 선택하는 쪽이 좋다는 것을 알게 됩니다. 규칙에서 $\mathrm{P}(X = \text{가} \,|\, Y = \text{다}, Z = \text{가})$는 0(사회자가 열어 보이는 문은 꼭 오답)이므로 남은 가능성은 다음과 같습니다.

$$\mathrm{P}(X = \text{나} \,|\, Y = \text{다}, Z = \text{가}) = 1 - \mathrm{P}(X = \text{가} \,|\, Y = \text{다}, Z = \text{가})$$

$$- \mathrm{P}(X = \text{다} \,|\, Y = \text{다}, Z = \text{가})$$

$$= 1 - 0 - \frac{1}{3} = \frac{2}{3}$$

즉, 문을 다시 선택하면 확률 2/3로 정답입니다.

조건부 결합분포의 분해

상황에 따라서는 이런 '조건부 결합분포'의 분해도 활용될 수 있습니다.

$$\mathrm{P}(\bigcirc\bigcirc, \times\times \,|\, \triangle\triangle) = \mathrm{P}(\bigcirc\bigcirc \,|\, \times\times, \triangle\triangle) \,\mathrm{P}(\times\times \,|\, \triangle\triangle)$$

$$\mathrm{P}(X = a, Y = b \,|\, Z = c) = \mathrm{P}(X = a \,|\, Y = b, Z = c) \,\mathrm{P}(Y = b \,|\, Z = c) \qquad (2.9)$$

그림 2–10에서 확인하세요.[7]

자신의 실력을 평가하고 싶은 독자를 위해 마지막으로 까다로운 예를 들어둡니다. 이 예를 해독하면 이 주제는 일단 졸업한 셈입니다.

$$\mathrm{P}(U = u, V = v, W = w, X = x \,|\, Y = y, Z = z)$$

$$= \mathrm{P}(U = u, V = v \,|\, W = w, X = x, Y = y, Z = z)$$

$$\times \mathrm{P}(W = w \,|\, X = x, Y = y, Z = z) \,\mathrm{P}(X = x \,|\, Y = y, Z = z)$$

---

7 식으로 써봐도 양변이 동일한 것은 바로 알 수 있습니다. 조건부 확률의 정의에서

$$\text{왼쪽} = \frac{\mathrm{P}(\bigcirc\bigcirc, \times\times, \triangle\triangle)}{\mathrm{P}(\triangle\triangle)}, \quad \text{오른쪽} = \frac{\mathrm{P}(\bigcirc\bigcirc, \times\times, \triangle\triangle)}{\mathrm{P}(\times\times, \triangle\triangle)} \cdot \frac{\mathrm{P}(\times\times, \triangle\triangle)}{\mathrm{P}(\triangle\triangle)}$$

지도를 따라 다음과 같이 변형해가면 됩니다.

$$우변 = \mathrm{P}(U = u, V = v \mid W = w, X = x, Y = y, Z = z)$$
$$\times \mathrm{P}(W = w, X = x \mid Y = y, Z = z)$$
$$= \mathrm{P}(U = u, V = v, W = w, X = x \mid Y = y, Z = z) = 좌변$$

더 단적으로는 다음과 같습니다.

- 어떤 P에도 '$Y = y, Z = z$'라는 조건이 붙어 있다. 즉 '$Y = y, Z = z$'라는 조건은 이 식 전체를 꿰뚫는 대전제. 그러므로 대전제 아래에서 모두 생각하면 처음에 선언하고 그다음 '$Y = y, Z = z$'라는 것은 일일이 의식하지 않는다.
- 그렇다면 이제

$$\mathrm{P}(U = u, V = v, W = \mathrm{w}, X = x)$$
$$= \mathrm{P}(U = u, V = v \mid W = w, X = x)\, \mathrm{P}(W = w \mid X = x)\, \mathrm{P}(X = x)$$

와 같은 종류의 이야기라고 생각하면 된다. 이를 오른쪽부터 해석하는 것은 전에 말했던 대로다.

2.4 베이즈 공식

조건부 확률의 응용으로 이 절에서는 일종의 **역문제**를 생각합니다. 역문제는 간단히 말해 결과에서 원인을 찾는 문제를 말합니다.[8] 원인 X를 직접적으로 관측·측정할 수 없을 때 거기서 일어난 결과 Y를 보고 원인 X를 추측하는 것은 여러 가지 측면에서 상투적인 수단입니다.

이 형태로 해석할 수 있는 문제는 공학에 많이 나타납니다.[9]

- 통신: 소음이 들어간 수신 신호 Y에서 송신 내용 X를 맞힌다.
- 음성 인식: 마이크로 모은 음성의 파형 데이터 Y에서 말소리 X를 맞힌다.

---

8 반대로 '원인에서 결과를 요구하는 문제'를 보통 **순문제**라고 부르기도 합니다. 또한, 이 절에서 사용하는 원인 및 결과라는 말은 어디까지나 편의상 사용하는 말입니다. 딱 알기 쉽게 이런 말을 하고 있습니다만, 사실은 질문 2.7대로입니다. 인과 관계는 확률론의 범주가 아닙니다.

9 각각의 예에 깊게 들어가지 않으므로, 지금은 잘 몰라도 신경 쓰지 마세요. 제대로 설명한다면 교과서가 각각 한 권씩 필요한 전문 분야고, 실용적으로는 데이터로부터 메커니즘을 추측하는 2부와 같은 논의도 필요하게 됩니다('지은이의 말'의 '구성에 대해' 절 참조).

- 문자 인식: 스캐너로 읽어들인 화상 데이터 Y에서 적힌 문자 X를 맞힌다.
- 메일 자동 필터링: 받은 메일의 내용 Y에서 메일의 종류(광고 여부) X를 맞힌다.

여기서 X가 같아도 Y는 꼭 같지 않다는 점에 주의하세요. 대부분의 상황에서는 노이즈나 흔들림이 생기는데, 단순히 $Y = f(X)$라는 함수로 모델화할 수 없습니다. 그래서 노이즈나 흔들림을 확률적으로 다루는 복수의 확률변수 X, Y의 조합으로 X, Y의 관계를 기술하는 방법을 소개합니다.

2.4.1 문제 설정

문제는 롤플레잉 게임에서 자주 있는 이런 장면입니다.

> 어떤 롤플레잉 게임에서는 몬스터를 쓰러뜨리면 보물 상자를 얻을 수 있습니다. 보물 상자는 확률 2/3로 함정입니다. 함정의 낌새는 마법으로 판정할 수 있지만, 판정이 완전하지 않아 확률 1/4로 잘못된 판정 결과가 나오고 맙니다.
> 지금 몬스터를 쓰러뜨리고 보물 상자에 마법을 걸어 함정의 낌새가 없다는 판정이 나왔습니다. 이 상황에서 '실제로 보물 상자가 함정일 확률'은 얼마죠?

보물 상자가 함정인지를 확률변수 X로 나타내고 마법에 의한 판정 결과를 확률변수 Y로 나타내면, 위의 문제는 이렇게 해석됩니다.

$$P(X = 함정\ 있음) = \frac{2}{3}$$

$$P(Y = 낌새\ 없음 \,|\, X = 함정\ 있음) = \frac{1}{4}$$

$$P(Y = 낌새\ 있음 \,|\, X = 함정\ 없음) = \frac{1}{4}$$

$$이때\ P(X = 함정\ 있음 \,|\, Y = 낌새\ 없음) = ?$$

단적으로 말하면

- $P(원인)$과 $P(결과 \,|\, 원인)$의 목록이 주어졌을 때
- $P(원인 \,|\, 결과)$를 답하라.

라는 유형의 문제가 이 절의 주제입니다.

이런 맥락에서 $P(원인)$을 **사전 확률**, $P(원인 \,|\, 결과)$를 **사후 확률**이라고 부릅니다. 각각의 목록이 **사전 분포**와 **사후 분포**입니다. 이 용어는 결과 Y의 정보를 얻기 전인지 얻은 후인지를 구분합니다.

2.4.2 베이즈의 그림 그리는 노래

이쯤에서 보통 베이즈 공식이 등장하겠죠. 그래도 우리는 이미 신의 관점이라는 강력한 도구가 있으므로, 이 장점을 살려서 현재 문제를 그림 그리는 노래로 풀어봅시다.[10] 가능하면 종이와 펜을 준비하고, 그림을 똑같이 그리며 진행하세요.

1. 전체 면적은 1이다.

전체 면적 = 1

2. 그중 2/3가 X = 함정 있음, 나머지 1/3이 X = 함정 없음

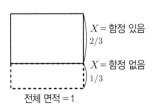

X = 함정 있음
2/3

X = 함정 없음
1/3

전체 면적 = 1

3. X = 함정 있음 중 1/4이 Y = 낌새 없음

그것은 전체의 $\dfrac{2}{3} \cdot \dfrac{1}{4} = \dfrac{1}{6}$에 해당한다.

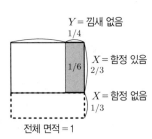

Y = 낌새 없음
1/4

1/6

X = 함정 있음
2/3

X = 함정 없음
1/3

전체 면적 = 1

4. 마찬가지로 X = 함정 없음 중 3/4이 Y = 낌새 없음

그것은 전체의 $\dfrac{1}{3} \cdot \dfrac{3}{4} = \dfrac{1}{4}$ 에 해당한다.

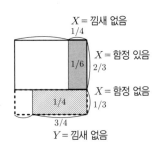

X = 낌새 없음
1/4

1/6

X = 함정 있음
2/3

X = 함정 없음
1/3

1/4

3/4

Y = 낌새 없음

5. 합쳐서, Y = 낌새 없음은 전체의 $\dfrac{1}{6} + \dfrac{1}{4} = \dfrac{5}{12}$

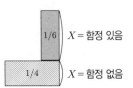

1/6

X = 함정 있음

1/4

X = 함정 없음

'Y = 낌새 없음'의 면적 합계 = 5/12

---

10 거짓말입니다. 노래는 없습니다. 그래도 그 정도의 리듬으로 쉽게 풀 수 있는 과정을 소개합니다.

6. 그중에서 $X =$ 함정 있음의 비율은

$$\frac{1/6}{5/12} = \frac{2}{5} = 0.4$$

(분수의 분수 형태가 낯설다면 질문 2.2 참조)

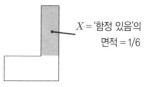

$X =$ '함정 있음'의
면적 = 1/6

'$Y =$ 낌새 없음'의 면적 합계 = 5/12

마법으로 함정의 낌새가 없다고 판정되어도, 오히려 40% 확률로 함정에 걸리고 있습니다. 체력과 장비가 완전하지 않을 때는 섣불리 보물 상자를 건드리지 않는 편이 좋겠죠.

예제 2.7

마찬가지로 보물 상자는 2/3 확률로 함정에 걸립니다. 하지만 이번에는 마법의 레벨이 올라 잘못 판정할 확률이 1/10까지 떨어졌습니다.

1. 몬스터를 쓰러뜨리고 얻은 보물 상자에 마법을 걸었을 때 함정의 낌새가 없다고 판정될 확률은?

2. 마법을 걸자 낌새가 없다는 판정이 떴다. 이때 사실은 함정에 걸릴 확률은?

답

실제 함정의 유무를 X, 판정 결과를 Y로 놓고, 전과 마찬가지로 그림을 그리면 이렇게 됩니다.

$Y =$ 낌새 없음

전체 면적 = 1

1/10

$X =$ 함정 있음

2/30

2/3

$X =$ 함정 없음

9/30

1/3

9/10

$Y =$ 낌새 없음

1. 낌새가 없다고 판정될 확률은 그림에서 칠해진 면적입니다.

$$\mathrm{P}(Y = 낌새\ 없음) = \mathrm{P}(X = 함정\ 있음, Y = 낌새\ 없음) + \mathrm{P}(X = 함정\ 없음, Y = 낌새\ 없음)$$

$$= \mathrm{P}(Y = 낌새\ 없음 \,|\, X = 함정\ 있음)\,\mathrm{P}(X = 함정\ 있음)$$

$$+ \mathrm{P}(Y = 낌새\ 없음 \,|\, X = 함정\ 없음)\,\mathrm{P}(X = 함정\ 없음)$$

$$= \frac{1}{10} \cdot \frac{2}{3} + \frac{9}{10} \cdot \frac{1}{3} = \frac{2}{30} + \frac{9}{30} = \frac{11}{30}$$

2. 그림의 칠해진 부분 중 $X =$ 함정 있음의 비율은 다음과 같습니다.

$$P(X = \text{함정 있음} \,|\, Y = \text{낌새 없음}) = \frac{P(X = \text{함정 있음}, \, Y = \text{낌새 없음})}{P(Y = \text{낌새 없음})} = \frac{2/30}{11/30} = \frac{2}{11} \approx 0.18$$

눈으로 파악되는 사람은 계산을 더 생략해도 상관없습니다(칠해진 부분으로 이야기를 한정하면, 함정 있음 : 함정 없음 = 2 : 9이므로 함정 있음의 비율은 2/(2 + 9) = 2/11입니다).

예제 2.8

A시 인구는 10만 명으로 그중 한 명이 우주인입니다. 판정기는 우주인을 알아볼 수 있지만 1% 확률로 잘 못 판정합니다. 즉, 우주인에 대해서도 1% 확률로 인간으로 판정하고, 인간에 대해서도 1% 확률로 우주인으로 판정합니다.

1. 10만 명 중 임의로 한 명을 데려왔을 때 판정기가 우주인이라고 판정할 확률은?
2. 10만 명 중 임의로 한 명을 데려왔을 때 판정기가 우주인으로 판정했습니다. 이때 정말 우주인일 확률은?

답

정체를 X, 판정 결과를 Y로 놓고, 지금까지와 같은 요령으로 그림을 그리면 다음과 같습니다(정확히 그리면 안 보이므로 과장해서 그렸습니다).

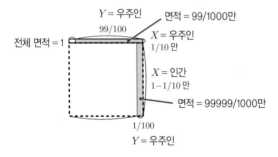

1. 우주인으로 판정할 확률은 그림에서 칠해진 부분의 면적입니다.

$$P(Y = \text{우주인})$$
$$= P(X = \underline{\text{우주인}}, \, Y = \text{우주인}) + P(X = \underline{\text{인간}}, \, Y = \text{우주인})$$
$$= P(Y = \text{우주인} \,|\, X = \underline{\text{우주인}})P(X = \underline{\text{우주인}}) + P(Y = \text{우주인} \,|\, X = \underline{\text{인간}})P(X = \underline{\text{인간}})$$
$$= \frac{99}{100} \cdot \frac{1}{10\text{만}} + \frac{1}{100} \cdot \frac{99999}{10\text{만}} = \frac{99}{1000\text{만}} + \frac{99999}{1000\text{만}} = \frac{100098}{1000\text{만}}$$
$$= 0.0100098 \ \ (\text{대략 1\%})$$

2. 그림에서 칠해진 부분 중 $X = $ 우주인의 비율은 다음과 같습니다.

$$P(X = \text{우주인} \mid Y = \text{우주인}) = \frac{P(X = \text{우주인},\ Y = \text{우주인})}{P(Y = \text{우주인})} = \frac{99/1000만}{100098/1000만}$$

$$= \frac{99}{100098} \approx 0.000989 \quad (\text{대략 } 0.1\%)$$

아주 정확한 판정기의 말이므로 우주인이라고 판정되면 그러려니 하겠지만, 계산하면 이렇게 됩니다. 사후 확률은 겨우 0.1%입니다. 사전 확률도 고려하지 않으면 잘못 판단할 수 있다는 예였습니다.

예제 2.9

또 롤플레잉 게임 문제입니다. 이 게임에는 세 종류(보통·상급·특제)의 방패가 등장합니다. 지하 미궁에 빠진 방패는 확률 1/2로 보통, 1/3로 상급, 1/6로 특제입니다. 겉으로는 구별할 수 없지만 성능에 차이가 있습니다.

- 보통 방패는 확률 1/18로 몬스터의 공격을 피한다.
- 상급 방패는 확률 1/6로 몬스터의 공격을 피한다.
- 특제 방패는 확률 1/3로 몬스터의 공격을 피한다.

이렇게 설정되어 있다면

1. 주운 방패를 장비했을 때 몬스터의 공격을 피할 확률은?
2. 주운 방패를 장비하고 걸어가다가 몬스터의 공격을 받았는데 공격을 피했다. 이때 방패가 특제일 확률은?

답

방패의 종류를 X, 회피의 성패를 Y로 놓고, 지금까지와 같은 요령으로 그림을 그리면 다음과 같습니다.

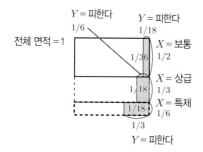

1. 피할 확률은 그림에서 칠해진 부분의 면적입니다.

$$P(Y = 피한다) = \frac{1}{18} \cdot \frac{1}{2} + \frac{1}{6} \cdot \frac{1}{3} + \frac{1}{3} \cdot \frac{1}{6} = \frac{1}{36} + \frac{1}{18} + \frac{1}{18} = \frac{5}{36}$$

2. 그림에서 칠해진 부분 중 $X = $ 특제의 비율은

$$P(X = 특제 \,|\, Y = 피한다) = \frac{1/18}{5/36} = \frac{2}{5} = 0.4$$

2.4.3 베이즈 공식

지금까지 배운 풀이 방법을 복습해봅시다.

$$P(X = ▲) \cdots 원인이 ▲인 확률$$
$$P(Y = ○ \,|\, X = ▲) \cdots 원인이 ▲였을 때, 결과가 ○인 조건부 확률$$

의 목록에서

$$P(X = ▲ \,|\, Y = ○) \cdots 결과가 ○이었을 때 원인이 ▲인 조건부 확률$$

을 구하는 것이 목표였습니다. 조금 전에 살펴본 예제 2.9로 말하면 답은 다음과 같습니다.

$$P(특제 \,|\, 피한다)$$
$$= \frac{P(피한다 \,|\, 특제)\,P(특제)}{P(피한다 \,|\, 보통)\,P(보통) + P(피한다 \,|\, 상급)\,P(상급) + P(피한다 \,|\, 특제)\,P(특제)}$$

이것이 결과로부터 원인(확률)을 구하는 방법입니다. 이를 **베이즈 공식**이라고 부릅니다. 일반적으로 쓰면 다음과 같습니다.

$$P(X = ▲ \,|\, Y = ○)$$
$$= \frac{P(Y = ○ \,|\, X = ▲)\,P(X = ▲)}{P(Y = ○ \,|\, X = ■)\,P(X = ■) + P(Y = ○ \,|\, X = ▲)\,P(X = ▲) + \cdots + P(Y = ○ \,|\, X = ◆)\,P(X = ◆)}$$

'$\cdots$'에는 X가 취할 수 있는 모든 값을 더합니다.

베이즈 공식을 암기할 때 세로줄의 좌우가 틀릴까봐 걱정을 많이 합니다. 능숙하게 익히려면 먼저 소개한 것처럼 그림으로 생각하는 방법을 추천합니다. 식으로 생각하더라도 암기보다는 정의와 성질로 그 자리에서 이끌어내는 것이 좋겠죠.

$$P(X = \blacktriangle \,|\, Y = \bigcirc)$$

$$= \frac{P(X = \blacktriangle, Y = \bigcirc)}{P(Y = \bigcirc)} \quad \cdots\cdots \text{정의대로}$$

$$= \frac{P(X = \blacktriangle, Y = \bigcirc)}{P(X = \blacksquare, Y = \bigcirc) + P(X = \blacktriangle, Y = \bigcirc) + \cdots + P(X = \blacklozenge, Y = \bigcirc)} \quad \cdots\cdots \text{분모를 경우에 따라 구분}$$

$$= \frac{P(Y = \bigcirc \,|\, X = \blacktriangle)\,P(X = \blacktriangle)}{P(Y = \bigcirc \,|\, X = \blacksquare)\,P(X = \blacksquare) + P(Y = \bigcirc \,|\, X = \blacktriangle)\,P(X = \blacktriangle) + \cdots + P(Y = \bigcirc \,|\, X = \blacklozenge)\,P(X = \blacklozenge)}$$

$\cdots\cdots$ 결합 확률을 조건부 확률로 나타낸다.

현재 계산에서는 결합 확률·주변 확률·조건부 확률의 기본 성질만 사용합니다.

다음과 같은 결합 확률의 일람표로 말하면

	$Y = \circledcirc$	$Y = \bigcirc$	$\cdots$	$Y = \star$
$X = \blacksquare$		가		
$X = \blacktriangle$		나		
$\vdots$		$\vdots$		
$X = \blacklozenge$		마		

1. 결합 확률 가, 나, $\cdots$, 마를 계산한다.

2. 그중에서 나가 차지하는 비중 나/(가 + 나 + $\cdots$ + 마)를 답한다.

라는 절차를 따른 것입니다.

예제 2.10

조커를 제외한 트럼프 52장을 뒤집어서 섞고, 위에서 한 장을 뽑아 뒤집은 채 금고에 넣었습니다. 나머지를 다시 섞은 후 한 장을 뽑아 앞면을 보니 다이아몬드 6이었습니다. 여기서 금고 안의 카드가 빨간색일지, 검은색일지를 두고 내기를 합니다.

- A 씨의 의견:
  지금 빨간색이 나왔다는 것은 금고의 카드가 검은색일 확률이 높다는 거야.

- B 씨의 의견:
  아니, 어느 쪽에 걸어도 확률은 1/2일 거야. 금고의 카드가 빨간색이냐, 검은색이냐는 처음에 뽑힌 시점에 결정됐어. 이때 확률은 어느 쪽도 물론 1/2이지. 그 후 금고는 아무도 손대지 않았으니까, 금고 안이 나중에 바뀌는 일은 없어.

어느 쪽에 동의하나요? 의견이 다른 상대방을 설득할 수 있나요?

답

첫 번째 카드 색깔을 X, 두 번째 카드 색깔을 Y로 합시다. 다음 식은 B 씨도 동의할 것입니다.

$$P(X = 검정) = P(X = 빨강) = \frac{1}{2}, \quad P(Y = 빨강 \mid X = 검정) = \frac{26}{51},$$

$$P(Y = 빨강 \mid X = 빨강) = \frac{25}{51}$$

문제의 상황에서 검은색에 걸었다면 당첨 확률은 $P(X = 검정 \mid Y = 빨강)$입니다. 베이즈 공식을 이용해 이를 계산해보겠습니다.

$$P(X = 검정 \mid Y = 빨강)$$

$$= \frac{P(X = 검정, Y = 빨강)}{P(Y = 빨강)} = \frac{P(X = 검정, Y = 빨강)}{P(X = \underline{검정}, Y = 빨강) + P(X = \underline{빨강}, Y = 빨강)}$$

$$= \frac{P(Y = 빨강 \mid X = 검정)\,P(X = 검정)}{P(Y = 빨강, X = \underline{검정})\,P(X = \underline{검정}) + P(Y = 빨강 \mid X = \underline{빨강})\,P(X = \underline{빨강})}$$

$$= \frac{\dfrac{26}{51} \cdot \dfrac{1}{2}}{\dfrac{26}{51} \cdot \dfrac{1}{2} + \dfrac{25}{51} \cdot \dfrac{1}{2}} = \frac{26}{51} \approx 0.510$$

그래서 역시 검은색이 유리합니다.

혹시 아직도 납득되지 않는다면 카드 장수를 줄여서 생각해보세요. 극단적인 경우로 빨간색 한 장과 검은색 한 장, 총 두 장으로 이 내기를 하고 있었다면? '$Y = 빨강$'을 본 시점에서 금고 안의 카드는 반드시 검은색입니다. 즉, $P(X = 검정 \mid Y = 빨강) = 1$입니다. 혹은 첫 번째 카드를 금고에 넣은 뒤 다음 카드를 26장 넘겨보니 모든 카드가 빨강이라면? 역시 금고 안의 카드는 확실히 검은색입니다. 비록 금고에 손을 대지 않아도 이렇게 조건부 확률(사후 확률)은 1/2 이외의 값이 될 수 있습니다. 인과 관계에 대한 질문 2.7도 참조하세요.

2.5 독립성

이 장에서는 일관되게 여러 개의 확률변수의 관계를 다뤄왔습니다. 2.3절의 '조건부 확률'은 X를 안 상태에서 어떤 Y가 나올지를 답하는 예측의 이야기로 해석할 수 있습니다. 2.4절의 '베이즈 공식'은 반대로 계산해 $X \to Y$의 영향 상태(그리고 X의 사전 분포)에 근거해 Y로부터 X를 맞히는 이야기였습니다.

지금부터 다룰 주제는 더 근본으로 돌아간 물음입니다. 여러 개의 확률변수가 있을 때 처음에 궁금한 것은 변수들 사이에 원래 상관이 있는지 없는지입니다. 이 독립성의 개념은 응용의 여러 상황에서도 열쇠가 됩니다.

- X와 Y가 관련이 없다면 X를 보고 Y를 맞히는 것은 난센스입니다. 이런 경우 Y와 독립적인 X는 도움이 되지 않습니다.

- 독립일 경우 장점도 있습니다. X와 Y에 상관관계가 없는 경우 변수들이 얽힌 상황을 일일이 생각할 필요가 없기 때문에 확률이 훨씬 쉽게 계산되니까요. 혹은 더 적극적으로 여러 가지 성분이 섞여 있는 신호로부터 독립성을 단서로 각 성분을 추출하는 방법도 개발되고 있습니다(**독립 성분 분석**(Independent Component Analysis, **ICA**)).

- 일반적으로 노이즈와 흔들림에 대한 대책으로 같은 실험을 여러 차례 시행하고 결과를 보는 방식을 많이 사용합니다. 이 방식을 사용해도 이전 시행에 영향을 받으면 모처럼 횟수를 늘린 시행의 장점이 퇴색됩니다. 나중에 설명할 큰 수의 법칙(3.5절)과 중심극한정리(4.6절)를 적용시키기 위해서도 독립인 것이 이상적입니다.

그러나 독립이라는 말이 일반적으로 많이 사용되는 탓에 확률론에서 독립의 의미를 오해하는 사람이 계속 나타납니다. 국어 사전에 올라 있는 의미와 수학 용어로서의 정의는 다릅니다. 수학에서도 가령 선형 독립과 이 절에서 말하는 독립은 또 서로 별개입니다. 우선 흔한 착각을 예로 들어봅니다.

- '균등분포'와의 혼동:

  독립성은 다음과 같은 의미가 아닙니다. 균등분포(이산값)

  $$\mathrm{P}(Y = 가 \,|\, X = ○○) = \mathrm{P}(Y = 나 \,|\, X = ○○) = \mathrm{P}(Y = 다 \,|\, X = ○○) = \cdots$$

- '동일 분포'와의 혼동:

  독립성은 다음과 같은 의미가 아닙니다.

  $$\mathrm{P}(X = 가) = \mathrm{P}(Y = 가), \ \ \mathrm{P}(X = 나) = \mathrm{P}(Y = 나), \ \ \mathrm{P}(X = 다) = \mathrm{P}(Y = 다), \ \cdots$$

- '배반'과의 혼동:

  독립성은 '$X = 가$와 $Y = 가$의 어느 한 쪽만 일어난다'는 의미가 아닙니다. 이런 배반성은 오히려 X와 Y가 독립이 아님을 나타냅니다. 실제로 만약 X가 가라는 것을 알면 Y는 가가 아니라는 것을 확실히 알게 됩니다. 이는 X와 Y가 관련이 있음을 의미합니다.

확률론에서 '독립'은 'X와 Y 사이에 전혀 상관관계가 없다'는 뜻입니다. X에 무엇이 나올지는 Y로서는 모르는 일입니다. 즉, X가 가일 수도 나일 수도 다일 수도 있지만, Y로서는 어떤 값이 나오기 쉬울지에 대해 아무런 차이가 없습니다.

이러한 성질을 식에서 어떻게 나타내면 좋을지는 뒤에서 설명하겠습니다.

2.5.1 사상의 독립성(정의)

2.4.1절에서 다뤘던 보물 상자의 함정 판정을 떠올려보세요. 진짜 마법사는 불완전하지만 마법으로 함정의 낌새를 판정할 수 있었습니다. 그러나 지금부터는 가짜 마법사 이야기입니다. 가짜이기 때문에 실제로 마법은 쓸 수 없습니다. 판정할 때는 몰래 주사위를 던져 1이 나오면 '낌새 없음'이라 대답하고, 그 외의 숫자가 나오면 '낌새 있음'이라 대답합니다. 이때 가짜 마법사의 솜씨는 확률에 어떤 형태로 나타나게 될까요?

이 경우 '함정에 걸린 것'과 '낌새가 있다고 판정되는 것'은 분명 무관합니다. 가장 노골적으로 나타나는 곳은 조건부 확률입니다. 함정에 걸리든 말든, 낌새가 있다는 조건부 확률은 변하지 않습니다.

$$\mathrm{P}(낌새\ 있음\,|\,함정\ 있음) = \mathrm{P}(낌새\ 있음\,|\,함정\ 없음) = \frac{5}{6}$$

함정과 무관하게 주사위를 던지고 있으니 당연합니다.

이렇게

$$\mathrm{P}(\blacktriangle\blacktriangle\,|\,\bigcirc\bigcirc) = \mathrm{P}(\blacktriangle\blacktriangle\,|\,\bigcirc\bigcirc이\ 아니다)$$

라고 되어 있을 때 '$\bigcirc\bigcirc$과 $\blacktriangle\blacktriangle$는 **독립**이다'라고 합니다.[11] 위의 예에서는 '함정에 걸린 것'과 '낌새가 있다고 판정되는 것'이 독립이었습니다. 참고로 독립이 아닐 때는 **종속**이다'라고 말하거나 그대로 '독립이 아니다'라고 말하기도 합니다.[12]

---

11 정확한 용어로는 '$\bigcirc\bigcirc$이라는 사상과 $\blacktriangle\blacktriangle$라는 사상은 독립이다'라고 말합니다. 2.3.3절 '등호 이외의 조건에서도 마찬가지'를 복습해보세요.

12 지금의 정의로 본다면 $\mathrm{P}(\bigcirc\bigcirc) = 0$과 $\mathrm{P}(\bigcirc\bigcirc) = 1$일 때는 부정이 되어버립니다만, 이 경우에도 '$\bigcirc\bigcirc$과 $\blacktriangle\blacktriangle$는 독립이다'라고 말하겠습니다. 나중에 2.5.2절의 설명을 보면 납득할 수 있을 것입니다.

2.9 '▲▲는 ○○으로부터 독립'이라고 말하는 것이 적절하지 않나요? '○○과 ▲▲는 독립'이라는 말로 돌리면 뭐가 뭔지 뒤죽박죽이 될 것 같습니다.

구별할 필요는 없습니다. '▲▲가 ○○으로부터 독립'이라면 '○○은 ▲▲로부터 독립'도 자동으로 성립하기 때문입니다. 자세한 것은 다음 절의 '말 바꾸기'에서 다루겠습니다.

예제 2.11

조커를 제외한 트럼프 52장을 섞은 다음 한 장을 뽑습니다. 이 카드에 대해

1. '스페이드'와 '그림 카드'는 독립인가요?
2. 스페이드'와 '하트'는 독립인가요?

답

♠K	♠Q	♠J	♠10	♠9	♠8	♠7	♠6	♠5	♠4	♠3	♠2	♠1
♡K	♡Q	♡J	♡10	♡9	♡8	♡7	♡6	♡5	♡4	♡3	♡2	♡1
♣K	♣Q	♣J	♣10	♣9	♣8	♣7	♣6	♣5	♣4	♣3	♣2	♣1
◇K	◇Q	◇J	◇10	◇9	◇8	◇7	◇6	◇5	◇4	◇3	◇2	◇1

1. 다음 값이 일치하므로 '독립이다.'

$$\begin{cases} P(\text{그림 카드} \mid \text{스페이드}) = 3/13 \quad \cdots\cdots \text{스페이드 13장 중에 그림 카드는 3장} \\ P(\text{그림 카드} \mid \text{스페이드 아님}) = 9/39 = 3/13 \quad \cdots\cdots \text{스페이드 이외의 39장 중에 그림 카드는 9장} \end{cases}$$

2. 다음 값이 일치하지 않으므로 '독립이 아니다.'

$$\begin{cases} P(\text{하트} \mid \text{스페이드}) = 0 \quad \cdots\cdots \text{스페이드 13장 중에 하트는 0장} \\ P(\text{하트} \mid \text{스페이드 아님}) = 13/39 = 1/3 \quad \cdots\cdots \text{스페이드 이외의 39장 중에 하트는 13장} \end{cases}$$

예제 2.12

주사위를 던져 나온 눈을 X로 합니다.

1. 'X가 3으로 나눠짐'과 'X가 짝수'는 독립인가요?
2. 'X가 소수'와 'X가 짝수'는 독립인가요?

답

1. 다음 값이 일치하므로 '독립이다.'

$$\begin{cases} \text{P}(X\text{가 짝수} \mid X\text{가 3으로 나눠진다}) = 1/2 \\ \qquad \cdots\cdots \text{3으로 나눠지는 눈(3과 6) 중 절반이 짝수} \\ \text{P}(X\text{가 짝수} \mid X\text{가 3으로 나눠지지 않는다}) = 1/2 \\ \qquad \cdots\cdots \text{3으로 나눠지지 않는 눈(1, 2, 4, 5) 중 절반이 짝수} \end{cases}$$

2. 다음 값이 일치하지 않으므로 '독립이 아니다.'

$$\begin{cases} \text{P}(X\text{가 짝수} \mid X\text{가 소수}) = 1/3 \\ \qquad \cdots\cdots \text{소수의 눈은 세 개(2와 3과 5). 그중 한 개가 짝수} \\ \text{P}(X\text{가 짝수} \mid X\text{가 소수 아님}) = 2/3 \\ \qquad \cdots\cdots \text{소수 아닌 눈은 세 개(1과 4와 6). 그중 두 개가 짝수} \end{cases}$$

예제 2.13

P(낌새 있음|함정 있음) = P(낌새 없음|함정 있음) = 1/2인 마법사가 가짜라는 의심을 받고 있습니다. 이 마법사를 변호해주세요.

답

이 조건은 '함정 있음'과 '낌새 있음'의 독립성을 의미하지 않습니다. 그래서 P(낌새 있음|함정 없음)이 어떻게 되는지도 물어보지 않으면 안 되죠. 예를 들어 만약 P(낌새 있음|함정 없음) = 1/100이면 '함정 있음'과 '낌새 있음'은 독립이 아닙니다.

2.5.2 사상의 독립성(말 바꾸기)

수학적 개념을 파악하는 유일한 수단은 그것을 몇 가지 다른 문맥 속에서 보고 몇 개든지 구체적인 예를 들어 깊이 생각하다가, 직감적인 결론을 강화하는 은유를 최소 두세 개 찾는 것이다.

그레그 이건의 '디아스포라'(Greg Egan 〈Diaspora〉,
Night Shade Books, 2015)에서

독립은 다양하게 말을 바꿔 정의할 수 있습니다. 확률에 근거해 무언가를 논하려면 독립성은 소중한 기초 개념이니까 어떤 방식으로 표현하더라도 잘 따라오세요.

다음은 모두 같은 것입니다(자세한 내용은 뒤에서 각각 설명합니다).

(가) ○○과 ▲▲는 독립

(나) 조건부 확률이 조건에 따라 다르지 않다.

$$P(▲▲|○○) = P(▲▲|○○ \text{ 아님})$$

(다) 조건을 달든 달지 않든 확률이 변하지 않는다.

$$P(▲▲|○○) = P(▲▲)$$

(라) 결합 확률의 비율이 같다.

$$P(○○, ▲▲):P(○○, ▲▲ \text{ 아님}) = P(○○ \text{ 아님}, ▲▲):P(○○ \text{ 아님}, ▲▲ \text{ 아님})$$

(마) 결합 확률이 주변 확률의 곱

$$P(○○, ▲▲) = P(○○)P(▲▲)$$

더욱이 ○○과 ▲▲의 역할을 바꾼 것도 이들과 등가입니다.

(나′) $P(○○|▲▲) = P(○○|▲▲ \text{ 아님})$

(다′) $P(○○|▲▲) = P(○○)$

(라′) $P(○○, ▲▲):P(○○ \text{ 아님}, ▲▲) = P(○○, ▲▲ \text{ 아님}):P(○○ \text{ 아님}, ▲▲ \text{ 아님})$

2.10 이것을 모두 기억해야 하나요?

만약 하나만 암기해야 한다면 (마)를 기억해두세요. 의미를 딱 알기 쉬운 것은 (나)나 (다)입니다만, 수식을 쓴다면 (마)가 가장 쉽기 때문입니다.

애초에 암기하기 좋으라고 이렇게 다양한 표현을 보여주는 것은 아닙니다. 목표는 어디까지나 독립성을 제대로 이해하는 것입니다. 그러기 위해서는 표현 방식을 단지 하나만이 아니라 다양하게 살펴보는 것이 더 유익합니다.

그럼 하나씩 살펴봅시다.

이 책에서 이야기할 순서로, 우선 (나)를 독립이라고 부르기로 정했습니다. 이는 **정의**이기 때문에 증명할 수 없을 뿐더러 증명할 필요도 없습니다.[13] 그래서 (가)와 (나)는 자동으로 등가입니다. '트럼프를 한 장 뽑아 그림 카드면 이기는' 도박으로 예를 들면 "언뜻 보인 마크가 스페이드든 스페이드가 아니든 기쁘다는 사실은 변하지 않아요. 이기는 건 마찬가지니까요"라는 것이 (나)입니다(예제 2.11).

$$\begin{cases} P(\text{그림 카드} \mid \text{스페이드}) = 3/13 \\ P(\text{그림 카드} \mid \text{스페이드 아님}) = 9/39 = 3/13 \end{cases}$$

다음에는 (다)를 봅시다. 이번에는 "스페이드가 언뜻 보여도 크게 상관없네요"라는 말입니다.

$$\begin{cases} P(\text{그림 카드} \mid \text{스페이드}) = 3/13 \\ P(\text{그림 카드}) = 12/52 = 3/13 \end{cases}$$

이럴 때도 '상관관계가 없다'고 하면 좋을 것입니다.

계속해서 (라)입니다. 식이 복잡해 눈이 따끔따끔합니다만, 결합 확률의 표에서 보면 요컨대 이렇습니다.

	그림 카드	그림 카드 아님
스페이드	3/52	10/52
스페이드 아님	9/52	30/52

$$\Rightarrow \quad \begin{aligned} 3/52 : 10/52 = 3:10 \\ 9/52 : 30/52 = 3:10 \end{aligned} \Bigg\} \text{ 비가 똑같다!}$$

말로 설명하면

> '스페이드' 행과 '스페이드가 아님' 행 모두 '그림 카드'(맞음)와 '그림 카드 아님'(틀림)의 비는 변하지 않는다.

결합 확률의 표를 보고 독립 여부를 알아채는 데는 (라)가 편리합니다. 이것이 독립성을 의미한다는 것은 2.3.1절 '조건부 확률이란'을 복습하면 이해할 수 있습니다.

여기까지는 이해했나요? 신의 관점의 그림 2-12를 보면서 다시 (나)(다)(라)의 의미를 확인해두세요.

---

13 정의와 정리는 완전히 별개입니다. 정의는 이런 것을 이렇게 부르자고 정합니다. 왜 그렇게 부르는지는 (수학으로는) 설명할 수 없습니다. 물론 무엇인가 의도가 있어서 이름을 붙였습니다만, 그런 동기를 설명하는 것은 '수학'이 아닙니다.

▼ 그림 2–12 독립성(신의 관점). 왼쪽은 제대로 13 × 4 = 52장을 모은 트럼프에서 한 장을 뽑는 경우. 오른쪽은 다 모으지 않은 트럼프(스페이드의 1, 2, 3과 하트의 J, Q, K를 뺀 46장)에서 한 장을 뽑는 경우

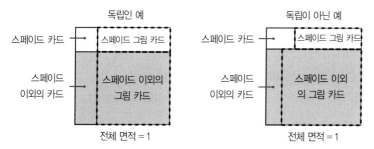

(나) '스페이드 중 그림 카드의 비율은 스페이드 이외의 그림 카드의 비율과 마찬가지'

(다) '스페이드 중 그림 카드의 비율은 전체 그림 카드의 비율과 마찬가지'

(라) '스페이드 중 그림 카드와 그림 카드 이외의 비는 스페이드 이외의 그림 카드와 그림 카드 이외의 비와 마찬가지'

다음으로 이제 (마)까지 왔습니다. 앞의 예로 말하면

$$
\begin{cases}
P(\text{스페이드, 그림 카드}) = \dfrac{3}{52} \\
P(\text{스페이드})\,P(\text{그림 카드}) = \dfrac{1}{4} \cdot \dfrac{3}{13} = \dfrac{3}{52}
\end{cases}
$$

이 일치한다는 것이 (마)입니다. (나)(다)(라)와 비교해 얼른 이해되지 않을 수도 있겠지만, 수식을 쓰기 편한 것으로는 (마)가 최고입니다. 사실 수학에서는 보통 (마)를 독립의 정의로 봅니다.[14]

2.11 왜 (마)가 독립을 나타내나요?

식에 대한 설명은 단순합니다. $P(\blacktriangle\blacktriangle \mid \bigcirc\bigcirc) = P(\bigcirc\bigcirc, \blacktriangle\blacktriangle)/P(\bigcirc\bigcirc)$을 떠올리면 (다)의 주장은 다음과 같습니다.

$$
\frac{P(\bigcirc\bigcirc,\ \blacktriangle\blacktriangle)}{P(\bigcirc\bigcirc)} = P(\blacktriangle\blacktriangle)
$$

이것의 분모를 제거한 식이 (마)입니다. 너무 단순해서 즉각 생각나지 않는 사람은 연습 때 식 2.5를 떠올려보세요.

---

14 (마)에는 조건부 확률이 나타나지 않아 만약 확률 0의 항목이 섞여 있어도 불편하지 않습니다. 반면 다른 표현법의 경우, 엄밀히 말하면 같은 단서가 일일이 필요합니다. 그런 사정도 있으므로 수식으로는 (마)가 가장 다루기 쉽습니다. 0으로 나눔이나 부정이 생기는 경우에는 모두 (마)로 판단하세요.

더불어 여기까지 ○○과 ▲▲의 역할을 교체해도 실제로는 등가입니다(2.1.4절). 그러니까 (가)(나)(다)(라)(마)에 더해 (나´)(다´)(라´)까지 전부 합쳐 등가라는 결론입니다. 구체적인 예로 말하면

(나´) '그림 카드 중 스페이드의 비율은 그림 카드 이외의 스페이드의 비율과 마찬가지'

(다´) '그림 카드 중 스페이드의 비율은 전체 스페이드의 비율과 마찬가지'

(라´) '그림 카드 중 스페이드와 스페이드 이외의 비는 그림 카드 이외의 스페이드와 스페이드 이외의 비와 마찬가지'

앞에 나온 그림 2-12를 다시 보고 확인합시다.

2.5.3 확률변수의 독립성

이전 절까지는 사상의 독립성, 즉 '그 조건과 이 조건은 독립인가'라는 주제를 고민했습니다. 그 이야기를 근거로 이번에는 조건이 아닌 확률변수의 독립성을 생각해봅시다.

확률변수 간의 독립성은 다음과 같이 정의됩니다.

> 어떤 값 a, b에 대해 조건 '$X = a$'와 조건 '$Y = b$'가 항상 독립할 때 확률변수 X, Y는 **독립**이라고 한다.

그러므로 확률변수 X와 Y에 대해 다음은 모두 동일합니다.

(가) X와 Y가 독립

(나) 조건부분포가 조건에 따르지 않는다.

$\mathrm{P}(Y = ▲ \,|\, X = ○)$이 ○에 의존하지 않고 ▲만으로 정해진다.[15]

(다) 조건을 달고도 연결된 분포가 바뀌지 않는다.

$\mathrm{P}(Y = ▲ \,|\, X = ○) = \mathrm{P}(Y = ▲)$가 항상 (어떤 ▲, ○에서도) 성립

(라) 결합 확률의 비가 일정

$\mathrm{P}(X = ○, Y = ▲) : \mathrm{P}(X = ○, Y = ■) = \mathrm{P}(X = ☆, Y = ▲) : \mathrm{P}(X = ☆, Y = ■)$가 항상 (어떤 ○, ☆, ▲, ■에서도) 성립

---

15 엄밀히 말하면 $\mathrm{P}(X = ○) = 0$이었을 경우 $\mathrm{P}(Y = ▲ \,|\, X = ○)$은 제외한다는 단서가 필요합니다. 다른 표현법도 조건부 확률이 나타난 곳에서는 마찬가지입니다.

(마) 결합 확률이 주변 확률의 곱

$$P(X = ○, Y = ▲) = P(X = ○) P(Y = ▲)가 항상 (어떤 ○, ▲에서도) 성립$$

이어서 Y와 X의 역할을 바꾼 것도 다음과 등가입니다.

(나′) $P(X = ○ | Y = ▲)$가 ▲에 의존하지 않고 ○만으로 정해진다.

(다′) $P(X = ○ | Y = ▲) = P(X = ○)$이 항상 (어떤 ○, ▲에서도) 성립

(라′) $P(X = ○, Y = ▲):P(X = ☆, Y = ▲) = P(X = ○, Y = ■):P(X = ☆, Y = ■)$가 항상 (어떤 ○, ☆, ▲, ■에서도) 성립

마지막으로 (마)에서 파생된 다음 표현도 등가입니다.

(마′) $P(X = ○, Y = ▲) = g(○) h(▲)$의 형태로 ○만의 함수와 ▲만의 함수의 곱으로 분해된다 (g, h는 임의의 일변수 함수).

사실 (나)와 (다)는 2.5.2절의 (나)와 (다)에서 금방 알 수 있습니다. 의미상으로도 'X의 값이 무엇인지가, Y값으로 무엇이 나오기 쉬운지에 대해 영향을 주지 않는다' 'X의 값을 알든 모르든, Y값으로 무엇이 나오기 쉬운지에 대해서는 아무런 영향이 없다'라는, 모두 확실히 '상관관계가 없는 것'을 주장하고 있습니다.

(라)는 예를 들어봅시다. 만약 X, Y의 결합분포가 이런 식이라면 X와 Y는 독립입니다.

	Y = 소나무	Y = 대나무	Y = 매화
X = 상급	1/48	2/48	3/48
X = 중급	2/48	4/48	6/48
X = 보통	5/48	10/48	15/48

(상급) 1/48:2/48:3/48 = 1:2:3
(중급) 2/48:4/48:6/48 = 1:2:3 } 비가 같다!
(보통) 5/48:10/48:15/48 = 1:2:3

(라)의 방식에 맞춘다면 상급과 중급과 보통에 관계없이 소나무 : 대나무는 1 : 2고, 대나무 : 매화는 2 : 3이고, 소나무 : 매화는 1 : 3이라는 말입니다. 결합분포 표에서 독립성을 간파하는 데는 (라)가 편리합니다. 이것이 (나)와 등가인 것은 2.3.1절 '조건부 확률이란'의 내용을 떠올리면 납득할 수 있을 것입니다.

(마)는 이전 절의 (마)를 적용시킨 것뿐입니다. 수식적으로 (마)가 가장 다루기 쉬운 것도 이전 절과 마찬가지입니다.

마지막으로 다소 기교적이지만 (마)와 등가인 (마′)에 대해서도 설명하겠습니다. 결합분포가 수식

으로 주어질 경우 독립성을 간파하는 데는 (마')가 편리합니다. 가령 확률변수 X, Y의 결합분포가 다음 식으로 주어진다고 합시다.

$$P(X = a, Y = b) = \frac{1}{280} a^2 (b + 1), \qquad (a = 1, 2, 3\text{이고 } b = 1, 2, 3, 4, 5) \tag{2.10}$$

우변은 'a만의 식($\frac{1}{280} a^2$)'과 'b만의 식($b + 1$)'의 곱으로 되어 있습니다. 이것만으로도 벌써 X와 Y는 독립적인 것으로 나타납니다.

예제 2.14

확률변수 X, Y의 결합분포가 다음 표와 같다면 X와 Y는 독립인가요?

1.

	$Y = \bigcirc$	$Y = \times$
$X = $ 일	0.10	0.30
$X = $ 이	0.15	0.45

2.

	$Y = \bigcirc$	$Y = \times$
$X = $ 일	0.1	0.2
$X = $ 이	0.3	0.4

3.

	$Y = \bigcirc$	$Y = \triangle$	$Y = \times$
$X = $ 일	0.18	0.06	0.06
$X = $ 이	0.12	0.04	0.04
$X = $ 삼	0.30	0.10	0.10

답

1. 독립(일 행과 이 행 모두, $\bigcirc : \times = 1:3$)
2. 독립이 아님(일 행은 $\bigcirc : \times = 1:2$, 이 행은 $\bigcirc : \times = 3:4$로 비가 다르다.)
3. 독립(어느 행도, $\bigcirc : \triangle : \times = 3:1:1$)

예제 2.15

독립적인 확률변수 X, Y의 주변분포가 각각 다음과 같을 때 X, Y의 결합 확률 표를 만드세요.

X의 값	그 값이 나올 확률
일	0.8
이	0.2

Y의 값	그 값이 나올 확률
$\bigcirc$	0.3
$\triangle$	0.6
$\times$	0.1

답

독립이므로, 주변 확률 P($X = a$)와 P($Y = b$)의 곱이 결합 확률 P($X = a$, $Y = b$)다. 그래서 결합 확률의 표는 다음과 같다(예를 들어 P($X = $ 일, $Y = $ ○) = P($X = $ 일)P($Y = $ ○) = 0.8 · 0.3 = 0.24인 형태).

	$Y = $ ○	$Y = $ △	$Y = $ ×
$X = $ 일	0.24	0.48	0.08
$X = $ 이	0.06	0.12	0.02

예제 2.16

확률변수 X, Y의 결합분포가 다음 식과 같다면 X와 Y는 독립인가요?

$$P(X = a, Y = b) = 2^{-(2 + a + b)}, \qquad a = 0, 1, 2, \cdots, b = 0, 1, 2, \cdots$$

답

이 결합 확률은 예를 들면 P($X = a$, $Y = b$) = $2^{-(2 + a)} \cdot 2^{-b}$처럼 고칩니다(부록 A.5절 '지수와 로그'). 그러면 우변은 'a만의 식'과 'b만의 식'의 곱이 됩니다. 이는 (마')이므로 X와 Y는 독립입니다.

확률변수의 독립성에 대해서는 다음 내용도 알아두세요. 만약 확률변수 X, Y가 독립이라면

- 가령 $X + 1$과 Y^3도 독립. 일반적으로 임의의 함수 g, h에 대해 $g(X)$와 $h(Y)$도 독립
- 가령 'X가 양수인 것'과 'Y가 짝수인 것'도 독립. 일반적으로 'X만의 조건'과 'Y만의 조건'은 늘 독립

요컨대 상관없는 것으로부터 이리저리 유도된 것끼리는 역시 관련이 없다는 이야기입니다.

2.5.4 세 개 이상의 독립성(요주의)

지금까지는 두 확률변수 X와 Y의 독립성을 설명했습니다. 이것을 이해하면 더 많은 확률변수의 독립성으로 정의를 확장하고 싶어집니다. 다만 이때 직관이 다소 먹히기 어려운 경우가 있으니 처음에는 학습이 용이한 사례를 알아봅시다.

카드 네 장을 준비해 다음과 같이 작성합니다.

'코끼리' '개미' '사람' '－－－'

카드를 섞은 후 한 장 뽑아서 걸린 카드에 '개미라고 써 있는 것'과 '코끼리라고 써 있는 것'은 독립입니다. 실제로

$$P(개미) \, P(코끼리) = \frac{2}{4} \cdot \frac{2}{4} = \frac{1}{4} \text{과} \quad P(개미, 코끼리) = \frac{1}{4}$$

은 일치합니다. 또한,

$$P(코끼리 \mid 개미) = \frac{1}{2} \text{과} P(코끼리 \mid 개미 없음) = \frac{1}{2}$$

이 일치함도 확인하세요. 마찬가지로 '코끼리와 사람은 독립'도 확인되고, '사람과 개미는 독립'도 확인됩니다.

그러나 '개미와 코끼리와 사람은 무관하다'고 할 수 있는지 생각해보면, 그렇지 않습니다. 가령 '개미라고 써 있었고, 또 코끼리라고 써 있었다'라고 들었다면, '그럼 사람은 써 있지 않았을 것이다'라고 알아맞힐 수 있습니다. 이는 개미와 코끼리와 사람 사이에 어떤 관계가 있음을 의미합니다. 만약 정말로 무관하다면 '개미인지'와 '코끼리인지'를 알아도 '사람인지'를 맞히는 데는 아무런 도움이 안 될 테니까요.

이렇게 주의해야 할 교훈을 얻었습니다.

　　각각의 짝이 독립이라고 해서 전체가 무관하다고 보기는 어렵다.

그러면 세 개 이상의 독립성은 어떻게 정의할까요? 지금부터 설명하겠습니다. 2.3.4절 '세 개 이상의 확률변수'를 건너뛰었다면 다시 가서 식 (2.8)까지 읽어두세요.

○○과 △△와 □□가 어떻게 되어 있으면 전혀 무관하다고 말할까요? 예를 들어 2.5.2절의 (다)에 해당하는

$$\begin{cases} P(○○ \mid △△, □□) = P(○○) \\ P(□□ \mid ○○, △△) = P(□□) \\ P(△△ \mid ○○) = P(△△) \\ P(△△ \mid □□) = P(△△) \\ \quad \vdots \end{cases}$$
　　'조건을 달든 달지 않든
　　확률이 바뀌지 않는다.'
$$\tag{2.11}$$

와 같은 성질이 모든 조합으로 이뤄졌다면 무관하다고 해도 좋을 것 같습니다. 그래서 이 성질을 독립성의 정의로 삼는 것도 한 가지 방안입니다. 다만 이 방식은 검토할 조합이 많아서 다소 번잡합니다. 따라서 좀 더 깔끔한 조건으로 이 성질을 해석하겠습니다.

원래는 일반적으로 다음과 같을 것입니다.

$$
\begin{cases}
P(\bigcirc\bigcirc,\ \triangle\triangle,\ \square\square) = P(\bigcirc\bigcirc \mid \triangle\triangle,\ \square\square)\,P(\triangle\triangle \mid \square\square)\,P(\square\square) \\
P(\bigcirc\bigcirc,\ \triangle\triangle) = P(\bigcirc\bigcirc \mid \triangle\triangle)\,P(\triangle\triangle) \\
P(\triangle\triangle,\ \square\square) = P(\triangle\triangle \mid \square\square)\,P(\square\square) \\
P(\square\square,\ \bigcirc\bigcirc) = P(\square\square \mid \bigcirc\bigcirc)\,P(\bigcirc\bigcirc)
\end{cases}
$$

이 식은 독립 여부에 관계없이 항상 성립합니다. 여기서 만약 위의 성질 식 (2.11)이 성립한다면 우변은 조건을 걸지 않고도 같으므로 다음을 얻을 수 있습니다.

$$
\begin{cases}
P(\bigcirc\bigcirc,\ \triangle\triangle,\ \square\square) = P(\bigcirc\bigcirc)\,P(\triangle\triangle)\,P(\square\square) \\
P(\bigcirc\bigcirc,\ \triangle\triangle) = P(\bigcirc\bigcirc)\,P(\triangle\triangle) \\
P(\triangle\triangle,\ \square\square) = P(\triangle\triangle)\,P(\square\square) \\
P(\square\square,\ \bigcirc\bigcirc) = P(\square\square)\,P(\bigcirc\bigcirc)
\end{cases}
\qquad \text{'결합 확률이 주변 확률의 곱'} \quad (2.12)
$$

반대로 식 (2.12)라면 식 (2.11)이 자동으로 성립하는 것은 조건부 확률의 정의에서 바로 알 수 있습니다. 결국 두 성질이 같습니다.

그래서 어느 식을 써도 되는데, 일반적으로는 식 (2.12)를 독립성의 정의로 사용합니다. 그 편이 조합이 적어도 되고 확률 0이 섞인 경우에도 그대로 사용할 수 있어서 좋습니다. 결론을 보면 2.5.2절의 (마)를 순수하게 확장한 셈이군요.

네 개 이상일 때도 '결합 확률이 항상 주변 확률들의 곱셈일 것'이라는 조건을 가지고 독립성을 정의합니다. 그래서 ○○과 △△와 □□와 ☆☆이 독립이라고 하는 것은 요컨대

- 어떤 세 가지를 보더라도 독립
- 더불어 $P(\bigcirc\bigcirc,\ \triangle\triangle,\ \square\square,\ \Leftrightarrow\Leftrightarrow) = P(\bigcirc\bigcirc)\,P(\triangle\triangle)\,P(\square\square)\,P(\Leftrightarrow\Leftrightarrow)$

이라는 뜻입니다.

2.12 $P(\bigcirc\bigcirc,\ \triangle\triangle,\ \square\square) = P(\bigcirc\bigcirc)\,P(\triangle\triangle)\,P(\square\square)$만으로 '○○과 △△와 □□는 독립'이라고 하면 안 될까요?

안 됩니다. 예를 들어 다음 여덟 장의 카드를 뒤섞은 후 한 장을 뽑는다고 합시다.

「○△□」「○△−」「○△−」「○△−」「−−□」「−−□」「−−□」「−−−」

뽑은 카드에 대해

$$\mathrm{P}(\bigcirc\text{이라고 써 있다}, \triangle\text{라고 써 있다}, \square\text{라고 써 있다}) = \frac{1}{8}$$

$$\mathrm{P}(\bigcirc\text{이라고 써 있다})\,\mathrm{P}(\triangle\text{라고 써 있다})\,\mathrm{P}(\square\text{라고 써 있다}) = \frac{1}{2} \cdot \frac{1}{2} \cdot \frac{1}{2} = \frac{1}{8}$$

은 일치합니다. 그래도 '○이 적힌'과 '△가 적힌'은 밀접한 관계에 있으므로 독립이라고 말할 수 없습니다.

여기까지는 정식 용어로 말하면 '세 개 이상의 **사상**의 독립성'이었습니다. 계속해서 '세 개 이상의 확률변수의 독립성'을 설명하겠습니다. 설명 방식은 이전과 같습니다.

어떤 값 a, b, c에 대해 '$X = a$'와 '$Y = b$'와 '$Z = c$'가 독립적일 때, 확률변수 X, Y, Z는 독립되어 있다고 한다.

확률변수 X, Y, Z가 독립임은 다음과 같이 바꿔 말해도 됩니다.

$$\mathrm{P}(X = a, Y = b, Z = c) = \mathrm{P}(X = a)\,\mathrm{P}(Y = b)\,\mathrm{P}(Z = c) \quad (\text{임의의 } a, b, c\text{에서도}) \qquad (2.13)$$

실제로 독립이라는 정의에서 즉각 식 (2.13)이 나오고, 반대로 식 (2.13)이라면 예를 들어

$$\begin{aligned}
\mathrm{P}(X = a, Y = b) &= \sum_c \mathrm{P}(X = a, Y = b, Z = c) \;\cdots\cdots\; \text{결합분포에서 주변분포를 구한다} \\
&= \sum_c \mathrm{P}(X = a)\mathrm{P}(Y = b)\,\mathrm{P}(Z = c) \;\cdots\cdots\; \text{이렇게 분해된다는 전제였다} \\
&= \mathrm{P}(X = a)\,\mathrm{P}(Y = b)\sum_c \mathrm{P}(Z = c) \;\cdots\cdots\; c\text{에 상관없는 것은 } \sum \text{의 밖으로} \\
&= \mathrm{P}(X = a)\,\mathrm{P}(Y = b) \cdot 1 = \mathrm{P}(X = a)\,\mathrm{P}(Y = b) \;\cdots\cdots\; \text{확률의 합은 1}
\end{aligned}$$

에 따라 독립성이 성립합니다. 앞서 나온 질문 2.12와 혼동하지 않도록 주의하세요.[16]

---

16 '어떤 a, b, c더라도'라는 강한 조건을 달고 있는 것이 열쇠입니다. 이와 비교하면 질문 2.12에서는 $\mathrm{P}(\bigcirc\bigcirc\text{ 아님}, \triangle\triangle, \square\square) = \mathrm{P}(\bigcirc\bigcirc\text{ 아님})\,\mathrm{P}(\triangle\triangle)\,\mathrm{P}(\square\square)$ 같은 조건이 빠집니다.

네 개 이상도 마찬가지입니다.

> 어떤 값 a, b, c, d에 대해 '$X = a$'와 '$Y = b$'와 '$Z = c$'와 '$W = d$'가 독립적일 때 확률
> 변수 X, Y, Z, W는 독립이라고 한다.

이는 '어떤 값 a, b, c, d에서도 다음 식이 성립하는 것'이라고 바꿔 말할 수 있습니다.

$$P(X = a, Y = b, Z = c, W = d) = P(X = a)\,P(Y = b)\,P(Z = c)\,P(W = d)$$

예제 2.17

확률변수 X, Y, Z에 대해 다음이 반드시 성립하는지(○) 또는 반드시 성립하지는 않는지(×)를 답하세요.[16]

1. X, Y, Z가 독립이라면 Y와 Z는 독립
2. X, Y, Z가 독립이라면 $P(X = a \,|\, Y = b, Z = c) = P(X = a)$
3. '$P(X = a \,|\, Y = b, Z = c) = P(X = a)$가 임의의 a, b, c에 대해 성립한다'면 'X, Y, Z는 독립'

답

1번과 2번은 독립성의 정의로부터 바로 ○입니다. 3번은 ×입니다. 이 조건에서라면

$$P(X = a, Y = b, Z = c)$$
$$= P(X = a \,|\, Y = b, Z = c)\,P(Y = b \,|\, Z = c)\,P(Z = c)$$
$$= P(X = a)\,P(Y = b \,|\, Z = c)\,P(Z = c)$$

까지는 맞습니다만, $P(Y = b \,|\, Z = c) = P(Y = b)$는 보증할 수 없습니다. 그런데 이처럼 구구절절 말하기보다는 반례 하나를 드는 것이 깔끔합니다. 예를 들어 다음 표와 같은 결합분포라면 조건을 충족시키는데 독립은 아닙니다($Y = 0$인지, $Y = 1$인지에 따라 Z의 조건부분포가 다르다).

	$X = 0$	$X = 1$
$Y = 0$이고 $Z = 0$	0.2	0.2
$Y = 0$이고 $Z = 1$	0.1	0.1
$Y = 1$이고 $Z = 0$	0.1	0.1
$Y = 1$이고 $Z = 1$	0.1	0.1

---

* 다만 2번과 3번에서는 $P(Y = b, Z = c) \neq 0$을 전제로 합니다.

사고는 계속 일어납니다. 이는 사고가 한 번 일어나면 그 후 당분간은 사고 확률이 높아진다는 것을 의미할까요? ······ [가]

간단한 컴퓨터 시뮬레이션으로 검증해봅시다.

```
$ cd accident↵
$ make↵
./toss.rb -p=0.1 1000 | ../monitor.rb | ./interval.rb | ../histogram.rb -w=5
......o.................oo.............o.......o.......................
.o.o.o..............o...............o....o..............o........o...oo..o..
...o..........o.......o.o.........o........o.......o...o.............
..o..o.....o....o.....o..o...o.oo............o.............o..o..o...o...o
....o..o.o..o.....o......oo...........o.....o...................o
.......o..............o...................o......oo...........o.o.......
.o..............o.......o......o...........o.o........o...........o..o...
............o.......o......o....................o....o...o.o........o....
...oo.o....................o.............o..o.................o.o.......
........o....o.......o................o...........o...o.........o..
..o....oo..........o......o.o.........oo...o..o.....o........oo....
.....o........oo...o.o..........o...o.....o................o.o....oo
........o........o.o................
   35<= | * 1 (0.9%)
   30<= | **** 4 (3.7%)
   25<= |  0 (0.0%)
   20<= | **** 4 (3.7%)
   15<= | ********* 10 (9.2%)
   10<= | ************************* 25 (22.9%)
    5<= | ************************** 26 (23.9%)
    0<= | *************************************** 39 (35.8%)
total 109 data (median 7, mean 8.9633, std dev 7.36459)
```

위에 표시된 계열 중 'o'가 사고 발생을 나타냅니다. 결과를 보면 o의 배치는 균일하지 않으며, 묘하게 가까운 덩어리와 묘하게 긴 공백 기간이 눈에 띕니다.

계열 아래에 표시되는 것은 'o끼리의 간격'(이전 사고로부터 며칠 후에 다음 사고가 일어났는지)의 히스토그램입니다. 이것을 보더라도 짧은 간격으로 o가 나오는 일이 확실히 많다는 것을 알 수 있습니다. ······ [나]

그러나 사실 이 계열은 확률 0.1로 o를 쓰고 확률 0.9로 .을 쓰는 처리를 단순히 되풀이한 것입니다. 각 문자가 o가 될지 .이 될지는 완전 독립으로 확률도 일정합니다. 그래서 [나]가 반드시 [가]를 의미하지는 않습니다.

(다음 장 칼럼에서 계속됩니다.)

3^장

3 장

이산값의
확률분포

A: "당신은 한 달에 맥주를 몇 번 마십니까?"라는 설문에 대한 응답을 집계하니 평균 여덟 번이었습니다. "당신은 한 번에 맥주를 몇 병 마십니까?"라는 설문에 대한 응답 결과는 평균 1.5병이었습니다. 모두 거짓말을 하고 있습니다.

B: 무슨 말이지?

A: 맥주 소비량을 실제로 조사했더니 한 사람당 월 15병이었습니다. 설문 결과는 8 × 1.5 = 12이므로 맞지 않아요.

B: 아, 따질 곳이 너무 많아 곤란하네. 일단 기댓값의 성질부터 다시 조사해줄래? (3.3.3절 '곱셈의 기댓값은 요주의')

취할 수 있는 값의 종류가 한 개, 두 개, 세 개 ……로 셀 수 있는 경우(부록 A.3.2절에서 말하는 고고 가산의 경우)를 가지고 확률론의 기본을 설명합니다. 중심이 되는 주제는 기댓값, 분산, 큰 수의 법칙이지만, 그 전에 기본적인 분포인 이항분포도 가볍게 다룹니다.

간략히 말하면 운에 따라 좌우되는 불확실한 값에 대해 평균적으로 나오는 값이 기댓값이고, 값의 편차 상태가 분산입니다. 큰 수의 법칙은 '오차가 많은 경우라도 많이 모아서 평균을 낼수록 오차가 없어진다'는 성질을 표현한 것으로, 흔들리는 값을 상대로 하는 정보 처리의 기반으로 자리매김할 수 있습니다. 이항분포는 예를 들어 사례 20개 중 15개에서 개선이 발견됐으므로 어쩌고저쩌고하는 논의에서 얼굴을 내밉니다.

3.1 / 단순한 예

이산값의 확률분포에 대한 몇 가지 예를 들어보겠습니다. 취할 값은 숫자도 좋고 동전의 앞뒷면도 좋으며, 무엇이든 상관없습니다.

▼ 표 3-1 동전 던지기(왼쪽)와 야바위 동전 던지기(오른쪽)

값	값이 나올 확률
앞	0.5
뒤	0.5

값	값이 나올 확률
앞	0.2
뒤	0.8

❤ 표 3-2 주사위(왼쪽)와 야바위 주사위(오른쪽)

값	값이 나올 확률
1	1/6
2	1/6
3	1/6
4	1/6
5	1/6
6	1/6

값	값이 나올 확률
1	0.4
2	0.1
3	0.1
4	0.1
5	0.1
6	0.2

❤ 표 3-3 동전 던지기를 반복할 때 처음으로 앞이 나오기까지의 횟수

값	값이 나올 확률
1	1/2
2	1/4
3	1/8
4	1/16
5	1/32
⋮	⋮

3.1 표 3-3의 예를 잘 모르겠습니다.

t번째 동전 던지기의 결과를 확률변수 U_t로 나타냅니다($t = 1, 2, 3, \cdots$). 야바위가 아닌 동전 던지기이므로 $P(U_t = 앞) = P(U_t = 뒤) = 1/2$이 전제입니다. 게다가 매번의 동전 던지기는 당연히 독립이므로 다음과 같이 예를 들 수 있습니다.

$$P(U_1 = 뒤, U_2 = 뒤, U_3 = 앞) = P(U_1 = 뒤) \, P(U_2 = 뒤) \, P(U_3 = 앞) = \frac{1}{2} \cdot \frac{1}{2} \cdot \frac{1}{2} = \frac{1}{8}$$

자, 처음으로 앞이 나오는 횟수를 X라고 합시다. 예를 들어 $X = 3$이라는 조건은 '$U_1 = 뒤, U_2 = 뒤, U_3 = 앞$'과 등가인 것에 주의하세요. 그렇게 곱씹어 생각하면 다음을 얻을 수 있습니다.

$$P(X = 1) = P(U_1 = 앞) = \frac{1}{2}$$

$$P(X = 2) = P(U_1 = 뒤, U_2 = 앞) = \frac{1}{2} \cdot \frac{1}{2} = \frac{1}{4}$$

$$P(X = 3) = P(U_1 = 뒤, U_2 = 뒤, U_3 = 앞) = \frac{1}{2} \cdot \frac{1}{2} \cdot \frac{1}{2} = \frac{1}{8}$$

$$\vdots$$

일반적으로 쓰면 $P(X = t) = 1/2^t$입니다($t = 1, 2, 3, \ldots$).

확률의 합이 제대로 1이 됐는지도 항상 신경을 씁시다. 위에서 구한 확률을 합하면 그림 3-1과 같이

$$\frac{1}{2} + \frac{1}{4} + \frac{1}{8} + \frac{1}{16} + \cdots = 1$$

이므로 분명 괜찮습니다.[1]

❤ 그림 3-1 $1/2 + 1/4 + 1/8 + 1/16 + \cdots = 1$

3.2 질문 3.1의 설명은 능글맞네요. 매번의 동전 던지기가 독립이라는 말은 어디에도 쓰여 있지 않았잖아요.

설정부터 분명히 독립임을 알 때는 선언을 생략하는 경우도 있습니다. 여러분이 리포트 등을 쓸 때는 생략하지 않고 제대로 정리해두는 것이 안전하겠지만요.

결국 일반적인 이야기는 다음 조건을 만족시키는 목록표에 지나지 않습니다.

- 각각의 확률은 0 이상
- 확률의 합은 1

여러 가지 목록표를 만들 수 있지만 가장 평범한 것은 확률이 일정한 것입니다. 야바위가 아닌 동전 던지기와 주사위가 이에 해당합니다. 이러한 분포를 **균등분포**라고 부릅니다. 생길 수 있는 값으로 n개의 경우가 있다면 '확률은 모두 $1/n$'이라는 것이 균등분포입니다. 그러니까 이러쿵저러쿵 뭐라 할 것도 없이, 여기서는 균등분포라는 말만 알면 됩니다(예제 8.7에서는 엔트로피가 최대가 되는 분포로서 균등분포에 초점을 맞춥니다).

---

1 수식으로 계산하려면 등비급수 공식을 사용하세요. 공식은 '(첫째 항 − 마지막 항의 다음 항)/(1 − 공비)'입니다(부록 A.4절). 첫째 항이 1/2, 공비가 1/2 이므로

$$\frac{1}{2} + \frac{1}{4} + \cdots + \frac{1}{2^t} = \frac{(1/2) - (1/2)^{t+1}}{1 - (1/2)} = \frac{(1/2)(1 - (1/2)^t)}{1/2} = 1 - \frac{1}{2^t}$$

이는 $t \to \infty$의 극한으로 1에 수렴합니다.

예제 3.1

확률변수 X의 확률분포가 표 3-2(오른쪽)와 같다고 합니다. 확률변수 $Y = X + 3$과 $Z = (X - 3)^2$의 확률분포를 각각 답하세요.

답

Y의 값	그 값이 나올 확률
4	0.4
5	0.1
6	0.1
7	0.1
8	0.1
9	0.2

Z의 값	(X의 값)	그 값이 나올 확률
0	3	0.1
1	2 또는 4	0.1 + 0.1 = 0.2
4	1 또는 5	0.4 + 0.1 = 0.5
9	6	0.2

'일반 이산값' 이야기는 일단 여기까지입니다. 앞으로는 이산값 중에서도 특히 '정숫값'을 가진 확률변수에 대해 생각합니다. 정수라면 연산이나 대소 비교라는 조작이 가능하므로 그에 얽힌 이야기가 많이 나옵니다.

3.2 이항분포

특별한 확률분포에는 이름이 붙어 있습니다. 그중에서도 특히 기본적인 **이항분포**(binomial distribution)를 설명하겠습니다. 이항분포는 6장 '추정 및 검정'에서도 여러 번 사용됩니다.

3.2.1 이항분포의 유도

이항분포는 '확률 p로 앞이 나오는 동전을 n번 던졌을 때 앞이 몇 번 나올지'의 분포입니다. 즉, 확률 p로 1, 확률 $q = (1 - p)$로 0이 나오는 독립적인 확률변수 $Z_1, ..., Z_n$을 두면, $X \equiv Z_1 + \cdots + Z_n$의 분포가 이항분포가 됩니다. 그림 3-2는 여러 가지 이항분포의 예입니다.

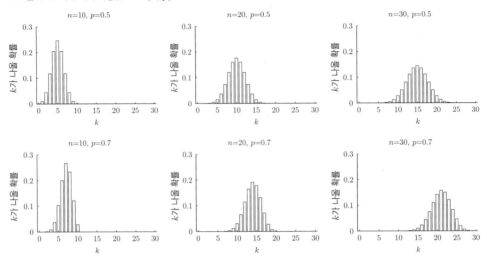

그림과 같이 이항분포의 구체적인 모습은 n과 p에 따라 바뀝니다. 그래서 이항분포를 Bn(n, p) 처럼 나타냅니다.

이항분포 Bn(n, p)는 일반적으로 어떻게 계산해 구할 수 있을까요? 우선 구체적인 예로 생각해 보겠습니다. 동전 던지기에서 앞이 나올 확률이 p일 때 $n = 7$번 던져서 앞면이 세 번 나오는 확률 P($X = 3$)을 찾아봅시다. 우선 $X = 3$이 되는 $Z_1, \dots, Z_7$의 패턴을 나열합니다. 앞을 ○, 뒤를 ●으로 나타내면 패턴은 다음과 같이 35가지입니다.

나머지는 각각의 확률을 구해서 합하면 됩니다.

- 패턴 '●●●○○○○'의 확률은 $qqqqppp = p^3q^4$
- 패턴 '●●●○●○○'의 확률은 $qqqpqpp = p^3q^4$
- 패턴 '●●●○○●○'의 확률은 $qqqppqp = p^3q^4$
- ……

그거야 그렇죠. 어떤 패턴도 ○이 세 개에 ●이 네 개니까 p를 세 개, q를 네 개 걸고, 확률은 p^3q^4 이라는 같은 값이 됩니다. 이것이 35개 패턴으로 있으므로

$$P(X = 3) = 35p^3q^4$$

이 계산을 일반화하면 임의의 n, p와 k에 대해 $P(X = k)$가 나옵니다. 우선 $X = k$가 되는 $Z_1, \cdots, Z_n$의 패턴이 $_nC_k$가지 있습니다(여기서 "응?"이라고 말했다면 다음 절을 읽어주세요). 그 각각이 확률 p^kq^{n-k}이므로 다음이 답입니다.

$$P(X = k) = {_nC_k}p^kq^{n-k} \qquad (k = 0, 1, 2, \ldots, n)$$

3.2.2 보충: 순열 $_nP_k$ · 조합 $_nC_k$

보충 학습으로 경우의 수를 헤아리기 위해 필요한 순열 · 조합을 간략하게 설명하겠습니다. 이에 대해 알고 있는 사람은 이 절을 넘어가도 좋습니다.

순열

n명의 사람 중에서 k명의 사람을 뽑아 한 줄로 나란히 늘어놓는 방법은 몇 가지일까요? 이를 **순열**(permutation)이라 하고, $_nP_k$라고 씁니다. 답은 '첫 번째가 n가지, 두 번째는 나머지에서 뽑는 것이므로 $(n-1)$가지, 세 번째는 그 나머지니까 $(n-2)$가지…'라고 생각하면 됩니다(끝에 왜 $+1$이 붙는지 딱 감이 오지 않는다면, 구체적으로 $n = 7$, $k = 3$ 정도로 써보세요).

$$_nP_k = n(n-1)(n-2)\cdots(n-k+1)$$

계승을 써서 다음과 같이 씁니다.

$$_nP_k = \frac{n!}{(n-k)!}$$

$n!$은 $n(n-1)(n-2)\cdots 3 \cdot 2 \cdot 1$입니다. 다만 $0! = 1$이라고 정의합니다. 예를 들어

$$\frac{7!}{(7-3)!} = \frac{7 \cdot 6 \cdot 5 \cdot 4 \cdot 3 \cdot 2 \cdot 1}{4 \cdot 3 \cdot 2 \cdot 1} = 7 \cdot 6 \cdot 5 = {_7P_3}$$

이라는 식으로 위의 답과 일치하는군요.

조합

다시 n명의 사람 중에서 k명의 사람을 고르지만, 이번에는 순서와 상관없습니다. 즉, 'A 씨, C 씨, T 씨'라는 선택 방법과 'C 씨, A 씨, T 씨'라는 선택 방법은 구별하지 않고 합쳐서 한 가지로 셉니다. 그럼 뽑는 방법은 몇 가지일까요? 이를 **조합**(combination)이라 하고 $_nC_k$라고 씁니다(**이항

계수라 부르기도 하고 $\binom{n}{k}$이라 쓰기도 합니다). 순서를 생각한다면 $_nP_k$가지지만, 선택한 k명의 사람을 나열($_kP_k = k!$가지)하는 방법의 차이는 무시하므로, $_nP_k$를 $k!$로 나누면 된다는 것을 알겠죠?

$$_nC_k = \frac{_nP_k}{k!} = \frac{n!}{k!\,(n-k)!}$$

이항분포의 확률 계산에 나오는 경우의 수는 $_nC_k$와 일치합니다. 그 이유는 다음과 같이 생각하세요. 패턴 가짓수는 길이가 n인 열에서 '○이 되는 곳'을 k개 지정하는 조합의 수와 같습니다. 다른 예로 말하면 1부터 n까지의 숫자를 쓴 카드 중에서 k장을 뽑는 방법은 몇 가지일까도 마찬가지입니다. 다만 k장을 뽑을 때의 순서는 상관없습니다. 답은 바로 $_nC_k$입니다.

3.3 기댓값

신이 아닌 인간의 세계는 불확실성으로 넘쳐나고 있습니다. 측정하면 대개 오차가 나오고, 미래에 대해서는 예언할 수 없어요. 우리가 확률을 공부하는 것은 그런 불확실한 이야기를 수학이라는 장소에 올려 다양한 계산을 해보기 위해서고, 최종적으로 그것이 어떠한 판단과 의사 결정을 하는 데 도움이 되기 때문입니다. 의사 결정이라고 하면 거창한 것 같지만, 예를 들어 휴대전화도 이런 종류의 결단을 시시각각 자동으로 내리는 장치라고 해석할 수 있습니다. 입력은 노이즈를 포함한 수신 신호를 말하고, 출력(결단의 결과)은 스피커에서 어떤 소리를 내는지를 의미하죠.

확률을 사용한 접근에서 불확실하고 유동적인 값은 확률변수로 표현됩니다. 배운 기술을 구사하고 그 확률분포를 계산함으로써 '당신이 신경 쓰고 있는 값 X는 확률 ○○으로 이렇게 되고 확률 △△로 저렇게 되고 ……'라는 결론을 유도할 수 있을 것입니다(X를 구하기 위해 필요한 값 A, B, C, ...의 확률분포가 주어졌을 때의 이야기지만).

그러나 그렇게 확률분포의 형태로 결론을 보여줘도 좀 당황스러울지 모릅니다. 특히 신경 쓰는 값이 X, Y, Z, ...처럼 많이 있을 경우 각각의 확률분포를 들어도 파악하기 어렵고, 비교하기 어렵죠. 이럴 때는 '운에 따라 왔다갔다하지만 평균적으로는 이와 같다'처럼 흔들리는 않는 구체적인 값을 대면 편리합니다. 그것이 이 절의 주제인 기댓값입니다.

확률의 이론을 뭔가 현실의 과제에 맞춰 활용할 때는 기쁨의 정도 X를 적당하게 정의하고, X의 기댓값을 최대화하는 것을 목표로 하는 경우가 많습니다. 그런 논의에 기댓값을 포함한 수식이 어지럽게 나오므로 따라가기 위해서는 기댓값의 성질을 완벽히 이해해야 합니다.

3.3.1 기댓값이란

확률변수 X란 신의 관점에서 말하면 평행 세계 전체 Ω 위에서 정해진 함수였습니다(1.4절). 각 세계 ω에 대해 $X(\omega)$를 높이 축에 찍어서 그래프를 그리면 아래와 같은 조형물이 됩니다(높이 방향만 축척이 다른 것은 단순히 지면의 한계 때문입니다). 이는 확률 1/2로 '1', 확률 1/3로 '2', 확률 1/6로 '5'가 나오는 X의 예입니다.

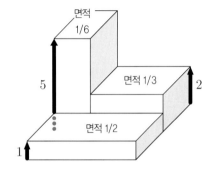

이 조형물의 부피를 **기댓값**(expectation)이라 부르며, $E[X]$라는 기호로 나타냅니다. 구체적으로는 블록마다 부피를 구하고 합함으로써 다음과 같이 계산합니다.

$$E[X] = (\text{높이 } 1) \times \left(\text{바닥 면적 } \frac{1}{2}\right) + (\text{높이 } 2) \times \left(\text{바닥 면적 } \frac{1}{3}\right) + (\text{높이 } 5) \times \left(\text{바닥 면적 } \frac{1}{6}\right)$$

$$= 1 \cdot P(X = 1) + 2 \cdot P(X = 2) + 5 \cdot P(X = 5) = 2 \tag{3.1}$$

기댓값은 평행 세계 전체를 둘러본 평균으로 해석합니다. 다음과 같은 설국의 이야기로 설명하면 떠올리기 쉬울지도 모릅니다. Ω나라에는 A도, B도, C도라는 세 개의 도가 있습니다. 각 도의 면적은 $1/6, 1/3, 1/2$로 나라의 총면적은 $1/6 + 1/3 + 1/2 = 1$입니다.

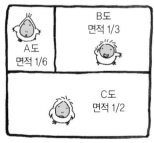

Ω나라의 총면적 = 1

어느 날 Ω나라에 눈이 내렸습니다. 적설량은 A도가 5 m, B도가 2 m, C도가 1 m입니다. 도에 따라 양이 다른데 전국 평균은 어떻게 될까요? 즉, 올록볼록한 것을 없애고 나라 전체에 평평하게 눈을 쌓으면 적설량은 몇 m가 될까요? 답은 E[X]입니다. 그 이유를 살펴보면, 앞서 설명한 것처럼 계산된 눈의 부피를 나라의 총면적으로 나눈 값이 눈을 평평하게 폈을 때의 높이(평균 적설량)이기 때문입니다. 지금은 나라의 총면적이 1이라는 전제 때문에 부피가 그대로 평균 적설량이 됩니다. 이 논리는 앞으로 일일이 말하지 않고 계속 사용합니다.

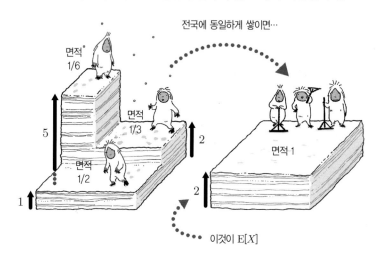

또한, X가 음수인 곳에는 그 깊이의 구덩이가 있다고 생각하세요. 기댓값을 생각할 때는 다른 곳에 내린 눈으로 이 구덩이를 메워줘야 합니다.

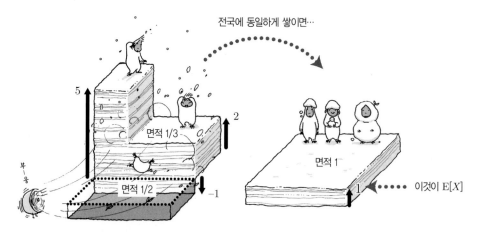

메울 수 없을 때는 기댓값이 음수가 되는 상황입니다.

3.3.2 기댓값의 기본 성질

앞에서 본 이미지를 사용해 기댓값의 한 가지 성질을 설명하겠습니다. 설국의 이야기로 설명하면 그저 산수가 되어버리므로 우선은 이 성질이 당연한지를 확인하세요. 확인했으면 '신의 관점이라면 어떻게 될까?', '인간의 관점이라면 어떻게 될까?'도 생각해보세요.

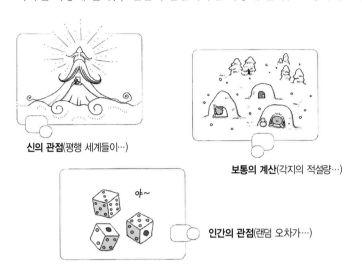

신의 관점(평행 세계들이⋯)

보통의 계산(각지의 적설량⋯)

인간의 관점(랜덤 오차가⋯)

이런 해석을 자유자재로 하는 것이 이 책의 주요 목표입니다.

그래서 제일 먼저 이 성질부터 살펴보겠습니다.

$$\mathrm{E}[X] = \sum_k k\,\mathrm{P}(X=k)$$
$$\mathrm{E}[g(X)] = \sum_k g(k)\,\mathrm{P}(X=k) \qquad (g는\ 임의의\ 함수)$$

전자는 식 (3.1)에서 말한 계산법 그 자체입니다. 후자도

> Ω 위의 각 점 ω에 대해 $g(X(\omega))$를 높이 축에 찍어서 그래프를 그리며, 그렇게 만들어진 오브제(objet)의 부피가 기댓값 $\mathrm{E}[g(X)]$

라는 해석에 따라 거의 당연합니다.

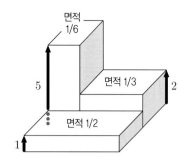

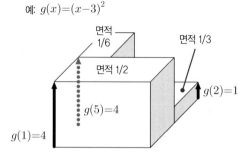

예: $g(x)=(x-3)^2$

표어로서 다음과 같이 기억해두면 좋습니다.

○○의 기댓값을 구하려면 대부분

 (그 경우의 ○○값) × (그 경우가 일어날 확률)

을 구해서 합한다.

3.3 $\sum_k$라고만 쓰여 있는데, 합하는 k의 범위는요?

문맥에서 각자 판단하세요(부록 A.4절 '합 $\sum$'). 위의 예라면 $\sum_{k=-\infty}^{\infty}$라고 해석해도 상관없습니다. 어차피 $k = 1, 2, 5$ 외에는 $\mathrm{P}(X = k) = 0$이므로 쓸데없는 k가 섞여도 결과에는 영향이 없습니다.

예제 3.2

슬롯머신을 돌렸을 때 나오는 동전 개수 Y가 다음과 같은 확률분포를 따른다고 합니다. Y의 기댓값을 구하세요.

Y값	값이 나올 확률
0	0.70
2	0.29
30	0.01

답

$$E[Y] = 0 \cdot 0.70 + 2 \cdot 0.29 + 30 \cdot 0.01 = 0.88$$

확률 1/2로 '1', 확률 1/3로 '2', 확률 1/6로 '5'가 나오는 확률변수 X에 대해 $\mathrm{E}[(X-3)^2]$을 구하세요.

답

$$\mathrm{E}\left[(X-3)^2\right] = \text{'(각 경우 } (X-3)^2 \text{의 값)} \times \text{(그 경우가 일어날 확률)'의 합}$$
$$= (1-3)^2 \cdot \mathrm{P}(X=1) + (2-3)^2 \cdot \mathrm{P}(X=2) + (5-3)^2 \cdot \mathrm{P}(X=5)$$
$$= 4 \cdot \frac{1}{2} + 1 \cdot \frac{1}{3} + 4 \cdot \frac{1}{6} = 2 + \frac{1}{3} + \frac{2}{3} = 3$$

'X가 반드시 어떤 상수 c보다 더 크다'면 $\mathrm{E}[X] > c$라는 성질도 있습니다. 이는 '높이가 어디나 c보다 더 높다면 부피는 c보다 더 크다'라고 해석됩니다.

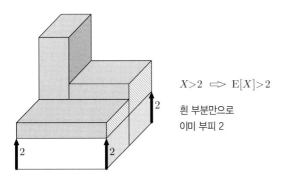

$X > 2 \implies \mathrm{E}[X] > 2$

흰 부분만으로
이미 부피 2

상수 c를 덧셈, 곱셈하면 기댓값이 어떻게 될지, 부피라고 생각하면 그림으로 일목요연하게 볼 수 있습니다.

$$\mathrm{E}[X+c] = \mathrm{E}[X] + c \quad \text{(전국이 일제히 높이를 } 3\,\mathrm{m} \text{ 올리면 부피는 } +3)$$
$$\mathrm{E}[cX] = c\,\mathrm{E}[X] \quad \text{(전국이 일제히 높이를 } 1.5 \text{배 하면 부피는 } 1.5 \text{배)}$$

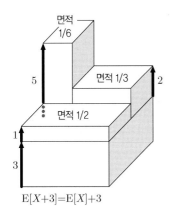

$\mathrm{E}[X+3]=\mathrm{E}[X]+3$

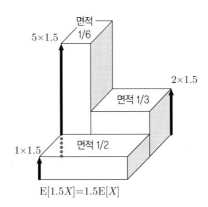

$\mathrm{E}[1.5X]=1.5\mathrm{E}[X]$

마찬가지로 확률변수 X, Y에 대해 '덧셈의 기댓값은 기댓값의 덧셈'

$$\mathrm{E}[X + Y] = \mathrm{E}[X] + \mathrm{E}[Y]$$

인 것도 그림으로 이해할 수 있습니다. 다음 두 가지 경우 모두가 어제와 오늘의 적설량을 전국적으로 집계한 것이기 때문입니다.

- 곳곳의 '어제의 적설량 + 오늘의 적설량'을 구해놓은 다음, 전국적으로 집계함
- 먼저 '어제의 적설량 전국 집계', '오늘의 적설량 전국 집계'를 내놓은 다음, 둘을 합함

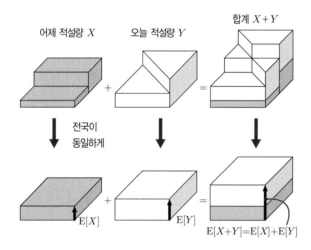

이항분포 $\mathrm{Bn}(n, p)$의 기댓값을 구하세요.

답

이항분포 $\mathrm{Bn}(n, p)$는 '확률 p로 앞이 나오는 동전을 n번 던졌을 때 앞이 나온 횟수 X'의 분포입니다(3.2절). 그 기댓값을 $\mathrm{P}(X = k) = {}_nC_k p^k (1 - p)^{n-k}$와 $\mathrm{E}[X] = \sum_k k\mathrm{P}(X = k)$에서 직접 계산하는 것은 좀 어려울지도 모릅니다. 하지만 '확률 p로 1, 확률 $(1 - p)$로 0이 나오는 (독립적인) 확률변수 $Z_1, \dots, Z_n$의 합이 X다'로 해석하면 기댓값은 곧 알 수 있습니다.

$$\mathrm{E}[X] = \mathrm{E}[Z_1 + \cdots + Z_n] = \mathrm{E}[Z_1] + \cdots + \mathrm{E}[Z_n] = \underbrace{p + \cdots + p}_{n\text{개}} = np$$

상수 c에 대한 $\mathrm{E}[c]$라는 식을 보면 '확률 1로 c가 나올 확률변수'(1장의 주석 7번)의 기댓값이라고 생각하세요. 그러면 답은 $\mathrm{E}[c] = c$입니다.

3.3.3 곱셈의 기댓값은 요주의

확률변수 X, Y의 곱셈의 기댓값 $\mathrm{E}[XY]$를 구할 때는 주의가 필요합니다. X, Y의 독립 여부에 따라 이야기가 다르기 때문입니다. 이 문제는 다음과 같이 생각하세요.

작년의 적설량을 X라 하고, 올해 그것이 몇 배가 됐는지를 Y라고 합시다. 즉, Ω 위의 각 점 ω에 작년에는 $X(\omega)$만큼 눈이 오고 올해에는 그것이 $Y(\omega)$배가 됐다고 합시다. 그래서 올해의 적설량은 $Z = XY$라고 나타납니다. 자, 예를 들어 나라 토지의 절반이 $Y = 2$배, 나머지 절반이 $Y = 1$배라 하면 $\mathrm{E}[Y] = 2 \cdot (1/2) + 1 \cdot (1/2) = 1.5$배입니다. 이때 $\mathrm{E}[Z] = \mathrm{E}[XY]$는 $1.5\,\mathrm{E}[X]$가 될까요?

만약 X, Y가 독립이라면 분명히 그렇게 됩니다. 이유는 다음과 같습니다. 독립적인 경우에는 예를 들어 $X = 5$의 영역으로 한정해도, 꼭 절반이 $Y = 2$, 나머지 절반이 $Y = 1$이라고 보증됩니다.[2] 그러니까 $X = 5$인 블록의 절반이 $Y = 2$배, 나머지 절반이 $Y = 1$배가 되어서 블록의 부피는 1.5배가 됩니다. 다른 블록도 각각 1.5배가 되므로, 전체의 부피도 결국 1.5배입니다.

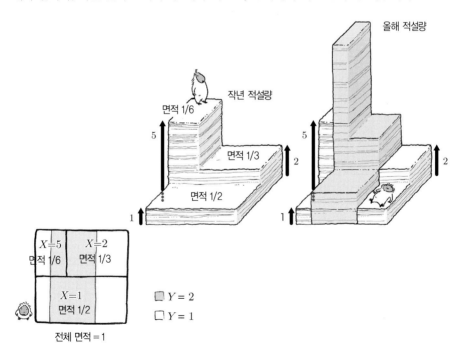

---

2 여기서 "응?"이라고 한 사람은 독립이 어떤 의미였는지를 복습하세요(2.1절 '각 도의 토지 이용(면적 계산 연습)').

마찬가지 논리로 이 예에 국한하지 않고 다음이 성립합니다.

   X, Y가 <u>독립</u>이면 $E[XY] = E[X] \, E[Y]$

그러나 독립이라는 전제가 없으면 $E[Z]$는 1.5 $E[X]$가 된다고 할 수 없습니다. 어느 곳의 적설량이 두 배가 되는지에 따라 올해 눈의 총부피는 달라지기 때문입니다.

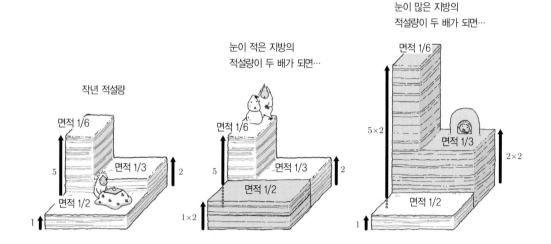

이런 식으로 일반적으로 $E[XY]$가 $E[X] \, E[Y]$가 된다고는 할 수 없습니다.

예제 3.5

확률변수 X, Y의 결합분포가 다음 표와 같을 때, 곱셈 XY의 기댓값 $E[XY]$를 구하세요. 또한, $E[X]$ $E[Y]$를 구해 비교하세요.

	$X = 1$	$X = 2$	$X = 4$
$Y = 1$	2/8	2/8	1/8
$Y = 2$	1/8	1/8	1/8

답

$E[XY]$ = '(각 경우의 XY 값) × (그 경우가 일어날 확률)'의 합

$$= (1 \cdot 1) \cdot P(X=1, Y=1) + (2 \cdot 1) \cdot P(X=2, Y=1) + (4 \cdot 1) \cdot P(X=4, Y=1)$$
$$+ (1 \cdot 2) \cdot P(X=1, Y=2) + (2 \cdot 2) \cdot P(X=2, Y=2) + (4 \cdot 2) \cdot P(X=4, Y=2)$$
$$= 1 \cdot \frac{2}{8} + 2 \cdot \frac{2}{8} + 4 \cdot \frac{1}{8} + 2 \cdot \frac{1}{8} + 4 \cdot \frac{1}{8} + 8 \cdot \frac{1}{8} = \frac{24}{8} = 3$$

한편 $E[X] = 1 \cdot (2/8 + 1/8) + 2 \cdot (2/8 + 1/8) + 4 \cdot (1/8 + 1/8) = 17/8$이고 $E[Y] = 1 \cdot (2/8 + 2/8 + 1/8) + 2 \cdot (1/8 + 1/8 + 1/8) = 11/8$이므로, $E[X]E[Y] = 187/64 \neq E[XY]$ 입니다.

3.3.4 기댓값이 존재하지 않는 경우

지금까지의 예와 같이 취할 수 있는 값이 유한한 경우에는 기계적인 계산으로 기댓값이 정해집니다. 그러나 임의의 정숫값을 취할 수 있는 경우에는 기댓값이 존재할 수도 있고, 존재하지 않을 수도 있습니다.

기댓값이 존재하는 사례

예를 들어 동전 던지기를 반복할 때 처음으로 앞이 나올 때까지 던지는 횟수를 X라고 합시다. X의 분포는 다음과 같이 됩니다(3.1절 '단순한 사례').

X의 값	그 값이 나올 확률
1	1/2
2	1/4
3	1/8
4	1/16
5	1/32
⋮	⋮

그러면 X의 기댓값 $E[X]$는?

그동안 했던 대로 식을 세우면

$$E[X] = 1 \cdot \frac{1}{2} + 2 \cdot \frac{1}{4} + 3 \cdot \frac{1}{8} + 4 \cdot \frac{1}{16} + 5 \cdot \frac{1}{32} + \cdots = 2$$

를 얻을 수 있습니다(우변의 계산법은 부록 A.4.4절 참조). 이는 기댓값이 존재하는 사례였습니다.

기댓값이 존재하지 않는 예 (1) ⋯ 무한대로 발산

다음은 기댓값이 존재하지 않는(발산하는) 예입니다. 마찬가지로 앞이 나올 때까지 동전 던지기를 반복해서

- 첫 번째에 앞이 나온 경우($X = 1$)는 2원을 번다.
- 두 번째에 앞이 나온 경우($X = 2$)는 4원을 번다.
- 세 번째에 앞이 나온 경우($X = 3$)는 8원을 번다.
- 네 번째에 앞이 나온 경우($X = 4$)는 16원을 번다.
- ……

라고 하면 받는 금액 $Y = 2^X$의 기댓값 $E[Y]$는 어떻게 될까요?

Y의 값	그 값이 나올 확률
2	1/2
4	1/4
8	1/8
16	1/16
32	1/32
⋮	⋮

식을 세워보면

$$E[Y] = 2 \cdot \frac{1}{2} + 4 \cdot \frac{1}{4} + 8 \cdot \frac{1}{8} + 16 \cdot \frac{1}{16} + \cdots = 1 + 1 + 1 + 1 + \cdots$$

이 되어 기댓값이 발산하고 맙니다.[3] 굳이 쓴다면 $E[Y] = \infty$지만, 이 경우 기댓값이 존재한다고 말하지는 않습니다. 신의 관점(설국)의 그림도 실어뒀습니다.

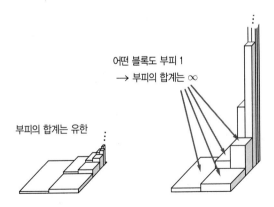

어떤 블록도 부피 1
→ 부피의 합계는 ∞

부피의 합계는 유한

---

3 그래서 기댓값만 보면 1억 원을 내고서라도 지금 게임에 참여할 수 있다면 참여하는 것이 이득이라는 결론에 이릅니다. 그렇지만 현실에서 이 게임에 1억 원을 내려는 사람은 없죠(**상트페테르부르크의 패러독스**). 이 이야기를 어떻게 해석하느냐에 대한 여러 가지 논의가 있는데, 질문 3.5의 효용 함수도 그중 하나입니다.

기댓값이 존재하지 않는 예 (2) ··· 무한 빼기 무한의 부정형

더 질이 나쁜 예도 있습니다. 앞의 X에 대해 $Z \equiv (-2)^X$의 기댓값이 어떻게 될지 생각해보세요.

Z의 값	그 값이 나올 확률
−2	1/2
4	1/4
−8	1/8
16	1/16
−32	1/32
⋮	⋮

설국의 그림을 예로 들면 Z는 아까의 블록들을 번갈아 구덩이와 눈으로 두는 것입니다. 그러므로 부피 1의 눈의 블록이 무한개 있으며, 부피 1의 구덩이도 무한개 있습니다. 그렇다면 총부피를 구하려 해도, 무한 빼기 무한의 부정형으로 답을 정할 수 없습니다.

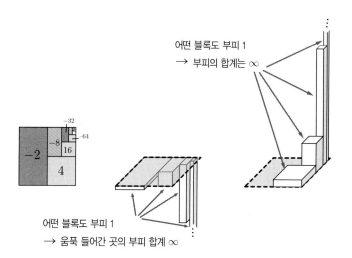

어떤 블록도 부피 1
→ 부피의 합계는 ∞

어떤 블록도 부피 1
→ 움푹 들어간 곳의 부피 합계 ∞

요약

지금까지 고찰한 바를 정리하면 일반적으로 확률변수 R에 대해

- 눈도 구덩이도 부피가 유한하다. → 기댓값이 존재한다($\mathrm{E}[R]$은 유한 값).
- 눈의 부피가 무한하고 구덩이의 부피는 유한하다. → 기댓값은 존재하지 않는다($\mathrm{E}[R] = \infty$).
- 눈의 부피가 유한하고 구덩이의 부피는 무한하다. → 기댓값은 존재하지 않는다($\mathrm{E}[R] = -\infty$).
- 눈과 구덩이 모두 부피가 무한하다. → 기댓값은 존재하지 않는다($\mathrm{E}[R]$은 정해지지 않는다).

3.4 기댓값은 중심이라고 배웠는데요?

네. 기댓값에 대해서는 설국의 평균 적설량이라는 해석 외에 그림 3-3과 같이 중심이라는 해석도 있습니다. 즉, 확률 3/18으로 값 5가 나온다면 '3/18 kg의 추를 5의 위치로'라는 형태로 확률에 따른 추를 달고 균형을 이루는 점이 기댓값입니다.

❤ 그림 3-3 기댓값은 중심

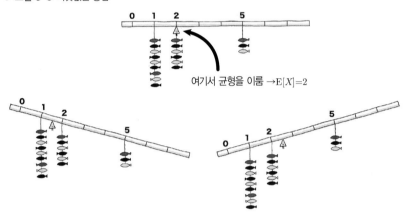

그 이유를 설명하기 위해 우선 **지레의 원리**부터 확인해봅시다. 아이와 어른이 시소에서 균형을 잡으려면 그림 3-4처럼 어른이 지지점에 가까이 있어야 합니다. 균형은 (몸무게) × (지지점의 거리)가 같아질 때 잡습니다. 체중이 두 배면 거리는 절반, 체중이 세 배면 거리는 삼분의 일이 되어야 합니다.

❤ 그림 3-4 아이와 어른이 시소에서 놀려면⋯

지레의 원리: $md = MD$의 경우 균형이 맞음

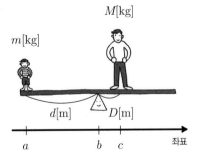

그림의 좌표 a, b, c를 사용하면 $\mathrm{m}(b - a) = M(c - b)$입니다. 이는 다음과 같이 고칠 수 있습니다.

$$m(a - b) + M(c - b) = 0$$

'무게 × (좌표 − 지지점의 좌표)'의 합계가 0

자, 예를 들어

$$\begin{cases} P(X = 1) = 1/2 \ (= 9/18) \\ P(X = 2) = 1/3 \ (= 6/18) \\ P(X = 5) = 1/6 \ (= 3/18) \end{cases}$$

이라고 하는 확률변수 X를 생각하고, 그것에 대응해 앞의 그림 3–3처럼 추를 달았다고 합시다.

이 경우 지지점의 좌표를 μ로 해서

$$\frac{9}{18}(1 - \mu) + \frac{6}{18}(2 - \mu) + \frac{3}{18}(5 - \mu) = 0$$
'확률 × (나오는 값 − μ)'의 합계가 0

일 때 균형이 잡힌다는 뜻입니다.[4] 좌변을 전개해 정리하면

$$1 \cdot \frac{9}{18} + 2 \cdot \frac{6}{18} + 5 \cdot \frac{3}{18} - \left(\frac{9}{18} + \frac{6}{18} + \frac{3}{18} \right) \mu = 0$$
'(값) × (그 값이 나올 확률)'의 합계 − '(확률의 합계) × μ' = 0

그런데 확률의 합계는 1이므로

$$1 \cdot \frac{9}{18} + 2 \cdot \frac{6}{18} + 5 \cdot \frac{3}{18} - \mu = 0$$
'(값) × (그 값이 나올 확률)'의 합계 − μ = 0

이렇게 $\mu = E[X]$에 지지점을 둘 때 균형이 잡힌다는 것을 알 수 있습니다.

여기서 좀 더 덧붙여보면, 시소의 사례에서 분명히 알 수 있듯이 균형이 잡혔다고 해서 그때 좌우의 무게가 같은 것은 아닙니다. 확률로 표현하면 $E[X] = \mu$였다고 해서 $P(X < \mu) = P(X > \mu)$인 것은 아닙니다.

3.5 도박이라면 기댓값이 높은 쪽에 걸겠다고요?

무조건 그렇게 말할 수 없어 고민입니다. 예를 들어 '확률 1/2로 10억 원을 받는 것과 무조건 1억 원을 받는 것 중에서 하나를 고르라'고 했다면 전자는 기댓값이 5억 원, 후자는 기댓값이 1억 원입니다. 여러분이라면 어느 쪽을 택하겠습니까? 세상에는 불확실한 변화가 적은 것을 좋아하는 안전 지향적인

---

4 μ는 그리스 문자 '뮤'입니다.

사람도 있고, 맞으면 큰 보상이 따르는 한판 승부를 즐기는 도박 지향적인 사람도 있습니다. 즉, 사람들의 선택이 반드시 기댓값의 수로 결정되지는 않는 것입니다.

그러면 기댓값은 무의미하다고 여길 수도 있지만 그렇지도 않아요. 다음과 같은 논의에 따른 기댓값 안에서 이 현상을 설명할 수도 있기 때문입니다.

x원을 받았을 때의 '기쁨의 정도(이하 기쁨도)' $g(x)$는 반드시 x에 비례하지 않는다. 많은 사람에게 10억 원의 기쁨은 1억 원의 기쁨 열 배에 까지는 이르지 못한다. 그 정도로는 두 배도 안 될 수 있다. 그러한 배경에서 '기쁨도'의 기댓값으로 보면

$$\frac{1}{2} \cdot g(10억\ 원) < 1 \cdot g(1억\ 원)$$

같은 일이 일어나는 것이다.

이 함수 g를 **효용 함수**라고 부릅니다.[5] 효용 함수에 관해 다음과 같은 성질이 알려져 있습니다.

'확률 ○○에서 ××원, 확률 △△에서 □□원 ……' 같은 복권의 몇 가지 설정이 제시됐을 때 어느 설정을 가장 선호하는지의 문제를 생각해보자. 물론 취향은 사람마다 다르다. 하지만 만약 당신의 선택이 앞뒤가 맞는 선택이라면 당신의 취향은 효용 함수에서 반드시 표시할 수 있다. 즉, 당신 전용으로 조정된 어떤 함수 g가 존재하고, g의 기댓값이 최대인 선택이 항상 당신의 선택에 일치한다. ('앞뒤가 맞는'을 어떻게 정의하는지는 참고문헌 [20] 등을 참조)

현실의 인간이 정말 앞뒤가 맞는 행동을 취하는가 하면, 좀처럼 그렇지는 않은 것 같네요.

3.4 분산과 표준편차

분포의 모습을 나타내는 첫 번째 기준인 기댓값을 3.3절에서 설명했습니다. 이어서 두 번째 기준인 분산 및 표준편차를 알아봅니다.

---

5 영어로 utility function이지만 프로그래밍 용어의 유틸리티 함수와는 별개입니다. 또한, 앞에서 설명할 때는 $g(0원) = 0$을 암묵적으로 상정했습니다.

3.4.1 기댓값이 같아도…

어떤 롤플레잉 게임에서 몬스터에게 공격을 받았을 때의 타격은 다음과 같이 확률적으로 결정됩니다.

종류	타격
몬스터 A	1, 2, 3, 4, 5가 같은 확률로 나오는 주사위를 세 번 던져 나온 눈의 합계
몬스터 B	1, 2, 3, 4, 5, 6, 7, 8이 같은 확률로 나오는 주사위를 두 번 던져 나온 눈의 합계

몬스터 A의 타격 X와 몬스터 B의 타격 Y의 분포는 각각 다음과 같습니다.

X 값	그 값이 나올 확률
2	0
3	1/125 = 0.008
4	3/125 = 0.024
5	6/125 = 0.048
6	10/125 = 0.080
7	15/125 = 0.120
8	18/125 = 0.144
9	19/125 = 0.152
10	18/125 = 0.144
11	15/125 = 0.120
12	10/125 = 0.080
13	6/125 = 0.048
14	3/125 = 0.024
15	1/125 = 0.008
16	0

Y 값	그 값이 나올 확률
2	1/64 = 0.016
3	2/64 = 0.031
4	3/64 = 0.047
5	4/64 = 0.063
6	5/64 = 0.078
7	6/64 = 0.094
8	7/64 = 0.109
9	8/64 = 0.125
10	7/64 = 0.109
11	6/64 = 0.094
12	5/64 = 0.078
13	4/64 = 0.063
14	3/64 = 0.047
15	2/64 = 0.031
16	1/64 = 0.016

기댓값은 $E[X] = E[Y] = 9$로 둘이 같습니다. 그러나 분포 형태는 그림 3-5와 같이 조금 다릅니다. X는 9 안팎의 값이 주로 나오는데, Y는 9에서 많이 벗어난 값도 종종 나옵니다. 이런 의미에서 몬스터 A는 타격이 비교적 일정하므로 대처하기 쉽고, 몬스터 B는 타격이 평균값에서 벗어나 흩어지므로 대처하기 힘든 경향일 것입니다.

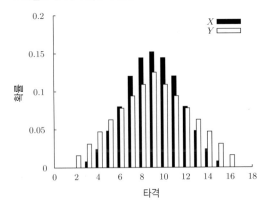

기댓값이 첫 번째 기준이기는 하지만, 그것만으로는 값이 큰 차이를 나타낼지의 여부를 알지 못합니다. 그렇기 때문에 기댓값에서 벗어나는 상황을 평가하는 두 번째 기준이 필요합니다. 그 두 번째 기준이 다음에 소개하는 '분산'입니다.

3.4.2 분산 = '기댓값에서 벗어난 상태'의 기댓값

확률변수 X의 기댓값이 $E[X] = \mu$였다고 합시다. X는 유동적인 양이라 관습에 따라 대문자로 쓰는데, 그 기댓값 μ는 유동적이지 않은 양이므로 소문자를 사용합니다.

X는 유동적이므로 기댓값이 μ라고 해서 딱 μ 값만 나오지는 않습니다. 그러므로 나온 값 x에 대해 μ에서 벗어나는 정도를 재도록 합시다. 재는 방법(무엇을 가지고 벗어나는 정도로 삼는가 하는 정의)은 여러 가지를 고려할 수 있습니다. 보통 $|x - \mu|$를 가장 먼저 생각할 것 같은데, 정작 이것저것 계산하게 되면 절댓값은 불편합니다(경우를 나눠야 하거나 그래프가 꺾여 미분이 불가능할 수 있는 등). 거기서는 절댓값이 아닌 $(x - \mu)^2$이라는 **제곱 오차**가 널리 사용됩니다.

- 만약 우연히 X의 값으로 딱 μ가 나오면 $(x - \mu)^2 = 0$
- 그 외의 경우에는 $(x - \mu)^2 > 0$
- 게다가 μ에서 크게 벗어난 x만큼 $(x - \mu)^2$은 커진다.

라는 식이므로 벗어난 정도의 강도라고 불러도 확실히 좋을 것 같습니다.

지표를 결정했으므로 빗나간 상태를 수치로 파악할 수 있게 됐습니다. 단 X는 유동적인 값이므로, X에서 계산되는 $(X - \mu)^2$도 그냥은 유동적인 값이 되어버립니다. 우리는 '기준'으로 흔들리지 않는 값을 갖고 싶습니다. 흔들림을 없애기 위해 기댓값 $E[(X - \mu)^2]$을 떠올려보죠. 이렇게 얻은 '벗어난 정도의 기댓값'을 **분산**(variance)이라 부르고, $V[X]$나 $\mathrm{Var}[X]$라는 기호로 나타냅니다.

$$V[X] \equiv E[(X - \mu)^2] \qquad 단, \ \mu \equiv E[X]$$

X는 흔들리는 값, $E[X]$나 $V[X]$는 흔들리지 않는 값이라고 확실히 구별하길 바랍니다. 정의로부터 다음이 확실히 보증됩니다.

$$V[X] \geq 0$$

$E[\cdots]$의 알맹이가 항상 $(X - \mu)^2 \geq 0$이기 때문입니다.

예제 3.6

조금 전에 다룬 몬스터의 예에서 $V[X]$와 $V[Y]$를 구하고, $V[X] < V[Y]$를 확인하세요.

답

$E[X] = 9$이므로 다음과 같습니다.

$$
\begin{aligned}
V[X] &= E[(X - 9)^2] \\
&= (3 - 9)^2 \, P(X = 3) + (4 - 9)^2 \, P(X = 4) + \cdots + (14 - 9)^2 \, P(X = 14) + (15 - 9)^2 \, P(X = 15) \\
&= 6^2 \cdot \frac{1}{125} + 5^2 \cdot \frac{3}{125} + \cdots + 1^2 \cdot \frac{18}{125} + 0^2 \cdot \frac{19}{125} + 1^2 \cdot \frac{18}{125} + \cdots + 5^2 \cdot \frac{3}{125} + 7^2 \cdot \frac{1}{125} \\
&= \frac{750}{125} = 6
\end{aligned}
$$

(계산 과정을 잘 모르겠다면 예제 3.3을 복습하세요.) 마찬가지로 $E[Y] = 9$에서 다음과 같습니다.

$$
\begin{aligned}
V[Y] &= E[(Y - 9)^2] \\
&= (2 - 9)^2 \, P(Y = 2) + (3 - 9)^2 \, P(Y = 3) + \cdots + (15 - 9)^2 \, P(Y = 15) + (16 - 9)^2 \, P(Y = 16) \\
&= 7^2 \cdot \frac{1}{64} + 6^2 \cdot \frac{2}{64} + \cdots + 1^2 \cdot \frac{7}{64} + 0^2 \cdot \frac{8}{64} + 1^2 \cdot \frac{7}{64} + \cdots + 6^2 \cdot \frac{2}{64} + 7^2 \cdot \frac{1}{64} \\
&= \frac{672}{64} = \frac{21}{2} = 10.5
\end{aligned}
$$

따라서 확실히 $V[X] < V[Y]$입니다.

확률변수 X의 기댓값 $E[X]$와 분산 $V[X]$를 알면 X가 어떤 값의 주변에서 얼마나 흔들리는지 기준으로 삼을 수 있습니다. 특히 $V[X] = 0$이라면, 이는 전혀 흔들리지 않는 것을 의미합니다. $E[(X - \mu)^2] = 0$이 되려면 $P(X = \mu)$가 반드시 1이어야 하기 때문입니다. X가 μ 이외의 값을 취할 확률은 0입니다.

또한, 정의에 의해 당연하지만 $E[X] = 0$의 경우 $E[X^2] = V[X]$라는 사실도 지적해둡니다. 이를 외워두면 편리합니다.

3.4.3 표준편차

확률변수 X에 대한 첫 번째 기준으로 기댓값 $E[X]$를 설명하고, 더불어 '거기서 벗어나는 정도의 강도'를 재는 두 번째 기준으로 분산 $V[X]$를 설명했습니다. $V[X]$가 크면 편차가 심하고, 작으면 편차가 별로 없습니다. 그렇다면 구체적으로 $V[X] = 25$라고 했을 때 편차 상태가 어느 정도인지 연상할 수 있을까요?

그림 3-6을 보세요. 왼쪽은 분산이 25인 룰렛을 200번 돌렸을 때 각각 나온 눈을 차례로 찍은 것입니다(가로축이 돌린 횟수, 세로축이 나온 눈).[6] 오른쪽은 분산이 100인 룰렛에 대한 같은 점 그래프입니다.

❤ 그림 3-6 룰렛에서 나오는 눈. 왼쪽은 분산이 25인 룰렛. 오른쪽은 분산이 100인 룰렛

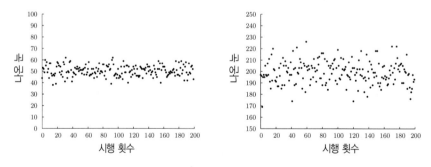

분산이 네 배가 됐는데 편차의 크기는 두 배 정도로밖에 보이지 않습니다. 분산이 100이라고 기댓값에서 100 정도 벗어난 값이 나오는 것도 아닌가 봅니다.

분산의 정의를 다시 한 번 떠올려봅시다.

---

6 균등하지 않은 이상한 룰렛입니다. 50 부근이 나오기 쉽고, 거기서 크게 벗어난 값은 나오기 어렵습니다.

$$\mathrm{V}[X] \equiv \mathrm{E}[(X - \mu)^2] \qquad \text{단, } \mu \equiv \mathrm{E}[X]$$

μ와의 차이가 위의 식에서 2제곱이 되는 것에 주의해야 합니다. 예를 들어 만약 X가 비거리 $[m]$이면 $\mathrm{V}[X]$의 값은 '<u>비거리</u> 차이의 <u>제곱의</u> 기댓값 $[m^2]$'이 됩니다. X가 길이였다고 해도 분산 $\mathrm{V}[X]$는 길이가 아니고 '길이의 2제곱'이 되는 셈입니다. 순수하게 비교하기 힘든 이유가 여기에 있습니다.

이를 길이로 되돌리기 위해서는 제곱근을 생각하면 좋습니다. 그래서 분산의 제곱근을 **표준편차** (standard deviation)라고 부릅니다. 문자는 σ나 s를 쓰는 것이 보통입니다.[7]

$$\sigma \equiv \sqrt{\mathrm{V}[X]}$$

통계 책 등에서 흔히 '분산을 σ^2이라고 한다'와 같이 적는 것은 이 관습을 따르는 셈입니다.

X가 길이라면 그 분산은 '길이의 2제곱', 그리고 표준편차 σ는 다시 길이가 됩니다. 예를 들어 앞서 본 그림 3-6의 세로축에 분산을 찍는 것은 난센스입니다. '길이'와 '길이의 2제곱'이라는 단위도 다르고 의미도 다른 양을 같은 축에 찍고 비교하는 것은 이상하기 때문입니다. 하지만 표준편차는 X와 같은 축에 찍는 의미가 있습니다. 기댓값 μ 및 $\mu \pm \sigma$를 그려 넣으면 그림 3-7과 같습니다. 그래프를 보면 표준편차 σ가 어쩐지 불균형의 정도를 나타내고 있는 것으로 여겨질 법합니다.

▼ **그림 3-7** 룰렛에서 나올 눈과 기댓값, 표준편차. 매회 나올 눈을 점으로, 기댓값 μ 및 $\mu \pm \sigma$를 가로줄로 나타낸다. 왼쪽은 분산이 25인 룰렛(표준편차 $\sigma = \sqrt{25} = 5$). 오른쪽은 분산이 100인 룰렛(표준편차 $\sigma = \sqrt{100} = 10$)

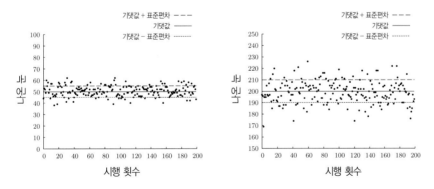

---

7 X의 표준편차임을 명시하기 위해 σ_X라고 쓰는 경우도 있습니다. 다만 σ(그리스 문자 '시그마') 및 s를 할당하는 것은 관습에 불과합니다. 생뚱맞게 그냥 σ라 쓰고 '표준편차라고 읽는다'고 하면 공식적으로 인정받지 못합니다. 남에게 보여줄 리포트와 답안에는 '표준편차를 σ라고 한다'와 같이 양해를 구하는 내용을 써 넣도록 하세요.

▼ 그림 3-8 편차의 정도?

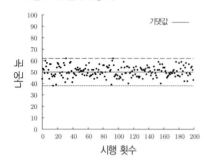
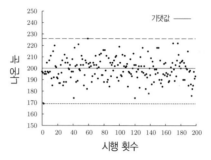

σ가 나타내는 것은 기댓값의 폭입니다. 전형적이므로 그보다 큰 눈을 던지는 사람이나 작은 눈을 던지는 사람이 있기 마련이고, 그 중간을 σ가 가리키고 있는 형태입니다.

3.4.4 정수 덧셈, 곱셈과 표준화

이제부터 분산, 표준편차의 성질을 설명합니다. 기댓값 때와 마찬가지로 우선 다음 계산부터 살펴보겠습니다.

확률변수 X에 대해 정수 c를 더하거나 곱한

$$Y \equiv X + c$$
$$Z \equiv cX$$

를 생각합시다. Y나 Z도 확률변수가 됩니다. 그 분산은 다음과 같습니다.

$$V[Y] = V[X + c] = V[X] \qquad \cdots\cdots \text{정수 } c\text{를 합해도 분산은 다름없다.}$$
$$V[Z] = V[cX] = c^2 V[X] \qquad \cdots\cdots \text{정수 } c\text{를 곱하면 분산은 } c\text{의 2제곱 배}$$

표준편차로 바꾸면 다음과 같습니다.

- 상수 c를 합해도 표준편차는 변하지 않는다.
- 상수 c를 곱하면 표준편차는 $|c|$ 배[8]

예를 들어 앞의 룰렛의 눈에 '20을 더한다'나 '세 배 한다'라는 변환을 실시하면 그림 3-9와 같습

---

8 $-3X$의 표준편차는 X의 표준편차의 $\sqrt{(-3)^2}$배, 즉 세 배입니다. (-3)배가 아닙니다.

니다. 요컨대 그림 3-10과 같은 이야기입니다.

❤ 그림 3-9 룰렛에서 나온 눈 X(위), $X + 20$(왼쪽 아래), $3X$(오른쪽 아래). 표준편차 σ는 각각 5, 5, 15(= 3 × 5). 매번 나온 눈은 점으로 나타내고, 기댓값 μ 및 $\mu \pm \sigma$는 가로줄로 나타낸다

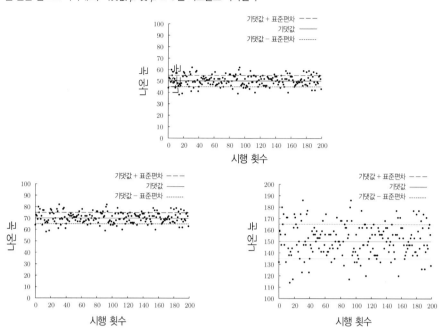

❤ 그림 3-10 정수를 더하거나 곱했을 때 표준편차는…

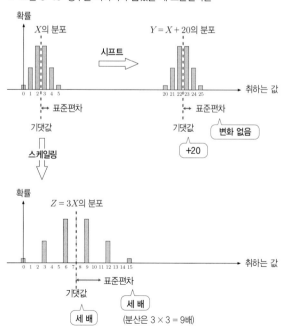

V[Y]와 V[Z]가 위와 같이 되는 것을 확인하세요.

답

$E[X] \equiv \mu$라고 두면 $E[Y] = \mu + c$ 그리고 $E[Z] = c\mu$다. 따라서 다음과 같다.

$$V[Y] = E[\{Y - (\mu + c)\}^2] = E[\{(X + c) - (\mu + c)\}^2] = E[(X - \mu)^2] = V[X]$$

$$V[Z] = E[(Z - c\mu)^2] = E[(cX - c\mu)^2] = E[c^2(X - \mu)^2] = c^2 E[(X - \mu)^2] = c^2 V[X]$$

이상의 성질을 사용하면 확률변수 X를 적당히 변환하고 기댓값과 분산을 지정한 값에 맞출 수 있습니다. 이제 $E[X] = \mu$, $V[X] = \sigma^2 > 0$이라고 합시다. 이때

$$W \equiv \frac{X - \mu}{\sigma}$$

라고 변환하면 $E[W] = 0$, $V[W] = 1$이 됩니다. 이런 식으로 변환해서 '기댓값 0, 분산 1'로 맞추는 것을 **표준화**라고 합니다. 이 책에서는 4.6.2절 '일반정규분포', 4.6.3절 '중심극한정리', 5.1.3절 '경향이 뚜렷한 상태와 상관계수', 8.1.2절 '주성분 분석(PCA)'에서 표준화가 얼굴을 내밉니다. 일반적으로 종류가 다른 데이터를 모아 무엇을 하려고 할 때는 각각 표준화해서 맞춘 다음 본격적인 처리에 착수하는 것이 상투적인 방법입니다. 예를 들어 난이도가 다른 시험으로 성적을 비교하기 위해 **편차값**을 사용하는 것도 본질적으로는 같은 종류의 이야기입니다.

예제 3.8

위의 변환으로 $E[W] = 0$, $V[W] = 1$이 되는 것을 확인하세요.

답

$$E[W] = E\left[\frac{X - \mu}{\sigma}\right] = \frac{E[X - \mu]}{\sigma} = \frac{E[X] - \mu}{\sigma} = \frac{\mu - \mu}{\sigma} = 0$$

$$V[W] = V\left[\frac{X - \mu}{\sigma}\right] = \frac{V[X - \mu]}{\sigma^2} = \frac{V[X]}{\sigma^2} = \frac{\sigma^2}{c^2} = 1$$

3.7 표준화 변환식이 외워지질 않습니다.

외우지 않아도 그 자리에서 만들 수 있습니다. $W = aX + b$ $(a > 0)$로 두고, $\mathrm{E}[W] = 0$, $\mathrm{V}[W] = 1$이 되도록 a, b를 구합시다. 즉,

$$\mathrm{E}[W] = a\mu + b = 0, \quad \mathrm{V}[W] = a^2\sigma^2 = 1$$

을 풉시다. 후자에서 $a = 1/\sigma$을 얻은 다음, 그것을 전자에 대입하면 $b = -\mu/\sigma$를 얻을 수 있습니다. 익숙해지면 외우는 것과 만드는 것의 중간 정도 느낌으로 그림 3-11 같은 순서를 밟는 것을 추천합니다.

❤ 그림 3-11 시프트와 스케일링으로 표준화한다.

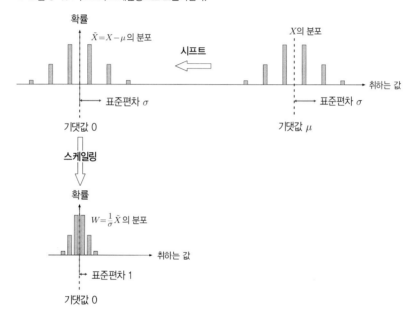

1. 원래 X의 기댓값 μ와 표준편차 σ를 구해둔다.
2. 먼저 전체를 시프트(평행이동)해서 기댓값이 0이 되도록 조절한다.

$$\tilde{X} \equiv X - \mu \quad \rightarrow \quad \mathrm{E}[\tilde{X}] = 0, \mathrm{V}[\tilde{X}] = \sigma^2$$

3. 이어서 스케일링(크기 변환)으로 폭을 조절하고 표준편차를 1로 한다.

$$W \equiv \frac{1}{\sigma}\tilde{X} \quad \rightarrow \quad \mathrm{E}[W] = 0, \mathrm{V}[W] = 1$$

3.4.5 독립이라면 덧셈의 분산은 분산의 덧셈

X와 Y가 독립이라면 $V[X + Y] = V[X] + V[Y]$가 성립합니다.

이미 배운 기댓값의 성질을 사용하면 다음과 같이 이를 나타낼 수 있습니다. $E[X] = \mu$, $E[Y] = \nu$라 하면[9] 다음과 같습니다.

$$
\begin{aligned}
V[X + Y] &= E\left[\left((X + Y) - (\mu + \nu)\right)^2\right] = E\left[\left((X - \mu) + (Y - \nu)\right)^2\right] \\
&= E\left[(X - \mu)^2 + (Y - \nu)^2 + 2(X - \mu)(Y - \nu)\right] \\
&= E[(X - \mu)^2] + E[(Y - \nu)^2] + E[2(X - \mu)(Y - \nu)] \\
&= V[X] + V[Y] + 2E[(X - \mu)(Y - \nu)]
\end{aligned}
$$

여기서 X와 Y가 독립이라면 $X - \mu$와 $Y - \nu$도 독립이니까(2.5.3절 '확률변수의 독립성'), 끝으로 남은 것은

$$
2E[(X - \mu)(Y - \nu)] = 2E[X - \mu]E[Y - \nu] = 2(\mu - \mu)(\nu - \nu) = 0 \tag{3.2}
$$

으로 0이 됩니다. 그러므로 $V[X + Y] = V[X] + V[Y]$입니다.

변수가 더 늘어나도 마찬가지입니다. 예를 들어 X, Y, Z가 독립이라면 $V[X + Y + Z] = V[X] + V[Y] + V[Z]$인 거죠.

이 성질을 사용하면 첫 번째로 뽑은 몬스터의 $V[X]$와 $V[Y]$를 더 쉽게 구할 수 있습니다.

예제 3.9

위의 성질을 이용해 예제 3.6의 $V[X]$와 $V[Y]$를 계산하세요.

답

X에 대해, '1, 2, 3, 4, 5가 같은 확률로 나오는 주사위'를 t번째 던질 때 나오는 눈을 X_t라고 해둡니다. $X = X_1 + X_2 + X_3$이며, 각 X_t에 대해서는 다음과 같습니다.

$$
\begin{aligned}
E[X_t] &= 1 \cdot \frac{1}{5} + 2 \cdot \frac{1}{5} + 3 \cdot \frac{1}{5} + 4 \cdot \frac{1}{5} + 5 \cdot \frac{1}{5} = 3 \\
V[X_t] &= (1 - 3)^2 \cdot \frac{1}{5} + (2 - 3)^2 \cdot \frac{1}{5} + (3 - 3)^2 \cdot \frac{1}{5} + (4 - 3)^2 \cdot \frac{1}{5} + (5 - 3)^2 \cdot \frac{1}{5} = 2
\end{aligned}
$$

X_1, X_2, X_3은 독립이므로 위의 식으로부터 다음과 같습니다.

---

9 ν는 그리스 문자 '뉴'입니다. μ의 다음 문자이므로 짝으로 썼습니다.

$$V[X] = V[X_1] + V[X_2] + V[X_3] = 2 + 2 + 2 = 6$$

Y에 대해서도 마찬가지로, '1, 2, 3, 4, 5, 6, 7, 8이 같은 확률로 나오는 주사위'를 t번째 던질 때 나오는 눈을 Y_t라고 해둡니다. $Y = Y_1 + Y_2$고,

$$E[Y_t] = 1 \cdot \frac{1}{8} + 2 \cdot \frac{1}{8} + \cdots + 7 \cdot \frac{1}{8} + 8 \cdot \frac{1}{8} = \frac{9}{2}$$

$$V[Y_t] = \left(1 - \frac{9}{2}\right)^2 \cdot \frac{1}{8} + \left(2 - \frac{9}{2}\right)^2 \cdot \frac{1}{8} + \cdots + \left(7 - \frac{9}{2}\right)^2 \cdot \frac{1}{8} + \left(8 - \frac{9}{2}\right)^2 \cdot \frac{1}{8} = \frac{42}{8} = \frac{21}{4}$$

Y_1, Y_2는 독립이므로 위의 식으로부터 다음과 같습니다.

$$V[Y] = V[Y_1] + V[Y_2] = \frac{21}{4} + \frac{21}{4} = \frac{21}{2} = 10.5$$

예제 3.10

이항분포 $\mathrm{Bn}(n, p)$의 분산을 구하세요.

답

확률 p로 1, 확률 $q \equiv 1 - p$로 0이 나오는 독립적인 확률변수 $Z_1, \cdots, Z_n$을 생각합시다. 그 합계 $X \equiv Z_1 + \cdots + Z_n$은 이항분포 $\mathrm{Bn}(n, p)$에 따르는 것이었습니다(3.2절). 여기서 독립성에 의해 다음과 같고

$$V[X] = V[Z_1] + \cdots + V[Z_n]$$

또 정의대로 계산하면 다음과 같습니다.

$$V[Z_t] = E[(Z_t - p)^2] = (1-p)^2 p + (0-p)^2 q = q^2 p + p^2 q = pq(q+p) = pq \qquad (t = 1, \ldots, n)$$

따라서 $\mathrm{Bn}(n, p)$의 분산은 $V[X] = npq = np(1 - p)$입니다.

다만 '독립이므로'라는 조건을 잊지 마세요. 독립이 아니라면 단순한 덧셈으로는 안 될 수도 있습니다. 실제의 극단적인 예로 만약 $Y = X$면

$$\begin{cases} V[X + Y] = V[X + X] = V[2X] = 4\,V[X] \\ V[X] + V[Y] = V[X] + V[X] = 2\,V[X] \end{cases}$$

가 되어 일치하지 않습니다. 조금 전의 예제 3.9와 무엇이 다른지 몰라 당황했다면 확률변수와 확률분포의 차이를 복습하세요(1.5절). 예제 3.9는 단순히 분포가 같습니다. 지금의 예는 확률변수 자체가 동일합니다.

3.4.6 제곱 기댓값과 분산

또 이런 공식도 알아두면 편리합니다.

$$V[X] = E[X^2] - E[X]^2$$

우변의 $E[X]^2$은 $(E[X])^2$을 의미합니다. 이 공식은

$$E[X^2] = \mu^2 + \sigma^2 \qquad 단, \ \mu \equiv E[X], \quad \sigma^2 \equiv V[X]$$

라고 쓰는 것이 파악하기 쉬울지도 모르겠습니다. 'X의 2제곱의 기댓값'은 'X의 기댓값의 2제곱' 외에 분산만큼 늘어난다는 것입니다. $E[X^2]$과 $E[X]^2$이 같다고 잠시나마 착각하지 않도록 주의하세요. 극단적인 이야기로 그림 3-12처럼 비록 기댓값이 $E[X] = 0$이어도, 편차가 0이 아닌 한 $E[X^2]$은 0이 안 됩니다.[10] 그 사실을 떠올린다면 위와 같은 착각은 피할 수 있을 것입니다.

▼ 그림 3-12 $E[X] = 0$에서도 $E[X^2] > 0$

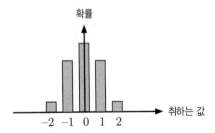

이 공식이 성립하는 이유는 다음과 같습니다. $Z \equiv X - \mu$를 감안하면, $E[Z] = 0$이고, $X = Z + \mu$라고 쓸 수 있습니다. 유동량 X를 기댓값 μ(일반적인 정수로 흔들리지 않는다)와 그 주변의 흔들림 Z로 쪼갠 것입니다. 이 Z를 써서

$$\begin{aligned} E[X^2] &= E[(Z + \mu)^2] = E[Z^2 + \mu^2 + 2\mu Z] = E[Z^2] + E[\mu^2] + E[2\mu Z] \\ &= E[Z^2] + \mu^2 + 2\mu E[Z] \end{aligned} \tag{3.3}$$

---

10 X가 0이 아닌 한 반드시 $X^2 > 0$이므로, $E[X^2]$도 양수가 됩니다.

까지 전개해둡니다. 여기서는 $Z = X - \mu$와 $\mathrm{E}[Z] = 0$에서 $\mathrm{E}[Z^2] = \mathrm{V}[X]$와 $2\mu\,\mathrm{E}[Z] = 0$이 나오고,

$$식 (3.3) = \mathrm{V}[X] + \mu^2$$

을 얻을 수 있습니다.

예제 3.11

확률 1/3로 -1이 나오고, 확률 2/3로 $+1$이 나오는 확률변수 X의 분산을 구하세요(위의 공식을 사용해도 좋습니다).

답

$X = -1$과 $X = +1$ 모두 어차피 $X^2 = 1$이므로, $\mathrm{E}[X^2] = 1$입니다. 또한,

$$\mathrm{E}[X] = (-1) \cdot \frac{1}{3} + (+1) \cdot \frac{2}{3} = \frac{1}{3}$$

에 의해 위의 공식보다는

$$\mathrm{V}[X] = 1 - \left(\frac{1}{3}\right)^2 = \frac{8}{9}$$

이렇게 계산하는 쪽이 정의대로 계산하는 것보다 쉽지 않나요?

예제 3.12

$\mathrm{E}[X] = \mu$, $\mathrm{V}[X] = \sigma^2$일 때 흔들리지 않는 임의의 상수 a에 대해

$$\mathrm{E}[(X - a)^2] = (\mu - a)^2 + \sigma^2$$

임을 보이세요.

답

$Y \equiv X - a$라고 하면 다음과 같습니다.

$$\mathrm{E}[(X - a)^2] = \mathrm{E}[Y^2] = \mathrm{E}[Y]^2 + \mathrm{V}[Y] = \mathrm{E}[X - a]^2 + \mathrm{V}[X - a] = (\mathrm{E}[X] - a)^2 + \mathrm{V}[X]$$
$$= (\mu - a)^2 + \sigma^2$$

예제 3.12는 다음과 같은 상황에 대입하면 재미있습니다. 딱 a cm의 부품을 제조하고 싶은데, 실제 완성 치수 X cm는 확률적으로 흔들린다고 칩시다. 일반적으로 기준값 a와 실제 값 X의 차이의 제곱 $(X - a)^2$을 **제곱 오차**라고 합니다. 제곱 오차가 무엇이고 얼마나 요긴한지는 3.4.2절에서 분산을 설명할 때도 언급했습니다. 예제 3.12를 보면 제곱 오차의 기댓값이

$$(X\text{와 } a\text{의 제곱 오차의 기댓값}) = (\text{기댓값의 제곱 오차}) + (\text{분산})$$
$$= (\text{편향에 의한 오차}) + (\text{편차에 의한 오차})$$

처럼 두 종류의 오차로 분해되는 것을 알 수 있습니다. 그림 3-13에서 각각의 의미를 확인하세요. 이런 **편향**(바이어스)과 **편차**는 확률을 이용한 정보 처리에서도 염두에 둘 필요가 있습니다. 방법 A는 편향이 적고 언뜻 보면 좋을 것 같은데, 사실은 편차가 크기 때문에 군이 방법 B를 쓰는 것이 좋겠다고 하는 경우도 있기 때문입니다. 원한다면 $\mathrm{E}[(X - a)^2] = (\mu - a)^2 + \sigma^2$ 쪽을 머릿속에 담아두고 아까 말했던 $\mathrm{E}[X^2] = \mu^2 + \sigma^2$은 거기서부터 $a = 0$이라 하며 유도해도 상관없습니다.

▼ 그림 3-13 편향과 편차

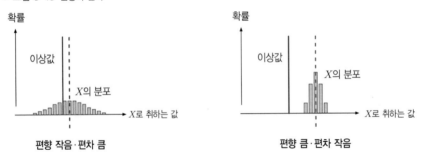

3.8 **학교에서 배운 이야기와 다른데요?**

그동안 통계를 공부한 사람은 분산의 계산식을 '샘플 사이즈에서 1을 뺀 값으로 나눈다'로 기억했을지도 모릅니다. 그러나 그것은 지금 여기서 논의하고 있는 분산과 다른 이야기입니다. 지금 논의하는 것은 확률변수 X의 분산 $\mathrm{V}[X]$입니다. 신의 관점에서 말하면, 모든 평행 세계를 횡단하며 바라보는 이야기입니다. 당신이 외운 계산식은 (당신이 사는) 하나의 평행 세계에서 관측된 데이터 $x_1, \cdots, x_n$으로부터 불편 분산을 구하는 이야기입니다. 당신은 어디까지나 특정 평행 세계에 머무른 채 말이죠. 불편 분산에 대해서는 6.1.7절 '(대책 가) 후보 가려내기: 최소분산불편추정'에서 다룹니다.

또 표준편차 σ에 대해 '기댓값 $\pm 3\sigma$ 이내에 99.7%가 포함된다. 그래서 기댓값으로부터 3σ 이상 벗

어나면 우선 우연이 아니다'라고 들은 사람도 있을지 모릅니다. 그러나 그것은 정규분포라는 특정 분포에 대한 이야기입니다. 일반분포에서는 거기까지 보증되지 않습니다(부록 B.4절).

게다가 표준화라는 말도 당신이 배운 것과 달랐을지 모릅니다. '표준화'는 고유 명사라기보다는 일반 명사입니다. 표준의 꼴에 맞춘다는 뉘앙스일 때, 여러 가지 상황에서 여러 가지 처리를 표준화라고 부릅니다. 표준화의 구체적인 내용은 분야나 장면에 따라 다르므로, 그때그때 문맥으로 판단하세요.

3.5 / 큰 수의 법칙

개별적으로 보면 랜덤으로 오차가 있는 것이라 하더라도, 많이 모아서 평균을 구하면 거의 오차가 없는 현상이 있습니다. 컴퓨터로 모의 실험을 해봅시다. 지금부터는 프로그래밍 언어 **루비**(Ruby)를 사용한 예가 나옵니다.[11]

예를 들어 주사위를 한 번 던지면, 1에서 6까지 중에서 어느 것이 나올지 전혀 종잡을 수 없습니다.

```
$ ruby -e 'puts 1 + rand(6)' ↵
2    우연히 이것이 나온다
```

그래도 주사위를 20번 정도 던져서 평균을 구하면 대개 3.5 전후의 결과가 나옵니다.

```
$ ruby -e 'n=20; puts "#{a=n.times.map{1+rand(6)}} [#{a.inject(:+).to_f/n}]"' ↵
14441333635225662444 [3.6]    대괄호 안이 평균
```

계속하다 보면…

```
32152654516312653264 [3.6]

62212631245413251655 [3.3]

23612631243213226165 [3.05]

45145515224626355466 [4.05]
```

---

11 '객체 지향 스크립트 언어 루비'(http://www.ruby-lang.org/ko/) 참조. 여기서는 버전 1.8.7을 사용했습니다. 실행 결과를 보는 방법은 1장의 주석 10번과 마찬가지입니다. 컴퓨터로 난수를 다루는 것은 7장 '의사난수'에서 논의합니다.

200번 정도 던지면 평균은 더욱 편차가 없어집니다. 위의 n=20을 n=200으로 바꿔 계속하다 보면…

```
6154645323652416434456665121361166224544165245545162315211355436343453133262 1
233  453654321652243526161464363641245334111235224315523412451612535656164646 2
3234461 6541554451356126251123352315353544556531 [3.57]

6114255536314431355214323265243226414426531262366413521354436442423266131154 1
565  3521135455431345124121663613355626414332431265264143413552635346116551535
5653224 6552141313333514221114654313364541256423 [3.42]

3466132644545213166554334321321131155441124565133344632455545163212116336416 2
615  6431344615334226534363553151215113225135435226145264262411411431262414314
3361253 3555535213162623454265661415423621354526 [3.39]

3616454125542464516234652555133216251614432333432262551531414545325431533131 2
413  3525245614622554526655415552466666666523114243561562326533436254223332543 3
5652413 6526616261531345542535213136314535254663 [3.645]

1231222124632133541653124314543536323463354531341412664432614225631362321636 3
341  5412125531346131644231423225665511226453615646661654345453443231312334655
1343213 1125316262453513662315111565514616146655 [3.385]
```

충분히 많은 양을 평균으로 계산하면 거의 일정한 값으로 자리잡는다는 이 성질은 랜덤으로 흔들리는 것을 해석하고 활용하기 위한 소중한 열쇠입니다. 상식적으로 생각해도 이 성질 자체는 왠지 그럴 것 같다는 생각이 들죠. 이 절에서는 그것을 확률 용어로 검증합니다.

3.5.1 독립 동일 분포(i.i.d.)

우선 주사위를 20번 던진다는 것을 어떻게 나타낼지에 유의해야 합니다. 확률변수와 확률분포를 뒤죽박죽으로 만들 우려가 있기 때문입니다. 첫 번째의 주사위 값을 확률변수 X_1로 하고, 두 번째의 주사위 값을 확률변수 X_2로 하고, ……라는 식으로 20개의 확률변수 X_1, X_2, $\cdots$, X_{20}을 설정합니다. 같은 주사위를 던지고 있으니 첫 번째도, 두 번째도, 나아가 20번째도 나온 눈의 분포는 마찬가지겠죠. 즉

$$P(X_1 = 1) = P(X_2 = 1) = \cdots = P(X_{20} = 1) = 1/6 \quad \text{(1이 나올 확률은 몇 차 시기에서도 1/6)}$$
$$P(X_1 = 2) = P(X_2 = 2) = \cdots = P(X_{20} = 2) = 1/6 \quad \text{(2가 나올 확률은 몇 차 시기에서도 1/6)}$$
$$\vdots$$
$$P(X_1 = 6) = P(X_2 = 6) = \cdots = P(X_{20} = 6) = 1/6 \quad \text{(6이 나올 확률은 몇 차 시기에서도 1/6)}$$

일 것입니다.[12] 또 야바위용 주사위가 아닌 정상적인 주사위라면 첫 번째 결과와 두 번째 결과는 독립일 것입니다. 첫 번째에 무엇이 나오더라도 두 번째에 그것이 나오기 쉬워지거나 어려워지지는 않기 때문입니다.

> '첫 번째에 x_1이 나오고, 두 번째에 x_2가 나오고, ⋯⋯20번째에 x_{20}이 나올 확률'
>
> $= \mathrm{P}(X_1 = x_1,\ X_2 = x_2,\ \dots X_{20} = x_{20})$
>
> $= \mathrm{P}(X_1 = x_1)\,\mathrm{P}(X_2 = x_2)\cdots\mathrm{P}(X_{20} = x_{20})$

이런 식으로 확률변수 $X_1, \cdots, X_n$이

- 각각의 분포(주변분포)는 모두 같다.
- 게다가 모두 독립이다.

라고 할 때, **독립 동일 분포**에 따른다고 합니다. 영어로는 independent and identically distributed 라 하며, 이를 줄여서 i.i.d.이라고 씁니다. 확률을 응용한 책에서는 설명 없이 사용되는 경우도 많으므로 이 약자는 기억해두세요. 어떤 실험·조사를 거듭하는 경우에는 i.i.d.이 되어 있는(혹은 가능한 한 i.i.d.이 되도록 노력하는) 일이 많죠.

이 예는 확률이 딱 맞게 정리되어 오히려 이해하기 어려울 수도 있으므로, 한 가지 예를 더 들어 다음과 같은 왜곡된 주사위도 살펴봅시다.

값	그 값이 나올 확률
1	0.4
2	0.1
3	0.1
4	0.1
5	0.1
6	0.2

첫 번째 주사위의 값을 확률변수 Y_1로 하고, 두 번째 주사위의 값을 확률변수 Y_2로 하고, ⋯⋯라는 식으로 20개의 확률변수 $Y_1, Y_2, \cdots, Y_{20}$을 설정합니다. 같은 주사위를 던지고 있으니 첫 번째, 두 번째, 세 번째 모두 나온 눈의 분포는 같을 것입니다.

---

12 그렇다고 확률변수 $X_1, X_2, \cdots, X_{20}$ 자체가 동일하지는 않습니다. 첫 번째부터 20번째까지 모두 같은 눈이 나오지는 않기 때문이죠. 여기서 '헉' 소리를 낸 사람은 확률변수와 확률분포를 구별하는 것을 복습하세요(1.5절).

$$P(Y_1 = 1) = P(Y_2 = 1) = \cdots = P(Y_{20} = 1) = 0.4 \quad \text{(1이 나올 확률은 몇 차 시기에서도 } 0.4)$$

$$P(Y_1 = 2) = P(Y_2 = 2) = \cdots = P(Y_{20} = 2) = 0.1 \quad \text{(2가 나올 확률은 몇 차 시기에서도 } 0.1)$$

$$\vdots$$

$$P(Y_1 = 5) = P(Y_2 = 5) = \cdots = P(Y_{20} = 5) = 0.1 \quad \text{(5가 나올 확률은 몇 차 시기에서도 } 0.1)$$

$$P(Y_1 = 6) = P(Y_2 = 6) = \cdots = P(Y_{20} = 6) = 0.2 \quad \text{(6이 나올 확률은 몇 차 시기에서도 } 0.2)$$

주사위가 왜곡된 바람에 이제 확률은 1/6씩이 아니지만, 그래도 1이 나올 확률은 시종일관 0.4인 셈입니다. 또한, 이상한 조작을 하지 않는 한 독립성도 성립되겠죠.

'첫 번째에 y_1이 나오고, 두 번째에 y_2가 나오고. ……. 20번째에 y_{20}이 나올 확률'

$= P(Y_1 = y_1, Y_2 = y2, \dots Y_{20} = y_{20})$

$= P(Y_1 = y_1)\, P(Y_2 = y_2) \cdots P(Y_{20} = y_{20})$

그래서 $Y_1, Y_2, \cdots, Y_{20}$도 i.i.d.입니다.

예제 3.13

동일 분포지만 독립이 아닌 예를 들어보세요.

답

예를 들어 이전의 그림 1–9와 그림 1–10의 확률변수 X와 Y는 동일 분포(확률 1/4로 당첨, 확률 3/4으로 탈락)지만, 독립이지는 않습니다(X가 당첨인 경우에는 Y도 맞물려 당첨되기 쉬움).

더 극단적으로 주사위를 한 번만 던져 나온 결과를 X라 하고 그것을 그냥 복사해서 $X_1 = X_2 = \cdots = X_{20} = X$라 해두면, $X_1, X_2, \cdots, X_{20}$은 동일 분포지만 독립은 아닙니다. 여기서 '헉' 소리를 낸 사람은 확률변수와 확률분포의 차이(1.5절) 및 독립성(2.5절)에 대해 복습하세요.

3.5.2 평균값의 기댓값 · 평균값의 분산

다음으로 주의해야 할 것은 평균값과 기댓값의 구별입니다. 확률변수 $X_1, X_2, \cdots, X_n$에 대해 그 평균 Z는

$$Z \equiv \frac{X_1 + X_2 + \cdots + X_n}{n}$$

입니다.[13] X_1, X_2, $\cdots$, X_n이 흔들리는 양이므로 거기서 계산되는 Z도 역시 '흔들리는 양'입니다. 실제 조금 전 실험에서도 되풀이할 때마다 평균값은 변하고 있었습니다. 단지 몇 개의 양을 합계해서 개수로 나누는 것뿐이므로

- 흔들리지 않는 양들의 평균은 흔들리지 않는 양
- 흔들리는 양들의 평균은 흔들리는 양

이 되는 것은 당연합니다. 그 모습을 신의 관점에서 그리면 그림 3–14처럼 됩니다.

❤ 그림 3–14 평균값과 기댓값의 구별(신의 관점)

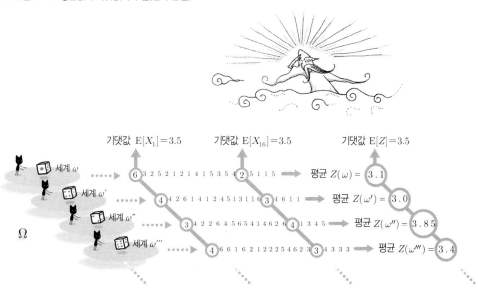

기댓값이라는 것은 평행 세계를 횡단하며 계산되는 '흔들리지 않는 양'이었습니다. 지금 만든 확률변수 Z의 기댓값은 다음과 같이 '각각의 기댓값'의 평균입니다.

$$\mathrm{E}[Z] = \mathrm{E}\left[\frac{X_1 + X_2 + \cdots + X_n}{n}\right] = \frac{\mathrm{E}[X_1 + X_2 + \cdots + X_n]}{n}$$
$$= \frac{\mathrm{E}[X_1] + \mathrm{E}[X_2] + \cdots + \mathrm{E}[X_n]}{n}$$

특히 X_1, X_2, $\cdots$, X_n이 i.i.d.이면 당연히 기댓값은 모두 동일(μ로 둡니다)하므로 다음과 같습니다.

---

13 '평균', '기댓값'이라는 말이 혼용되는 경우도 많지만, 이 책에서는 제대로 구분해 씁니다.

$$\mathrm{E}[Z] = \frac{n\mu}{n} = \mu$$

이 Z의 기댓값은 각각의 기댓값 μ와 일치합니다. 예상한 결과죠.

이어서 Z의 분산도 계산해두겠습니다.

$$\mathrm{V}[Z] = \mathrm{V}\left[\frac{X_1 + X_2 + \cdots + X_n}{n}\right] = \frac{\mathrm{V}[X_1 + X_2 + \cdots + X_n]}{n^2} \quad \left(n \text{으로 나누면 분산은 } \frac{1}{n^2}\right)$$

여기서 $X_1, X_2, \cdots, X_n$이 독립이라면

$$\mathrm{V}[Z] = \frac{\mathrm{V}[X_1] + \mathrm{V}[X_2] + \cdots + \mathrm{V}[X_n]}{n^2} \qquad \text{(독립이라면 덧셈의 분산은 분산의 덧셈)}$$

이 됐습니다. 게다가 $X_1, X_2, \cdots, X_n$이 i.i.d.일 때는 당연히 모든 분산은 동일(σ^2이라고 해둡니다)해서 다음과 같은 결과를 얻습니다.

$$\mathrm{V}[Z] = \frac{n\sigma^2}{n^2} = \frac{\sigma^2}{n}$$

설명하는 김에 쓰긴 했지만, 실제로 이 결과에 도달하고 싶어서 여기까지 이야기를 해왔습니다. '매번 똑같은'이라는 이상적인 실험 · 조사를 n회 실시해서 평균을 구하면 분산은 $1/n$이 됩니다. 이는 흔들리는 양을 다룰 때의 기본 상식입니다.

분산이 $1/n$이라는 것은 표준편차로 말하면 $1/\sqrt{n}$입니다. 정밀도를 열 배로('기댓값의 전형적인 편차 폭'을 1/10로) 하고 싶으면 시행 횟수를 $10^2 = 100$배 해야 합니다. 열 배로는 안 될 거예요.

3.5.3 큰 수의 법칙

지금까지의 결과를 정리합니다. i.i.d.인 확률변수 $X_1, \cdots, X_n$(모두 기댓값 μ, 분산 σ^2)에 대해 평균

$$Z_n \equiv \frac{X_1 + \cdots + X_n}{n} \qquad (n\text{개의 평균이라는 것을 명시하기 위해 } Z\text{도 첨자를 붙였습니다.})$$

을 구하면,

$$\mathrm{E}[Z_n] = \mu \qquad \cdots\cdots \text{그 기댓값은 전과 마찬가지}$$

$$\mathrm{V}[Z_n] = \frac{\sigma^2}{n} \qquad \cdots\cdots \text{그 분산은 원래의 } \frac{1}{n} \quad \left(\text{표준편차로 말하면 원래의 } \frac{1}{\sqrt{n}}\right)$$

이라는 것은 만약 n을 얼마든지 키워도 좋다면 분산 $V[Z_n]$을 얼마든지 작게(0에 가깝게) 할 수 있다는 의미입니다.

$$V[Z_n] \to 0 \qquad (n \to \infty)$$

분산 0은 오차가 없다는 의미라는 것을 떠올려봅시다. 아주 대략적으로 말하면 '개수 n을 무한히 늘리면 평균 Z_n은 이제 오차가 없어지므로 μ에 수렴한다'고 할 수 있습니다. 이를 **큰 수의 법칙**이라고 부릅니다.

확률에 익숙하지 않은 사람에게 기댓값이 무엇인지를 설명할 때, 무한 번 시행할 때의 평균이라고 둘러대도 일단 괜찮은 것은 큰 수의 법칙이 있기 때문입니다. 하지만 이 속된 설명을 언제까지나 믿고 있으면 안 됩니다. 기댓값의 이미지가 이대로라면 그다음의 논증에 차질을 빚게 됩니다. 혼란 없이 자신감을 갖고 확률을 논하려면 기댓값 μ와 평균 Z_n의 의미 차이를 고려할 필요가 있습니다. 거기서는 역시 앞의 그림 3-14와 같은 신의 관점에서 생각할 수 있게 되는 것이 중요하죠.

두 사람이 다른 것을 재고 있으며, 그 다른 것이 일치하는 바에 큰 수의 법칙이 지닌 묘미가 있습니다. 신의 관점이라면 분명히 알 수 있을 것입니다. 다소 과장해 말하면, Ω 전체를 바라보는 것은 신만이 이룬 기술입니다. 기댓값 μ는 평행 세계를 횡단하며 관측하는 이야기니까, 하나의 세계 ω에 묶인 인간에게는 본래 손이 닿지 않는 것입니다. 그래도 우리에게는 큰 수의 법칙이 있습니다. 덕분에 하나의 세계 ω에 머무르면서도 평균값 Z_n을 관찰함으로써 신의 양 μ에 접근할 수 있습니다.[14] 그렇다면 큰 수의 법칙의 영향력을 다시 검토해봐야 하지 않을까요?

3.5.4 큰 수의 법칙에 관한 주의 사항

큰 수의 법칙을 마무리하며 세 가지 주의 사항을 이야기하겠습니다.

첫 번째, 큰 수의 법칙이 성립하는 것은 개수 n으로 나누고 있기 때문입니다. 단순히 합산할 뿐이라면 분산은 커집니다(3.4.5절 '독립이라면 덧셈의 분산은 분산의 덧셈' 참조). n을 크게 해도 주사위를 n번 던진 합계치가 $3.5n$에 다가간다고 말하는 일은 없고, 동전을 n번 던졌을 때 앞이 나오는 횟수가 $n/2$에 다가간다고 하는 경우도 없습니다.[15] 각각 의사난수열(7장)을 이용한 계산기 실험의 결과를 그림 3-15와 그림 3-16에 나타냈습니다.

---

14 절대 불가능해 보이는 이런 일이 가능한 것은 i.i.d.이라는 전제 덕분입니다.

15 앞면을 1, 뒷면을 0에 대응시키고, '1인지, 0인지가 확률 1/2로 나오는, i.i.d.인 n개의 확률변수'를 생각하세요. 큰 수의 법칙에서 n회 중 앞면의 비율은 1/2로 수렴되는 것을 알 수 있습니다.

❤ 그림 3-15 주사위를 n번 던지는 모의 실험. 열 번 시행한 결과를 중복해 제시한다. 나온 눈의 합계가 $3.5n$에 다가가는 경우는 없다. (왼쪽) 나온 눈의 합계, (가운데) 합계 − $3.5n$, (오른쪽) 합계/n

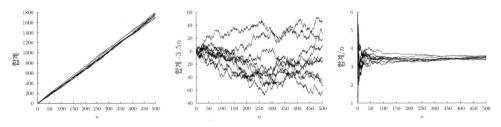

❤ 그림 3-16 동전을 n회 던지는 모의 실험. 열 번 시행한 결과를 중복해 제시한다. 앞이 나온 횟수가 $n/2$에 다가가는 경우는 없다. (왼쪽) 앞이 나온 횟수, (가운데) 앞이 나온 횟수 − $(n/2)$, (오른쪽) 앞이 나온 횟수/n

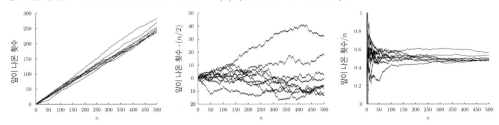

두 번째, 기댓값이 존재하지 않는 경우입니다. 3.3.4절 같은 '기댓값이 존재하지 않는 확률분포'에 대해서는 위와 같은 논의가 불가능합니다.

세 번째, 전제 조건을 갖춘 확장입니다. 이 책에서는 분산이 존재하고, 게다가 i.i.d.인 경우를 논의했습니다. 이러한 전제 조건은 더 완화할 수도 있습니다. 필요하다면 제대로 된 확률론 교과서를 참조하세요(결론을 빨리 보고 싶다면 참고문헌 [36] 등).

3.6 조건부 기댓값과 최소제곱 예측

이 장에서 꼭 이야기하고 싶었던 것은 '큰 수의 법칙'까지를 포함해 거의 모두 다뤘습니다. 이후는 덤이므로 편하게 들어주세요. 확률론의 입문 치고는 좀 지나칠지도 모르지만, 응용에 대한 이야기이므로 가볍게 소개하겠습니다(5.3.5절 '단면과 그림자'에 관한 주의, 8.1.1절의 티코노프의 정규화와 6.1.9절의 베이즈 추정 등).

3.6.1 조건부 기댓값이란

$X = a$라는 관측값을 얻었을 때 Y를 예측하려면 조건부 확률 $P(Y = b \,|\, X = a)$를 계산하면 됐습니다. 이를 계산하면 어떤 값이 나올 확률이 얼마인지 알게 됩니다. 그래도 "그렇게 확률로 답할 수 있다 해도 곤란하다. 여러 후보를 꼽는 것이 아니라 제대로 된 하나의 예측값을 잘 답해야지"라고 할 때도 있겠죠.

이럴 때 우선 생각할 수 있는 자연스러운 방침은 조건부 확률 $P(Y = b \,|\, X = a)$가 가장 높은 b를 답하는 것입니다. 예측이 꼭 들어맞는지가 관건인 경우에는 이 방침이 합리적입니다.

한 가지 더 고려할 수 있는 방침으로 $X = a$라는 조건 아래에서 Y의 조건부분포(어떤 값이 각각 어떤 확률로 나올까)를 구해 그 기댓값

$$\mathrm{E}[Y|X = a] \equiv \sum_b b\,\mathrm{P}(Y = b|X = a)$$

를 답하는 방법이 있습니다. 이를 짧게 **조건부 기댓값**이라고 부릅니다.

조건부 기댓값 $\mathrm{E}[Y \,|\, X = a]$는 X의 값 a에 따라 바뀐다는 점에 주의합시다. X로 어떤 값이 나오기 쉽고 나오기 어려운지를 알아낸 후에 더불어 지금 양의 기댓값을 구하면 결과는 보통의 기댓값에 일치합니다.

$$\sum_a \mathrm{E}[Y|X = a]\,\mathrm{P}(X = a) = \mathrm{E}[Y]$$

이는 다음과 같이 나타납니다.

$$
\begin{aligned}
&\sum_a \mathrm{E}[Y|X = a]\,\mathrm{P}(X = a) \\
&= \sum_a \sum_b b\,\mathrm{P}(Y = b|X = a)\,\mathrm{P}(X = a) \qquad \text{정의를 대입} \\
&= \sum_a \sum_b b\,\mathrm{P}(X = a, Y = b) \quad\text{——}\ (\ast) \qquad \text{조건부 확률과 결합 확률의 관계}
\end{aligned}
$$

마지막 식은 $s(x, y) \equiv y$라는 함수에 대한 $\mathrm{E}[s(X, Y)]$의 식이 되므로, 요컨대 $\mathrm{E}[Y]$입니다.[16]

---

16 여기서 '헉' 소리를 낸 사람은 예제 3.5를 참조하세요. 이 설명을 이해하기 어렵다면 꾸준히 식을 변형해 끌어내도 상관없습니다.

$$(\ast) = \sum_b \sum_a b\,\mathrm{P}(X = a, Y = b) = \sum_b b \sum_a \mathrm{P}(X = a, Y = b) = \sum_b b\,\mathrm{P}(Y = b) = \mathrm{E}[Y]$$

필요하다면 부록 A.4절도 참조하세요.

3.6.2 최소제곱 예측

조심스러운 어조로 소개한 조건부 기댓값 $\mathrm{E}[Y \,|\, X = a]$지만, 사실 꽤 자랑할 만한 성질을 가지고 있습니다. 이런 문제를 생각해보세요.

> 조건부분포 $\mathrm{P}(Y = b \,|\, X = a)$가 주어져 있다고 한다. 이때 X의 값을 입력하면 Y의 전망값 $\hat{Y}$를 출력하는 프로그램을 작성하라.[17] 단 제곱 오차 $(Y - \hat{Y})^2$의 기댓값 $\mathrm{E}\big[(Y - \hat{Y})^2\big]$을 가능한 한 작게 하자.

다시 말하면, 'X를 넣으면 Y의 전망값이 나오는 형태의 함수 g 중 $\mathrm{E}\big[(Y - g(X))^2\big]$이 최소가 되는 것을 답하라'는 문제입니다. 사실 그 답이

$$g(a) = \mathrm{E}[Y \,|\, X = a]$$

입니다.

이유는 다음과 같습니다. 구체적으로 생각하기 쉽도록 X는 1, 2, 3 중 어느 값을 가진다고 합시다. 이때 제곱 오차의 기댓값은

$$
\begin{aligned}
\mathrm{E}[(Y - \hat{Y})^2] &= \mathrm{E}\Big[\big(Y - g(X)\big)^2\Big] \\
&= \sum_{a=1}^{3} \sum_{b} \big(b - g(a)\big)^2 \mathrm{P}(X = a, Y = b) \\
&= \sum_{b} \big(b - g(1)\big)^2 \mathrm{P}(X = 1, Y = b) \\
&\quad + \sum_{b} \big(b - g(2)\big)^2 \mathrm{P}(X = 2, Y = b) \\
&\quad + \sum_{b} \big(b - g(3)\big)^2 \mathrm{P}(X = 3, Y = b) \\
&= \big(g(1)\text{로 정해진 양}\big) + \big(g(2)\text{로 정해진 양}\big) + \big(g(3)\text{으로 정해진 양}\big)
\end{aligned}
$$

처럼 세 개 항목으로 나뉩니다. 그래서 각각을 개별적으로 조사해

- $\sum_{b} \big(b - g(1)\big)^2 \mathrm{P}(X = 1, Y = b)$가 최소가 되도록 $g(1)$을 설정
- $\sum_{b} \big(b - g(2)\big)^2 \mathrm{P}(X = 2, Y = b)$가 최소가 되도록 $g(2)$를 설정
- $\sum_{b} \big(b - g(3)\big)^2 \mathrm{P}(X = 3, Y = b)$가 최소가 되도록 $g(3)$을 설정

---

[17] $\hat{Y}$는 'Y 해트'라고 읽습니다. 이 Y'나 $\bar{Y}$ 등과 마찬가지로 'Y와 관련한, Y와 별도의'를 표시하기 위해 사용되는 기호입니다. 확률통계 분야에서는 관례상 추정값에 이 기호를 잘 사용합니다.

으로 하면 최적의 g를 얻을 수 있습니다. 이 방침에 따라 $g(1)$을 정합시다. 보기 편하게 $g_1 = g(1)$이라는 기호를 사용하면 최소화해야 하는 양은 다음과 같습니다.

$$\sum_b (b - g_1)^2 \, \mathrm{P}(X = 1, Y = b) = \sum_b (b - g_1)^2 \, \mathrm{P}(Y = b | X = 1) \, \mathrm{P}(X = 1)$$
$$= \mathrm{P}(X = 1) \sum_b (b - g_1)^2 \, \mathrm{P}(Y = b | X = 1)$$

결국 $\sum_b (b - g_1)^2 \, \mathrm{P}(Y = b \,|\, X = 1)$을 최소화하면 됩니다. 거기서

$$h_1(g_1) \equiv \sum_b (b - g_1)^2 \, \mathrm{P}(Y = b | X = 1)$$

로 두고 그 미분을 조사했더니 다음과 같습니다.

$$\frac{dh_1}{dg_1} = 2 \sum_b (g_1 - b) \, \mathrm{P}(Y = b | X = 1)$$
$$= 2 \left(\sum_b g_1 \, \mathrm{P}(Y = b | X = 1) - \sum_b b \, \mathrm{P}(Y = b | X = 1) \right)$$
$$= 2 \left(g_1 \sum_b \mathrm{P}(Y = b | X = 1) - \sum_b b \, \mathrm{P}(Y = b | X = 1) \right)$$
$$= 2 \left(g_1 - \mathrm{E}[Y | X = 1] \right)$$

따라서 $dh_1/dg_1 = 0$이 될 때, 즉 $g_1 = \mathrm{E}[Y \,|\, X = 1]$일 때 $h_1(g_1)$이 최소가 됩니다.[18] $g(2)$, $g(3)$에 대해서도 마찬가지이므로 합쳐서 $g(a) = \mathrm{E}[Y \,|\, X = a]$라는 결론에 이릅니다.

3.6.3 신의 관점에서

앞서 $g(a) \equiv \mathrm{E}[Y \,|\, X = a]$는 수를 넣으면 수가 나오는 보통의 함수입니다. g의 정의를 잠시 잊고, 어쨌든 그저 어떤 함수라고 생각하세요. g에 구체적인 몇 가지 a를 주면 흔들리지 않고 결정된 수 $g(a)$를 얻을 수 있습니다. 또 g에 흔들리는 값 X를 주면 X에 따라 흔들리는 값 $\hat{Y} = g(X)$를 얻을 수 있습니다. 이 $g(X)$를

$$\mathrm{E}[Y | X]$$

---

18 $g_1 < \mathrm{E}[Y | X = 1]$일 때는 $dh_1/dg_1 < 0$, $g_1 > \mathrm{E}[Y | X = 1]$일 때는 $dh_1/dg_1 > 0$이므로 $g_1 = \mathrm{E}[Y | X = 1]$일 때가 최소입니다. 또한, $h_1(g_1) = \mathrm{E}[(Y - g_1)^2 | X = 1]$인 것도 밝혀두겠습니다.

라고 씁니다. $\mathrm{E}[Y \,|\, X]$는 흔들리는 값(확률변수)입니다. 식에서 보면 좀 혼란스러운데[19] 신의 관점을 나타낸 그림 3-17을 보면 의미는 명확하죠. 단적으로 말하면 'X로 분간할 수 없는 범위는 하지 말라'는 식의 처리입니다.

❤ 그림 3-17 신의 관점에서 각 세계 ω의 Y나 $\mathrm{E}[Y \,|\, X]$의 값을 높이로 표시

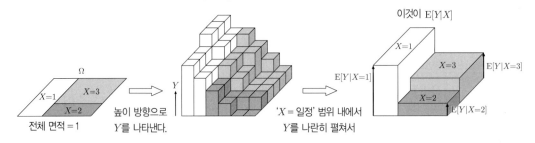

앞서 지적한 '보통의 기댓값과의 관계'는 위의 기호를 사용하면 이렇게 씁니다.

$$\mathrm{E}\big[\mathrm{E}[Y \,|\, X]\big] = \mathrm{E}[Y]$$

그림 3-17의 $\mathrm{E}[Y \,|\, X]$를 좀 더 다듬고 전국적으로 평평하게 전면에 깔면, 그 높이는 $\mathrm{E}[Y]$ 그 자체입니다. 혹은 '기댓값이란 오브제의 부피다'를 떠올리며 그림 3-17의 Y도 $\mathrm{E}[Y \,|\, X]$도 부피는 같다고 이해해도 좋습니다. 교과서에서 진도를 조금 나가면 많이 사용되는 표기법이라 놀라지 않도록 여기서 소개해뒀습니다.

3.6.4 조건부 분산

설명하는 김에 조건부 분산에 대해서도 언급하겠습니다. 이는 8.2.2절 '칼만 필터'에서 씁니다.

$$\mathrm{E}[Y \,|\, X = a] \equiv \mu(a) \text{ 라 두고}$$
$$\mathrm{V}[Y \,|\, X = a] \equiv \mathrm{E}[(Y - \mu(a))^2 \,|\, X = a]$$

가 **조건부 분산**입니다. 분산의 정의 속에 나타난 '기댓값'을 모두 '조건부 기댓값'으로 바꾸기만 하는 것이라 자연스럽습니다. 다만, $\sum_a \mathrm{V}[Y \,|\, X = a]\, \mathrm{P}(X = a)$는 일반적으로 $\mathrm{V}[Y]$가 되지 않습니다. 예를 들어 극단적인 경우 $X = Y$로 하면, 언제든지 $\mathrm{V}[Y \,|\, X = a] = \mathrm{V}[a \,|\, X = a] = 0$입니다. 그렇다고 $\mathrm{V}[Y]$가 0일 이유는 없습니다.

---

19 $g(a) = \mathrm{E}[Y \,|\, X = a]$라고 해서, 우변의 a에 X를 직접 '대입'하고 $\mathrm{E}[Y \,|\, X = X]$라고 쓰면 안 됩니다. 이는 의미가 다릅니다($X = X$는 반드시 성립하므로 조건을 붙인 것이 아닙니다).

확률 0.7로 '가'가 나오고, 확률 0.3으로 '나'가 나오는 추첨이 있습니다. 가, 나 어느 쪽에 걸어도 당첨되면 판돈이 두 배가 됩니다. 그러므로 '가'에 거는 것이 분명 유리합니다.

당신은 매일 이 제비뽑기에 전 재산을 겁니다. 구체적으로는 전 재산 중 비중 p를 '가'에, 나머지를 '나'에 겁니다. p는 미리 정합니다. 이를 계속 반복한다면 p를 어떤 값으로 하는 것이 좋을까요?

하루 이익의 기댓값을 생각하면 $p = 1$(전 재산을 '가'에 거는 것)이 분명히 최적입니다. 그러나 그런 도박을 되풀이하면 언젠가는 빗나가 전 재산을 잃고 말겠죠. 컴퓨터 시뮬레이션으로 살펴봅니다.

```
$ cd portfolio↵
$ make↵
========== p = 0.99
./portfolio.rb -p=0.99 100 | ../histogram.rb -w=5
  -5<= | * 1 (1.0%)
 -10<= | ** 2 (2.0%)
 -15<= | ******* 7 (7.0%)
 -20<= | ******* 7 (7.0%)
 -25<= | **************** 16 (16.0%)
 -30<= | ************ 12 (12.0%)
 -35<= | **************************** 28 (28.0%)
 -40<= | ***************** 17 (17.0%)
 -45<= | ***** 5 (5.0%)
 -50<= | ** 2 (2.0%)
 -55<= | *** 3 (3.0%)
total 100 data (median -30.2025, mean -29.0052, std dev 9.85771)
========== p = 0.7
./portfolio.rb -p=0.7 100 | ../histogram.rb -w=1
   7<= | *** 3 (3.0%)
   6<= | *** 3 (3.0%)
   5<= | ************** 14 (14.0%)
   4<= | ******************* 19 (19.0%)
   3<= | ************** 14 (14.0%)
   2<= | ************************* 25 (25.0%)
   1<= | ********* 9 (9.0%)
   0<= | ********** 10 (10.0%)
  -1<= | *** 3 (3.0%)
total 100 data (median 3.20552, mean 3.38215, std dev 1.79856)
```

표시되는 것은 $p = 0.99$인 경우와 $p = 0.7$인 경우에 대한 시뮬레이션 결과입니다. '이런 내기를 100일간 진행하고 나서 재산이 몇 배가 됐는지'를 알아보는 실험을 100번 되풀이한 후 그 히스토그램을 표시합니다. 다만 그대로 계산하면 자릿수가 너무 커져서, 몇 배가 됐는지를 상용 로그로 취했습니다. '-1<='은 0.1배 이상 1배 미만, '0<='은 1배 이상 10배 미만, '1<='은 10배 이상 100배 미만, '2<='은 100배 이상 1000배 미만이라는 식입니다.

이 결과를 보면 가장 득이 되는 제비에만 집중하지 않고, 그 반대인 경우에도 적당히 분산 투자를 하는 것이 유리합니다.

이전 장 끝의 칼럼 '사고'에서 살펴본 내용에 따르면 'o끼리의 간격'의 기댓값에 대해 다음과 같이 두 가지 다른 설이 있습니다. 어느 쪽을 지지하겠습니까? 지지하지 않은 설이 어떤 오류를 가지고 있는지 지적할 수 있습니까?

- A설

  t번째 문자가 o였다고 하자. 다음에 o가 나오는 것이 k개 문자 뒤인 확률은 '．이 $(k-1)$번 나오고 그다음에 o가 나온다'의 확률이라 $0.9^{k-1} \times 0.1$이다. 이 분포의 기댓값을 계산하면 답은 10이다(부록 A.4.4절 '등비급수').

- B설

  t번째 문자와 $(t+1)$번째 문자의 경계선에 서서 생각한다. '다음에 o가 나오는 것은 몇 글자 뒤일까'의 기댓값은 A설처럼 10으로 구할 수 있다. 한편 '직전에 o가 나온 것은 몇 글자 앞일까'의 기댓값도 역시 같은 이치에서 10이다. 따라서 o에서 o까지 간격의 기댓값은 10 + 10 − 1 = 19다(이 실험에서는 'oo'를 간격 1, 'o．o'를 간격 2, 'o．．o'를 간격 3이라고 세므로 위의 식에는 '−1'이 붙어 있습니다).

이 소재는 참고문헌 [26]을 참조했습니다.

4^장

연속값의
확률분포

A: 정규분포를 데이터에 적용해봤는데, 이 통계 소프트웨어에는 버그가 있어요.

B: 무슨 버그?

A: 정규분포 그래프를 그리면 높이가 1을 넘어버립니다. 확률 1.7 같은 것은 있을 리 없습니다. 확률 1은 꼭 일어난다는 뜻인데 그보다 더 큰 값이라니요.

B: 아, 따져야 할 곳이 너무 많아 곤란한데. 일단 확률밀도함수의 의미부터 다시 조사해줄래? (예제 4.2)

유무, 건수, 삼자택일 같은 이산값뿐만 아니라 길이나 무게 같은 연속값에 대해서도 확률적으로 움직이는 양을 생각하고 싶은 상황이 많습니다. 이전 장까지 배운 개념을 연속값에 대해서도 사용할 수 있도록 확장합시다.

바로 앞 장(이산값의 확률분포)과 똑같은 이야기로 퉁치고 싶지만, 좀 성가시게도 연속값 나름의 사정이 있습니다. 그래서 '지금까지의 이야기를 그대로 대입하면 무엇이 곤란한가?', '그럼 어떻게 하는가?'를 논의하고, 연속값 확률변수·확률분포를 다룰 수 있게 되는 것이 우선적인 목표입니다. 구체적으로는 확률밀도함수의 의미를 이해하고, 여러 가지 개념을 확률밀도함수로 어떻게 나타낼 수 있는지 파악하는 것이 목표입니다. 이어서 연속값의 대표적인 확률분포인 정규분포와 정규분포를 이렇게 끌어들이는 이유 중 하나인 중심극한정리에 대해서도 살펴봅니다.

정규분포 그래프 등을 이미 배운 적이 있는 독자도 많겠지만, 배운 것은 일단 잊고 초심으로 돌아가 읽어주세요. 입문 강의에서는 미묘한 살을 날리고 뼈만 배우는 경우가 많아 이 책처럼 중간 과정을 더듬어갈 때 "배운 것과 다르잖아?"라며 혼란스러워 할 우려가 있기 때문입니다.

또한, 연속값 중에서도 당분간은 실제 수치에 집중해 이야기합니다. (벡터값에 대해서는 4.4.1절 '결합분포'에서, 복소수에 대해서는 부록 C.2절의 주석 6번에서)

4.1 이 장을 읽는 데 필요한 최소한의 지식이 있습니까?

네. 적어도 미적분의 의미를 알고 있어야 연속값 확률변수를 논의할 수 있습니다. 미분이 변화율과 '그래프의 접선 기울기'를 나타낸다는 것, 정적분이 그래프의 면적을 나타낸다는 것, 미분과 적분이 서로 역연산인 것 등은 이 장 곳곳에서 사용됩니다. 또 구체적인 예제를 풀기 위해서는 기초적인 계산법도 필요합니다. 다항식과 지수함수의 미적분, 합성 함수의 미분, 치환적분 정도입니다.

게다가 여러 개의 확률변수가 뒤엉길 때는 다변수 미적분도 나타납니다. 이는 고등학교에서 배우지 않으니, 관련 내용이 나왔을 때 간단히 설명합니다. 계산 자체는 적분의 결과를 다시 적분하는 정도의 일이라 크게 긴장할 필요는 없습니다.

미적분을 세밀하게 다루지 못하는 점은 양해를 바랍니다. 이 책에서는 하나하나 음미하지 않고 가볍게 극한, 미분, 적분을 다루거나 그것들이 뒤얽힌 식에서 다루는 순서를 바꾸기도 합니다.

사실 그런 것은 허용되지 않습니다. 언제 적분 가능성이 보장되는지, 언제 적분의 순서를 바꿀 수 있는지 같은 엄격한 논의가 신경 쓰인다면 해석학 교과서를 참조하길 바랍니다.

좀 더 설명하면, 사실 이 장에서 사용되는 적분(**르베그 적분**)은 여러분이 처음에 배웠을 적분(**리만 적분**)과는 방식이 다릅니다. 위와 같은 순서 교환을 명쾌하게 논의할 수 있는 것이 르베그 적분의 장점 중 하나입니다만, 이 책에서는 깊이 들어가지 않습니다.

4.1 그러데이션 인쇄(밀도 계산 연습)

2장 '여러 확률변수의 조합'과 마찬가지로, 이 장에서도 처음에는 체감하기 쉬운 소재로 사고방식을 연습해둡시다. 다루려는 이야기는 그러데이션 인쇄입니다. 확률에 대한 것은 일단 잊어도 괜찮으니까, 우선 잉크의 농담(진하고 흐림)에 관한 이미지를 떠올려주세요. 그리고 그것이 나중에 어떻게 확률과 이어질지 기대하세요.

4.1.1 소비한 잉크의 양을 그래프로(누적분포함수의 훈련)

그림 4-1과 같은 그러데이션 띠를 왼쪽에서 오른쪽으로, 프린터로 인쇄하는 것을 상상해보세요. 띠 아래의 그래프로 그려진 함수 $F(x)$는 그 위치까지 인쇄하는 데 소비한 잉크의 양을 나타냅니다. 쉽게 생각하기 위해 띠의 길이는 $10\,\mathrm{cm}$, 잉크의 최종 총소비량은 $1\,\mathrm{mg}$이라고 해둡시다.

▼ **그림 4-1** 그러데이션 띠를 왼쪽에서 오른쪽으로 인쇄. 띠 아래의 그래프는 위치 x까지 인쇄하는 데 소비한 잉크양 $F(x)$

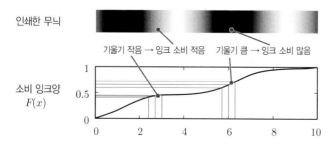

인쇄한 무늬

기울기 작음 → 잉크 소비 적음   기울기 큼 → 잉크 소비 많음

소비 잉크양
$F(x)$

이 그래프를 보면 $x = a$에서 $x = b$까지 소비한 잉크양은 $F(b) - F(a)$로 구할 수 있습니다($a \le b$).

이때 농담과 그래프의 관계를 읽어낼 수 있나요? 잉크가 진한 곳에서는 잉크의 소비가 빨라집니다. 같은 $1\,\text{mm}$를 가는 동안에도 짙은 부분에서는 잉크를 많이 소비하고, 옅은 부분에서는 그다지 소비하지 않습니다. 이 차이가 그래프의 기울기로 나타나고 있습니다. 경사가 클수록 잉크의 소비가 빠르며, 이는 곧 잉크가 짙어진다는 의미입니다.

4.1.2 인쇄된 잉크의 농도를 그래프로(확률밀도함수의 훈련)

위치 x에서의 잉크 농도 $f(x)$도 나란히 찍으면 그림 4-2와 같습니다. $F(x)$와 $f(x)$의 관계에 주목합시다. $F(x)$의 기울기가 클수록 $f(x)$의 값이 커지고 있습니다.

▼ 그림 4-2 위치 x까지 인쇄하는 데 소비한 잉크양 $F(x)$와 농도 $f(x)$의 관계

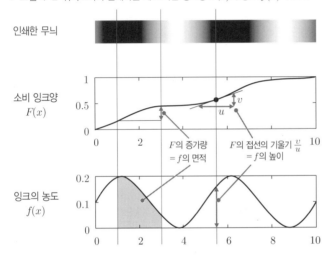

이런 F와 f의 관계는 미적분으로 나타낼 수 있습니다. 실제로 농도 $f(x)$는 x가 조금 진행됐을 때 $F(x)$가 얼마나 늘어나는지로 결정됩니다. 이것이 바로 미분의 개념 그 자체입니다.[1]

$$f(x) = F'(x) = \frac{dF(x)}{dx}$$

일반적으로 F의 미분이 f가 될 때는 f를 적분해 F를 얻을 수 있습니다. 즉, 다음과 같습니다.

$$\int_a^b f(x)\,dx = F(b) - F(a)$$

---

1 이 장에서 '′' 기호는 미분을 나타냅니다. 다른 장에서 X'는 단순히 X와 별개인 다른 무언가를 나타낼 뿐입니다. 문맥으로 이 두 가지 경우를 구분할 수 있습니다.

확인 차원에서 몇 가지 예를 들어봅니다. 우선 그림 4-3을 관찰해보세요.

❤ 그림 4-3 구간별로 균일한 띠의 인쇄

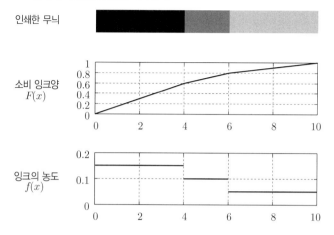

왼쪽 방향은 4 cm 범위에 0.6 mg의 잉크가 골고루 발라져 있습니다. 그래서 1 cm당 $0.6/4 = 0.15$ mg의 잉크가 칠해집니다. 이를 잉크 **밀도**는 0.15 mg/cm라고 표현합니다. 다른 부분도 계산해 정리하면 다음과 같습니다.

- 왼쪽 방향: 4 cm 범위에 잉크 0.6 mg …… 밀도 $0.6/4 = 0.15$ mg/cm
- 가운데 방향: 2 cm 범위에 잉크 0.2 mg …… 밀도 $0.2/2 = 0.1$ mg/cm
- 오른쪽 방향: 4 cm 범위에 잉크 0.2 mg …… 밀도 $0.2/4 = 0.05$ mg/cm

이 밀도가 잉크의 농도를 나타내고 있음을 위의 예에서 이해했나요? 1 cm당 잉크의 양이 많은 곳은 잉크가 진하고, 적은 곳은 잉크가 연합니다. 잉크의 농도 $f(x)$라고 한 것은 사실 이 밀도인 셈입니다.

더욱 명확히 이해하기 위해 사례를 하나 더 들겠습니다. 그림 4-4의 왼쪽 끝, 가장 짙은 부분의 밀도는 다음과 같습니다.

- 0.5 cm 범위에 잉크 0.1 mg …… 밀도 $0.1/0.5 = 0.2$ mg/cm

폭이 1보다도 작아서 순간 들러붙을지 모르겠지만 양/폭으로 단위 폭당 양(즉, 밀도)이 계산되는 것은 마찬가지입니다. 0.5 cm 범위에 잉크를 0.1 mg 사용했다는 것은 그와 같은 정도로 1 cm 범위에 바르면 0.2 mg을 사용한다는 의미입니다. 그래서 1 cm당 0.2 mg으로 이야기가 맞아 들어갑니다.

인쇄한 무늬

소비 잉크양
$F(x)$

잉크의 농도
$f(x)$

지금까지의 설명을 정리하면 다음과 같습니다.

$$\frac{\text{범위에 있는 잉크양}}{\text{범위의 폭}} = \text{범위의 밀도}(\text{양/폭} = \text{밀도})$$

또는 같은 말이지만 다음과 같이 정리할 수도 있습니다.

$$\text{범위의 폭} \times \text{범위의 밀도} = \text{범위에 있는 잉크양}(\text{폭} \times \text{밀도} = \text{양})$$

이를 제대로 이해하고 나서 다음으로 넘어가세요.

이와 같은 예에서 범위의 폭을 점점 좁혀간 극한이 그림 4-5처럼 연속적으로 농도가 바뀌는 상황이라고 생각하면 됩니다. 미적분이 무엇이었는지를 떠올리면 그러한 극한으로서

$$f(x) = F'(x) = \frac{dF(x)}{dx}$$

$$F(b) - F(a) = \int_a^b f(x)\,dx$$

를 얻는 것은 알겠죠? 특히 $\lim_{a \to -\infty} F(a) = 0$(왼쪽 끝에서 잉크의 소비량은 아직 0)일 것이므로

$$F(b) = \int_{-\infty}^b f(x)\,dx$$

입니다. 이렇게 해서 다음 결론에 이르렀습니다.

$$\text{누적 잉크 소비량} \quad F(x) \quad \overset{\text{미분}}{\underset{\text{적분}}{\rightleftarrows}} \quad f(x) \quad \text{잉크 밀도}$$

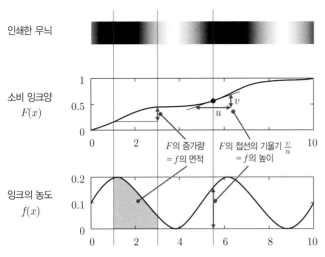

❤ 그림 4-5 위치 x까지 인쇄하는 데 소비한 잉크양 $F(x)$와 농도 $f(x)$의 관계(다시 보기)

4.2 여기서 미적분을 다룬 김에 좀 더 설명해주면 안 될까요?

위치 x에서 위치 $x + h$까지 폭 h의 범위에 대해 다음과 같이 떠올려보세요.

$$\frac{\text{잉크양}}{\text{폭}} = \frac{F(x + h) - F(x)}{h} \to F'(x) = \text{잉크 밀도} \quad (\text{폭 } h \to 0)$$

이처럼 폭 h를 0으로 보내는 극한이 바로 미분의 정의입니다. 한편 적분이 나오는 이유를 알려면, 그림 4-6처럼 x축을 자잘한 폭의 구간으로 나눠 생각해보세요.

잉크양 = 각 구간의 잉크양의 총합

= 각 구간의 '폭 × 잉크 밀도'의 총합 = 직사각형 면적의 총합

$$\longrightarrow \int_a^b f(x)\, dx \quad (\text{구간 폭} \to 0)$$

❤ 그림 4-6 잉크 밀도의 그래프 면적이 잉크양

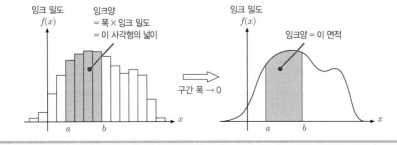

4.1.3 인쇄한 것을 신축시키면 잉크의 농도는 어떻게 될까(변수 변환 훈련)

미리 이야기하지 못했는데, 사실 이 띠는 종이가 아니라 투명한 고무 시트 위에 인쇄한 것이라고 합니다. 고무이기 때문에 그림 4-7처럼 늘이거나 줄일 수 있습니다. 이에 따라 잉크의 농도가 달라진다는 점에 주목하세요. 띠를 두 배로 늘이면 잉크의 농도는 절반이 되어버립니다. 반대로 전체를 줄여서 길이를 절반으로 만들면 잉크의 농도는 두 배가 됩니다. 일반적으로 같은 양의 잉크로 α배의 폭을 바르면 밀도는 $1/\alpha$배가 됩니다.[2]

▼ 그림 4-7 늘이거나 줄이거나

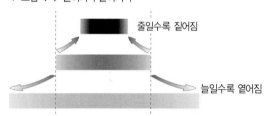

균일한 α배만이 아니라 위치에 따라 늘이는 방법을 바꿀 수도 있습니다. 예를 들어 왼쪽 절반을 줄이고 오른쪽 절반을 늘인 결과가 그림 4-8입니다. 줄인 부분은 길이를 반으로 해서 밀도가 두 배가 되고, 늘인 부분은 길이를 배로 해서 밀도가 절반이 됐습니다. 비교하기 쉽게 균일한 띠의 사례도 그려 두었습니다.

▼ 그림 4-8 위치에 따라 늘이는 방법을 달리하면…

그림 4-9처럼 더 제멋대로 신축(늘이거나 줄어듦)시켜도 이야기는 마찬가지입니다. 늘인 곳은 늘어났지만 옅어지고, 줄인 곳은 줄어들었지만 진해집니다.

▼ 그림 4-9 더 제멋대로 신축

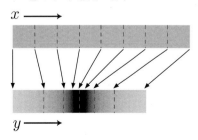

2　α는 그리스 문자 '알파'입니다.

그럼 지금까지의 관찰 결과를 더 자세히 분석해봅시다. 원래 자리 x와 신축 후의 위치 y의 관계로부터 농담이 어떻게 될지를 식으로 구하는 것이 목표입니다.

우선 전체를 균일하게 두 배로 늘이는 변환 $y = 2x$의 경우입니다. 변환식을 그래프로 하는 그림 4-10의 왼쪽과 같습니다. 같은 양의 잉크로 두 배의 폭을 칠한 것이 그래프에서도 읽힙니다. 마찬가지로 전체를 균일하게 절반으로 줄이는 변환 $y = x/2$도 같은 양의 잉크로 절반의 폭을 칠하는 모습이 그림 4-10의 오른쪽 그래프입니다.

▼ 그림 4-10 (왼쪽) 전체를 균일하게 두 배로 늘이는 변환, (오른쪽) 전체를 균일하게 절반으로 줄이는 변환

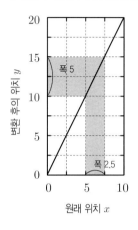
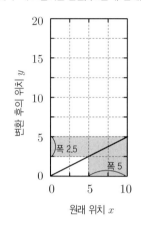

그림 4-11은 왼쪽 절반을 줄여서 오른쪽 절반을 늘이는 변환을 그래프로 나타낸 것입니다. 왼쪽 방향은 폭이 반으로 줄어들고 오른쪽 방향은 폭이 배로 넓어져 있는 것 역시 그래프에서 알 수 있습니다. 가령 $x = 6$에서 $x = 9$까지의 범위(폭 3)가 $y = 4.5$에서 $y = 10.5$까지의 범위(폭 6)로 변환되므로, 여기서의 폭 확대율은 6/3 = 2입니다. 그래서 이 밀도는 원래의 1/2배가 됩니다. 확대율 계산이 그래프의 기울기 계산과 동일한 것에 주목합시다. 3만큼 증가할 때 6 올라갔으므로, 기울기도 6/3 = 2입니다. 결국 어느 예에서도 그래프의 기울기가 '바르는 폭의 확대율'을 나타내고 있습니다.

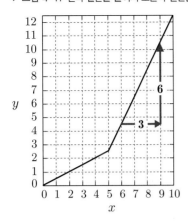

자, 이제 실전입니다. 그림 4-12처럼 제멋대로인 함수 g로 $y = g(x)$라고 신축시키면 밀도가 어떻게 될까요? 이 경우에도 문제의 열쇠는 그래프의 기울기입니다. 경사가 α라면 그 부근은 폭이 α배가 되므로, 밀도는 거꾸로 $1/\alpha$배가 됩니다. 그리고 기울기 α의 값은 변환식 $g(x)$의 미분 $g'(x)$로 구해집니다.[3] 그래서 원래 위치 x의 잉크 밀도를 $f(x)$라고 하면 신축 후 위치 $y = g(x)$의 잉크 밀도는 그 $1/|g'(x)|$배, 즉 다음과 같이 나타납니다.

$$\left| \frac{f(x)}{g'(x)} \right| \tag{4.1}$$

▼ 그림 4-12 $y = g(x)$로 제멋대로 신축

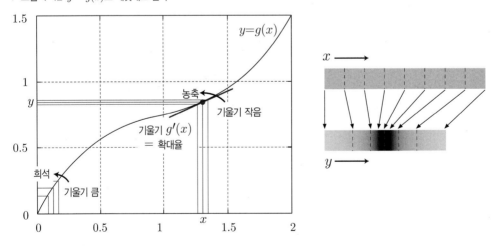

---

3 dy/dx라고 써도 같은 의미지만, 지금은 $g'(x)$라고 쓰는 것이 보기 쉬울 것 같습니다. 왜 미분이 기울기가 되는지를 잊었다면 미분의 의미를 복습하세요. 이전 이야기에서 다뤘던 '폭'을 잔뜩 좁힌 극한이 바로 미분입니다.

4.3 왜 일부러 절댓값을 붙였나요?

반대 부호인 경우도 괜찮게 하려고요. 예를 들어 $g(x) \equiv -2x$라는 변환이라면 뒤집어서 두 배로 확대하게 됩니다. 그렇다고 잉크의 농도가 음수가 될 수는 없습니다. 농도는 $1/(-2)$배가 아니라 $1/|-2|$배입니다.

예제 4.1

다음의 경우에서 변환 후 위치 $y = 4.96$의 잉크 밀도를 구하세요(힌트 : $4.96 = g(8)$).

잉크의 밀도 $f(x) = 0.02x \quad (0 \le x \le 10)$

변환 $y = g(x) = 0.005x^3 + 0.03^2 + 0.06x$

답

$y = 4.96$에 대응하는 것은 힌트와 같이 $x = 8$이다. $g'(x) = 0.015x^2 + 0.06x + 0.06$으로부터 $g'(8) = 1.5$입니다. 따라서 $y = 4.96$에서의 변환 후 밀도는 $|f(8)/g'(8)| = |0.16/1.5| \approx 0.11$입니다(그림 4–13).

▼ 그림 4–13 변환 전후의 잉크 농도(밀도)

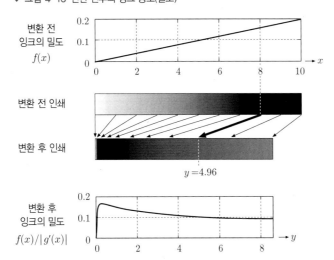

4.2 / 확률 0

그럼 연습을 마치고 확률 이야기로 돌아가보겠습니다. 서두에서도 말했듯이, 이 장의 목표는 실 숫값 확률분포에 대해 앞 장과 같은 논의를 펼치는 것입니다. 그런데 논의하려고 보니 실숫값의 사정으로 인해 확률이 0이 되는 문제가 생겼습니다. 그 문제를 지금부터 다루겠습니다.

4.2.1 딱 맞을 확률은 0

이런 확률변수 X를 떠올려보겠습니다.

- Ω는 그림 4-14의 왼쪽과 같은 정방형
- 그림 4-14의 오른쪽과 같이 점 $\omega = (u, v)$에 대해 $X(\omega) = 10u$

X는 0에서 10까지의 실숫값을 가지는 확률변수입니다. 그러므로 인간의 관점에서 보면 $X = 3.2943713314748902384765\cdots$과 같은 임의의 실숫값이 나옵니다.

▼ **그림 4-14** 실숫값 확률변수의 예

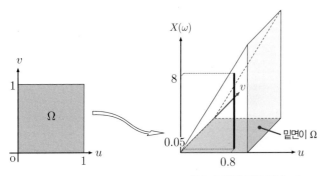

$\omega = (0.8, 0.05)$에 대해 $X(\omega) = 8$
(지면 관계상 높이 방향만 축척이 다르게 되어 있음)

확률을 계산하려면 면적을 재면 되겠죠. 예를 들어 X가 4 이상, 7 이하가 될 확률은 0.3입니다. $4 \leq X(\omega) \leq 7$이 되는 $\omega = (u, v)$는 그림 4-15의 짙은 부분이기 때문입니다.

▼ 그림 4-15 $\mathrm{P}(4 \leq X \leq 7) =$ 짙은 부분의 면적 $= 0.3$

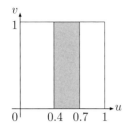

다음이 본론입니다. X가 딱 2가 될 확률 $\mathrm{P}(X = 2)$는 얼마일까요? $X(\omega) = 2$가 되는 점 ω의 집합은 그림 4-16과 같은 선분입니다. 선분의 면적은 0이라서

$$\mathrm{P}(X = 2) = 0$$

이 됩니다. $X = 3.294371331474890238 4765\cdots$과 같은 임의의 실숫값이 나오는 X가 우연히 딱 2, 즉 $2.00000\cdots$이 될 확률은 0인 셈입니다.

▼ 그림 4-16 $X = 10u$가 딱 2가 될 확률은?

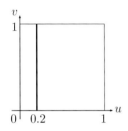

똑같이 하면 $\mathrm{P}(X = 0.1)$도 0이고, $\mathrm{P}(X = 3.14159265\cdots)$도 0이고……. 결국 어떤 값 a에 대해서도 X가 딱 a가 될 확률 $\mathrm{P}(X = a)$는 0이 되어버립니다.

$\mathrm{P}(X = a)$가 항상 0이라면 4에서 7까지의 값이 나올 확률이 0이 될 것 같아 당황스러울지도 모릅니다. 그러나 실제로는 $\mathrm{P}(4 \leq X \leq 7) = 0.3$이었습니다. 이에 대해서는 이제 그런 것이라고 할 수밖에 없습니다. 받아들이기 어려울지도 모르지만 세상이 그렇게 되어 있습니다.*

확률로 보는 것보다는 면적으로 관찰하는 편이 사정을 좀 더 명확히 파악하는 데 유리하죠. 그림 4-17처럼 정사각형은 점의 집합입니다. 정사각형을 구성하는 각 점의 면적은 0입니다. 그러나 면적 0인 점들을 모은 정사각형은 제대로 면적이 1입니다.

---

* 역주 다소 연역적인 설득일 수도 있습니다. 그러나 밑변의 길이가 0이면 아무리 높이가 있어도 면적이 0이 됨을 떠올려보길 바랍니다.

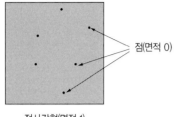

▼ 그림 4-17 면적 0인 점들을 모은 정사각형은 제대로 면적 1이다.

점(면적 0)

정사각형(면적 1)

결론적으로 X 값이 어떤 범위가 될 확률이 양수라고 해도 X가 딱 어떤 값이 될 확률은 모두 0이 었다는 이야기입니다. 모순처럼 보여도 모순은 아니듯이 말이죠. 여기까지 오면서 특이한 예외를 든 것은 없습니다. 실숫값의 확률변수가 오히려 전형적인 현상입니다.

지금 이야기의 열쇠는 선분, 점의 면적이 0이라는 사실입니다. 0은 아니고 무한소라고 주장하는 사람들이 가끔 있지만, 보통의 수학에서 무한소라는 수는 없습니다. 무한소라는 답이 허용되지 않는다면 답은 0밖에 없겠죠?

4.2.2 확률 0의 무엇이 문제인가?

확률 0이라면 무엇이 문제일까요? 다소 앞서갈 것입니다만, 이 현상 때문에 확률분포의 이미지를 지금보다 좀 더 넓혀야 합니다.

이산값의 확률변수는 그 확률분포를 다음과 같은 표로 나타냈습니다.

X의 값	그 값이 나올 확률
1	0.4
2	0.1
3	0.1
4	0.1
5	0.1
6	0.2

그러나 이 방식은 실숫값에 쓸 수 없습니다. 표 크기가 무한이 되어버렸기 때문일까요? 아니오. 문제가 그것뿐이라면 표 대신 그림 4-18 같은 그래프를 사용해 해결할 수 있습니다.

진짜 문제는 '그 값이 나올 확률'이 난센스가 되는 것입니다. 실제로, 앞의 X에서는 '그 값이 나올 확률'은 모두 0이었습니다.

그림 4-19 같은 그래프를 그려도 제대로 정보를 확인할 수 없습니다(0에서 10까지의 값이 나온 다는 것도 이 그래프로는 모르겠습니다). 더 연구해서 다른 종류의 값을 그래프로 나타내지 않으 면 확률분포를 표현할 수 없습니다. 그럼 어떻게 해야 좋을까요? 이것이 앞으로의 주제입니다.

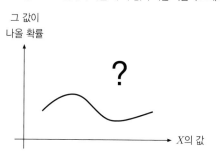

❤ 그림 4-18 실제 수치일 때 각 값이 나올 확률의 그래프?

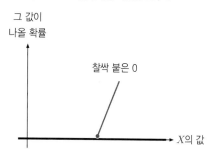

❤ 그림 4-19 '그 값이 나올 확률'은 모두 0

4.3 / 확률밀도함수

> 초보자는 학습할 때 길 가운데를 걷는 것이 좋다. 길가에 가서 어디까지가 길에 속하
> 는지, 어디부터 길에서 벗어나는지 등의 엄밀한 이야기를 하는 것은 수학자에게 맡겨
> 두자.
>
> 스기하라 코키치 『수식을 읽어내는 요령』(일본 평론사, 2008) 117페이지 중에서

서론이 길었습니다. 지금부터가 본론입니다. 지금까지 다음과 같은 이야기를 해왔습니다.

- 실숫값의 확률변수가 X라면 $P(X = a)$는 모조리 0이 되어버리는 것이 전형적이다.
- 그러므로 $P(X = a)$의 일람표와 그래프로는 분포를 잘 나타내지 못하며, 다른 표현 방법이 필요하다.

이 절에서는 이 '다른 표현 방법'을 설명합니다. 너무 딱 일반적인 이야기를 하면 혼란스러우므로 당분간은 위의 의미로 '전형적'인 경우를 상정합시다. 만약 도중에 개념이 헷갈린다면 언제든지 4.1절의 그러데이션 예로 돌아가세요.

4.3.1 확률밀도함수

누적분포함수와 확률밀도함수

실숫값의 경우 확률분포(어떤 값이 어느 정도로 나오기 쉬울지)를 어떻게 표현할 수 있을까요? 답은 4.1절의 연습에서 살짝 내비쳤던 대로입니다. 그 이야기의 '잉크'를 '확률'로 바꿔 읽으면 됩니다.

잉크가 소비되는 모습을 그림 4-20의 왼쪽에 게재합니다. 잉크의 경우 역시 어떤 위치에 정확히 있는 잉크의 양은 0입니다. 그래도 소비 잉크양 $F(x)$ 및 잉크 농도 $f(x)$를 그래프로 나타내면, 어떻게 잉크가 칠해지고 있는지를 나타낼 수 있었습니다.

▼ 그림 4-20 잉크 이야기(왼쪽)와 확률 이야기(오른쪽)의 대비(왼쪽은 다시 보기)

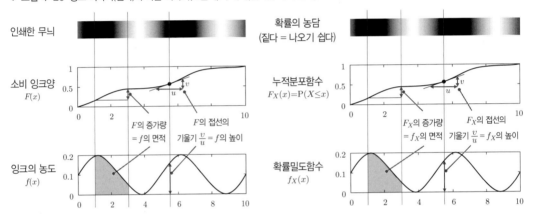

이제 X를 실숫값의 확률변수, 잉크를 X에 대한 확률이라고 읽읍시다. 같은 그림 오른쪽을 보세요. 위치 a까지의 잉크의 총량 $F(a)$는 a까지의 확률의 총량 $P(X \le a)$에 대응합니다. 이를 다음과 같이 쓰고

$$F_X(a) \equiv P(X \le a)$$

누적분포함수(또는 단순히 **분포함수**)라고 부릅니다.[4]

게다가 소비 잉크양 $F(x)$를 미분하면 잉크의 농도를 구할 수 있을 것입니다. 그 유추에 따라 누적분포함수를 미분한

$$f_X(x) \equiv F_X'(x) = \frac{dF_X(x)}{dx}$$

---

4 책에 따라서는 $P(X < a)$라고 정의하는 경우도 있지만, 지금 상정하고 있는 전형적인 경우에는 이 차이를 신경 쓰지 않아도 괜찮습니다.

는 확률의 농도(즉, 밀도)라고 해석할 수 있죠. 이 $f_X(x)$는 **확률밀도함수**라고 부릅니다. 확률밀도함수 $f_X(x)$의 값이 크면 x 부근은 확률이 높다는 것을 의미하며, 즉 x 부근의 값이 나오기 쉽습니다. 실제로 밀도가 크다는 것은 예를 들면 x 플러스 마이너스 0.1의 범위에 잉크가 많이 있다는 것이며, 그것을 확률로 바꿔 읽으면 x 플러스 마이너스 0.1 이내의 값이 나올 확률이 크다는 것입니다.

대응 관계를 표로 정리해보면 다음과 같습니다.

잉크	확률
위치 a까지의 소비 잉크양 $F(a)$	a 이하의 값이 나올 확률(누적분포함수) $F_X(a)$
위치 x에서의 잉크 밀도 $f(x)$	확률밀도함수 $f_X(x)$
$f(x)$가 크다. $\Leftrightarrow$ x 부근이 짙다.	$f_X(x)$가 크다. $\Leftrightarrow$ x 부근의 값이 나오기 쉽다.
$f(x) = F'(x)$	$f_X(x) = F'_X(x)$
$F(b) = \int_{-\infty}^{b} f(x)\,dx$	$F_X(b) = \int_{-\infty}^{b} f_X(x)\,dx$

표 안의 $\Leftrightarrow$는 동치를 가리킵니다.

누적분포함수와 확률밀도함수 그래프를 그려서 실숫값의 확률분포를 나타낼 수 있습니다. 가능하다면 그래프가 아닌 수식을 써서 나타내도 괜찮습니다. 이는 분포에 대해 정해지는 것이므로, 제대로 말하면 $f_X(x)$는 '확률변수 X의 분포의 확률밀도함수'입니다. 그래도 답답하니까 뒤에서는 단순히 '확률변수 X의 확률밀도함수'로 부르는 경우도 있을 것입니다.

응용에서는 누적분포함수보다 확률밀도함수가 전면적으로 쓰이는 경우가 많습니다. 농담을 직접 나타낸 그래프가 알기 쉬워서 좋겠죠. 이 책에서도 이제부터는 확률밀도함수에 주력합니다(누적분포함수는 7.2.2절에서 소망의 분포를 따르는 난수를 만들 때 사용합니다).

확률밀도함수에서 확률을 읽어내려면

자, 확률밀도함수 f_X가 주어졌을 때 지정된 범위의 값이 나올 확률을 거기서 읽어낼 수 있을까요? 이에 대한 답은 질문 4.2에서 잉크 이야기로 말했던 대로입니다. 식으로 말하면 다음과 같고

$$\mathrm{P}(a \le X \le b) = \int_a^b f_X(x)\,dx \tag{4.2}$$

그래프로 말하면 그림 4-21의 왼쪽과 같습니다. f_X의 값이 높은 곳일수록 같은 폭으로도 면적이 크며, 즉 확률이 커집니다. 앞에서 설명한 내용(f_X의 값이 높을수록 나오기 쉬운)과도 맞네요.

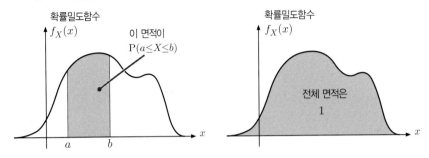

▼ 그림 4-21 확률밀도함수에서 확률을 파악한다.

일반적으로 $P(-\infty < X < \infty) = 1$일 테니까

$$\int_{-\infty}^{\infty} f_X(x)\,dx = 1$$

이 성립하는 것도 짚어두겠습니다. 그래프로 말하면 그림 4-21의 오른쪽처럼 됩니다. 이는 이산값일 때 지적했던 '모든 확률의 합은 1'이라는 성질의 실숫값 버전입니다.

여기서 하나 더, 어떤 값 a에 대해서도

$$P(X = a) = P(a \leq X \leq a) = \int_{a}^{a} f_X(x)\,dx = 0$$

임을 밝혀둡니다. 확률분포가 확률밀도함수로 주어졌을 때 '딱 어떤 값'이 될 확률은 항상 0이라는 뜻입니다. 그러므로 확률밀도함수 이야기를 하고 있는 시점에 이미 자동적으로 4.3절 첫머리에서 말한 '전형적인 경우'가 상정된 것입니다. 그래서 특히 $P(a \leq X < b)$나 $P(a < X \leq b)$나 $P(a < X < b)$는 $P(a \leq X \leq b)$와 같습니다(부등식에 등호가 들어가든 안 들어가든 마찬가지입니다). 그래서 모두 $\int_{a}^{b} f_X(x)dx$로 계산해도 됩니다($a \leq b$).

계속 이야기하지만 f_X의 값이 '확률 그 자체'가 아니라 '확률밀도'라는 것에 주의하세요. 지금까지 배운 것을 확인하기 위해 예제를 풀어봅시다.

예제 4.2

다음 내용에 대해 각각 '반드시 성립한다'(○)인지, '다 그런 것은 아니다'(×)인지 판단하세요.

- $f_X(x) \geq 0$
- $f_X(x) \leq 1$

답

$f_X(x) \geq 0$은 ○입니다. 만약 어딘가에서 $f_X(x) < 0$이었다고 해도, 그림 4-22의 왼쪽과 같이 그 부근에

$$\mathrm{P}(a \leq X \leq b) = \int_a^b f_X(x)dx < 0$$

이라는 사태가 발생하기 때문입니다. 확률은 면적이라 음수가 될 수 없습니다(1.8.2절). 이 책의 수준에서는 이렇게 생각하면 좋습니다.

한편 $f_X(x) \leq 1$은 ×입니다. 사실 그림 4-22의 오른쪽처럼 1을 넘어설 수도 있습니다. 높이가 1을 넘어도 전체 면적은 제대로 1이므로 이의는 없을 것입니다.

▼ 그림 4-22 확률밀도함수가 취할 수 있는 값

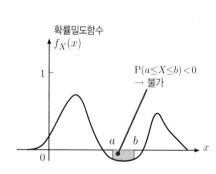

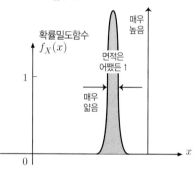

예제 4.3

다음 함수 $f(x)$ 중에서 어느 것이 확률밀도함수가 될 수 있을까요? 단, x의 범위는 모든 실수입니다.

1. $f(x) = 1$
2. $f(x) = x$
3. $0 \leq x \leq 1$일 경우 $f(x) = x$, 아니면 $f(x) = 0$
4. $x \geq 0$일 경우 $f(x) = e^{-x}$, 아니면 $f(x) = 0$
5. $-1 \leq x \leq 1$일 경우 $f(x) = 1 - |x|$, 아니면 $f(x) = 0$

답

확률밀도함수가 될 수 있는 것은 4번과 5번입니다. 2번은 함수 값이 음수가 되므로 안 됩니다. 1번과 3번은 적분(그래프의 면적)이 1이 되지 않으므로 안 됩니다.

예제 4.4

다음 확률밀도함수를 가지는 확률변수 X에 대해 $0.2 \leq X \leq 0.4$가 될 확률을 구하세요.

$$f_X(x) = \begin{cases} 1 - |x| & (-1 \leq x \leq 1) \\ 0 & (기타) \end{cases}$$

답

그림 4-23에서 칠해진 부분의 면적을 구하면 됩니다. 적분으로 계산하면 다음과 같습니다.

$$\mathrm{P}(0.2 \leq X \leq 0.4) = \int_{0.2}^{0.4} f_X(x)\, dx = \int_{0.2}^{0.4} (1 - x)\, dx = \left[x - \frac{x^2}{2} \right]_{0.2}^{0.4}$$

$$= (0.4 - 0.16/2) - (0.2 - 0.04/2) = 0.14$$

▼ 그림 4-23 칠해진 부분의 면적은 $\mathrm{P}(0.2 \leq X \leq 0.4)$

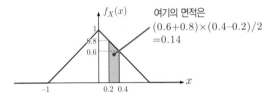

여기의 면적은
$(0.6+0.8) \times (0.4-0.2)/2$
$= 0.14$

예제 4.5

다음 확률밀도함수를 가진 확률변수 X에 대해 X의 소수점 이하를 반올림해 정수가 되게 할 때, 그것이 '내림'이 될 확률을 구하세요.

$$f_X(x) = \begin{cases} e^{-x} & (x \geq 0) \\ 0 & (기타) \end{cases}$$

답

$$\mathrm{P}(0 \leq X < 0.5) + \mathrm{P}(1 \leq X < 1.5) + \mathrm{P}(2 \leq X < 2.5) + \cdots$$
$$= \int_0^{0.5} e^{-x}\, dx + \int_1^{1.5} e^{-x}\, dx + \int_2^{2.5} e^{-x}\, dx + \cdots$$
$$= (e^{-0} - e^{-0.5}) + (e^{-1} - e^{-1.5}) + (e^{-2} - e^{-2.5}) + \cdots$$
$$= e^{-0}(1 - e^{-0.5}) + e^{-1}(1 - e^{-0.5}) + e^{-2}(1 - e^{-0.5}) + \cdots$$
$$= (e^{-0} + e^{-1} + e^{-2} + \cdots)(1 - e^{-0.5})$$
$$= \frac{1}{1 - e^{-1}} \cdot (1 - e^{-0.5}) = \frac{1}{(1 - e^{-0.5})(1 + e^{-0.5})} \cdot (1 - e^{-0.5}) = \frac{1}{1 + e^{-0.5}}$$

중간 계산에 등비급수의 공식을 사용했습니다(부록 A.4절 '합 $\sum$'). 다른 방법으로, $P(올림) = e^{-0.5}P(내림)$에서 한눈에 이 답에 이를 수도 있습니다.

4.4 실숫값의 확률분포란 결국 무엇인가요?

실숫값의 확률변수 X의 확률분포란

- 값이 양수다.

- 값이 3 이상 4 이하다.

- 값의 백의 자리가 7이다.

- ⋯⋯

와 같이 'X에 관한 모든 조건'에 대해 그 조건을 충족하는 확률을 각각 지정한 목록입니다.

다시 말하자면 실수를 원소로 하는 임의의 집합 A에 대해

P(X의 값이 A에 속한다)

의 목록으로 생각하세요. 그림 4-24 같은 이미지입니다. 누적분포함수와 확률밀도함수가 주어지면 이러한 확률을 각각 계산합니다(예제 4.5처럼 구간으로 나눠서 계산하면 됩니다).

▼ 그림 4-24 확률분포 = '모든 집합 A에 대한 확률의 목록'

집합 A	X의 값이 A에 속할 확률
-1 0 1 2 3	0.29
-1 0 1 2 3	0.44
-1 0 1 2 3	0.57
-1 0 1 2 3	0.31
⋮	⋮

4.3.2 균등분포

이산 분포를 설명할 때 가장 평범한 분포로 균등분포를 소개했습니다(3.1절). 마찬가지로 실숫값으로도 한 구간상의 균등분포를 정의할 수 있습니다.

그림 4-25 같은 확률밀도함수로 나타내는 확률분포가 구간 $[\alpha, \beta]$ 위의 **균등분포**입니다($\alpha < \beta$).[5]

▼ 그림 4-25 구간 $[\alpha, \beta]$ 위의 균등분포($\alpha < \beta$)

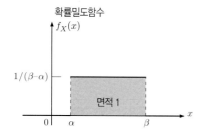

5 β는 그리스 문자 '베타'입니다.

식으로 쓰면 다음과 같습니다.

$$f_X(x) = \begin{cases} \frac{1}{\beta - \alpha} & (\alpha \le x \le \beta) \\ 0 & (\text{기타}) \end{cases}$$

요컨대

- 구간 내의 어디서나 확률밀도(나오기 쉬움)는 일정하다.
- 구간 외의 값은 나오지 않는다.

라는 분포입니다.

4.3.3 확률밀도함수의 변수 변환

확률밀도함수 덕분에 '실숫값의 확률분포'라는 새로운 대상을 식이나 그래프 등으로 표현하고 종이 위에 적을 수 있게 됐습니다. 대상을 표현하는 것이 개척의 첫 번째 단계라면, 두 번째 단계는 그 대상을 조작하는 것입니다. 구체적으로는 변수 변환으로 그 표현을 어떻게 바꿀 수 있을지가 다음 주제입니다. 잉크 이야기였던 4.1.3절처럼 인쇄한 것을 신축시키는 조작에 해당합니다.

확률변수 X의 확률분포를 알고 있었다고 가정합시다. 이때 어떤 함수 g를 가져오면 $Y = g(X)$라는 새로운 확률변수 Y가 만들어집니다. 이 Y의 확률분포를 구하는 것이 목표입니다.

이산값의 확률변수 X에 대해서는 그 확률분포가 단순한 $\mathrm{P}(X = \bigcirc\bigcirc)$의 표로 나타났기 때문에 이야기는 간단했습니다(예제 3.1). 그러나 실숫값의 확률변수라면 사정이 달라집니다. 확률분포의 표현법이 달라지기 때문입니다.

구체적인 예부터 시작하겠습니다. X의 확률밀도함수 f_X가 주어져 있을 때, $Y = 3X - 5$라고 하면 Y의 확률밀도함수 f_Y는 어떻게 될까요? 예를 들어 $f_Y(4)$는 어떻게 될까요? 무심코 다음과 같이 속단할지도 모릅니다.

> $Y = 4$가 되는 것은 $3X - 5 = 4$, 즉 $X = (4 + 5)/3 = 3$일 때다. 따라서 $f_Y(4) = f_X(3)$
> 이네?

하지만 이것은 틀렸습니다. '$Y = 4$가 되는 것은 $X = 3$일 때'까지는 그대로입니다만, 그렇다고 $f_Y(4) = f_X(3)$인 것은 아닙니다. 밀도는 늘이면 옅어지고 줄이면 짙어지기 때문입니다(4.1.3절). 대응하는 원래 위치의 농도만이 아니라 신축의 정도(확대율)도 조사하지 않으면 변환 후의 확률밀도함수는 대답할 수 없습니다.

이 예는 함수 $g(x) = 3x - 5$로 세 배 확대됩니다(그림 4-26에서 이를 읽어낼 수 없다면 4.1.3절의 내용을 복습해보세요). 밀도는 그만큼 줄어들어 1/3배가 되므로,

$$f_Y(4) = \frac{1}{3} f_X(3)$$

이 답입니다.

일반적인 경우도 잉크의 이야기로 이미 설명했습니다. 마음대로 정한 함수 g에 의해 $Y = g(X)$라고 변수 변환하면, 그 확률밀도함수는

$$f_Y(y) = \left| \frac{f_X(x)}{g'(x)} \right| \qquad \text{단, } y = g(x)$$

라고 변환됩니다(g가 일대일일 것, 즉 $u \neq v$면 $g(u) \neq g(v)$가 성립하는 것을 가정하고 있습니다. 잉크로 말하면 고무 시트가 두 장 겹치는 일은 생기지 않는다는 가정입니다).

▼ 그림 4-26 함수 $g(x) = 3x - 5$로 세 배 확대된다.

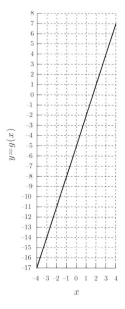

몇 가지 예제를 풀어봅시다.

예제 4.6

확률변수 X의 확률밀도함수 f_X를 써서 $Y = 3X - 5$의 확률밀도함수 f_Y를 나타내세요.

답

$g(x) = 3x - 5$라고 하면 변환 g는 일대일입니다. 그리고 $Y = g(X)$라고 쓸 수 있으므로 $f_Y(y) = |f_X(x)/g'(x)|$(단, $y = g(x)$)입니다. 여기서 $y = g(x)$를 x에 대해 풀어 $x = (y+5)/3$이며, 또 $g'(x) = 3$입니다. 따라서 다음과 같습니다.

$$f_Y(y) = \left| \frac{f_X\left(\frac{y+5}{3}\right)}{3} \right| = \frac{1}{3} f_X\left(\frac{y+5}{3}\right)$$

예제 4.7

앞의 문제에서 나온 f_X와 f_Y에 대해 $2 \le X \le 4$의 확률과 $1 \le Y \le 7$의 확률이 같아지는 것을 확인하세요.

답

(앞 문제의 해답에서 계속) $y = g(x)$라 하고 $\mathrm{P}(2 \le X \le 4)$를 치환적분으로 계산합니다. $dx/dy = 1/g'(x) = 1/3$이라는 것과 $x = 2, 4$에 대응하는 것이 $y = 1, 7$임에 주의해서 다음과 같습니다.

$$\mathrm{P}(2 \le X \le 4) = \int_{x=2}^{x=4} f_X(x)\,dx = \int_{y=1}^{y=7} f_X(x) \cdot \frac{dx}{dy}\,dy = \int_1^7 f_X\left(\frac{y+5}{3}\right) \cdot \frac{1}{3}\,dy$$
$$= \int_1^7 f_Y(y)\,dy = \mathrm{P}(1 \le Y \le 7)$$

예제 4.7에서 보듯이 $1/g'(x)$는 치환적분 공식에 나오는 앞뒤 맞추기로도 해석할 수 있습니다. $g'(x) < 0$의 경우 다음 예제 4.8을 보세요.

예제 4.8

확률변수 X의 확률밀도함수 f_X를 써서 $Y = -2X + 1$의 확률밀도함수 f_Y를 나타내세요. 또한, f_X와 f_Y에 대해 $0 \le X \le 3$의 확률과 $-5 \le Y \le 1$의 확률이 같아지는 것을 확인하세요.

답

$g(x) = -2x + 1$이라고 하면 변환 g는 일대일입니다. 그리고 $Y = g(X)$라고 쓸 수 있으니까 $f_Y(y) = |f_X(x)/g'(x)|$(단, $y = g(x)$)입니다. 여기서 $y = g(x)$를 x에 대해 풀어 $x = (1-y)/2$며, 또 $g'(x) = -2$입니다. 따라서 다음과 같습니다.

$$f_Y(y) = \left| \frac{f_X\left(\frac{1-y}{2}\right)}{-2} \right| = \frac{1}{2} f_X\left(\frac{1-y}{2}\right) \qquad \text{(절댓값을 잊지 말 것)}$$

또 $y = g(x)$로 두고 $\mathrm{P}(0 \le X \le 3)$을 치환적분으로 계산합니다. $dx/dy = 1/g'(x) = -1/2$이라는 것과 $x = 0, 3$에 대응하는 것이 $y = 1, -5$임에 주의해서 다음과 같습니다.

$$\begin{aligned}
\mathrm{P}(0 \le X \le 3) &= \int_{x=0}^{x=3} f_X(x)\,dx = \int_{y=1}^{y=-5} f_X(x) \cdot \frac{dx}{dy}\,dy = \int_{1}^{-5} f_X\left(\frac{1-y}{2}\right) \cdot \left(-\frac{1}{2}\right) dy \\
&= \int_{-5}^{1} f_X\left(\frac{1-y}{2}\right) \cdot \frac{1}{2}\,dy = \int_{-5}^{1} f_Y(y)\,dy = \mathrm{P}(-1 \le Y \le 5)
\end{aligned}$$

(적분 범위의 상하 뒤집기와 절댓값이 잘 연동하는 데 주목)

예제 4.9

X가 구간 $[0, 3]$ 위의 균등분포일 때 $Y = (X + 1)^2$의 확률밀도함수 f_Y를 구하세요.

답

X의 확률밀도함수는 다음과 같습니다.

$$f_X(x) = \begin{cases} 1/3 & (0 \le x \le 3) \\ 0 & \text{(기타)} \end{cases}$$

또한, $g(x) = (x + 1)^2$이라고 하면 변환 g는 ($0 \le x \le 3$의 범위에서는) 일대일입니다. 이때 $y = g(x)$를 $0 \le x \le 3$의 범위에서 풀면 $x = \sqrt{y} - 1 (1 \le y \le 16)$이고, 더불어 $g'(x) = 2(x + 1)$입니다. 따라서 다음과 같습니다.

$$f_Y(y) = \begin{cases} \left| \frac{f_X(x)}{g'(x)} \right| = \frac{1}{6(x+1)} = \frac{1}{6\sqrt{y}} & (1 \le y \le 16) \\ 0 & \text{(기타)} \end{cases}$$

마지막 예제 4.9에서 눈치챘듯이 균등분포를 (비선형으로) 변수 변환하면 더이상 균등분포가 아닙니다. 반대로 균등분포를 잘 변환해주면 다양한 분포를 만들 수 있습니다. 이것을 이용해 7장 '의사난수'에서는 균등 난수로부터 정규분포 난수 등을 생성해보겠습니다.

4.5 변환 공식을 암기하려고 했는데, 어디가 x고 어디가 y였는지 쉽게 잊어버립니다. 어떻게 하면 잘 외울 수 있을까요?

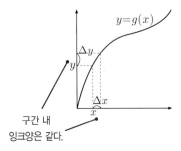

구간 내
잉크양은 같다.

잉크 이미지를 생각하세요. 그림 4-27에서는 'x에서 $x + \Delta x$까지의 잉크양'과 'y에서 $y + \Delta y$까지의 잉크양'이 같을 것입니다.[6] 잉크를 더하거나 빼지 않았으니까요. 폭 Δx, Δy가 충분히 좁으면 양자는 대략 $f_X(x)|\Delta x|$와 $f_Y(y)|\Delta y|$이므로[7] 다음과 같습니다.

$$f_X(x)|\Delta x| \sim f_Y(y)|\Delta y|$$

(여기서 ~는 '엇비슷하다'라고 읽어주세요). 이를 변형하면 다음과 같고

$$f_Y(y) \sim f_X(x)\left|\frac{\Delta x}{\Delta y}\right|$$

$\Delta x \to 0$의 극한을 생각하면 순조롭게

$$f_Y(y) = f_X(x)\left|\frac{1}{g'(x)}\right|$$

을 얻을 수 있습니다.[8] $f_X(x) \geq 0$이므로, 이것은 $f_Y(y) = |f_X(x)/g'(x)|$라고 써도 마찬가지입니다. 익숙해지면

$$f_Y(y) = f_X(x)\left|\frac{dx}{dy}\right|$$

라고 쓰며, 마음속에서 분모를 꺼내

$$f_Y(y)|dy| = f_X(x)|dx| \quad \cdots\cdots \text{'밀도} \times \text{폭'은 (잉크양이라) 달라지지 않는다.} \tag{4.3}$$

라고 중얼거리죠(식 (4.3)을 답안에 적으면 안 됩니다. 엄격한 선생님일 경우 감점될 우려가 있습니다. 단독으로 나오는 dy나 dx의 의미가 정의되지 않았기 때문입니다).

---

6 Δx를 (두 글자지만) 한 글자처럼 생각하세요. x에 관련된 다른 양을 나타낼 때 x'나 $\tilde{x}$ 등의 기호를 사용하는 것과 같은 느낌입니다. Δ(그리스 문자 델타의 대문자)에는 차이라는 뉘앙스가 있어 지금과 같은 경우에는 이것이 딱입니다. 두 글자를 한 글자처럼 읽다니 처음에는 당황스럽겠지만, 흔히 쓰이는 방식이므로 익혀두세요.

7 양 = 밀도 × 폭. 또한, Δx나 Δy가 음수가 되어도 바로 성립하도록 절댓값을 붙였습니다.

8 $\Delta x \to 0$으로 왜 이렇게 되는지 얼른 이해되지 않는 사람은 미분이 무엇인지를 복습하세요. 그림 4-27에서 $\Delta x \to 0$일 때 $\Delta y/\Delta x \to g'(x)$였습니다.

4.4 결합분포 · 주변분포 · 조건부분포

확률분포의 개념을 실숫값의 경우로 확장해서 편리한 표현 방법(확률밀도함수)을 배웠습니다.

다음 이야기 주제는 2장 '여러 확률변수의 조합'의 실숫값 버전입니다. 즉, 실숫값의 확률변수가 여러 개일 때 어떻게 얽혀 돌아가는지를 살펴봅니다. 2장을 돌아보면 논의의 기반은 결합분포였습니다.

- 결합분포에는 그 멤버의 확률에 관한 모든 정보가 담겨 있다.
- 실제로 결합분포로부터 주변분포와 조건부분포를 자유자재로 구할 수 있다.

라고 했던 곳들을 떠올리세요.

이 절에서도 그대로 따라가며 일단 결합분포의 개념을 도입하고, 그것을 바탕으로 주변분포와 조건부분포에 접근하겠습니다.

4.4.1 결합분포

실숫값의 확률변수 X, Y에 대해 그것을 세트로 한 2차원 벡터 $W \equiv (X, Y)$의 확률분포(어떤 값이 어느 정도로 나오기 쉬울지)를 X, Y의 **결합분포**라고 부릅니다. 가로축에 X 값, 세로축에 Y 값을 취하고, 그림 4-28의 왼쪽과 같은 2차원의 농담(진하고 흐린) 모양을 상상하세요. 이를

- 어떤 범위 안의 잉크의 총량 → 그 범위 안의 값이 나올 확률
- 어떤 점의 잉크 농도 → 그 점의 확률밀도

라고 해석하면 됩니다.

❤ 그림 4-28 농담 모양(왼쪽)과 대응하는 확률밀도함수 $f_{X,Y}(x, y)$(오른쪽)

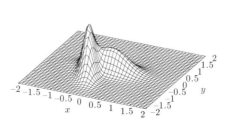

그림의 오른쪽 그래프는 각 점 (x, y)에 잉크 농도, 즉 확률밀도를 높이 축에 찍은 것입니다. 이를 X, Y의 결합분포 **확률밀도함수** $f_{X,Y}(x, y)$라고 부릅니다.

즉,

- 각 위치 (x, y)에서 확률의 농도를 나타낸 것이 확률밀도함수 $f_{X,Y}(x, y) \geq 0$
- 확률이 진하다는 것은 그 부근의 값이 나오기 쉽다는 의미다.
- 더 정확히는 '그림 4-29에서 칠해진 범위의 값이 나올 확률'이 '그 범위를 잘라낸 그래프의 부피'로 나타난다.
- 식으로 쓰면[9] 다음과 같습니다.

$$\mathrm{P}(a \leq X \leq b \text{고 } c \leq Y \leq d) = \int_c^d \left(\int_a^b f_{X,Y}(x,y)\, dx \right) dy = \int_a^b \left(\int_c^d f_{X,Y}(x,y)\, dy \right) dx$$

$$(a \leq b,\, c \leq d)$$

❤ 그림 4-29 칠한 범위($0.2 \leq X \leq 0.4$ 또는 $-0.3 \leq Y \leq 0$)의 값이 나올 확률은 확률밀도함수 $f_{X,Y}(x, y)$ 그래프로부터 그 범위 위로 튀어나온 기둥의 부피다.

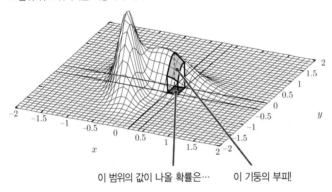

이 범위의 값이 나올 확률은…   이 기둥의 부피!

특히 확률밀도함수의 그래프 전체의 부피가 1이라는 것도 새겨두세요. 그림 4-29의 산 전체의 부피는 1입니다. 의미를 생각하면 당연하죠(X와 Y 모두 범위가 무제한이므로, 이는 반드시 일어날 확률을 나타내고 있습니다). 식으로 쓰면 다음과 같습니다.

$$\int_{-\infty}^{\infty} \left(\int_{-\infty}^{\infty} f_{X,Y}(x,y)\, dx \right) dy = \int_{-\infty}^{\infty} \left(\int_{-\infty}^{\infty} f_{X,Y}(x,y)\, dy \right) dx = 1$$

즉, 확률밀도함수를 전 영역에서 적분하면 반드시 1이 됩니다.

---

9 이 식은 그림에서 기둥의 부피를 구하도록 되어 있습니다. 안쪽 괄호로 단면적이 나오고, 그것을 더 적분하면 부피가 나오는 식입니다. 이에 대한 정확한 설명을 보고 싶거나 필요한 전제 조건을 확인하려면 해석학 교과서를 참고하세요.

예제 4.10

X, Y의 결합분포의 확률밀도함수가

$$f_{X,Y}(x,y) = \begin{cases} e^{-x-y} & (x \geq 0 \text{ 또는 } y \geq 0 \text{일 때}) \\ 0 & (\text{기타}) \end{cases}$$

이라고 합니다. 다음 확률을 각각 구하세요.

1. $0 \leq X \leq 1$이고 $0 \leq Y \leq 1$
2. $X \geq 1$이고 $Y \geq 1$

답

각각 다음과 같이 구한다. 안쪽의 적분(x에 의한 적분) 때 y는 그저 상수로 취급한 것에 주의한다.

$$\begin{aligned}
&P(0 \leq X \leq 1 \text{이고 } 0 \leq Y \leq 1) \\
&= \int_0^1 \left(\int_0^1 e^{-x-y}\, dx \right) dy = \int_0^1 [-e^{-x-y}]_{x=0}^{x=1}\, dy = \int_0^1 (e^{-y} - e^{-y-1})\, dy \\
&= [-e^{-y} + e^{-y-1}]_0^1 = (1 - e^{-1}) + (e^{-2} - e^{-1}) = 1 - 2e^{-1} + e^{-2} = (1 - e^{-1})^2 \\
&P(X \geq 1 \text{이고 } Y \geq 1) \\
&= \int_1^\infty \left(\int_1^\infty e^{-x-y}\, dx \right) dy = \int_1^\infty [-e^{-x-y}]_{x=1}^{x=\infty}\, dy = \int_1^\infty e^{-y-1}\, dy \\
&= [-e^{-y-1}]_1^\infty = e^{-2}
\end{aligned}$$

예제 4.11

다음 함수 $f(x, y)$ 중에서 결합분포의 확률밀도함수가 될 수 있는 것을 고르세요. 단, x, y의 범위는 모두 모든 실수입니다.

1. $f(x, y) = 1$
2. $f(x, y) = xy$
3. $0 \leq x^2 + y^2 \leq 1$일 때 $f(x, y) = 1$, 나머지는 $f(x, y) = 0$
4. $0 \leq x^2 + y^2 \leq 1$일 때 $f(x, y) = \frac{3}{2\pi}\sqrt{(1 - x^2 - y^2)}$, 나머지는 $f(x, y) = 0$
   (힌트: $z = \sqrt{(1 - x^2 - y^2)}$의 그래프는 반구형)

답

확률밀도함수가 될 수 있는 것은 4번뿐이다. 2번은 함수 값이 음수가 되므로 안 된다. 1번과 3번은 적분(그래프의 부피)이 1이 되지 않으므로 안 된다. 4번의 적분이 1이 되는 것은 반지름이 1인 공의 부피가 $4\pi/3$(따라서 반구라면 $2\pi/3$)라는 것에서 알 수 있다.

4.6 $f_{X,Y}(x, y)$와 $f_{Y,X}(y, x)$가 똑같습니까?

언제나 $f_{X,Y}(x, y) = f_{Y,X}(y, x)$입니다. 각각의 의미를 생각하면 납득될 것입니다.

논의의 핵심을 다루려면 다음은 변수 변환을 설명해야 하지만, 난이도가 다소 높으니 과감히 뒤로 미루겠습니다(4.4.7절). 그것보다 더 쉽고 더 중요한 이야기가 있기 때문입니다.

4.4.2 서둘러 진도를 나가고 싶다면

앞으로 2장 '여러 확률변수의 조합'의 결과를 실숫값 버전으로 재탕하는 이야기가 당분간 이어집니다. 충분한 시간이 있는 사람이나 이미지와 도출에 대해 차근차근 살펴보고 싶은 사람은 그냥 다음의 4.4.3절로 나아가세요. 한편 서둘러 진도를 나아가고 싶은 사람이라면, 다음 대응표만 확인하고 4.4.7절 '임의 영역의 확률 · 균등분포 · 변수 변환'으로 건너뛰세요. 대응표를 한마디로 요약하면, 확률의 $\sum$를 확률밀도의 $\int$로 바꿔 읽으라는 것입니다.

이산값(확률)	실숫값(확률밀도)
주변분포 $P(X = a) = \sum_y P(X = a, Y = y)$	$f_X(a) = \int_{-\infty}^{\infty} f_{X,Y}(a, y)\, dy$
조건부분포 $P(Y = b \mid X = a) \equiv \dfrac{P(X = a, Y = b)}{P(X = a)}$ $P(X = a, Y = b) = P(Y = b \mid X = a)\, P(X = a)$	$f_{Y\mid X}(b\mid a) \equiv \dfrac{f_{X,Y}(a, b)}{f_X(a)}$ $f_{X,Y}(a, b) = f_{Y\mid X}(b\mid a) f_X(a)$
베이즈 공식 $P(X = a \mid Y = b) = \dfrac{P(Y = b \mid X = a)\, P(X = a)}{\sum_x P(Y = b \mid X = x)\, P(X = x)}$	$f_{X\mid Y}(a\mid b) = \dfrac{f_{Y\mid X}(b\mid a) f_X(a)}{\int_{-\infty}^{\infty} f_{Y\mid X}(b\mid x) f_X(x)\, dx}$
독립성의 다른 표현 $P(Y = b \mid X = a)$가 a와 상관없다. $P(Y = b \mid X = a) = P(Y = b)$ $P(X = a, Y = $ 여러 가지$)$의 비가 a에 관계없이 일정 $P(X = a, Y = b) = P(X = a)P(Y = b)$ $P(X = a, Y = b) = g(a)h(b)$의 형태	$f_{Y\mid X}(b\mid a)$가 a와 상관없다. $f_{Y\mid X}(b\mid a) = f_Y(b)$ $f_{X,Y}(a, $ 여러 가지$)$의 비가 a에 관계없이 일정 $f_{X,Y}(a, b) = f_X(a) f_Y(b)$ $f_{X,Y}(a, b) = g(a)h(b)$의 형태

4.4.3 주변분포

결합분포의 확률밀도함수 $f_{X,Y}(x, y)$가 주어지면 거기서 주변분포의 확률밀도함수도 구할 수 있습니다. **주변분포**란 X 단독 또는 Y 단독 확률분포에 대한 것이었습니다. 그 확률밀도함수는 다음과 같습니다.

$$f_X(x) = \int_{-\infty}^{\infty} f_{X,Y}(x, y)\, dy$$

$$f_Y(y) = \int_{-\infty}^{\infty} f_{X,Y}(x, y)\, dx \tag{4.4}$$

즉, 그림 4-30처럼 $f_{X,Y}(x, y)$의 그래프를 $x = c$의 선으로 자른 단면적이 $f_X(c)$입니다. 직감적으로는 그림 4-31과 같이 y축 방향을 눌러서 x축 위로 잉크를 모을 때 생기는 농담 모양이 $f_X(x)$라고 생각하면 좋을 것입니다. 'Y는 뭐라도 좋아. X쪽만 신경 쓰지'라는 말이니 $(x, 0)$과 $(x, -8)$과 $(x, 3.14159265)\cdots$의 나오기 쉬움을 다 모은 것이 x의 나오기 쉬움이 되는 것은 자연스럽습니다.

▼ 그림 4-30 주변 확률밀도는 $f_{X,Y}(x, y)$의 그래프의 단면적. 왼쪽 그림을 절개한 단면적이 $f_X(0)$, 오른쪽 그림을 절개한 단면적이 $f_Y(0.3)$

▼ 그림 4-31 $f_{X,Y}(x, y)$의 농담 모양에서 y축 방향을 눌러 x축 위에 잉크를 모은다. 만들어진 농담 모양이 주변 확률밀도 $f_X(x)$다.

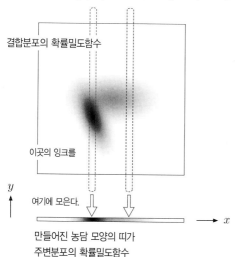

좀 더 제대로 식 (4.4)를 납득하려면 다음과 같이 생각하세요. 임의의 구간에 대해 $a \leq X \leq b$의 확률은

$$P(a \leq X \leq b) = \int_a^b f_X(x)\,dx$$

였습니다($a \leq b$). 이 확률은 그림 4-32로 말하면 (X, Y)가 칠해진 부분에 들어갈 확률입니다. 그러므로

$$P(a \leq X \leq b) = \int_a^b \left(\int_{-\infty}^{\infty} f_{X,Y}(x, y)\,dy \right) dx$$

라고 쓸 수 있습니다. 그러면 임의의 $a \leq b$에서 양변이 같은 것이므로, 양변을 비교하면 식 (4.4)란 결론을 얻습니다.

❤ 그림 4-32 '$a \leq X \leq b$가 될 확률'은 '(X, Y)가 그림의 칠해진 부분에 들어갈 확률'이라고 바꿔 말할 수 있다.

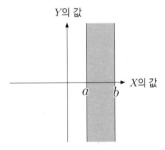

예제 4.12

실숫값 확률변수 X, Y의 결합분포의 확률밀도함수가 $f_{X, Y}(x, y) = \dfrac{3}{2}\max(0, 1 - |x| - |y|)$(max 는 '큰 쪽의 값'을 나타냅니다. → 부록 A.2절)인 경우, X의 확률밀도함수 $f_X(x)$를 구하세요.

답

$f_{X, Y}(x, y)$의 그래프는 그림 4-33 같은 피라미드다. $0 \leq x \leq 1$의 범위에서는 다음과 같다.

$$\begin{aligned}
f_X(x) &= \int_{-\infty}^{\infty} f_{X,Y}(x, y)\,dy = \int_{-(1-x)}^{1-x} \frac{3}{2}(1 - x - |y|)\,dy = 2\int_0^{1-x} \frac{3}{2}(1 - x - y)\,dy \\
&= 3\left[(1-x)y - \frac{y^2}{2} \right]_{y=0}^{y=1-x} = 3\left((1-x)^2 - \frac{(1-x)^2}{2} \right) = \frac{3}{2}(1-x)^2
\end{aligned}$$

마찬가지로 $-1 \leq x < 0$의 범위에서는 다음과 같다.

$$f_X(x) = \frac{3}{2}(1+x)^2$$

그 이외의 x에서는 $f_X(x) = 0$입니다. 위의 내용을 정리하면 다음과 같습니다.

$$f_X(x) = \begin{cases} \frac{3}{2}(1 - |x|)^2 & (-1 \le x \le 1) \\ 0 & (\text{기타}) \end{cases}$$

❤️ 그림 4-33 결합분포의 확률밀도함수와 그 단면($-1 \le c \le 1$)

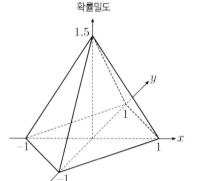

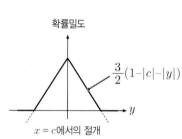

$x = c$에서의 절개

$\frac{3}{2}(1 - |c| - |y|)$

세 개 이상일 때도 주변분포의 확률밀도함수의 요구는 마찬가지입니다. 몇 가지 예를 들면

$$f_{X,Y,Z}(x, y, z) = \int_{-\infty}^{\infty} f_{X,Y,Z,W}(x, y, z, w)\, dw$$

$$f_{X,Z}(x, z) = \int_{-\infty}^{\infty} \left(\int_{-\infty}^{\infty} f_{X,Y,Z,W}(x, y, z, w)\, dy \right) dw$$

$$f_Z(z) = \int_{-\infty}^{\infty} \left(\int_{-\infty}^{\infty} \left(\int_{-\infty}^{\infty} f_{X,Y,Z,W}(x, y, z, w)\, dx \right) dy \right) dw$$

라는 식입니다. 이런 다중적분은 익숙해지면 보통 괄호를 생략하고 다음과 같이 씁니다.

$$f_Z(z) = \int_{-\infty}^{\infty} \int_{-\infty}^{\infty} \int_{-\infty}^{\infty} f_{X,Y,Z,W}(x, y, z, w)\, dx\, dy\, dw$$

4.7 적분 순서를 바꿔서, 예를 들어 $f_Z(z) = \int_{-\infty}^{\infty} \int_{-\infty}^{\infty} \int_{-\infty}^{\infty} f_{X,Y,Z,W}(x, y, z, w)\, dy\, dx\, dw$라고 계산해도 괜찮을까요?

상관없습니다(⋯⋯라는 답이 이해되지 않는다면 질문 4.1의 내용을 참조하세요).

장황하게 설명했습니다만, 결과를 보면 이산값 때의 합 $\sum$가 적분 $\int$로 둔갑했을 뿐입니다. 그것을 제외하면 모양은 이산값 버전과 같습니다. 실은 앞으로 나올 대부분의 이야기도 $\sum$가 $\int$로 둔갑할 뿐입니다.

4.4.4 조건부분포

다음 이야기 주제는 조건부분포입니다. 계속해서 실숫값의 확률변수 X, Y에 대해 결합분포의 확률밀도함수 $f_{X, Y}(x, y)$가 주어져 있다고 합니다. 지금 X의 값을 관측하면 $X = a$라고 합니다. 이때 $X = a$라는 조건 아래에서 Y의 조건부분포를 떠올리려 합니다.

그러기 위해서는 여기서도 다시 정의의 확장이 필요합니다. 이산값 때 정의

$$P(Y = b | X = a) = \frac{P(X = a, Y = b)}{P(X = a)}$$

를 그대로 가져오면 0/0이 되기 때문입니다.

여기서는 그림 4-34처럼 그래프로 생각하기로 합시다. 결합분포의 확률밀도함수에 대해 $X = a$라고 하는 경우로 이야기를 국한하는 것은 그래프로 말하면 그림의 일직선상만 보는 것, 즉 그림을 잘라 그 단면을 보는 것에 해당합니다.

▼ 그림 4-34 동시분포의 확률밀도함수(왼쪽)와 직선 $x = 0$에 의해 잘린 단면(오른쪽)

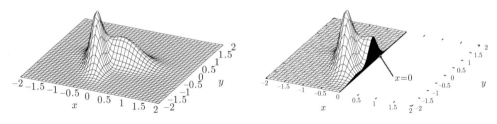

그래서 $X = a$라는 조건 아래에서 Y에 어떤 값이 나오기 쉬울지는 이 잘린 단면으로부터 알 수 있을 것입니다. 단면이 높아진 곳은 그 부근의 값이 나오기 쉽고, 낮아진 곳은 그 부근의 값이 나오기 어렵습니다. 그렇다면 잘린 단면의 형태

$$g(y) \equiv f_{X,Y}(a, y)$$

를 가지고 "이것이 조건부분포의 확률밀도함수다"라고 말하고 싶어지는데, 이에 대해서는 잠시 후에 살펴보죠.

일반적으로 확률밀도함수 h는

$$h(y) \geq 0, \qquad \int_{-\infty}^{\infty} h(y)\,dy = 1$$

이라는 성질을 갖는 것인데요. 지금의 g에서는 후자가 보증되지 않습니다. 그래서 잘린 단면 g 그 자체를 확률밀도함수라 인정할 수는 없습니다.

그렇다면 어떻게 해야 할까요? 나오기 쉬움, 나오기 어려움의 비율을 유지하면서 적분이 1이 되도록 g를 수정하면 이야기는 원만히 수습됩니다. 그러려면 뭔가 그럴싸한 정수 c로 나눠서

$$h(y) \equiv \frac{g(y)}{c}$$

를 만들어내면 됩니다.[10] c의 구체적인 값은 적분이 1이 되도록 조절하면서 결정합니다. 적분하면 다음과 같습니다.

$$\int_{-\infty}^{\infty} h(y)\,dy = \frac{1}{c} \int_{-\infty}^{\infty} g(y)\,dy$$

그래서 $c = \int_{-\infty}^{\infty} g(y)dy$로 정하면 순조롭게 $\int_{-\infty}^{\infty} h(y)dy = 1$이 됩니다. 그런데 $\int_{-\infty}^{\infty} g(y)dy$는

$$\int_{-\infty}^{\infty} g(y)\,dy = \int_{-\infty}^{\infty} f_{X,Y}(a, y)\,dy = f_X(a)$$

처럼 실은 주변분포가 되어 있습니다. 이를 사용해 정리하면

$$h(y) = \frac{g(y)}{c} = \frac{f_{X,Y}(a, y)}{f_X(a)}$$

$h(y)$는 확률밀도함수의 자격을 갖춥니다. 그 모습을 나타내면 그림 4–35와 같습니다.

▼ 그림 4–35 잘린 단면과 조건부분포

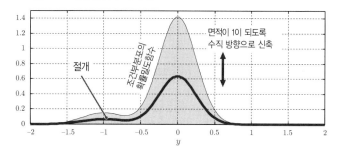

---

10 적당한 상수 r을 곱해서 $h(y) \equiv rg(y)$라고 하는 것이 정석이지만, 어차피 하는 일은 매한가지입니다($c = 1/r$로 취하면 똑같습니다). 나눗셈 쪽을 택한 이유는 오로지 보기 쉽기 때문입니다.

위와 같이 잘린 단면으로부터 만들어진 확률밀도함수를 가지고 실숫값의 **조건부분포**를 정의합니다. 기호로는

$$f_{Y|X}(b|a) \equiv \frac{f_{X,Y}(a,b)}{f_X(a)}$$

라고 쓰기로 합니다. 혹은 분모를 꺼내어

$$f_{X,Y}(a,b) = f_{Y|X}(b|a)f_X(a)$$

로 나타낼 수 있습니다.

X와 Y의 역할을 바꿔 같은 식으로 전개하면

$$f_{X|Y}(a|b) = \frac{f_{X,Y}(a,b)}{f_Y(b)}$$

$$f_{X,Y}(a,b) = f_{X|Y}(a|b)f_Y(b)$$

라는 결과도 얻을 수 있습니다. 그림 4-36을 참조하길 바랍니다.

❤ **그림 4-36** 결합분포 $f_{X,Y}(x,y)$의 잘린 단면으로부터 조건부분포 $f_{X|Y}(x|0.3)$을 구한다.

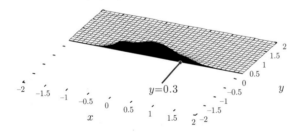

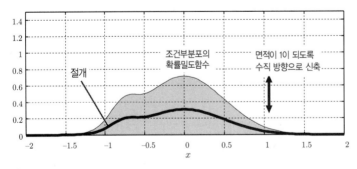

결론으로 얻은 식은 이산값의 경우와 같은 형태가 됐습니다. 나란히 묶어둡시다.

이산값(확률)	실숫값(확률밀도)
$P(Y=b\|X=a) = \dfrac{P(X=a, Y=b)}{P(X=a)}$	$f_{Y\|X}(b\|a) = \dfrac{f_{X,Y}(a,b)}{f_X(a)}$
$P(X=a\|Y=b) = \dfrac{P(X=a, Y=b)}{P(Y=b)}$	$f_{X\|Y}(a\|b) = \dfrac{f_{X,Y}(a,b)}{f_Y(b)}$

또는

이산값(확률)	실숫값(확률밀도)
$P(X=a, Y=b) = P(Y=b\|X=a)\,P(X=a)$	$f_{X,Y}(a,b) = f_{Y\|X}(b\|a)f_X(a)$
$P(X=a, Y=b) = P(X=a\|Y=b)\,P(Y=b)$	$f_{X,Y}(a,b) = f_{X\|Y}(a\|b)f_Y(b)$

세로줄의 좌우 어느 쪽이 어떤 의미였는지도 이산값의 경우와 마찬가지이므로 결과를 머리에 넣기는 쉬울 것입니다. 다만 표현하고 있는 바는 다르다는 점을 잊지 마세요. P는 확률, f는 확률밀도입니다. 확률밀도는 적분해야 확률이 됩니다.

4.4.5 베이즈 공식

여기까지 나온 결과를 이용하면 **베이즈 공식**

$$P(X=a\|Y=b) = \frac{P(Y=b\|X=a)\,P(X=a)}{\sum_x P(Y=b\|X=x)\,P(X=x)}$$

의 실숫값 버전도 만들 수 있습니다. 베이즈 공식은 일종의 역문제에 대응해서 여러 가지 응용으로 이어집니다(2.4절).

여기서 하고 싶은 것은

조건부분포 $f_{Y\|X}$와 주변분포 f_X가 주어졌을 때, 이를 사용해 반대 방향 조건부분포 $f_{X\|Y}$를 구한다.

입니다. 연습 삼아 스스로 유도해보세요. 이산값 버전과 같은 길을 걸으면 될 것입니다.

예제 4.13

다음 공식을 유도하세요.

$$f_{X|Y}(a|b) = \frac{f_{Y|X}(b|a)f_X(a)}{\int_{-\infty}^{\infty} f_{Y|X}(b|x)f_X(x)\,dx}$$

답

전에 설명했던 대로 $f_{X|Y}(a|b) = f_{X,Y}(a,b)/f_Y(b)$입니다. 이 분모는 $f_Y(b) = \int_{-\infty}^{\infty} f_{X,Y}(x, b)\,dx$라고 계산되므로 다음과 같습니다.

$$f_{X|Y}(a|b) = \frac{f_{X,Y}(a,b)}{\int_{-\infty}^{\infty} f_{X,Y}(x,b)\,dx}$$

또한, 결합분포를 조건부분포와 주변분포로 나타내면 위의 공식에 이릅니다.

역시 결론은 이산값 버전과 같은 형태입니다. 예의 '$\sum$가 $\int$로 둔갑만' 한 것입니다.

4.4.6 독립성

여러 개의 확률변수의 얽힘에 관한 또 하나의 중요한 개념은 독립성이었습니다. 이산값의 경우 어떻게 되어 있으면 독립이라고 불렸는지 떠올려보세요(2.5절 '독립성'). 여러 가지가 나왔습니다 만, 맞히기 쉬운 것은 '조건을 달든 달지 않든 분포가 변하지 않는다'였죠. 실숫값의 X, Y에 대해 서도 이를 그대로 가져옵니다. 즉,

$$f_{Y|X}(b|a) = f_Y(b)$$

가 항상(어떤 a, b에서도) 성립할 때, X와 Y는 **독립**이라고 합니다. $f_{Y|X}(b|a) = f_{X,Y}(a,b)/f_X(a)$ 였으니, 대입해서 분모를 올리면

$$f_{X,Y}(a,b) = f_X(a)f_Y(b)$$

라고 써도 동치입니다. 더 변형해서

$$f_{X|Y}(a|b) = f_X(a)$$

라고도 쓸 수 있습니다. 전과 비슷한 논리로 이들은 '$f_{Y|X}(b|a)$의 값이 조건 a에 따르지 않는다'

나 '$f_{X|Y}(a\,|\,b)$의 값이 조건 b에 따르지 않는다'와 동치가 됩니다. 또 '$f_{X,Y}(x,y) = g(x)\,h(y)$처럼 x만의 함수와 y만의 함수의 곱셈으로 나타낼 수 있다'도 독립성과 동치입니다.

결합분포의 확률밀도함수 그래프로 말하자면, 독립이란 그림 4–37처럼 잘린 단면의 모양이 어디서 자르더라도 같다(수직 방향의 정수 배는 제외)는 것을 의미합니다.

$$f_{X,Y}(a,y) = c f_{X,Y}(\tilde{a}, y) \qquad c\text{는 } a,\ \tilde{a}\text{에 따라 정해지는 상수}(y\text{에는 따르지 않는다.}) \qquad (4.5)$$

이는 확실히 조건부분포가 조건에 따르지 않는 것을 의미하고 있습니다.[11] 더욱이 $X,\ Y$의 역할을 바꿔도 상관없습니다.

$$f_{X,Y}(x,b) = c f_{X,Y}(x,\tilde{b}) \qquad c\text{는 } b,\ \tilde{b}\text{에 따라 정해지는 상수}(x\text{에는 따르지 않는다.}) \qquad (4.6)$$

비교를 위해 독립이 아닌 사례도 그림 4–38과 그림 4–39에 들어둡니다. 이산값 버전의 그림 2–4와도 비교해보세요.

▼ 그림 4–37 독립적인 사례. 결합분포의 확률밀도함수 $f_{X,Y}(x,y)$의 잘린 단면(x = 일정, 또는 y = 일정)이 어디서 자르더라도 비례한다(→ 조건부분포가 조건에 따르지 않는다).

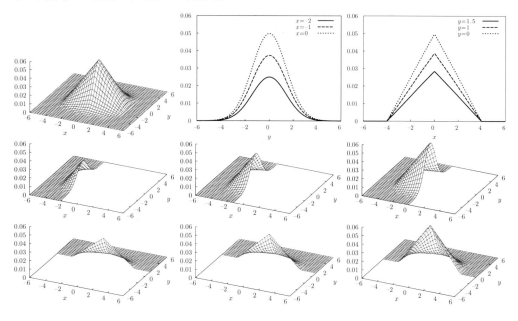

---

11 결합분포 $f_{X,Y}$의 잘린 단면을 면적이 1이 되도록 상수 배 한 것이 조건부분포 $f_{Y|X}$였습니다. 그래서 식 (4.5)는 $f_{Y|X}(b\,|\,a) = f_{Y|X}(b\,|\,\tilde{a})$ (조건이 a로든 $\tilde{a}$로든 마찬가지)를 의미합니다. 이 내용이 크게 와닿지 않으면 이산값을 다룰 때 살펴봤던 2.5절 '독립성'의 내용도 복습하세요. 그때의 조건 (라)가 사실은 식 (4.5)에 해당합니다.

❤ 그림 4-38 독립이 아닌 예(첫 번째). 결합분포의 확률밀도함수 $f_{X,Y}(x, y)$의 잘린 단면이 비례하지 않는다(→ 조건부분포는 조건에 따라 바뀐다. 실제로 $Y = 3$인 조건이라면 X는 균등분포에 가깝고, $Y = 0$이라는 조건이라면 X는 0 부근이 나오기 쉽다).

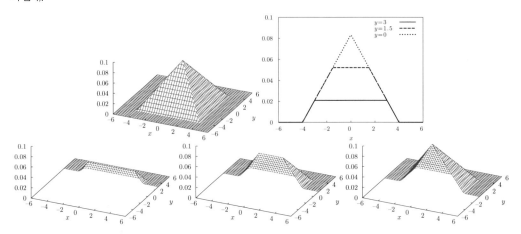

❤ 그림 4-39 독립이 아닌 예(두 번째). 역시 잘린 단면이 비례하지 않는다(→ 조건부분포는 조건에 따라 바뀐다. 실제로 $Y = 0$인 조건이라면 X는 0 부근이 나오기 쉽고, $Y = 1.5$인 조건이라면 X는 더 큰 값이 나오기 쉽다).

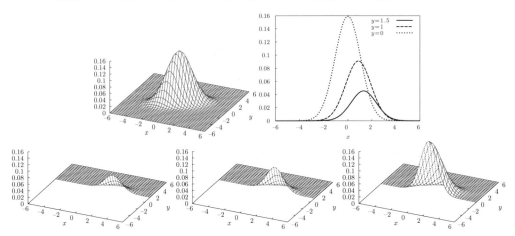

결국 이산값 버전과 같은 형태로 $\sum$가 $\int$로 둔갑할 뿐이라는 원칙이 여기서도 통했습니다. $\sum$가 원래 없었기 때문에 둔갑도 뭣도 없지만요.

4.4.7 임의 영역의 확률 · 균등분포 · 변수 변환

실숫값의 확률변수의 얽힘에 대해 특히 역설하고 싶었던 것은 이상의 내용입니다. 얽힘의 상태라고 하면 결합분포 · 주변분포 · 조건부분포가 우선 중요합니다. 이 주제들을 빨리 다루고 싶었기 때문에 4.4.1절 '결합분포'에서는 일부 이야기 주제를 굳이 건너뛰었습니다. 이 절에서는 보충하는 차원에서 그 주제를 이야기합니다. 결합분포의 확률밀도함수에 대한 이야기입니다.

임의 영역의 확률

(X, Y)가 지정된 직사각형 영역에 들어갈 확률은 4.4.1절 '결합분포'로 설명했습니다. 사실은 직사각형에 한정하지 않고 임의의 도형에서도 (X, Y)가 그리로 들어갈 확률은 그림 4-40 같은 기둥의 부피가 됩니다. 그 이유는 그림 4-41처럼 직사각형으로 근사했기 때문이라고 생각해주면 되겠습니다.

식으로는 이렇게 스캔해서 계산합니다.

$\mathrm{P}((X, Y)$가 그림 4-42의 칠해진 범위에 들어간다$)$

$$= \int_c^d \left(\int_{a(y)}^{b(y)} f_{X,Y}(x, y)\, dx \right) dy = \int_a^b \left(\int_{c(x)}^{d(x)} f_{X,Y}(x, y)\, dy \right) dx$$

이 적분으로 기둥의 부피를 구할 수 있는 이유는 해석학 교과서를 참조하세요.

▼ 그림 4-40 칠해진 범위의 값이 나올 확률은 확률밀도함수 $f_{X,Y}(x, y)$ 그래프로부터 그 범위 위를 잘라내어 생긴 기둥의 부피다.

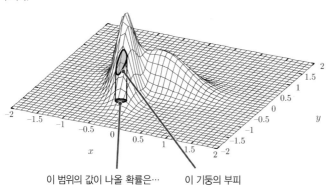

이 범위의 값이 나올 확률은⋯　　이 기둥의 부피

▼ 그림 4-41 직사각형에 들어갈 확률을 알면 임의의 도형에 들어갈 확률도 극한으로 구할 수 있다.

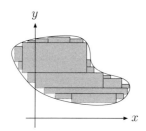

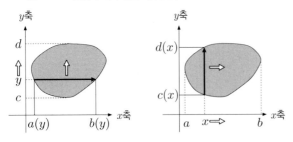

▼ 그림 4-42 확률을 구하기 위한 적분 범위

균등분포

평면상의 영역 C가 하나 지정되면 그에 대응하는

$$f_{X,Y}(x, y) \equiv \begin{cases} \dfrac{1}{C의\ 면적} & ((x,\ y)가\ C\ 위) \\ 0 & ((x,\ y)가\ C의\ 밖) \end{cases}$$

이라는 확률밀도함수를 생각할 수 있습니다(단, 영역 C의 면적은 유한으로 합니다). 예를 들어 그림 4-43 같은 식입니다. C 위에서는 어느 점도 나오기 쉬움은 마찬가지죠. C의 밖은 나오지 않습니다. 이를 영역 C 위의 **균등분포**라고 합니다. 삼변수 이상의 경우도 마찬가지입니다.

▼ 그림 4-43 영역 C 위의 균등분포

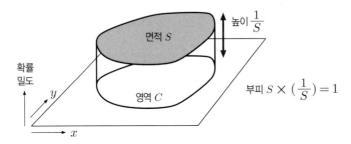

이 $f_{X,Y}(x,\ y)$가 확률밀도함수의 자격을 갖추고 있다는 것을 확인하세요. $f_{X,Y}(x,\ y) \geq 0$이고, 그래프의 부피도 1이므로 확실히 괜찮네요.

변수 변환

마지막으로 보충할 것은 변수 변환입니다. 변수가 하나일 때의 이야기를 떠올리면, 늘이면 옅어지고 줄이면 짙어진다는 것이 근본 원리였습니다(4.3.3절). 그것은 다변수에서도 변하지 않습니다.

간단한 예부터 차례로 살펴봅시다.

■ **가로로 늘이기** 확률변수 X, Y를

$$Z \equiv 2X, \qquad W \equiv Y$$

처럼 변환했다고 합시다. 결합분포의 확률밀도함수는 어떻게 변환됩니까? 즉, $f_{X,Y}(x, y)$가 주어졌을 때 $f_{Z,W}(z, w)$는 어떻게 나타낼까요?

그림 4-44에 나오듯이, 예에 따라 $f_{X,Y}(x, y)$를 투명 고무 시트 위의 농담이라고 생각하세요. 가로 방향을 두 배로 잡아 늘인 것이 지금의 $f_{Z,W}(z, w)$입니다. 위치 (z, w)의 잉크 농도는 어떻게 될까요? 원래 위치 (x, y)는 잡아 늘여져 $(z, w) = (2x, y)$로 바뀝니다. 그렇다는 것은 거꾸로 변환 후의 위치 (z, w)에 대응하는 원래의 위치는 $(x, y) = (z/2, w)$임을 알 수 있습니다. 그 위치의 원래 농도는 $f_{X,Y}(z/2, w)$입니다. 그렇다고 이것이 그대로 (z, w)의 농도는 아닙니다. 잡아 늘인 만큼 잉크가 옅어지기 때문입니다. 지금 예에서는 두 배로 늘였으니 농도는 원래의 1/2입니다. 그러므로 답은 다음과 같습니다.

$$f_{Z,W}(z,w) = \frac{1}{2}f_{X,Y}(z/2, w)$$

❤ 그림 4-44 면적이 확대된 만큼 잉크가 옅다.

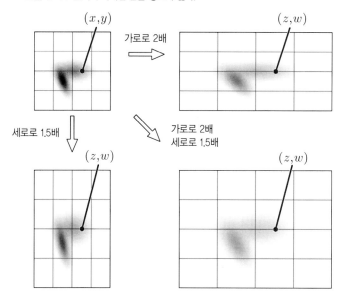

■ **세로로 늘이기** 다음 예는 $Z \equiv X$, $W \equiv 1.5Y$입니다. 이번에는 세로를 1.5배로 늘입니다. 그림 4-44를 보면서 아까와 마찬가지로 생각하고,

$$f_{Z,W}(z,w) = \frac{1}{1.5}f_{X,Y}(z, w/1.5)$$

를 유도해보세요.

■ **가로세로로 늘이기**   다음 예는 $Z \equiv 2X$, $W \equiv 1.5Y$입니다. 그림 4-44와 같이 가로를 두 배, 세로를 1.5배로 확대하는 변환입니다. 면적은 $2 \cdot 1.5 = 3$배로 늘어나므로 잉크의 농도는 1/3이 됩니다. 따라서 다음과 같습니다.

$$f_{Z,W}(z,w) = \frac{1}{3}f_{X,Y}(z/2, w/1.5)$$

■ **뒤집기**   연관 문제도 고려해둡시다. $Z \equiv -2X$, $W \equiv 1.5Y$라면?

가로 방향은 뒤집기를 해서 두 배로 늘이는 꼴입니다. 그림 4-45를 보면 면적은 $|(-2) \cdot 1.5| = 3$배입니다. 만약 이 절댓값을 잊으면 확률밀도함수가 음수라는 잘못된 답이 나오고 맙니다. 정답은 다음과 같습니다.

$$f_{Z,W}(z,w) = \frac{1}{3}f_{X,Y}(z/2, w/1.5)$$

지금 생각해보면, 변수 한 개일 때도 이렇게 절댓값이 붙어 있었네요(질문 4.3).

▼ **그림 4-45** 뒤집기에 주의. 면적은 $|(-2) \cdot 1.5| = 3$배

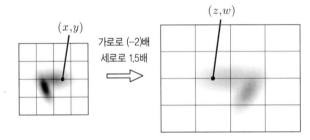

■ **비스듬이 신축**   이제부터 본격적인 시작입니다.

$$Z \equiv 3X + Y$$
$$W \equiv X + 2Y$$

라면 어떻게 될까요?

Z, W가 주어졌다고 하고, 지금의 변환식을 X, Y의 연립 방정식이라 생각하고 풀면

$$X = \frac{2Z - W}{5}$$
$$Y = \frac{3W - Z}{5}$$

를 얻을 수 있습니다. 그래서 변환 후의 위치 (z, w)에 대응하는 원래의 위치는 $(x, y) = (\frac{2z-w}{5},$ $\frac{3w-z}{5})$가 됩니다. 원래의 농도는 $f_{X,Y}(\frac{2z-w}{5}, \frac{3w-z}{5})$입니다. 여기까지는 위와 마찬가지입니다.

나머지는 '잉크의 농도가 변환으로 어떻게 될까'입니다만, 그림 4-46을 그려서 재보면 사실은 면적이 다섯 배로 증가한 것을 알 수 있습니다. 그렇다면 잉크는 그만큼 옅어져서 다음과 같습니다.

$$f_{Z,W}(z,w) = \frac{1}{5} f_{X,Y}\left(\frac{2z-w}{5}, \frac{3w-z}{5}\right)$$

▼ 그림 4-46 이 변환으로는 면적이 다섯 배가 된다.

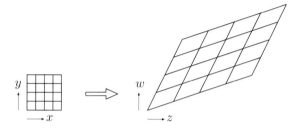

■ **선형 변환** 앞서 다룬 사례를 일반화해

$$Z \equiv aX + bY$$
$$W \equiv cX + dY$$

의 경우도 생각해보겠습니다(a, b, c, d는 상수). 여기서는 선형대수 지식이 필요합니다.

벡터와 행렬을 사용해 이 변환을

$$\begin{pmatrix} Z \\ W \end{pmatrix} = A \begin{pmatrix} X \\ Y \end{pmatrix}, \qquad A \equiv \begin{pmatrix} a & b \\ c & d \end{pmatrix}$$

로 나타냅니다. 이때 변환에 의해 면적이 몇 배가 되는지 알아보면, $|\det A|$배입니다(**행렬식** $\det$에 대해서는 참고문헌 [32] 등을 참조). 실제로 앞의 예에서도

$$A = \begin{pmatrix} 3 & 1 \\ 1 & 2 \end{pmatrix} \qquad \rightarrow \qquad |\det A| = |3 \cdot 2 - 1 \cdot 1| = 5$$

처럼 면적 확대율이 구해집니다. 그래서 답은 다음과 같습니다.

$$f_{Z,W}(z,w) = \frac{1}{|\det A|} f_{X,Y}(x,y) \qquad 단, \begin{pmatrix} x \\ y \end{pmatrix} \equiv A^{-1} \begin{pmatrix} z \\ w \end{pmatrix}$$

변수가 더 늘어나도 마찬가지입니다.

■ **휨** 점입가경입니다. $Z \equiv Xe^Y$, $W \equiv Y$처럼 격자를 굽힌다면 어떻게 될까요?

지금의 변환식에서 X, Y를 Z, W로 나타내면 $X = Ze^{-W}$, $Y = W$를 얻을 수 있습니다. 그래서 변환 후의 위치 (z, w)에 대응하는 원래의 위치는 $(x, y) = (ze^{-w}, w)$가 됩니다. 거기의 원래 농도는 $f_{X,Y}(ze^{-w}, w)$입니다. 여기까지는 평소대로입니다.

문제는 '잉크의 농도가 변환에서 어떻게 희석·농축되는가'입니다. 이는 면적이 얼마나 확대 축소되는지에 달려 있습니다. 지금의 예에서는 그림 4-47처럼 면적 확대율이 위치에 따라 다릅니다. (x, y)를 (z, w)로 옮기는 변환에 대해 각 점 (x, y)의 면적 확대율을 알아보죠. 세로 방향은 $w = y$라서 신축이 없습니다. 가로 방향은 x에서 $z = xe^y$가 되므로 e^y배입니다. 그러면 면적은 $1 \cdot e^y = e^y$배임을 알 수 있습니다. (z, w)로 나타내면 e^w배입니다.

▼ **그림 4-47** 면적 확대율이 위치에 따라 다르다.

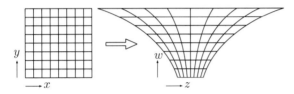

그러므로 잉크는 그만큼 엷어지고, 답은 다음과 같습니다.

$$f_{Z,W}(z, w) = \frac{1}{e^w} f_{X,Y}(ze^{-w}, w)$$

■ **일대일의 비선형 변환** 지금의 예를 일반화하면 $Z \equiv g(X, Y)$, $W \equiv h(X, Y)$라는 임의의 변환을 다룰 수 있습니다. 다만 논의를 간단하게 하기 위해 변환은 그림 4-48처럼 일대일 대응이라고 가정합니다. 즉, (Z, W)의 값을 한 개 지정하면 대응하는 (X, Y)가 꼭 한 개 있다고 합시다. 고무 시트의 이미지로 말하면, 시트가 두 장 이상 겹치거나 하는 일은 없으며 전체를 고루 덮고 있다는 전제입니다.

▼ **그림 4-48** 임의의 변환

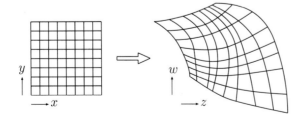

이번에는 해석학 지식이 필요합니다. 다변수 미적분을 배우지 않은 독자는 선형 변환의 예로부터 유추하는 것으로 대신해주세요.

(x, y)를 (z, w)로 옮기는 변환에 대해 각 점 (x, y)의 면적 확대율은 **야코비안**이라고 불리는 양

$$\frac{\partial(z, w)}{\partial(x, y)} \equiv \det \begin{pmatrix} \frac{\partial z}{\partial x} & \frac{\partial z}{\partial y} \\ \frac{\partial w}{\partial x} & \frac{\partial w}{\partial y} \end{pmatrix}$$

의 절댓값 $|\partial(z, w)/\partial(x, y)|$로 나타냅니다(해석학 교과서를 참조하세요).[12] 그래서 전과 똑같이 생각하면

$$f_{Z,W}(z, w) = \frac{1}{|\partial(z, w)/\partial(x, y)|} f_{X,Y}(x, y) \qquad 단, \ z = g(x, y), \ w = h(x, y)$$

가 되는 것은 알겠죠? 이것이 확률밀도함수의 변환 공식입니다. 교과서에는

$$f_{Z,W}(z, w) = \left| \frac{\partial(x, y)}{\partial(z, w)} \right| f_{X,Y}(x, y) \qquad 단, \ z = g(x, y), \ w = h(x, y)$$

라는 형태로 들어 있을지도 모릅니다. 일반적으로 $\frac{1}{\partial(z,w)/\partial(x,y)} = \partial(x, y)/\partial(z, w)$가 성립되니 어느 쪽의 식도 마찬가지입니다.

시험 삼아 앞의 사례 $z \equiv xe^y$, $w \equiv y$로 계산해보면 다음과 같습니다.

$$\left| \frac{\partial(z, w)}{\partial(x, y)} \right| = \left| \det \begin{pmatrix} e^y & xe^y \\ 0 & 1 \end{pmatrix} \right| = |e^y|$$

여기서 e^y는 반드시 양수이므로 절댓값은 달든 달지 않든 마찬가지입니다. 그래서 확실히 면적 확대율 e^y를 구했습니다.

변수가 더 많아도 마찬가지입니다. $Z_1 = g_1(X_1, \ldots, X_n), \ldots, Z_n = g_n(X_1, \ldots, X_n)$에 대해 다음과 같습니다.

$$f_{Z_1,\ldots,Z_n}(z_1, \ldots, z_n) = \left| \frac{\partial(x_1, \ldots, x_n)}{\partial(z_1, \ldots, z_n)} \right| f_{X_1,\ldots,X_n}(x_1, \ldots, x_n)$$

단, $z_1 \equiv g_1(x_1, \ldots, x_n), \ldots, z_n \equiv g_n(x_1, \ldots, x_n)$

$$\frac{\partial(x_1, \ldots, x_n)}{\partial(z_1, \ldots, z_n)} \equiv \det \begin{pmatrix} \frac{\partial x_1}{\partial z_1} & \cdots & \frac{\partial x_1}{\partial z_n} \\ \vdots & & \vdots \\ \frac{\partial x_n}{\partial z_1} & \cdots & \frac{\partial x_n}{\partial z_n} \end{pmatrix} = \frac{1}{\partial(z_1, \ldots, z_n)/\partial(x_1, \ldots, x_n)}$$

12 ∂는 **편미분**을 가리킵니다. $\partial f/\partial x$는 'x 이외의 변수는 모두 고정하고(즉, 그냥 상수로 간주), f를 x로 미분한다'는 의미입니다.

다변수 함수의 해석학을 공부했다면 이것이 중적분 변수 변환에 직결되는 이야기라는 사실을 알아챘을 것입니다. 중적분에서 나온 계산 맞히기용 야코비안이 확률밀도함수에서도 나타나는 셈입니다. 변수 하나일 때의 변수 변환과도 비교해보세요(4.3.3절).

답

$(Z, W) = (6, 0)$에 대응하는 (X, Y)를 먼저 구합니다. 이때 $W = 0$으로부터 $X = Y$이므로 $Z = 2Xe^0 = 2X$가 되고, 이에 따라 대응하는 것은 $(X, Y) = (3, 3)$입니다. 또한, 변환 $z = 2xe^{x-y}$, $w = x - y$의 야코비안은 다음과 같습니다.

$$\frac{\partial(z, w)}{\partial(x, y)} = \det \begin{pmatrix} 2(e^{x-y} + xe^{x-y}) & -2xe^{x-y} \\ 1 & -1 \end{pmatrix} = -2(e^{x-y} + xe^{x-y}) - (-2xe^{x-y}) = -2e^{x-y}$$

따라서 다음과 같습니다.

$$f_{Z,W}(6, 0) = \frac{1}{|-2e^{3-3}|} f_{X,Y}(3, 3) = \frac{1}{2} f_{X,Y}(3, 3)$$

4.4.8 실숫값과 이산값의 혼재

응용할 때는 실숫값과 이산값이 혼재한 상황을 다루고 싶은 순간도 있습니다. X와 Y는 실숫값, Z는 이산값(예를 들어 1, 2, 3, 4, 5, 6 중 하나)인 경우의 **결합분포**를 정의하려면 xy 평면을 여섯 장 생각하고 본문과 같이 취급하세요.

X가 이산값이고 Y가 실숫값인 경우 **베이즈 공식**은 다음과 같습니다.

$$\mathrm{P}(X = a|Y = b) = \frac{f_{Y|X}(b|a)\,\mathrm{P}(X = a)}{\sum_x f_{Y|X}(b|x)\,\mathrm{P}(X = x)}$$

$$f_{Y|X}(b|a) = \frac{\mathrm{P}(X = a|Y = b)f_Y(b)}{\int_{-\infty}^{\infty} \mathrm{P}(X = a|Y = y)f_Y(y)\,dy}$$

다소 마니아스럽지만 나중에 추정론을 설명하는 데 사용하므로 언급해뒀습니다(예제 6.4).

4.5 기댓값과 분산, 표준편차

'정숫값 이야기의 실숫값 버전을 만들자' 시리즈를 계속합시다. 다음은 기댓값과 분산, 표준편차입니다.

서둘러서 진도를 나아가고 싶다면 다음의 대응표만 확인하고 4.6절 '정규분포와 중심극한정리'로 건너뛰세요. 대응표는 예에 따라, 확률의 $\sum$를 확률밀도의 $\int$로 바꿔 읽는다는 것입니다.

이산값(확률)	실숫값(확률밀도)
기댓값	
$\mathrm{E}[X] \equiv$ '$X(\omega)$ 그래프의 부피'	똑같음
$\mathrm{E}[X] = \sum_x x\,\mathrm{P}(X=x)$	$\mathrm{E}[X] = \int_{-\infty}^{\infty} x f_X(x)\,dx$
$\mathrm{E}[g(X)] = \sum_x g(x)\,\mathrm{P}(X=x)$	$\mathrm{E}[g(X)] = \int_{-\infty}^{\infty} g(x) f_X(x)\,dx$
$\mathrm{E}[h(X,Y)] = \sum_y \sum_x h(x,y)\,\mathrm{P}(X=x, Y=y)$	$\mathrm{E}[h(X,Y)] = \int_{-\infty}^{\infty} \int_{-\infty}^{\infty} h(x,y) f_{X,Y}(x,y)\,dx\,dy$
$\mathrm{E}[aX+b] = a\,\mathrm{E}[X] + b$ 등	똑같음
분산	
$\mathrm{V}[X] \equiv \mathrm{E}[(X-\mu)^2], \quad \mu \equiv \mathrm{E}[X]$	똑같음
$\mathrm{V}[aX+b] = a^2\,\mathrm{V}[X]$ 등	똑같음
표준편차	
$\sigma_X \equiv \sqrt{\mathrm{V}[X]}$	똑같음
$\sigma_{aX+b} = |a|\sigma_X$ 등	똑같음
조건부 기댓값	
$\mathrm{E}[Y|X=a] \equiv \sum_b b\,\mathrm{P}(Y=b|X=a)$	$\mathrm{E}[Y|X=a] \equiv \int_{-\infty}^{\infty} y f_Y(y|X=a)\,dy$
조건부 분산	
$\mathrm{V}[Y|X=a] \equiv \mathrm{E}[(Y-\mu(a))^2|X=a]$	똑같음

4.5.1 기댓값

정숫값 버전의 기댓값의 정의(3.3절)를 그대로 가져다 써서 실숫값의 확률변수 X에 대해서도 함수 $X(\omega)$ 그래프의 부피를 X의 **기댓값** $\mathrm{E}[X]$라고 정의합니다. 이 그림의 바닥(면적 1의 정사각형)은 평행 세계 전체 Ω를 나타내고, 수직축이 각 세계 ω의 함숫값 $X(\omega)$를 나타내는 것이었습니다.

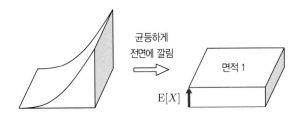

X의 확률밀도함수 f_X를 사용하면 이 부피는

$$\mathrm{E}[X] = \int_{-\infty}^{\infty} x f_X(x)\,dx$$

와 같은 식으로 계산합니다. 그 이유를 알고 싶다면 다음 그림을 보세요.

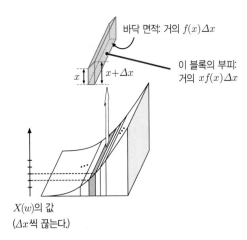

이 오브제의 부피를 재려고 하는데, 그대로는 손쓰기가 어려우므로 블록으로 분할해 재겠습니다. Δx를 작은 양수로 하고, 높이가 x에서 $x + \Delta x$까지인 부분을 따로 떼어봅시다.[13] 이 블록의 밑면적은 X가 x에서 $x + \Delta x$까지의 값이 될 확률을 나타내고 있었습니다. 그래서 바닥 면적은 대략 $f_X(x)\Delta x$입니다(그것이 확률밀도함수 f_X였습니다). 그래서 이 블록의 부피는 대략

$$\text{높이} \times \text{밑면적} = x f_X(x)\Delta x$$

입니다.[14] 이 그림에서 폭 Δx를 작게 만들어가면 극한은 다음과 같습니다.

---

13 Δx로 한 문자처럼 읽어달라고 각주 6번에서 이미 설명했습니다. Δx라는 기호는 여러 가지 상황에서 여러 가지 의미로 사용되기 때문에 남에게 보여줄 자료와 답안에서는 무엇을 Δx라고 두는지 매번 미리 양해를 구하지 않으면 안 됩니다.

14 좀 더 정확히 말하면 블록의 부피는 적게 봐서 $x f_X(x)\Delta x$ 정도며, 많이 봐서 $(x + \Delta x) f_X(x)\Delta x$ 정도입니다. 그렇지만 Δx가 작다면 $(\Delta x)^2$은 더 작으므로 여기서는 적음과 많음의 오차를 신경 쓰지 않습니다.

'각 블록의 부피 $x f_X(x) \Delta x$'의 합계 $\rightarrow \displaystyle\int_{-\infty}^{\infty} x f_X(x)\, dx \qquad (\Delta x \rightarrow +0)$

결국 얻은 결론 $\mathrm{E}[X] = \int_{-\infty}^{\infty} x f_X(x)\, dx$는 $\sum$가 $\int$로 둔갑했다는 한결같은 모습입니다. 마찬가지로 임의의 함수 g에 대해

$$\mathrm{E}[g(X)] = \int_{-\infty}^{\infty} g(x) f_X(x)\, dx$$

도 성립합니다. 이산값일 때와 비교하면 납득할 수 있을 것입니다(3.3절).

게다가 이변수(2변수) 함수 h에 대해서도

$$\mathrm{E}[h(X,Y)] = \int_{-\infty}^{\infty} \left(\int_{-\infty}^{\infty} h(x,y) f_{X,Y}(x,y)\, dx \right) dy = \int_{-\infty}^{\infty} \left(\int_{-\infty}^{\infty} h(x,y) f_{X,Y}(x,y)\, dy \right) dx$$

처럼 계산합니다. 'X가 x에서 $x + \Delta x$까지의 값이고, 또 Y가 y에서 $y + \Delta y$까지의 값'이 되는 확률이 대략 $f_{X,Y}(x,y) \Delta x \Delta y$이기 때문입니다. 이 사실을 이용해 조금 전과 같이 고찰하면 위의 식을 얻을 수 있습니다. 자세한 내용은 생략하겠습니다. 삼변수(3변수) 함수라면

$$\mathrm{E}[h(X,Y,Z)] = \int_{-\infty}^{\infty} \left(\int_{-\infty}^{\infty} \left(\int_{-\infty}^{\infty} h(x,y,z) f_{X,Y,Z}(x,y,z)\, dx \right) dy \right) dz$$

라는 식입니다.

예제 4.15

확률변수 X의 확률밀도함수 $f_X(x)$가 다음 식으로 주어질 때 $\mathrm{E}[X]$와 $\mathrm{E}[X^2]$을 구하세요.

$$f_X(x) = \begin{cases} 2x & (0 \leq x \leq 1) \\ 0 & (\text{기타}) \end{cases}$$

답

$$\mathrm{E}[X] = \int_{-\infty}^{\infty} x f_X(x)\, dx = \int_0^1 x(2x)\, dx = \left[\frac{2}{3} x^3 \right]_0^1 = \frac{2}{3}$$

또한, $g(x) = x^2$이라 하면 다음과 같습니다.

$$\mathrm{E}[X^2] = \mathrm{E}[g(X)] = \int_{-\infty}^{\infty} g(x) f_X(x)\, dx = \int_0^1 x^2(2x)\, dx = \left[\frac{2}{4} x^4 \right]_0^1 = \frac{1}{2}$$

예제 4.16

확률변수 X, Y의 결합분포의 확률밀도함수 $f_{X,Y}(x, y)$가 다음 식으로 주어질 때 $\mathrm{E}[XY]$를 구하세요.

$$f_{X,Y}(x, y) = \begin{cases} x + y & (0 \leq x \leq 1\text{이고 } 0 \leq y \leq 1) \\ 0 & (\text{기타}) \end{cases}$$

답

$h(x, y) \equiv xy$라고 하면 다음과 같습니다.

$$\mathrm{E}[XY] = \mathrm{E}[h(X, Y)] = \int_{-\infty}^{\infty} \left(\int_{-\infty}^{\infty} h(x, y) f_{X,Y}(x, y) \, dx \right) dy = \int_0^1 \left(\int_0^1 xy(x + y) \, dx \right) dy$$

$$= \int_0^1 \left(\int_0^1 (x^2 y + xy^2) \, dx \right) dy \quad \cdots\cdots \text{ 안쪽의 적분}(x\text{로의 적분})\text{에서 } y\text{는 그저 상수로 취급함}$$

$$= \int_0^1 \left[\frac{y}{3} x^3 + \frac{y^2}{2} x^2 \right]_{x=0}^{x=1} dy = \int_0^1 \left(\frac{y}{3} + \frac{y^2}{2} \right) dy = \left[\frac{y^2}{6} + \frac{y^3}{6} \right]_0^1 = \frac{1}{3}$$

예제 4.17

다음의 성질을 적분 계산으로부터 유도하세요.

- $\mathrm{E}[3X] = 3\mathrm{E}[X]$
- $\mathrm{E}[X + 3] = \mathrm{E}[X] + 3$

답

적분의 일반적인 성질로부터 다음과 같습니다.

$$\mathrm{E}[3X] = \int_{-\infty}^{\infty} 3x f_X(x) \, dx = 3 \int_{-\infty}^{\infty} x f_X(x) \, dx = 3\,\mathrm{E}[X]$$

$$\mathrm{E}[X + 3] = \int_{-\infty}^{\infty} (x + 3) f_X(x) \, dx = \int_{-\infty}^{\infty} x f_X(x) \, dx + 3 \int_{-\infty}^{\infty} f_X(x) \, dx$$

$$= \mathrm{E}[X] + 3 \cdot 1 = \mathrm{E}[X] + 3 \qquad (\textstyle\int_{-\infty}^{\infty} f_X(x) \, dx = 1\text{을 사용한다.})$$

예제 4.18

다음의 성질을 적분 계산으로부터 유도하세요(다중적분을 배우지 않은 경우에는 이 성질이 이산값일 때와 마찬가지라는 점만 확인하면 됩니다).

- $E[X + Y] = E[X] + E[Y]$
- X와 Y가 독립이라면 $E[XY] = E[X]\, E[Y]$

답

함수 $h(X, Y) \equiv X + Y$를 감안하면 다음과 같습니다.

$$E[X + Y] = E[h(X, Y)] = \int_{-\infty}^{\infty} \int_{-\infty}^{\infty} h(x, y) f_{X,Y}(x, y) \, dx \, dy = \int_{-\infty}^{\infty} \int_{-\infty}^{\infty} (x + y) f_{X,Y}(x, y) \, dx \, dy$$

$$= \int_{-\infty}^{\infty} \int_{-\infty}^{\infty} x f_{X,Y}(x, y) \, dx \, dy + \int_{-\infty}^{\infty} \int_{-\infty}^{\infty} y f_{X,Y}(x, y) \, dx \, dy$$

1항은 $s(x, y) \equiv x$에 대한 $E[s(X, Y)]$를 구하는 식이므로, 요컨대 $E[X]$입니다. 마찬가지로 2항은 $E[Y]$이므로 $E[X + Y] = E[X] + E[Y]$를 얻을 수 있었습니다.[15]

또 함수 $h(X, Y) \equiv XY$를 생각하면 다음과 같습니다.

$$E[XY] = E[h(X, Y)] = \int_{-\infty}^{\infty} \int_{-\infty}^{\infty} h(x, y) f_{X,Y}(x, y) \, dx \, dy = \int_{-\infty}^{\infty} \int_{-\infty}^{\infty} xy f_{X,Y}(x, y) \, dx \, dy$$

여기서 X와 Y가 독립이라면 $f_{X,Y}(x, y) = f_X(x) f_Y(y)$이므로, 위 식은

$$E[XY] = \int_{-\infty}^{\infty} \int_{-\infty}^{\infty} xy f_X(x) f_Y(y) \, dx \, dy$$

로 바꿔 쓸 수 있습니다. 적분의 알맹이가 'x만의 식'과 'y만의 식'의 곱셈인 것에 착안해 더 변형하면 다음과 같습니다.

$$E[XY] = \left(\int_{-\infty}^{\infty} x f_X(x) \, dx \right) \left(\int_{-\infty}^{\infty} y f_Y(y) \, dy \right) = E[X]\, E[Y]$$

---

15 이 설명을 혹시 이해하기 어렵다면 적분의 순서 교체 등을 써서

$$\int_{-\infty}^{\infty} \int_{-\infty}^{\infty} x f_{X,Y}(x, y) \, dx \, dy = \int_{-\infty}^{\infty} \int_{-\infty}^{\infty} x f_{X,Y}(x, y) \, dy \, dx = \int_{-\infty}^{\infty} x \left(\int_{-\infty}^{\infty} f_{X,Y}(x, y) \, dy \right) dx$$

$$= \int_{-\infty}^{\infty} x f_X(x) \, dx = E[X]$$

처럼 착실하게 나타내도 상관없습니다.

예제 4.17과 4.18에서 선보였던 기댓값의 성질은 이산값에서도 있고 연속값에서도 있습니다. 앞으로는 일일이 언급하지 않고 이러한 성질을 펑펑 쓰면서 나아가겠습니다.

4.5.2 분산, 표준편차

기댓값만 정의하면 분산, 표준편차는 일사천리입니다. 기댓값을 써서 정의되어 있기 때문입니다. 구체적으로는 $E[X] = \mu$일 때

- **분산** $V[X] = E[(X - \mu)^2]$
- **표준편차** $\sigma = \sqrt{V[X]}$

였습니다. 3.4절 '분산과 표준편차'에서 말한 성질은 실숫값에서도 성립합니다. 이산값 때와 증명이 똑같기 때문입니다. 증명할 때 사용하는 공식은 바로 앞 절의 예제 4.17이나 4.18에서 이미 제시했습니다.

예제 4.19

확률변수 X의 확률밀도함수 $f_X(x)$가 다음 식으로 주어질 때 분산 $V[X]$와 표준편차 σ를 구하세요.

$$f_X(x) = \begin{cases} 2x & (0 \le x \le 1) \\ 0 & (\text{기타}) \end{cases}$$

답

예제 4.15에서 계산한 대로 $E[X] = 2/3$입니다. 따라서 분산, 표준편차의 정의로부터 다음과 같습니다.

$$\begin{aligned} V[X] &= E\left[\left(X - \frac{2}{3}\right)^2\right] = \int_{-\infty}^{\infty} \left(x - \frac{2}{3}\right)^2 f_X(x)\, dx = \int_0^1 \left(x - \frac{2}{3}\right)^2 (2x)\, dx \\ &= \int_0^1 \left(2x^3 - \frac{8}{3}x^2 + \frac{8}{9}x\right) dx = \left[\frac{1}{2}x^4 - \frac{8}{9}x^3 + \frac{4}{9}x^2\right]_0^1 \\ &= \frac{1}{2} - \frac{8}{9} + \frac{4}{9} = \frac{1}{18} \\ \sigma &= \sqrt{V[X]} = \sqrt{\frac{1}{18}} = \frac{1}{3\sqrt{2}} \end{aligned}$$

(다른 해) $E[X] = 2/3$와 $E[X^2] = 1/2$은 예제 4.15에서 이미 계산했습니다. 그렇다면 분산의 성질로부터 다음과 같습니다.

$$V[X] = E[X^2] - E[X]^2 = \frac{1}{2} - \frac{4}{9} = \frac{1}{18}$$

연속값의 조건부 기댓값과 조건부 분산도 3.6절처럼 정의됩니다. 식으로 쓰면 $E[Y \mid X = a] \equiv \int_{-\infty}^{\infty} y f_Y(y \mid X = a)\, dy$입니다. $V[Y \mid X = a]$는 3.6.4절과 똑같습니다.

정숫값일 경우의 실숫값 버전을 만드는 시리즈는 여기까지입니다. 결국 확률의 $\sum$를 확률밀도의 $\int$로 바꾸기만 하면 정숫값일 때의 이야기는 거의 통합니다. 드러난 것의 차이(확률과 확률밀도의 차이)에는 조심해야 합니다만, 큰 틀 자체는 그대로이므로 머리는 편하네요.

4.6 정규분포와 중심극한정리

이제 새로운 이야기 주제로 넘어가겠습니다. 실숫값의 가장 중요한 확률분포인 **정규분포**를 소개합니다. 분야에 따라서는 **가우스 분포(Gauss 분포)**라 부르는 경우가 많을지도 모릅니다.

정확한 정의는 뒤로 미루고 우선 예를 보겠습니다. 그림 4-49는 대표적인 정규분포입니다.

▼ 그림 4-49 표준정규분포의 확률밀도함수. 중심 부근의 값이 나오기 쉽고, 극단적으로 벗어난 값은 나오기 어렵다(다만 어디까지 가도 완전히 0은 아니며, $x \to \pm\infty$에서 0으로 접근).

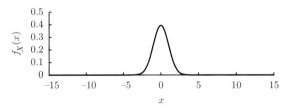

또한, 그림 4-50도 각각 정규분포입니다.

▼ 그림 4-50 여러 정규분포의 확률밀도함수

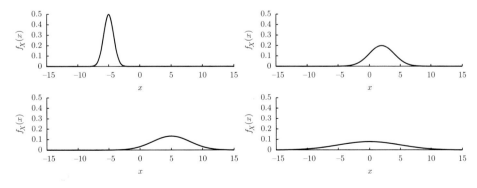

확률통계에 조금이라도 관심이 있다면 정규분포라는 말은 몹시 귀에 익죠. 또 그림과 같은 종 모양의 분포를 이미 여러 번 봤을 것입니다. 왜 이렇게 정규분포를 '금이야 옥이야' 할까요?

이유는 크게 두 가지입니다.

- 이론파에 인기: 여러 가지 계산이 쉽고, 결과 수식이 깔끔하다.
- 실용파에 인기: 현실에서 정규분포로 되어 있는(그리고 근사할 수 있는) 대상이 많다.

이 절에서는 정규분포의 정의와 성질을 말하고 전자(이론파)의 일부분을 소개합니다. 그리고 마지막으로 '후자(실용파)에 대해 왜 세상은 정규분포투성이인가'라는 질문에 대한 대답 중 하나인 중심극한정리를 설명합니다.

4.6.1 표준정규분포

설명한 바와 같이 정규분포에도 여러 가지가 있습니다. 그중 가장 대표적인 것은 맨 처음 언급했던 그림 4-49의 **표준정규분포**입니다. 표준정규분포의 확률밀도함수는

$$f(z) = \frac{1}{\sqrt{2\pi}} \exp\left(-\frac{z^2}{2}\right)$$

이라고 나타냅니다.[16]

자, 수식을 피하지 마세요. 많은 사람이 수식에 거부 반응을 일으키는 것은 알고 있습니다. 그래도 이 책이 목표하는 수준의 확률통계를 말하려면 수식을 피할 수는 없습니다. 지금 식의 포인트를 천천히 살펴볼 테니 차근차근 다가가보세요.

식의 전반 부분은 일단 대충 무시합시다. 후반 부분의 exp(⋯)이 본체입니다. 또 본체의 내용은 분모보다 분자가 중요합니다. 그러므로 이렇게 보세요.

$$f(z) = \square \exp\left(-\frac{z^2}{\triangle}\right)$$

계수 □와 분모 △는 양의 상수지만 지금은 관심이 없습니다. exp의 안이

- 좌우 대칭($z = c$든 $z = -c$든 같은 값)
- $z = 0$일 때 0
- z가 0에서 멀어지면서 점점 마이너스가 된다.

---

16 $\exp t$는 e^t입니다. 자세한 것은 부록 A.5절 '지수와 로그'를 참조하세요. $\pi = 3.14...$은 **원주율**입니다.

- $z \to +\infty$거나 $z \to -\infty$일 때는 $-\infty$로 간다.

와 같이 되어 있음을 알아차렸나요? 이런 사실과 exp의 성질을 합치면 $f(z)$에 대해 다음과 같이 말할 수 있습니다(그림 4-51에 나온 exp의 그래프도 참조하길 바랍니다).

- 좌우 대칭($f(c) = f(-c)$)
- $z = 0$일 때 $f(z)$는 최댓값이 된다.
- z가 0으로부터 멀어질수록 $f(z)$는 점점 작아진다(그래도 음수는 안 된다).
- $z \to +\infty$거나 $z \to -\infty$일 때 $f(z)$는 0에 수렴한다.

그런 종 모양이 됩니다.

▼ 그림 4-51 지수함수 $\exp t$의 그래프. t가 커질수록 $\exp t$는 더욱더 커진다. $t \to +\infty$일 때 $\exp t \to +\infty$, $t \to -\infty$일 때 $\exp t \to 0$

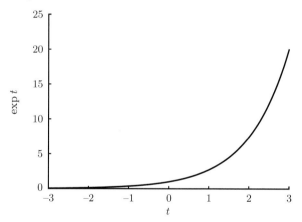

이어서 □가 무엇인지를 정리합시다. 왜 이런 곳에 π, $\sqrt{}$ 등이 나올까요? 이는 $f(z)$가 확률밀도함수가 되기 위해 필요한 부분입니다. 확률밀도함수는

- 값이 0 이상
- 적분하면 1(즉, 그래프의 면적은 1)

이어야 했습니다. 전자는 괜찮습니다만, 후자를 성립시키기 위해서는 □를 잘 설정해야 합니다.

사실

$$\int_{-\infty}^{\infty} \exp\left(-\frac{z^2}{2}\right) dz = \sqrt{2\pi}$$

라는 공식(가우스 적분)이 알려져 있습니다(부록 A.5.2절). 이 공식과 '적분하면 1'이라는 조건식

$$\int_{-\infty}^{\infty} f(z)\, dz = \int_{-\infty}^{\infty} \square \exp\left(-\frac{z^2}{2}\right) dz = 1$$

을 비교해보면, 상수 $\square$의 값은 반드시 $1/\sqrt{2\pi}$가 될 수밖에 없습니다. 결국 $\square$는 적분이 1이라는 요청으로부터 자동으로 결정된 값이라는 뜻입니다. 어디까지나 주역은 본체 $\exp(\cdots)$이고, 계수 $\square$는 그것에 따라 정해지는 조연에 불과합니다.

남은 것은 분모 $\triangle$인데, 그 이야기를 위한 준비로서 표준정규분포의 기댓값이 0임을 먼저 짚고 넘어갑시다(부록 A.5.2절). 기댓값이 양수도 음수도 아닌 딱 0인 것은 대표답네요.

계속해서 분산도 알아보죠. 기댓값이 0이므로, 분산은

$$\mathrm{V}[Z] = \mathrm{E}[Z^2] = \int_{-\infty}^{\infty} z^2 \square \exp\left(-\frac{z^2}{\triangle}\right) dz$$

라는 적분으로 계산됩니다. 그렇다고 해도 이 적분을 직접 계산하기는 어려우므로, 또 공식을 소개합니다. 아까 공식과 다른 곳은 z^2이 곱해져 있는 부분입니다.

$$\int_{-\infty}^{\infty} z^2 \exp\left(-\frac{z^2}{2}\right) dz = \sqrt{2\pi}$$

이 공식과 지금 계산하는 분산(의 $\square$와 $\triangle$를 메운 것)

$$\mathrm{V}[Z] = \int_{-\infty}^{\infty} z^2 \frac{1}{\sqrt{2\pi}} \exp\left(-\frac{z^2}{2}\right) dz$$

를 견주면 $\mathrm{V}[Z] = 1$을 얻을 수 있습니다.

분산이 딱 1이라는 것 또한 대표답습니다.[17] 사실 분모 $\triangle$가 2인 것은 분산이 딱 1이 되라는 의도에서 설정된 값입니다.

4.6.2 일반정규분포

일반정규분포는 표준정규분포를 이동하거나 신축해 얻을 수 있습니다. 확률변수 Z의 분포가 표준정규분포라면 마음에 드는 상수 μ와 σ를 써서

- μ 이동: $Y \equiv Z + \mu$
- σ배 신축: $W \equiv \sigma Z$ (단, $\sigma > 0$)

---

17 분산은 음수면 안 된다는 것과 분산이 0이라는 '확정값'이 되어버리는 것도 떠올리세요(3.4.2절 '분산 = '기댓값에서 벗어난 상태'의 기댓값').

처럼 변환하는 것입니다. 이렇게 만든 새로운 확률변수 Y나 W는 그림 4-52 같은 확률밀도함수를 가집니다(4.3.3절 '확률밀도함수의 변수 변환'). 신축과 이동을 같이 할 수도 있습니다.

- σ배 하고 μ 이동: $X \equiv \sigma Z + \mu$

❤ 그림 4-52 표준정규분포의 이동 또는 신축

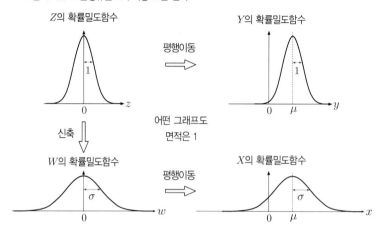

이렇게 만든 X의 기댓값·분산은

$$\mathrm{E}[X] = \mathrm{E}[\sigma Z + \mu] = \sigma\,\mathrm{E}[Z] + \mu = \mu \qquad (\because \mathrm{E}[Z] = 0)$$
$$\mathrm{V}[X] = \mathrm{V}[\sigma Z + \mu] = \sigma^2\,\mathrm{V}[Z] = \sigma^2 \qquad (\because \mathrm{V}[Z] = 1)$$

입니다. 이 X의 확률분포를 '기댓값 μ, 분산 σ^2의 정규분포'라고 부릅니다. 기호로는

$$X \sim \mathrm{N}(\mu, \sigma^2)$$

이라 쓰고 'X는 기댓값 μ, 분산 σ^2의 정규분포를 따른다'고 읽습니다. 이 기호를 사용하면 원래의 Z는 $Z \sim \mathrm{N}(0, 1)$이라고 씁니다.

그러면 X의 확률밀도함수를 구할 수 있을까요? 변수 변환의 연습 문제를 스스로 한번 풀어보세요.

예제 4.20

$X \sim \mathrm{N}(\mu, \sigma^2)$일 때 X의 확률밀도함수를 구하세요.

답

$g(z) \equiv \sigma z + \mu$라 하면

$$X = g(Z), \qquad Z \sim \mathrm{N}(0, 1)$$

이라 나타내며, $x = g(z)$일 때 $dx/dz = \sigma$고 $z = (x - \mu)/\sigma$입니다. 따라서 다음과 같습니다.

$$f_X(x) = \frac{1}{|\sigma|} \cdot \frac{1}{\sqrt{2\pi}} \exp\left(-\frac{1}{2}\left(\frac{x-\mu}{\sigma}\right)^2\right) = \frac{1}{\sqrt{2\pi\sigma^2}} \exp\left(-\frac{(x-\mu)^2}{2\sigma^2}\right)$$

만드는 법은 당연하지만, 다음 사항을 짚어두겠습니다.

- 정규분포는 기댓값 μ와 분산 σ^2을 지정하면 결정됩니다. 이 사실을 의식해두면 편리합니다. 만약 어떤 확률변수가 정규분포에 따른다는 것을 알 경우, 그 기댓값과 분산을 알면 확률밀도함수를 구할 수 있기 때문입니다. 다음 예제 4.22에서 이 사실을 활용합니다.
- X가 정규분포를 따른다면, 그것에 정수를 더하거나 (0이 아닌) 상수를 곱한 것도 정규분포를 따릅니다. 구체적으로는 $X \sim \mathrm{N}(\mu, \sigma^2)$에 대해 $Y \equiv aX + b$라고 하면 $Y \sim \mathrm{N}(a\mu + b, a^2\sigma^2)$입니다. Y의 기댓값과 분산이 이렇게 될 것은 익숙해지면 첫눈에 알 수 있습니다(3.3절이나 4.5절 참조).
- $X \sim \mathrm{N}(\mu, \sigma^2)$이 주어졌을 때, $(X - \mu)/\sigma$는 표준정규분포 $\mathrm{N}(0, 1)$을 따릅니다. 이는 3.4.4절에서 언급했던 표준화의 일례입니다. 통계학에서는 이렇게 해서 표준정규분포로 환산하는 조작이 많이 쓰입니다.
- $X \sim \mathrm{N}(\mu, \sigma^2)$에 대해 X가 $\mu \pm k\sigma$의 범주에 드는 확률은 μ나 σ에 관계없이 상수 k만으로 결정됩니다. 특히 다음 값은 유명합니다.

$$\mathrm{P}(\mu - 2\sigma \leq X \leq \mu + 2\sigma) \approx 0.954$$
$$\mathrm{P}(\mu - 3\sigma \leq X \leq \mu + 3\sigma) \approx 0.997$$

그래프로 표현하면 그림 4-53과 같습니다.

▼ 그림 4-53 정규분포에서는 $\mu \pm 2\sigma$ 안에서 95.4%, $\mu \pm 3\sigma$ 안에서 99.7%다.

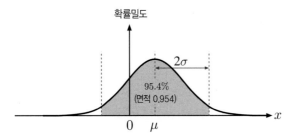

사실 다음 성질도 성립합니다.

- 확률변수 X의 확률밀도함수가 다음과 같은 형태라면

$$f_X(x) = \text{상수} \cdot \exp(x\text{의 2차식}) \qquad (-\infty < x < \infty) \tag{4.7}$$

이것만으로 벌써 X는 정규분포라고 판단할 수 있습니다.[18]

- 독립적인 확률변수 X와 Y가 모두 정규분포를 따른다면 그 합 $W \equiv X + Y$ 또한 정규분포를 따릅니다. 간결하게 말하면 '독립적인 정규분포의 덧셈은 정규분포'입니다.

예제 4.21

본문에서는 'σ배 하고 μ 이동'이었는데, 만약 'μ 이동하고 σ배'라면 어떻게 될까요? 즉, $Z \sim \mathrm{N}(0, 1)$에 μ만큼 이동하고 σ배 하면 어떤 분포가 될까요($\sigma \neq 0$)?

답

$$\sigma(Z + \mu) = \sigma Z + \sigma\mu \sim \mathrm{N}(\sigma\mu, \sigma^2)$$

예제 4.22

X_1, X_2, X_3, X_4, X_5가 독립이고, 모두 같은 정규분포 $\mathrm{N}(\mu, \sigma^2)$을 따른다고 합니다. 그 평균 $Y \equiv (X_1 + X_2 + X_3 + X_4 + X_5)/5$는 어떤 분포를 따를까요?

답

독립적인 정규분포의 덧셈이 정규분포가 됨을 반복해서 쓰면 $X_1 + X_2 + X_3 + X_4 + X_5$는 정규분포를 따르는 것을 알 수 있습니다. 그러므로 이의 상수 곱인 Y의 분포도 정규분포입니다. 그래서 나머지는 Y의 기댓값과 분산을 구하면 분포가 완전히 확정됩니다.

$$\begin{aligned}
\mathrm{E}[Y] &= \mathrm{E}\left[\frac{X_1 + X_2 + X_3 + X_4 + X_5}{5}\right] = \frac{\mathrm{E}[X_1] + \mathrm{E}[X_2] + \mathrm{E}[X_3] + \mathrm{E}[X_4] + \mathrm{E}[X_5]}{5} \\
&= \frac{\mu + \mu + \mu + \mu + \mu}{5} = \mu \\
\mathrm{V}[Y] &= \mathrm{V}\left[\frac{X_1 + X_2 + X_3 + X_4 + X_5}{5}\right] = \frac{\mathrm{V}[X_1] + \mathrm{V}[X_2] + \mathrm{V}[X_3] + \mathrm{V}[X_4] + \mathrm{V}[X_5]}{5^2} \\
&= \frac{\sigma^2 + \sigma^2 + \sigma^2 + \sigma^2 + \sigma^2}{5^2} = \frac{\sigma^2}{5}
\end{aligned}$$

따라서 $Y \sim \mathrm{N}(\mu, \sigma^2/5)$입니다.

---

18 x의 **2차식**이란 $\bigcirc x^2 + \triangle x + \square$ 모양의 식입니다($\bigcirc \triangle \square$는 상수).

4.8 왜 $f_X(x) = $ 상수 $\cdot \exp(x$의 2차식$)$이면 X는 정규분포라고 할 수 있나요?

우선 exp 속의 2차식을 완전 제곱으로 표현하면

$$f_X(x) = \text{상수} \cdot \exp(a(x - \mu)^2 + c)$$

의 꼴로 바꿔 쓸 수 있을 것입니다.[19] 게다가 $a < 0$일 것입니다.[20] 그래서 $a = -1/(2\sigma^2)$이라고 하면

$$f_X(x) = (\text{상수} \cdot \exp c) \exp\left(-\frac{(x - \mu)^2}{2\sigma^2}\right)$$

이 됩니다. 요컨대 $f_X(x) = \square\exp(\cdots)$의 형태로, '$\cdots$'은 $\mathrm{N}(\mu, \sigma^2)$의 확률밀도함수와 같은 것입니다. 더욱이 $f_X(x)$의 그래프의 면적이 1이라는 조건으로부터 상수 $\square$의 값은 자동적으로 결정됐습니다. 따라서 $\square$도 $\mathrm{N}(\mu, \sigma^2)$과 같게 됩니다.

4.6.3 중심극한정리

정규분포는 다루기 쉽습니다. 이런 점은 좋지만 그것만으로 유익하다고 할 수는 없습니다. 정규분포가 떠받들어지는 것은 현실 세계에서 정규분포로 간주되는(혹은 근사되는) 대상이 많기 때문입니다. 확실히

- 어떤 값 μ를 중심으로
- 그 부근은 나오기 쉽고
- 거기에서 벗어난 값만큼 나오기 어렵다(극단적으로 벗어난 값도 가능성이 0은 아니지만 좀처럼 나올 수 없다).

라는 분포는 자연스럽게 느껴집니다.

왜 세계는 이렇게 정규분포로 가득 차 있을까요? 한 가지 설은 작은 동요의 축적이기 때문이라는 것입니다. 머릿속 이미지로 이해하기 위해 농구의 자유투를 상상해보세요. 똑같은 폼으로 비슷하게 던지는데도 공의 포물선은 아무래도 흔들려버립니다. 흔들리는 이유는 던질 때마다 사소한 차이가 생기기 때문이겠죠. 무릎의 굽힘 상태가 좀 다르거나 어깨에 들어간 힘이 좀 다르거나 손

---

19 엄밀히 말하면 **1차식**($\triangle x + \square$)도 '2차식'의 일종이지만, 지금 이야기에서는 다루지 않아도 상관없습니다. 가령 1차식이라면 '$f_X(x)$의 그래프의 면적은 1'이라는 규칙에 어긋나기 때문입니다.

20 가령 $a \geq 0$이면 역시 그래프의 면적이 규칙에 어긋납니다.

가락을 떼는 타이밍이 좀 다르거나……. 세세한 동요가 무수하게 합쳐진 결과로 눈에 보이는 동요가 일어난다는 가정은 이 예에만 한정되지 않고 많은 경우에 들어맞는 것 같습니다.

어떤 조건 아래에서 작은 동요의 축적은 정규분포가 된다고 알려져 있습니다. 이것이 이 절의 주제입니다.

이제 본론으로 들어갑니다. 위에서 말하는 동요로서 n개의 i.i.d.한 확률변수 $X_1, \dots, X_n$을 생각해봅시다(i.i.d.이라는 말에 대해서는 3.5.1절 '독립 동일 분포(i.i.d.)'를 복습하세요). i.i.d.이니 기댓값과 분산도 모두 공통입니다. 이어서 연속이라는 말의 이미지에 맞게 기댓값은 0, 분산은 양수라 하겠습니다.

$$\mathrm{E}[X_1] = \cdots = \mathrm{E}[X_n] = 0$$
$$\mathrm{V}[X_1] = \cdots = \mathrm{V}[X_n] \equiv \sigma^2 > 0 \qquad (\sigma \text{는 표준편차})$$

지금 신경 쓰고 있는 것은 동요의 축적 $X_1 + \cdots + X_n$의 행동입니다. 특히 n이 클 때 흥미가 있습니다.

다만 그대로 단순히 $n \to \infty$라고 하면 분산이 발산하고 맙니다(3.5.4절 '큰 수의 법칙에 관한 주의 사항').

$$\mathrm{V}[X_1 + \cdots + X_n] = n\sigma^2 \to \infty \qquad (n \to \infty)$$

이래서는 그림 4-54처럼 모양은 물론 아무것도 없습니다.

❤ 그림 4-54 $X_1 + \cdots + X_n$의 확률밀도함수의 예. 개수 n이 늘어나면서 분포는 얇게 얇게 퍼진다.

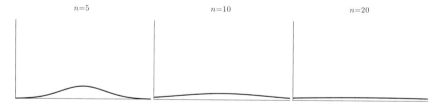

분포의 모습을 더 자세히 비교하기 위해 3.3.4절의 표준화를 하고, 펼쳐진 상황을 모은 후 관찰합시다. 표준편차 $\sqrt{\mathrm{V}[X_1 + \cdots + X_n]} = \sqrt{n}\,\sigma$로 나눠서 했었죠.
그래서

$$W_n \equiv \frac{X_1 + \cdots + X_n}{\sqrt{n}\,\sigma}$$

분포가 $n \to \infty$일 때 어떻게 될지가 이 절의 주제입니다.

사실 이 W_n의 분포는 정규분포로 수렴한다는 것을 알고 있습니다. 그림 4-55와 그림 4-56으로 그 사실을 관찰해보세요.

식으로 쓰면

$$P(W_n \leq a) \to \text{'표준정규분포 } N(0, 1)\text{로 } a \text{ 이하의 값이 나올 확률' } (n \to \infty) \tag{4.8}$$

이 임의의 수 a에 대해 성립합니다(**중심극한정리**). 부록 C.1.4절의 용어로 말하면 W_n은 $Z \sim N(0, 1)$에 법칙 수렴합니다. 이것이 '작은 동요의 축적은 정규분포가 된다'는 말의 정확한 주장입니다.

어찌됐든 강력한 주장입니다. 원래가 어떤 분포여도 정규분포라는 일정한 분포로 수렴한다는 것이니까요.

▼ 그림 4-55 중심극한정리의 예(첫 번째). $W_n \equiv (X_1 + \cdots + X_n)/(\sqrt{n}\sigma)$의 확률밀도함수를 나타낸다($\sigma = 1$). 왼쪽 끝이 각 X_i의 확률밀도함수다. 개수 n이 늘어나면서 정규분포에 근접한다.

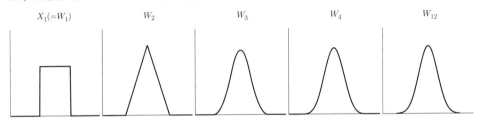

▼ 그림 4-56 중심극한정리의 예(두 번째). 보는 방법은 이전 그림과 같다.

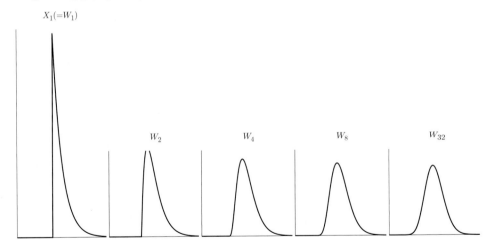

기댓값이 0이 아닌 경우도 기댓값을 빼서 보면 똑같이 성립합니다. 즉, $X_1, \ldots, X_n$(i.i.d)에 대해 $\mu \equiv E[X_i]$, $\sigma_2 \equiv V[X_i]$라 할 때($i = 1, \ldots, n$)

$$W_n \equiv \frac{(X_1 - \mu) + \cdots + (X_n - \mu)}{\sqrt{n}\,\sigma}$$

의 분포가 표준정규분포 N(0, 1)로 수렴합니다. 마찬가지만, 3.4.4절의 표준화를 $S_n \equiv X_1 + \cdots + X_n$에 그대로 적용하면

$$W_n \equiv \frac{S_n - \mathrm{E}[S_n]}{\sqrt{\mathrm{V}[S_n]}} = \frac{(X_1 + \cdots + X_n) - n\mu}{\sqrt{n}\,\sigma}$$

를 계산했다고 해석해도 상관없습니다.

예제 4.23

표준정규분포 N(0, 1)에 대해 w 이하의 값이 나올 확률을 $F(w)$라 해둡니다. 확률 반반으로 앞면 혹은 뒷면이 나오는 동전을 100번 던질 때, 앞면의 횟수가 60회 이하일 확률을 중심극한정리로 근사적으로 어림잡아 이 F로 나타내세요(나중에 6.2절 '검정론'의 예제 6.5에서 사용합니다).

답

i번째에 앞면이 나오면 $X_i \equiv 1$, 뒷면이 나오면 $X_i \equiv 0$이라 합니다($i = 1, \dots, 100$). $X_1, \dots, X_{100}$은 i.i.d.에서도

$$\mathrm{E}[X_i] = 1/2, \quad \mathrm{V}[X_i] = 1/4 \qquad \text{(예제 3.10 참조)}$$

이므로 $W \equiv \sum_{i=1}^{100} (X_i - 1/2)/\sqrt{100 \cdot 1/4}$ 분포는 N(0, 1)로 근사됩니다. 문제의 조건 $\sum_i X_i \le 60$은 $W \le (60 - 100/2)/\sqrt{100 \cdot 1/4} = 2$라는 것이므로, 그 확률은 대략 $F(2) \approx 0.977$로 근사됩니다(정답은 약 0.982).

중심극한정리의 증명에는 부록 C.2절의 특성함수를 쓰는데, 기교적인 내용이므로 생략하겠습니다.

중심극한정리의 첫 번째 의의는 첫머리에서 말한 대로 세계가 정규분포로 가득 차 있는 이유를 설명해주는 것입니다. 이외에도 중심극한정리를 근거로 정규분포로 근사하는 방법이 다양한 분야에서 잘 쓰입니다(6.2절의 예제 6.5). 정규분포가 왜 좋은지는 이전 절까지 여러 가지로 설명했습니다.

3.5.4절 '큰 수의 법칙에 관한 주의 사항'과 같이 중심극한정리에 대해서도 전제 조건을 갖춘 확

장이 알려져 있습니다. 또 벡터값 버전도 알려져 있습니다. 필요할 때는 확률론에 관한 책을 찾아주세요.

4.9 큰 수의 법칙(3.5.3절)과 중심극한정리는 무엇이 다른가요?

분모의 차이(개수 n으로 나누거나 $\sqrt{n}$으로 나누거나)에 주목하세요. 큰 수의 법칙에서는 합계를 n으로 나눈 것이 기댓값에 수렴한다고 표현합니다. 중심극한정리는 그것을 $\sqrt{n}$배로 확대하고 기댓값 주변에서 어떻게 변동하는지를 자세히 관찰한 것이라고 해석됩니다. 부록 C.3절의 대편차 원리도 참조하세요.

마지막으로 한 번 더 정리한 후 이 절을 마치겠습니다. 정규분포는 편리하고 사용 범위도 넓습니다만, 무비판적으로 무엇이든 정규분포로 믿으면서 남용하면 안 됩니다. 예를 들어 양수 값만 나와야 하는 경우에 정규분포를 적용시키는 것은 엄밀히 생각하면 불합리합니다. 근사로 생각하더라도 그림 4-57처럼 허용하는 정도인지 검토해야 합니다. 또 실측 데이터는 얼핏 종(Bell) 형태로 정규분포 스타일인데, 실제로는 다른 문제(기댓값에서 크게 벗어난 값이 정규분포의 경우보다 많이 출현하는 것)가 있습니다. 잘 모르고 정규분포로 취급하는 것은 위험합니다(부록 C.1절). 더 말하자면, 다음과 같은 생각도 자주 듭니다. '정규분포는 여러 가지 변동이 뒤죽박죽된 노이즈다. 오히려 정규분포 같지 않은 성분을 찾는다. 의미 있는 정보는 거기에 있다.' 예를 들어 2.5절 '독립성'의 첫머리에서 언뜻 살펴봤던 독립 성분 분석에도 이러한 사고방식이 사용됩니다.

✔ 그림 4-57 양의 값밖에 나오지 않는데 정규분포로 근사해도 될까?

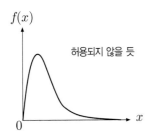 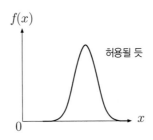

Column ☰ **케이크**

❤ 그림 4-58 케이크를 랜덤하게 나눈다.

그림 4-58처럼 형제가 둥근 케이크를 둘로 나눕니다. 형은 케이크의 12시 위치에 포크를 꽂고 이렇게 말했습니다. "중심에서 전혀 엉뚱한 방향으로 두 번 케이크를 잘라 둘로 나눌게. 포크가 있는 쪽이 내 것, 없는 쪽이 네 것이야."

이는 공평할까요? 컴퓨터 시뮬레이션으로 검증했습니다.

```
$ cd cake↵
$ make long↵
./cake.rb 10000 | ../histogram.rb -w=0.1 -u=100
  0.9<= | * 106 (1.1%)
  0.8<= | *** 306 (3.1%)
  0.7<= | ***** 505 (5.1%)
  0.6<= | ******* 701 (7.0%)
  0.5<= | ******** 858 (8.6%)
  0.4<= | ********* 1088 (10.9%)
  0.3<= | ************ 1321 (13.2%)
  0.2<= | ************** 1538 (15.4%)
  0.1<= | **************** 1711 (17.1%)
    0<= | ***************** 1866 (18.7%)
total 10000 data (median 0.291384, mean 0.333657, std dev 0.235988)
```

이 규칙으로 1만 번 시행한 뒤 집계해서 동생이 받은 몫(케이크 전체를 1로 할 때의 비율)의 히스토그램을 표시합니다. 정말 공평하지는 않네요.

그림 4-59처럼 긴 롤 케이크를 이치로, 지로, 사부로, 시로, 고로 이렇게 다섯 사람이 나눕니다. 아무렇게나(전에 어디를 잘랐는지도 보지 않고) 칼을 네 번만 넣어 롤 케이크를 여러 토막으로 자른 후 왼쪽부터 순서대로 이치로, 지로, ……, 고로가 받기로 했습니다. 이는 공평할까요?

▼ 그림 4-59 롤케이크를 랜덤하게 나눈다.

컴퓨터 시뮬레이션에서 이치로와 사부로의 몫(케이크 전체를 1로 할 때의 비율)을 각각 1만 번 시행해 집계했어요. 히스토그램은 다음과 같습니다.

```
$ make rlong↵
(1st piece)
./cake.rb -r=5 10000 | ./cut.rb -f=1 | ../histogram.rb -w=0.1 -u=100
  0.9<= |   3 (0.0%)
  0.8<= |   13 (0.1%)
  0.7<= |   65 (0.7%)
  0.6<= | * 154 (1.5%)
  0.5<= | *** 382 (3.8%)
  0.4<= | ****** 684 (6.8%)
  0.3<= | ********** 1119 (11.2%)
  0.2<= | **************** 1721 (17.2%)
  0.1<= | *********************** 2454 (24.5%)
    0<= | ********************************* 3405 (34.1%)
total 10000 data (median 0.160145, mean 0.200375, std dev 0.162916)
(3rd piece)
./cake.rb -r=5 10000 | ./cut.rb -f=3 | ../histogram.rb -w=0.1 -u=100
  0.8<= |   15 (0.1%)
  0.7<= |   83 (0.8%)
  0.6<= | * 161 (1.6%)
  0.5<= | *** 374 (3.7%)
  0.4<= | ****** 674 (6.7%)
  0.3<= | ********** 1085 (10.8%)
  0.2<= | **************** 1703 (17.0%)
  0.1<= | *********************** 2494 (24.9%)
    0<= | ********************************* 3411 (34.1%)
total 10000 data (median 0.159986, mean 0.200335, std dev 0.163917)
```

위가 이치로, 아래가 사부로입니다. 그럭저럭 공평할 것(분포는 엇비슷함) 같은데, 공평한 이유를 수식 없이 설명할 수 있나요?

5^장

공분산행렬과
다변량 정규분포와
타원

A: 작년 입시 데이터를 받고 즉시 분석했는데, 이 통계 소프트웨어에 버그가 있네요.

B: 어떤 버그?

A: 모의시험에서 700점을 받은 사람의 본시험 점수를 이 데이터로 추정하니 650점이라고 나왔습니다. 확인하기 위해 역방향으로 본시험이 650점이었던 사람의 모의시험 점수를 추정하니 600점이라고 나왔습니다. 700점이 아니므로 앞뒤가 맞지 않죠.

B: 아, 따질 곳이 너무 많아 곤란하군. 일단 다변량 정규분포의 성질부터 다시 조사해 줄래? (그림 5-19)

이 장의 주제는 다시 확률변수 X, Y, Z 사이의 관계입니다. 2장 '여러 확률변수의 조합'에서 이미 다뤘습니다만

- 이전 주제: 어떤 형태로든 뭔가 관련이 있는가, 아니면 완전히 무관한가?
- 이 장의 주제: '한쪽이 크면 다른 쪽도 크다'와 같은 특정 경향이 얼마나 있는가?

가 다릅니다.

전자는 모든 것을 신경 쓰는 반면에 후자는 어느 측면에만 주목합니다. 또 전자는 동전의 앞뒷면 같은 것도 포함해 뭐든지 다루지만, 후자는 숫자밖에 적용할 수 없습니다. 확률 이론에서 결정적으로 중요한 것은 전자입니다. 알기 쉽고 취급하기 쉬워서 기초적인 데이터 분석에 많이 쓰이는 것은 후자입니다(공분산·상관계수). 이것만 봐서는 어떻게 된 영문인지 알 수 없지만, 본문에서 구체적으로 설명하므로 걱정하지 마세요. 그리고

- 확률변수의 모든 짝에 대해 위와 같은 경향의 정도를 측정한다.
- 결과를 일람표로 만든다.
- 그 일람표를 행렬로 간주(공분산행렬)한다.

라는 절차를 통해 단순한 '일람표' 이상의 원리가 무엇인지 나타냅니다. 여기까지가 우선 한 단락입니다.

다음으로 다변량 정규분포를 이야기합니다. 입문 클래스에서는 많이 생략하는 이야기지만, 확률통계를 응용한 방법론에서는 다변량 정규분포가 자주 나옵니다. 그런 방법론 해설을 읽으려면 여기까지는 알아야 할 거예요. 위 목록이 난무하는 무서워 보이는 수식도 기하학적 이미지를 떠올리면 두려울 것이 없습니다. 실제로 대부분의 결과는 타원과 타원체의 그림이라는 시각적 요소로 설명됩니다.

다변량 정규분포의 타원 모양을 충분히 감상한 후 마지막에는 다시 일반적인 분포 이야기로 돌아갑니다. 일반적인 분포에서는 다변량 정규분포만큼 무엇이든 타원이라고 할 수는 없습니다. 그래도 어떤 의미에서 타원은 기준으로서 인식되는 경향이 뚜렷합니다.

이 장을 배우면 위에서 만든 일람표(확률변수의 모든 짝에 대해 서로 간의 경향성을 측정해서 만든)를 '어수선한 숫자의 나열'이 아니라 타원으로 깔끔하게 해석할 수 있게 됩니다.

또한, 이 장은 주로 8.1절 '회귀분석과 다변량 분석에서'와 8.2절 '확률 과정에서'의 내용을 다루기 위한 이 책의 준비 과정으로 이해할 수 있습니다.

그 이외의 장을 빨리 보고 싶다면, 이 장을 건너뛰고 길을 서둘러도 무방합니다.

5.1 공분산과 상관계수

5.1.1 공분산

이 절에서는 두 개의 확률변수 X, Y에 대한 공분산 $\mathrm{Cov}[X, Y]$라는 것을 배웁니다. 식의 모양은 분산과 비슷하지만, 식을 계산하면 분산과는 조금 다릅니다. X와 Y 모두 변화하는 양으로서 운에 따라 큰 값이 나오거나 작은 값이 나오는데

- 공분산이 양수 → 한쪽이 크면 다른 쪽도 큰 경향이 있다.
- 공분산이 음수 → 한쪽이 크면 다른 쪽은 반대로 작은 경향이 있다.
- 공분산이 0 → 한쪽이 크다고 해서 다른 쪽이 크거나 작거나 하는 경향이 없다.

이를 파악하는 것이 목표입니다.

그러면 구체적으로 살펴봅시다. 확률변수 X, Y의 기댓값이 각각 μ, ν였다고 합니다. 이때 X와 Y의 **공분산**(covariance)을

$$\mathrm{Cov}[X, Y] \equiv \mathrm{E}[(X - \mu)(Y - \nu)]$$

라고 정의합니다. 분산의 정의 $\mathrm{V}[X] \equiv \mathrm{E}[(X - \mu)^2]$을 알맞게 확장한 것인지 먼저 확인하세요 (3.4절 '분산과 표준편차').

정의는 이렇게 해두고, $\mathrm{Cov}[X, Y]$를 구하면 도대체 무엇을 알 수 있을까요? 이렇게 의미가 궁금해지는 상황에서는 인간의 관점에서 X나 Y를 변화하는 양으로 생각하는 것이 좋습니다. X는 변화하기 때문에 반드시 기댓값 μ에 딱 맞게 나오는 것이 아니라 종종 μ보다 크거나 작은 값이 나옵니다. 그런 'X가 μ보다 얼마나 큰지 작은지'를 표현하는 것이 위의 정의식 중 $(X - \mu)$입니다. Y에 대한 $(Y - \nu)$도 마찬가지입니다. 이에 대해

$$\begin{cases} (X - \mu)\text{와 }(Y - \nu)\text{의 부호가 같은 경우} \to (X - \mu)\text{와 }(Y - \nu)\text{는 양수 (그림 5-1의 가와 다 부분)} \\ (X - \mu)\text{와 }(Y - \nu)\text{의 부호가 반대인 경우} \to (X - \mu)\text{와 }(Y - \nu)\text{는 음수 (그림 5-1의 나와 라 부분)} \end{cases}$$

둘 중 어느 쪽이 우세한지에 따라 공분산의 부호가 정해집니다.

❤ 그림 5-1 분포 추이와 공분산의 부호. 농담 무늬는 확률밀도함수 $f_{X, Y}(x, y)$를 나타낸다.

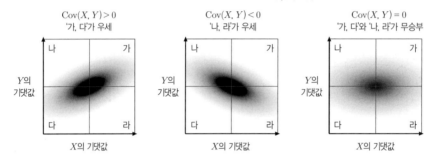

즉, 공분산이 양수가 되는 경우는

- 한쪽이 (기댓값보다) 큰 값이면 다른 한쪽도 (기댓값보다) 큰 값이 나올 때가 많음
- 한쪽이 (기댓값보다) 작은 값이면 다른 한쪽도 (기댓값보다) 작은 값이 나올 때가 많음

이러한 경향이 있을 때입니다. 반대로 공분산이 음수가 되는 경우는

- 한쪽이 (기댓값보다) 큰 값이면 다른 한쪽은 (기댓값보다) 작은 값이 나올 때가 많음
- 한쪽이 (기댓값보다) 작은 값이면 다른 한쪽은 (기댓값보다) 큰 값이 나올 때가 많음

이러한 경향이 있을 때입니다. 위와 같은 경향이 없을 때는 공분산이 0이 됩니다. 이것이 이 절에서 말하는 바입니다.

$\mathrm{Cov}[X, Y]$가 양수일 때 X와 Y는 **양의 상관관계**를 갖는다고 합니다. 음수일 때는 **음의 상관관계**를 갖습니다. 양쪽을 묶어 단순히 **상관관계**를 갖는다고 말할 수도 있습니다. 한편 $\mathrm{Cov}[X, Y]$가 0인 경우에는 X와 Y는 상관관계가 없다고 하거나 X와 Y는 **무상관**이라고 합니다.

예제 5.1

$(X, Y) = (-6, -7), (8, -5), (-4, 7), (10, 9)$의 확률이 모두 1/4로 나옵니다. $\mathrm{Cov}[X, Y]$를 구하세요.

답

X, Y의 기댓값을 각각 μ, ν로 둡니다.

$$\mu \equiv \mathrm{E}[X] = \sum_i i\,\mathrm{P}(X = i) = (-6) \cdot \frac{1}{4} + 8 \cdot \frac{1}{4} + (-4) \cdot \frac{1}{4} + 10 \cdot \frac{1}{4} = 2$$

$$\nu \equiv \mathrm{E}[Y] = \sum_j j\,\mathrm{P}(Y = j) = (-7) \cdot \frac{1}{4} + (-5) \cdot \frac{1}{4} + 7 \cdot \frac{1}{4} + 9 \cdot \frac{1}{4} = 1$$

그렇다면 다음과 같습니다.

$$\mathrm{Cov}[X, Y] = \mathrm{E}[(X - 2)(Y - 1)]$$
$$= (-6 - 2)(-7 - 1) \cdot \frac{1}{4} + (8 - 2)(-5 - 1) \cdot \frac{1}{4} + (-4 - 2)(7 - 1) \cdot \frac{1}{4} + (10 - 2)(9 - 1) \cdot \frac{1}{4}$$
$$= 14$$

(기댓값 계산 부분을 잘 모르겠다면 예제 3.5를 복습하세요.)

예제 5.2

실제 수치 확률변수 X, Y의 동시분포의 확률밀도함수 $f_{X, Y}(x, y)$가 다음 식으로 주어질 때 $\mathrm{Cov}[X, Y]$를 구하기 위한 적분식을 쓰세요. 좀 더 도전하고 싶다면 $\mathrm{Cov}[X, Y]$의 값까지 구하세요.

$$f_{X,Y}(x, y) = \begin{cases} x + y & (0 \leq x \leq 1\text{이고 } 0 \leq y \leq 1) \\ 0 & (\text{기타}) \end{cases}$$

답

X, Y의 기댓값을 각각 μ, ν로 둡니다.

$$\mu \equiv \mathrm{E}[X] = \int_{-\infty}^{\infty} \left(\int_{-\infty}^{\infty} x f_{X, Y}(x, y)\, dx \right) dy = \int_0^1 \left(\int_0^1 x(x + y)\, dx \right) dy$$

$$= \int_0^1 \left[\frac{1}{3}x^3 + \frac{y}{2}x^2 \right]_{x=0}^{x=1} dy = \int_0^1 \left(\frac{1}{3} + \frac{y}{2} \right) dy = \left[\frac{y}{3} + \frac{y^2}{4} \right]_0^1 = \frac{1}{3} + \frac{1}{4} = \frac{7}{12}$$

또한, 대칭성으로 인해 ν도 7/12입니다. 그렇다면 다음과 같습니다.

$$\text{Cov}[X, Y] = \text{E}\left[\left(X - \frac{7}{12}\right)\left(Y - \frac{7}{12}\right)\right] = \int_{-\infty}^{\infty}\left(\int_{-\infty}^{\infty}\left(x - \frac{7}{12}\right)\left(y - \frac{7}{12}\right)f_{X,Y}(x,y)\,dx\right)dy$$

$$= \int_0^1\left(\int_0^1\left(x - \frac{7}{12}\right)\left(y - \frac{7}{12}\right)(x+y)\,dx\right)dy$$

$$= \int_0^1\left(\int_0^1 xy(x+y)\,dx\right)dy - \frac{7}{12}\int_0^1\left(\int_0^1 x(x+y)\,dx\right)dy - \frac{7}{12}\int_0^1\left(\int_0^1 y(x+y)\,dx\right)dy$$

$$+ \left(\frac{7}{12}\right)^2\int_0^1\left(\int_0^1 (x+y)\,dx\right)dy$$

여기서 들여다보니 1항의 적분은 예제 4.16에서 1/3로 구할 수 있고, 2항과 3항의 적분은 조금 전에 계산한 값을 사용합니다.* 또한, 4항의 적분은 확률밀도함수 자체의 적분이라 1이 될 것입니다(문제 풀이를 믿는다면 위와 같고, 물론 실제로 계산해도 곧 확인됩니다). 따라서 다음과 같습니다.

$$\text{Cov}[X, Y] = \frac{1}{3} - \frac{7}{12}\cdot\frac{7}{12} - \frac{7}{12}\cdot\frac{7}{12} + \left(\frac{7}{12}\right)^2\cdot 1 = -\frac{1}{144}$$

5.1.2 공분산의 성질

이후의 설명에 필요하니 여기서 공분산의 성질을 정리해둡니다. 우선 조금 전의 정의

$$\text{Cov}[X, Y] = \text{E}[(X - \mu)(Y - \nu)] \qquad \text{단, } \mu = \text{E}[X],\ \nu = \text{E}[Y]$$

에서 한눈에

$$\text{Cov}[X, Y] = \text{Cov}[Y, X]$$
$$\text{Cov}[X, X] = \text{V}[X]$$

를 알 수 있습니다.

공분산은 기댓값과의 격차 $(X - \mu)$, $(Y - \nu)$를 쓰고 정의되는 양이므로, 상수 a, b를 합해도 바뀌지 않습니다.

$$\text{Cov}[X + a, Y + b] = \text{Cov}[X, Y]$$

실제로 $X' \equiv X + a$의 기댓값은 $\mu' \equiv \mu + a$라서 어느 쪽도 위치를 이동하는 것은 마찬가지이므로, 차인 $(X' - \mu')$와 원래의 $(X - \mu)$가 다를 바 없습니다. Y도 마찬가지이므로 $\text{Cov}[X + a, Y + b]$는 $\text{Cov}[X, Y]$와 같습니다.

---

* 역주 '조금 전에 계산한 값'은 X, Y의 기댓값으로 구했던 7/12를 말합니다.

한편 상수 a, b를 곱하면 원래 공분산의 ab배가 됩니다.

$$\mathrm{Cov}[aX, bY] = ab\,\mathrm{Cov}[X, Y]$$

실제로

- $X'' \equiv aX$의 기댓값은 $\mu'' \equiv a\mu$
- $Y'' \equiv bY$의 기댓값은 $\nu'' \equiv b\nu$

처럼 같은 것이 확대되므로 다음과 같습니다.

$$\begin{aligned}
\mathrm{Cov}[aX, bY] = \mathrm{Cov}[X'', Y''] &= \mathrm{E}[(X'' - \mu'')(Y'' - \nu'')] \\
&= \mathrm{E}[(aX - a\mu)(bY - b\nu)] = ab\,\mathrm{E}[(X - \mu)(Y - \nu)] = ab\,\mathrm{Cov}[X, Y]
\end{aligned}$$

특히 $\mathrm{V}[X] = \mathrm{Cov}[X, X]$에 대해서는

$$\mathrm{V}[aX] = \mathrm{Cov}[aX, aX] = aa\,\mathrm{Cov}[X, X] = a^2\,\mathrm{V}[X] \qquad (a\text{배는 아닙니다!})$$

로 3.4.4절에서 말한 성질과도 맞아떨어집니다.

만약 X와 Y가 서로 독립인 경우에는 각각의 기댓값 μ, ν를 뺀 $X - \mu$와 $Y - \nu$도 역시 독립이므로

$$\begin{aligned}
\mathrm{Cov}[X, Y] &= \mathrm{E}[(X - \mu)(Y - \nu)] \quad \cdots\cdots X\text{와 } Y\text{가 서로 독립이라면 곱셈의 기댓값은 기댓값의 곱셈입니다.} \\
&= \mathrm{E}[X - \mu]\,\mathrm{E}[Y - \nu] = (\mu - \mu)(\nu - \nu) = 0
\end{aligned}$$

처럼 공분산은 반드시 0입니다. 짧게 말해 '두 변수가 서로 독립이라면 상관관계가 없다'는 것이 어떤 의미인지 생각해보면 당연합니다. X에 어떤 값이 나오든지 Y의 조건부분포는 바뀌지 않으므로 X의 증가 혹은 감소에 따른 Y의 경향성이 생기지는 않습니다.

다만 말할 수 있는 것은 어디까지나 '독립 $\Rightarrow$ 상관관계가 없다'의 방향뿐입니다. 그 반대는 보장되지 않습니다. 상관관계가 없다고 해서 그것만으로 독립이라고 속단하지 않도록 합니다. 예는 나중에 살펴보겠습니다(5.1.4절 '공분산이나 상관계수에서 측정할 수 없는 것').

예제 5.3

$\mathrm{Cov}[X, Y] = 3$일 때 $\mathrm{Cov}[2X + 1, Y - 4]$를 구하세요.

답

$$\mathrm{Cov}[2X + 1, Y - 4] = \mathrm{Cov}[2X, Y] = 2\,\mathrm{Cov}[X, Y] = 6$$

다음 공식을 증명하세요.[1]

$$\mathrm{Cov}[X, Y] = \mathrm{E}[XY] - \mathrm{E}[X]\,\mathrm{E}[Y]$$

답

$\mathrm{E}[X] = \mu$, $\mathrm{E}[Y] = \nu$로 둡니다. μ, ν가 변화하지 않는 숫자라는 점에 주의합니다.

$$\begin{aligned}
\mathrm{Cov}[X, Y] &= \mathrm{E}[(X - \mu)(Y - \nu)] = \mathrm{E}[XY - \nu X - \mu Y + \mu\nu] \\
&= \mathrm{E}[XY] - \mathrm{E}[\nu X] - \mathrm{E}[\mu Y] + \mathrm{E}[\mu\nu] \\
&= \mathrm{E}[XY] - \nu\,\mathrm{E}[X] - \mu\,\mathrm{E}[Y] + \mu\nu \\
&= \mathrm{E}[XY] - \nu\mu - \mu\nu + \mu\nu = \mathrm{E}[XY] - \mu\nu
\end{aligned}$$

5.1.3 경향이 뚜렷한 상태와 상관계수

5.1.1절에서 말했듯이 다음과 같습니다.

가. X가 크고 Y도 큰 경향 → $\mathrm{Cov}[X, Y] > 0$

나. X가 크고 Y는 작은 경향 → $\mathrm{Cov}[X, Y] < 0$

다. 그런 경향이 없다. → $\mathrm{Cov}[X, Y] = 0$

몇 가지 예를 들 테니 그림 5-2를 보고 확인하세요.

▼ 그림 5-2 분포 경향 및 공분산

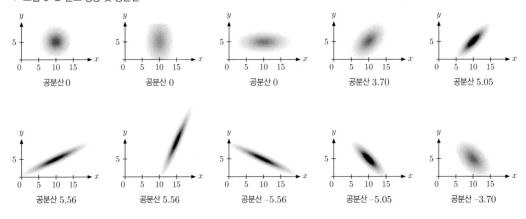

---

1 3.4.6절 '제곱 기댓값과 분산'에서 소개한 공식 $\mathrm{V}[X] = \mathrm{E}[X^2] - \mathrm{E}[X]^2$과 비교해보겠습니다.

'Cov[X, Y]의 부호가 어떤 의미를 가지는지 알았다면 값의 의미는 무엇일까? 예를 들어 양수 값만 해도 Cov[X, Y] = 3.70과 Cov[X, Y] = 5.05는 무엇이 어떻게 다른가?'라는 의문이 분명 슬슬 생깁니다. 이 의문이 이 절에서 관심을 둔 부분입니다.

지금까지의 예를 통해

- (가)의 경향이 뚜렷할수록 Cov[X, Y]는 더 큰 양수의 값일까?
- (나)의 경향이 뚜렷할수록 Cov[X, Y]는 더 작은 음수의 값일까?

  즉, 절댓값 |Cov[X, Y]|는 경향의 뚜렷한 상태를 나타내고 있을까?

라고 생각할지도 모릅니다. 하지만 그것은 잘못된 생각입니다.

극단적인 예를 생각하면 잘못된 것이 바로 드러납니다. Cov[X, Y] = 3.70이었다고 합시다. X 와 Y에는 이러한 경향이 있는 것입니다. X, Y를 모두 100배 해서 $Z \equiv 100X$와 $W \equiv 100Y$를 생각하며 살펴보겠습니다. Z와 W의 공분산은

$$\text{Cov}[Z, W] = \text{Cov}[100X, 100Y] = 100 \cdot 100 \cdot \text{Cov}[X, Y] = 37000$$

이라는 꽤 큰 값이 됐습니다. 이는 Z와 W에 엄청나게 분명한 경향이 있음을 의미하고 있을까요? 그렇지 않습니다. 실제 그림 5-3을 보면 'X와 Y'에서도, 'Z와 W'에서도 이 경향의 뚜렷한 상태는 바뀌지 않습니다. 눈금을 바꿨을 뿐이므로 당연한 사실입니다.

▼ 그림 5-3 공분산의 크기가 '확실한 상태'는 아니다. 왼쪽은 $f_{X,Y}(x, y)$, 오른쪽은 $f_{Z,W}(z, w)$

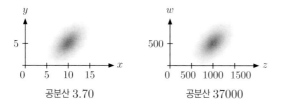

결국 공분산 값을 봐도 경향이 뚜렷한 상태를 판단할 수 없었습니다. 그럼 뚜렷한 상태를 조사한다면 무엇을 보면 좋을까요? 지금의 실패를 교훈으로 삼으면 다음과 같은 방침을 생각할 수 있습니다.

  X나 Y의 축척을 바꾸는 것은 허울좋은 변화에 불과하다. 양자의 관계가 본질적으로 바뀌지는 않는다. 그래서 축척에 속지 않도록 축척을 항상 일정하게 갖추고 나서 비교하기로 하면 어떨까?

실행해보겠습니다. 분포의 확산 상태를 정리하기 위해 3.4.4절의 표준화를 실행하면 좋습니다.

이 경우 기댓값의 평행이동은 공분산에 영향을 미치지 않으므로 확대 축소만 하면 충분합니다. 따라서 분산의 제곱근(즉, 표준편차)으로 나눠보겠습니다.

$$\tilde{X} \equiv \frac{X}{\sigma_X}, \quad \tilde{Y} \equiv \frac{Y}{\sigma_Y} \qquad 단, \ \sigma_X \equiv \sqrt{V[X]}, \quad \sigma_Y \equiv \sqrt{V[Y]}$$

이렇게 변환하면 $V[\tilde{X}]$도 $V[\tilde{Y}]$도 1이 됩니다. 그리고 $\tilde{X}$, $\tilde{Y}$의 공분산을 구해보면 다음과 같습니다.

$$\mathrm{Cov}[\tilde{X}, \tilde{Y}] = \mathrm{Cov}\left[\frac{X}{\sigma_X}, \frac{Y}{\sigma_Y}\right] = \frac{\mathrm{Cov}[X, Y]}{\sigma_X \sigma_Y} = \frac{\mathrm{Cov}[X, Y]}{\sqrt{V[X]}\sqrt{V[Y]}}$$

지금 얻은 '축척에 현혹되지 않는 지표'를 **상관계수** ρ_{XY}라고 부릅니다.[2]

$$\rho_{XY} \equiv \frac{\mathrm{Cov}[X, Y]}{\sqrt{V[X]}\sqrt{V[Y]}}$$

상관계수는 데이터끼리 연관을 찾기 위한 기본적인 도구로 통계 분석에서 많이 사용됩니다. 앞서 살펴본 그림 5-2의 상관계수는 그림 5-4와 같습니다.

▼ 그림 5-4 분포 추이와 공분산 · 상관계수

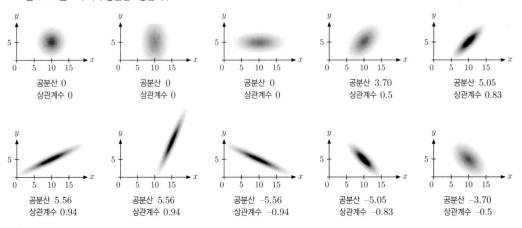

| 공분산 0 | 공분산 0 | 공분산 0 | 공분산 3.70 | 공분산 5.05 |
| 상관계수 0 | 상관계수 0 | 상관계수 0 | 상관계수 0.5 | 상관계수 0.83 |

| 공분산 5.56 | 공분산 5.56 | 공분산 −5.56 | 공분산 −5.05 | 공분산 −3.70 |
| 상관계수 0.94 | 상관계수 0.94 | 상관계수 −0.94 | 상관계수 −0.83 | 상관계수 −0.5 |

예제 5.5

예제 5.1의 X, Y의 상관계수 ρ_{XY}를 구하세요.

답

$E[X] = 2$, $E[Y] = 1$, $\mathrm{Cov}[X, Y] = 14$는 이미 계산이 끝났습니다. 나머지는

---

2 ρ는 그리스 문자 '로'입니다.

$$V[X] = E[(X - 2)^2]$$
$$= (-6 - 2)^2 \cdot \frac{1}{4} + (8 - 2)^2 \cdot \frac{1}{4} + (-4 - 2)^2 \cdot \frac{1}{4} + (10 - 2)^2 \cdot \frac{1}{4} = 50$$
$$V[Y] = E[(Y - 1)^2]$$
$$= (-7 - 1)^2 \cdot \frac{1}{4} + (-5 - 1)^2 \cdot \frac{1}{4} + (7 - 1)^2 \cdot \frac{1}{4} + (9 - 1)^2 \cdot \frac{1}{4} = 50$$

으로부터 다음과 같습니다.

$$\rho_{XY} = \frac{\text{Cov}[X, Y]}{\sqrt{V[X]}\sqrt{V[Y]}} = \frac{14}{\sqrt{50}\sqrt{50}} = \frac{14}{50} = 0.28$$

예제 5.6

예제 5.2의 X, Y에 대해 상관계수 ρ_{XY}를 구하기 위한 적분식을 써보세요. 좀 더 도전하고 싶다면 상관계수의 값까지 구하세요.

답

$E[X] = E[Y] = 7/12$과 $\text{Cov}[X, Y] = -1/144$은 이미 계산이 끝났습니다. 나머지는 다음과 같습니다.

$$V[X] = E[X^2] - E[X]^2$$
$$= \int_0^1 \left(\int_0^1 x^2(x + y)\, dx \right) dy - \left(\frac{7}{12} \right)^2 = \int_0^1 \left[\frac{1}{4}x^4 + \frac{y}{3}x^3 \right]_{x=0}^{x=1} dy - \left(\frac{7}{12} \right)^2$$
$$= \int_0^1 \left(\frac{1}{4} + \frac{y}{3} \right) dy - \left(\frac{7}{12} \right)^2 = \left[\frac{y}{4} + \frac{y^2}{6} \right]_0^1 - \left(\frac{7}{12} \right)^2 = \frac{1}{4} + \frac{1}{6} - \left(\frac{7}{12} \right)^2 = \frac{11}{144}$$

또한, 마찬가지로 $V[Y] = 11/144$이 되기 때문에 다음과 같습니다.

$$\rho_{XY} = \frac{\text{Cov}[X, Y]}{\sqrt{V[X]}\sqrt{V[Y]}} = \frac{-1/144}{\sqrt{11/144}\sqrt{11/144}} = -\frac{1/144}{11/144} = -\frac{1}{11}$$

예제 5.7

상관계수가 정말 축척에 현혹되지 않는 지표가 되고 있는지 축척을 바꿔 확인해보세요.

답

확률변수 X, Y의 축척을 바꿔 $Z \equiv aX$, $W \equiv bY$로 봅니다(a, b는 양의 상수입니다). 이때 다음과 같습니다.

$$\rho_{ZW} = \frac{\text{Cov}[Z,W]}{\sqrt{\text{V}[Z]}\sqrt{\text{V}[W]}} = \frac{\text{Cov}[aX,bY]}{\sqrt{\text{V}[aX]}\sqrt{\text{V}[bY]}} = \frac{ab\,\text{Cov}[X,Y]}{\sqrt{a^2\,\text{V}[X]}\sqrt{b^2\,\text{V}[Y]}} = \frac{\text{Cov}[X,Y]}{\sqrt{\text{V}[X]}\sqrt{\text{V}[Y]}} = \rho_{XY}$$

예제 5.8

상수를 더해도 상관계수가 변하지 않는 것을 확인해봅시다. 즉, 상수 a, b에 대해 $Z \equiv X + a$, $W \equiv Y + b$라 할 때 $\rho_{ZW} = \rho_{XY}$가 성립하는 것을 보이세요.

답

분산과 공분산의 성질로부터 다음과 같습니다.

$$\rho_{ZW} = \frac{\text{Cov}[Z,W]}{\sqrt{\text{V}[Z]}\sqrt{\text{V}[W]}} = \frac{\text{Cov}[X+a,Y+b]}{\sqrt{\text{V}[X+a]}\sqrt{\text{V}[Y+b]}} = \frac{\text{Cov}[X,Y]}{\sqrt{\text{V}[X]}\sqrt{\text{V}[Y]}} = \rho_{XY}$$

상관계수에는 다음과 같은 성질이 있습니다. 앞의 그림 5-4와도 비교해주세요.

- 상관계수는 −1에서 +1까지의 값을 가진다.
- 상관계수가 +1에 가까울수록 (X, Y)는 오른쪽으로 올라가는 직선에 가깝게 위치한다.[3]
- 상관계수가 −1에 가까울수록 (X, Y)는 오른쪽으로 내려가는 직선에 가깝게 위치한다.
- X, Y가 서로 독립이면 상관계수는 0이다.

마지막 성질은 X, Y가 서로 독립이면 $\text{Cov}[X, Y] = 0$이었으므로 당연합니다. 다른 성질에 대해서는 다소 기교적이지만 이산값의 경우를 다음 예제에서 검증해봅시다.

예제 5.9

(X, Y)는 (a_1, b_1), $(a_2, b_2), \dots, (a_9, b_9)$라는 값을 같은 확률로 가진다고 가정합니다. 즉, 확률 $1/9$로 '$X = a_1$이고 $Y = b_1$', 확률 $1/9$로 '$X = a_2$고 $Y = b_2$', ……, 확률 $1/9$로 '$X = a_9$고 $Y = b_9$'입니다. 이 경우에 대해 상관계수가 −1 이상 +1 이하인 것을 증명하세요. 상관계수가 어떤 경우에 −1이나 +1이 될까요?

힌트 $\text{E}[X] \equiv \mu$, $\text{E}[Y] \equiv \nu$라고 해둡니다. $\Delta a_i \equiv a_i - \mu$, $\Delta b_i \equiv b_i - \nu$ $(i = 1, \dots, 9)$를 각각 나란히 9차원 벡터로 만듭니다.

---

3 '+1에 가까울수록 오른쪽으로 올라가는 것'이 아니라 '+1에 가까울수록 직선에 가까워지는 것'입니다.

답

힌트에 따라

$$\Delta \boldsymbol{a} \equiv \begin{pmatrix} \Delta a_1 \\ \vdots \\ \Delta a_9 \end{pmatrix}, \qquad \Delta \boldsymbol{b} \equiv \begin{pmatrix} \Delta b_1 \\ \vdots \\ \Delta b_9 \end{pmatrix}$$

라 합니다. 그러면

$$\text{Cov}[X, Y] = \frac{1}{9}\Delta \boldsymbol{a} \cdot \Delta \boldsymbol{b}, \quad \text{V}[X] = \frac{1}{9}\Delta \boldsymbol{a} \cdot \Delta \boldsymbol{a} = \frac{1}{9}\|\Delta \boldsymbol{a}\|^2, \quad \text{V}[Y] = \frac{1}{9}\Delta \boldsymbol{b} \cdot \Delta \boldsymbol{b} = \frac{1}{9}\|\Delta \boldsymbol{b}\|^2$$

이런 식으로 내적을 사용해서 분산이나 공분산을 나타낼 수 있습니다($\cdot$ 은 내적, $\|\cdots\|$은 벡터의 길이입니다). 따라서 상관계수는

$$\rho_{XY} = \frac{\frac{1}{9}\Delta \boldsymbol{a} \cdot \Delta \boldsymbol{b}}{\sqrt{\frac{1}{9}\|\Delta \boldsymbol{a}\|^2}\sqrt{\frac{1}{9}\|\Delta \boldsymbol{b}\|^2}} = \frac{\Delta \boldsymbol{a} \cdot \Delta \boldsymbol{b}}{\|\Delta \boldsymbol{a}\|\|\Delta \boldsymbol{b}\|}$$

라고 표현되므로 코시-슈바르츠 부등식(Cauchy-Schwarz Inequality)에 따라 $-1 \leq \rho_{XY} \leq 1$이 성립합니다(부록 A.6절 '내적과 길이'). $\rho_{XY} = 1$이 되는 것은 $\Delta \boldsymbol{a}$와 $\Delta \boldsymbol{b}$가 같은 방향인 경우입니다. 즉, $a_i - \mu = c(b_i - \nu)$라는 비례 관계가 있을 때를 말합니다($c > 0$). 또한, $\rho_{XY} = -1$이 되는 것은 $\Delta \boldsymbol{a}$와 $\Delta \boldsymbol{b}$가 완전히 반대 방향인 경우입니다. 즉, $a_i - \mu = -c(b_i - \nu)$라는 비례 관계가 있을 때를 말합니다($c > 0$).

요컨대 $\rho_{XY} = \pm 1$이 되는 것은 그림 5-5처럼 $(a_1, b_1), \ldots, (a_9, b_9)$가 일직선상에 있을 때입니다. 부호 $\pm$는 직선이 오른쪽 위로 올라갈 때 $+$, 오른쪽 아래로 내려갈 때 $-$입니다.

▼ 그림 5-5 상관계수가 ±1이 되는 것은 일직선상에 있을 때다.

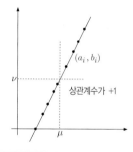 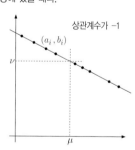

예제 5.10

이전 예제에서 $(X, Y) = (a_i, b_i)$가 될 확률 p_i가 i마다 달랐다면 어떨까요? 단, $p_i > 0$입니다 $(i = 1, \dots, 9)$.

힌트 $\mathrm{E}[X] \equiv \mu$, $\mathrm{E}[Y] \equiv \nu$라고 해둡니다. $\tilde{a}_i \equiv \sqrt{p_i}\,(a_i - \mu)$와 $\tilde{b}_i \equiv \sqrt{p_i}\,(b_i - \nu)(i = 1, \dots, 9)$를 각각 나란히 9차원 벡터로 만듭니다.

답

힌트에 따라 다음과 같이 둡니다.

$$\tilde{\boldsymbol{a}} \equiv \begin{pmatrix} \tilde{a}_1 \\ \vdots \\ \tilde{a}_9 \end{pmatrix}, \qquad \tilde{\boldsymbol{b}} \equiv \begin{pmatrix} \tilde{b}_1 \\ \vdots \\ \tilde{b}_9 \end{pmatrix}$$

그러면

$$\mathrm{Cov}[X, Y] = \tilde{\boldsymbol{a}} \cdot \tilde{\boldsymbol{b}}, \quad \mathrm{V}[X] = \|\tilde{\boldsymbol{a}}\|^2, \quad \mathrm{V}[Y] = \|\tilde{\boldsymbol{b}}\|^2$$

처럼 분산이나 공분산을 나타낼 수 있습니다. 나머지 조건은 이전 예문과 마찬가지로 $-1 \le \rho_{XY} \le +1$ 로 나타냅니다. $\rho_{XY} = \pm 1$ 조건도 이전 예문과 완전히 같습니다.

5.1.4 공분산이나 상관계수에서 측정할 수 없는 것

공분산과 상관계수를 보면 결합분포에서 오른쪽 위로 올라가거나 오른쪽 아래로 내려가는 경향이 있나요? 그러한 경향이 얼마나 뚜렷한지(얼마나 일직선상에 가까운지)는 측정할 수 있습니다. 이는 매우 편리한 특성이며, 실제 데이터 분석에서도 상관계수를 구해보는 것은 기본 중의 기본입니다.

그러나 정도를 넘어 맹신해서는 안 됩니다. 상관계수가 무엇을 측정하고 있는지, 그리고 어떤 것은 측정할 수 없는지 확인한 후 역할과 한계를 분별해서 사용하세요. 극단적인 예를 소개하겠습니다. 그림 5-6 같은 분포에서 상관계수는 둘 다 거의 0이 되어버립니다. 전체적으로 오른쪽 위로 올라가는 경향 또는 오른쪽 아래로 내려가는 경향을 볼 수 없기 때문입니다. 그렇다고 X와 Y가 상관없는 것은 아닙니다. 왼쪽 분포에서 $X = 5$라고 한다면, Y는 거의 5나 15라고 장담할 수 있습니다. 오른쪽 분포에서 $X = 5$라고 한다면, Y는 거의 15입니다. X를 알지 못하면 이렇게 자신 있게 대답할 수는 없습니다. 즉, 어느 쪽의 예에서도 $f_{Y|X}(b|a)$와 $f_Y(b)$는 전혀 다릅니다. 그

러므로 X와 Y는 독립과 거리가 멉니다.

▼ 그림 5-6 상관계수가 0이어도 상관없다고는 할 수 없다(두 그림 모두 농담 무늬는 확률밀도함수 $f_{X,Y}(x, y)$를 나타냄).

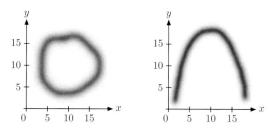

이런 예도 있으므로 상관계수만으로 판단하는 것은 위험합니다. 데이터를 분석할 때는 최대한 우선 그림 5-7 같은 **산점도**를 그려봅시다. 만약 앞서 본 그림 5-4와 모양이 확연히 다르다면 상관계수로는 측정할 수 없는 정보가 숨어 있을 수 있습니다.

▼ 그림 5-7 산점도

(학번)	중간시험 점수	기말시험 점수
1	59	37
2	64	72
3	30	68
⋮	⋮	⋮

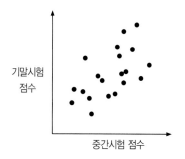

또 상관계수가 +1이나 −1에 가까웠다고 해도 그것이 직접적인 관계를 나타내지는 않습니다. 가령 한 대학에서 식당 카레의 매출과 사무실에 온 분실물의 건수가 양의 상관관계를 보인다고 해서 카레와 분실물이 직접적인 관계가 있을까요? 관계가 있다기보다는 여름방학 동안에는 학생이 없으니 카레도 안 팔리고 분실물도 없는 거겠죠. 즉, 등교 인원이라는 공통 요인을 통해 간접적인 외관상의 상관관계가 생긴 것은 아닌지 의심합니다.

$$\text{카레의 매출} \overset{\text{관계}}{\longleftrightarrow} \text{등교 인원} \overset{\text{관계}}{\longleftrightarrow} \text{분실물의 수}$$

나중에 보게 될 그림 5-21에서도 비슷한 이야기를 다르게 표현(단면과 그림자)해 살펴보겠습니다. 내친 김에 질문 2.7의 인과 관계에 관한 주의 사항도 참조해주세요.

5.2 / 공분산행렬

여기까지는 두 개의 확률변수 X, Y에 대해 'X가 커지면 Y도 커진다(혹은 반대로 작아진다)'와 같은 경향을 논의했습니다. 이 논의를 네 개의 확률변수 X, Y, Z, W로 확장한다면 어떻게 될까요? 이것이 이 절의 주제입니다.

5.2.1 공분산행렬 = 분산과 공분산의 표

지금 n개의 확률변수 $X_1, \ldots, X_n$이 있다고 합시다. 이에 대해 '○이 크면 △도 크다(혹은 반대로 작다)'와 같은 경향을 알아내려면 어떻게 해야 할까요? 가장 간단한 것은 'X_1과 X_2', 'X_1과 X_3' 등 모든 짝에 대해 공분산 $\text{Cov}[○, △]$를 계산하고, $n \times n$의 표로 만드는 것입니다. 예를 들어 $n = 3$이면 이렇게 됩니다.

	X_1	X_2	X_3
X_1	$\text{Cov}[X_1, X_1]$	$\text{Cov}[X_1, X_2]$	$\text{Cov}[X_1, X_3]$
X_2	$\text{Cov}[X_2, X_1]$	$\text{Cov}[X_2, X_2]$	$\text{Cov}[X_2, X_3]$
X_3	$\text{Cov}[X_3, X_1]$	$\text{Cov}[X_3, X_2]$	$\text{Cov}[X_3, X_3]$

이 표를 자세히 보고 어느 것이 어떤 경향인지 꾸준히 조사해나갈 것으로 예상했겠지만, 이 절에서는 그런 수수한 이야기에는 관심이 없습니다. 예상을 뒤엎고 여기서 더 재미있는 쪽으로 방향을 바꿉니다.

표 안의 각 수치에 사로잡히기보다는 전체적으로 결국 어떤 그림이 되는지 알아보는 방향으로 진행합니다. 이를 위한 돌파구가 지금의 표를 3×3의 행렬로 간주하는 것입니다. 이 행렬을 X_1, X_2, X_3의 **공분산행렬**이라고 합니다. 사람에 따라서는 **분산 공분산행렬**이라고 부르거나 **분산행렬**이라고 부르기도 합니다. 일반적으로 n개의 확률변수 X_1, X_2, $\ldots$, X_n이 있다면, 그것들의 공분산행렬은 $n \times n$의 정방행렬이 됩니다.

공분산행렬의 (i, j) 성분은

- $i = j$(**대각 성분일 때**)라면 분산 $\text{V}[X_i]$ $(= \text{Cov}[X_i, X_i])$
- $i \neq j$(**대각 성분이 아닐 때**)라면 공분산 $\text{Cov}[X_i, X_j](= \text{Cov}[X_j, X_i])$

입니다. 그래서 X_1, X_2, X_3의 공분산행렬은 이렇게 씁니다.

$$\begin{pmatrix} \text{V}[X_1] & \text{Cov}[X_1, X_2] & \text{Cov}[X_1, X_3] \\ \text{Cov}[X_1, X_2] & \text{V}[X_2] & \text{Cov}[X_2, X_3] \\ \text{Cov}[X_1, X_3] & \text{Cov}[X_2, X_3] & \text{V}[X_3] \end{pmatrix}$$

이렇게 다시 써보면

- 공분산행렬은 **대칭행렬**(전치해도 마찬가지)
- 공분산행렬의 대각 성분은 모두 ≥ 0

이라는 것을 확실히 알 수 있습니다.

분산을 σ^2으로 나타내는 관습에 대응해, 공분산행렬에는 Σ라는 문자(σ의 대문자)가 자주 사용됩니다. 하지만 총합과는 거리가 멀기 때문에 이 책에서는 대문자 Σ를 사용하지 않습니다.

5.2.2 벡터로 정리해서 쓰면

이전 절에서는 행렬이라고 선언했을 뿐, 무엇이 좋은지 몰랐습니다. 행렬을 이 주제에 가져오는 목적은 확률변수들을 나란히 한 개의 벡터로 묶어서 다루는 데 있습니다. X_1, X_2, ..., X_n을 세로로 늘어놓을 수 있는 열벡터를 $\boldsymbol{X}$라고 합시다.

$$\boldsymbol{X} \equiv \begin{pmatrix} X_1 \\ X_2 \\ \vdots \\ X_n \end{pmatrix}$$

수가 아닌 열벡터라는 사실을 잊지 않기 위해, 이 장에서 벡터는 모두 굵은 글씨로 씁니다. 노트에 손으로 직접 쓸 때는 $\mathbb{X}$, $\mathbb{Z}$, $\mathbb{A}$와 같이 이른바 '칠판 볼드체'로 써주세요(손 글씨로 쓰는 경우, 오히려 구별하기 어려워집니다). 또한, 열벡터와 행벡터를 섞으면 혼란스러우므로 이 장에서는 벡터 $\boldsymbol{X}$라고 하면 원칙적으로 항상 열벡터라고 합시다.[4] 행벡터는 $\boldsymbol{X}^T$처럼 열벡터의 전치행렬로 씁니다. 기호 $\bigcirc^T$는 '$\bigcirc$의 **전치**'를 나타냅니다.[5]

---

4 다른 장에서는 가는 글씨로 $X = (X_1, ..., X_n)$처럼 행벡터를 함께 쓰기도 합니다. 행렬 연산을 사용하지 않을 경우에는 행벡터가 쓰기 쉽기 때문입니다. 한 가지 방식으로 통일하지 못해 미안하지만, 이와 같은 혼용은 단지 이 책에서만 볼 수 있는 것은 아닙니다. 일반적으로 대학 수준 이상의 학습 과정에서는 종종 쓰입니다. 어느 기법이 편리할지는 상황마다 달라 일일이 신경 쓰려면 한이 없으니 참고 익숙해지세요.

5 공간을 아끼려고 $\boldsymbol{X} = (X_1, X_2, ..., X_n)^T$처럼 쓰는 것도 있습니다. 역시 '$X_1, X_2, ..., X_n$을 세로로 늘어놓은 세로 벡터가 $\boldsymbol{X}$다'라는 의미입니다. 전치는 책에 따라 $\bigcirc^t$, $\bigcirc^\top$, $^T\bigcirc$, $^t\bigcirc$ 등으로 표기됩니다. 통계학에서는 전치를 단순히 $\bigcirc'$로 나타내는 선생님도 많은 것 같습니다.

5.1 X는 '랜덤하게 변하는 벡터'라고 생각하면 될까요?

네. 인간의 관점에서는 그렇게 생각하면 좋습니다. 신의 관점에서는 Ω 내의 각 평행 세계 ω에 어떤 벡터 $\boldsymbol{X}(\omega)$를 지정하는 벡터값 함수라고 해석할 수 있습니다. 필요한 경우 두 이미지를 적절하게 사용해보세요. $\boldsymbol{X}$의 기댓값은 성분별 기댓값으로 정의됩니다.

$$\mathrm{E}[\boldsymbol{X}] = \mathrm{E}\left[\begin{pmatrix} X_1 \\ X_2 \\ \vdots \\ X_n \end{pmatrix}\right] \equiv \begin{pmatrix} \mathrm{E}[X_1] \\ \mathrm{E}[X_2] \\ \vdots \\ \mathrm{E}[X_n] \end{pmatrix}$$

다차원임을 강조하고 싶을 때는 **기댓값 벡터**라고도 합니다만, 같은 의미입니다. 1차원일 때와 마찬가지로 벡터에 대해서도 그림 5-8의 기댓값은 무게중심이라고 해석할 수 있습니다. 질문 3.4와 같은 고찰을 각 좌표축의 방향으로 해나간다고 생각하면 됩니다. 이어서 랜덤으로 변하는 행렬 R이라는 것도 생각할 수 있습니다. R의 기댓값은 전과 같이 성분 R_{ij}의 기댓값으로 정의됩니다.

$$\mathrm{E}[R] = \mathrm{E}\left[\begin{pmatrix} R_{11} & \cdots & R_{1n} \\ \vdots & & \vdots \\ R_{m1} & \cdots & R_{mn} \end{pmatrix}\right] \equiv \begin{pmatrix} \mathrm{E}[R_{11}] & \cdots & \mathrm{E}[R_{1n}] \\ \vdots & & \vdots \\ \mathrm{E}[R_{m1}] & \cdots & \mathrm{E}[R_{mn}] \end{pmatrix}$$

더 자세한 내용은 5.2.3절 '벡터 · 행렬의 연산과 기댓값'에서 이야기합니다.

▼ 그림 5-8 기댓값은 무게중심

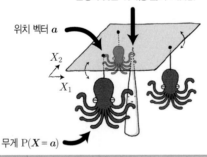

균형이 맞는 위치(중심)가 기댓값

위치 벡터 $\boldsymbol{a}$

X_2

X_1

무게 $\mathrm{P}(\boldsymbol{X} = \boldsymbol{a})$

$\boldsymbol{X}$를 사용하면 공분산행렬을 벡터 및 행렬식으로 만들고 쓸 수 있습니다.

$$\mathrm{V}[\boldsymbol{X}] = \mathrm{E}\left[(\boldsymbol{X} - \boldsymbol{\mu})(\boldsymbol{X} - \boldsymbol{\mu})^T\right] \qquad \text{단, } \boldsymbol{\mu} \equiv \mathrm{E}[\boldsymbol{X}]$$

우변의 $(\boldsymbol{X} - \mu)(\boldsymbol{X} - \mu)^T$가 열벡터에 행벡터의 행렬을 곱하는 것에 매우 주의합시다(의심스러우면 선형대수를 복습하세요). 벡터나 행렬의 기댓값에 대해서는 바로 위의 질문 5.1에서 설명했습니다. 벡터 X에 대해 $V[X]$라고 쓰면 분산이 아닌 공분산행렬을 나타내기로 합니다. 기호는 마찬가지로 V고, 내용이 숫자인지 벡터인지로 의미를 구별해주세요.

5.2　왜 그런 식으로 만들어 쓸 수 있는지 모르겠어요.

성분으로 써보면 그대로입니다. 예를 들어 $n = 3$의 경우

$$\boldsymbol{\mu} = \begin{pmatrix} \mu_1 \\ \mu_2 \\ \mu_3 \end{pmatrix} \equiv \mathrm{E}\left[\begin{pmatrix} X_1 \\ X_2 \\ X_3 \end{pmatrix}\right] = \mathrm{E}[\boldsymbol{X}]$$

에 관해 조금 전에 정리한 식의 우변을 써보면 다음과 같습니다.

$$\begin{aligned}
&\mathrm{E}\left[(\boldsymbol{X} - \boldsymbol{\mu})(\boldsymbol{X} - \boldsymbol{\mu})^T\right] \\
&= \mathrm{E}\left[\begin{pmatrix} X_1 - \mu_1 \\ X_2 - \mu_2 \\ X_3 - \mu_3 \end{pmatrix}(X_1 - \mu_1, X_2 - \mu_2, X_3 - \mu_3)\right] \\
&= \mathrm{E}\left[\begin{pmatrix} (X_1 - \mu_1)^2 & (X_1 - \mu_1)(X_2 - \mu_2) & (X_1 - \mu_1)(X_3 - \mu_3) \\ (X_2 - \mu_2)(X_1 - \mu_1) & (X_2 - \mu_2)^2 & (X_2 - \mu_2)(X_3 - \mu_3) \\ (X_3 - \mu_3)(X_1 - \mu_1) & (X_3 - \mu_3)(X_2 - \mu_2) & (X_3 - \mu_3)^2 \end{pmatrix}\right] \\
&= \begin{pmatrix} \mathrm{V}[X_1] & \mathrm{Cov}[X_1, X_2] & \mathrm{Cov}[X_1, X_3] \\ \mathrm{Cov}[X_1, X_2] & \mathrm{V}[X_2] & \mathrm{Cov}[X_2, X_3] \\ \mathrm{Cov}[X_1, X_3] & \mathrm{Cov}[X_2, X_3] & \mathrm{V}[X_3] \end{pmatrix} = \mathrm{V}[\boldsymbol{X}]
\end{aligned}$$

이처럼 벡터와 행렬을 활용하면 공분산행렬을 한데 모아 쓸 수 있다는 것을 이 절에서 설명했습니다. 하지만 성급하게 지레짐작하지는 마세요. 행렬을 이 이야기에 가져온 것은 단순히 종이와 잉크를 절약하는 데만 목적이 있는 것이 아니라 한층 더 깊은 의미를 담고 있습니다. 행렬을 한 번 더 보면 성분의 속박에서 벗어나 도형적인 해석이 가능해집니다. 그것이야말로 진면목입니다.

5.2.3　벡터 · 행렬의 연산과 기댓값

앞서 말한 도형적인 해석을 당장이라도 보여주고 싶지만, 거기에 도달하기에는 아직 기초 체력이 부족합니다. 준비는 간단하지만 반드시 필요하므로, 열심히 해서 이 절에서 끝냅시다. '랜덤하게 변하는 벡터'나 '랜덤하게 변하는 행렬'을 다루기 위해 질문 5.1에서는 벡터와 행렬에 확률변수라는 것을 도입했습니다. 앞에서는 벡터와 행렬의 연산과 기댓값이 뒤섞인 식이 당연한 것처

럼 나옵니다. 이 책이 특별히 마니아적이라서 그런 것이 아니라 통계 ○○ 분석, 패턴 인식 또는 신호 처리 등의 응용에서도 그런 식의 계산은 자주 나옵니다. 이러한 계산을 훈련하는 것이 이 절의 목적입니다.

X를 n차원의 변하는 열벡터라고 합시다(n이 싫으면 구체적으로 2차원이나 3차원을 가정해도 상관없습니다). X의 기댓값은 이미 말한 대로 성분별 기댓값으로 정의됩니다.

$$\mathrm{E}[\boldsymbol{X}] = \mathrm{E}\left[\begin{pmatrix} X_1 \\ X_2 \\ \vdots \\ X_n \end{pmatrix}\right] \equiv \begin{pmatrix} \mathrm{E}[X_1] \\ \mathrm{E}[X_2] \\ \vdots \\ \mathrm{E}[X_n] \end{pmatrix}$$

상수 c, 상수 벡터 $\boldsymbol{a}$, 벡터 확률변수 $\boldsymbol{Y}$에 대해 하던 대로

$$\mathrm{E}[c\boldsymbol{X}] = c\,\mathrm{E}[\boldsymbol{X}], \quad \mathrm{E}[\boldsymbol{X} + \boldsymbol{a}] = \mathrm{E}[\boldsymbol{X}] + \boldsymbol{a}, \quad \mathrm{E}[\boldsymbol{X} + \boldsymbol{Y}] = \mathrm{E}[\boldsymbol{X}] + \mathrm{E}[\boldsymbol{Y}], \quad \mathrm{E}[\boldsymbol{a}] = \boldsymbol{a}$$

처럼 되는 것은 위의 정의에서 한눈에 알 수 있습니다($\boldsymbol{a}$나 $\boldsymbol{Y}$의 차원은 $\boldsymbol{X}$와 같습니다).

변화가 없는 상수 벡터 $\boldsymbol{a}$가 주어졌을 때, $\boldsymbol{a}$와 $\boldsymbol{X}$의 내적의 기댓값은

$$\mathrm{E}[\boldsymbol{a} \cdot \boldsymbol{X}] = \mathrm{E}[\boldsymbol{a}^T \boldsymbol{X}] = \boldsymbol{a}^T\,\mathrm{E}[\boldsymbol{X}] = \boldsymbol{a} \cdot \mathrm{E}[\boldsymbol{X}]$$

로 계산합니다. 여기서 "헉" 소리를 낸 사람은 부록 A.6절 '내적과 길이'를 참조해주세요. 단, $\boldsymbol{a}$ 와 $\boldsymbol{X}$는 같은 크기라는 전제입니다(그렇지 않으면 내적이 정의되지 않습니다). 또한, 행벡터에 열벡터를 곱하면 숫자가 되는 점도 주의하세요.[6] 성분을 써보면 지금의 식이 성립하는 것은 분명 합니다. 실제로 $\boldsymbol{X} \equiv (X_1, \dots, X_n)^T$와 $\boldsymbol{a} \equiv (a_1, \dots, a_n)^T$에 대해

$$\begin{cases} \mathrm{E}[\boldsymbol{a}^T \boldsymbol{X}] = \mathrm{E}\left[(a_1, \dots, a_n)\begin{pmatrix} X_1 \\ \vdots \\ X_n \end{pmatrix}\right] = \mathrm{E}[a_1 X_1 + \cdots + a_n X_n] = a_1\,\mathrm{E}[X_1] + \cdots + a_n\,\mathrm{E}[X_n] \\[4mm] \boldsymbol{a}^T\,\mathrm{E}[\boldsymbol{X}] = (a_1, \dots, a_n)\,\mathrm{E}\left[\begin{pmatrix} X_1 \\ \vdots \\ X_n \end{pmatrix}\right] = (a_1, \dots, a_n)\begin{pmatrix} \mathrm{E}[X_1] \\ \vdots \\ \mathrm{E}[X_n] \end{pmatrix} = a_1\,\mathrm{E}[X_1] + \cdots + a_n\,\mathrm{E}[X_n] \end{cases}$$

으로 변형할 수 있으므로 이 둘은 일치합니다.

---

6 별것 아니라고 생각할 수 있지만, 만약 조금이라도 수상하면 선형대수를 복습하세요. 초보자는 어느 것이 숫자고 어느 것이 벡터고 어느 것이 행렬인지를 항상 확인한다는 마음으로 임해주세요. 수식에 있는 각 문자, 각 부분이 숫자인지 벡터인지 행렬인지 모두 즉시 대답할 수 있을 때까지 앞으로 나아가서는 안 됩니다. 여기는 매우 험한 곳이라 아무 생각 없이 글자만 바라보고 있으면 바로 조난을 당합니다.

변화가 없는 단순한 행렬 A에 대해서도 마찬가지로

$$\mathrm{E}[A\boldsymbol{X}] = A\,\mathrm{E}[\boldsymbol{X}] \tag{5.1}$$

가 성립합니다. 단, 행렬과 벡터의 곱셈이 정의되도록 A의 열의 수(너비)는 n이라는 전제입니다. 사이즈에 대한 이런 단서는 이후 생략하기 때문에 항상 '연산이 정의되는 적절한 크기임을 전제한다'고 덧붙여서 읽어주세요. 지금의 식이 성립하는 이유는 행렬 A를 옆으로 잘라서 '행벡터를 쌓아올린 것'을 보면 알 수 있습니다. 즉

$$A = \left(\begin{array}{c} \boldsymbol{a}_1^T \\ \hline \vdots \\ \hline \boldsymbol{a}_m^T \end{array}\right)$$

라 하고, 이전 결과를 쓰면

$$\begin{cases} \mathrm{E}[A\boldsymbol{X}] = \mathrm{E}\left[\left(\begin{array}{c} \boldsymbol{a}_1^T \\ \hline \vdots \\ \hline \boldsymbol{a}_m^T \end{array}\right)\left(\boldsymbol{X}\right)\right] = \mathrm{E}\left[\begin{pmatrix} \boldsymbol{a}_1^T\boldsymbol{X} \\ \vdots \\ \boldsymbol{a}_m^T\boldsymbol{X} \end{pmatrix}\right] = \begin{pmatrix} \mathrm{E}[\boldsymbol{a}_1^T\boldsymbol{X}] \\ \vdots \\ \mathrm{E}[\boldsymbol{a}_m^T\boldsymbol{X}] \end{pmatrix} = \begin{pmatrix} \boldsymbol{a}_1^T\,\mathrm{E}[\boldsymbol{X}] \\ \vdots \\ \boldsymbol{a}_m^T\,\mathrm{E}[\boldsymbol{X}] \end{pmatrix} \\ A\,\mathrm{E}[\boldsymbol{X}] = \left(\begin{array}{c} \boldsymbol{a}_1^T \\ \hline \vdots \\ \hline \boldsymbol{a}_m^T \end{array}\right)\mathrm{E}\left[\left(\boldsymbol{X}\right)\right] = \begin{pmatrix} \boldsymbol{a}_1^T\,\mathrm{E}[\boldsymbol{X}] \\ \vdots \\ \boldsymbol{a}_m^T\,\mathrm{E}[\boldsymbol{X}] \end{pmatrix} \end{cases}$$

를 얻을 수 있습니다. 그래서 둘은 같습니다. $\boldsymbol{X}$가 열벡터인 것을 잊지 않도록 모양을 강조해서 썼습니다. 여기서 "헉" 소리를 낸 사람은 행렬과 벡터의 곱셈 방법을 복습해주세요.

변화하는 행렬 R에 대해서도 그 기댓값은 마찬가지로 성분마다 정의됩니다. 위 결과의 행렬인 A를 변화가 없는 단순한 행렬이라고 할 때

$$\mathrm{E}[AR] = A\,\mathrm{E}[R]$$

이 된다는 것입니다. 어느 것이 변하는 양이고 어느 것이 변하지 않는 양인지 확실히 의식하면서 읽어주세요. 그것을 놓치면 뭐가 뭔지 모르게 되어버리니까요. 이것이 성립하는 이유는 R을 세로로 잘라서 열벡터에 나눠주기 때문입니다. 즉,

$$R = \left(\ \boldsymbol{R}_1\ \middle|\ \cdots\ \middle|\ \boldsymbol{R}_k\ \right)\quad (\boldsymbol{R}_1, \ldots, \boldsymbol{R}_k\text{는 }k\text{개의 변화하는 열벡터})$$

라 할 때, 이전 결과를 써서

$$\begin{cases} \mathrm{E}[AR] = \mathrm{E}\left[\begin{pmatrix} & A & \end{pmatrix}\begin{pmatrix} \boldsymbol{R}_1 & \cdots & \boldsymbol{R}_k \end{pmatrix}\right] = \mathrm{E}\left[\begin{pmatrix} A\boldsymbol{R}_1 & \cdots & A\boldsymbol{R}_k \end{pmatrix}\right] \\[2mm] = \begin{pmatrix} \mathrm{E}[A\boldsymbol{R}_1] & \cdots & \mathrm{E}[A\boldsymbol{R}_k] \end{pmatrix} = \begin{pmatrix} A\,\mathrm{E}[\boldsymbol{R}_1] & \cdots & A\,\mathrm{E}[\boldsymbol{R}_k] \end{pmatrix} \\[2mm] A\,\mathrm{E}[R] = \begin{pmatrix} & A & \end{pmatrix}\begin{pmatrix} \mathrm{E}[\boldsymbol{R}_1] & \cdots & \mathrm{E}[\boldsymbol{R}_k] \end{pmatrix} = \begin{pmatrix} A\,\mathrm{E}[\boldsymbol{R}_1] & \cdots & A\,\mathrm{E}[\boldsymbol{R}_k] \end{pmatrix} \end{cases}$$

이므로 둘은 일치합니다. A가 행렬인 것을 잊지 않도록 모양을 강조해서 썼습니다. 여기서 "헉" 소리를 낸 사람은 행렬의 곱셈 방법을 복습해주세요.

감을 잡았나요? 요컨대 변하지 않는 양의 곱셈은 기댓값 밖으로 꺼내도 좋다고 매번 이야기합니다. 다만 다음 내용은 조금 주의하세요. B를 변화하지 않는 단순한 행렬이라고 할 때

$$\mathrm{E}[RB] = \mathrm{E}[R]B$$

입니다. 이것을 무심코 $B\,\mathrm{E}[R]$이라고 착각해서는 안 됩니다. 수가 아닌 행렬의 이야기이므로, 곱셈의 좌우를 바꾸면 답이 바뀌게 됩니다. 좌우의 결과를 모두 적용하고, 변화하지 않는 단순한 행렬 A, B에 대해

$$\mathrm{E}[ARB] = A\,\mathrm{E}[R]B$$

로 변형하는 것도 좋습니다. 또 금방 알 수 있기 때문에 건너뛰었는데, 상수 c와 변화가 없는 행렬 A와 변하는 행렬 S에 대해

$$\mathrm{E}[cR] = c\,\mathrm{E}[R], \quad \mathrm{E}[R+A] = \mathrm{E}[R]+A, \quad \mathrm{E}[R+S] = \mathrm{E}[R]+\mathrm{E}[S], \quad \mathrm{E}[A] = A$$

가 되는 것도 늘 하던 대로입니다(성분마다 따져봅시다). 더욱이 $\mathrm{E}[R^T] = \mathrm{E}[R]^T$는 말할 필요도 없습니다. 이 우변은 $(\mathrm{E}[R])^T$라는 의미입니다. 가령 다음과 같습니다.

$$\mathrm{E}\left[\begin{pmatrix} a & b & c \\ d & e & f \end{pmatrix} \text{의 전치}\right] \text{와} \quad \mathrm{E}\left[\begin{pmatrix} a & b & c \\ d & e & f \end{pmatrix}\right] \text{의 전치는 결국} \begin{pmatrix} \mathrm{E}[a] & \mathrm{E}[d] \\ \mathrm{E}[b] & \mathrm{E}[e] \\ \mathrm{E}[c] & \mathrm{E}[f] \end{pmatrix}$$

예제 5.11

열벡터 확률변수 $\boldsymbol{X}$에 대한 다음 공식을 증명하세요.[7]

$$\mathrm{V}[\boldsymbol{X}] = \mathrm{E}[\boldsymbol{X}\boldsymbol{X}^T] - \mathrm{E}[\boldsymbol{X}]\,\mathrm{E}[\boldsymbol{X}]^T$$

답

$\mathrm{E}[\boldsymbol{X}] \equiv \boldsymbol{\mu}$로 둡니다. $\boldsymbol{\mu}$가 변화하지 않는 단순한 벡터인 것에 주의하면 다음과 같습니다.

$$\begin{aligned}
\mathrm{V}[\boldsymbol{X}] &= \mathrm{E}[(\boldsymbol{X} - \boldsymbol{\mu})(\boldsymbol{X} - \boldsymbol{\mu})^T] = \mathrm{E}[(\boldsymbol{X} - \boldsymbol{\mu})(\boldsymbol{X}^T - \boldsymbol{\mu}^T)] = \mathrm{E}[\boldsymbol{X}\boldsymbol{X}^T - \boldsymbol{X}\boldsymbol{\mu}^T - \boldsymbol{\mu}\boldsymbol{X}^T + \boldsymbol{\mu}\boldsymbol{\mu}^T] \\
&= \mathrm{E}[\boldsymbol{X}\boldsymbol{X}^T] - \mathrm{E}[\boldsymbol{X}\boldsymbol{\mu}^T] - \mathrm{E}[\boldsymbol{\mu}\boldsymbol{X}^T] + \mathrm{E}[\boldsymbol{\mu}\boldsymbol{\mu}^T] \\
&= \mathrm{E}[\boldsymbol{X}\boldsymbol{X}^T] - \mathrm{E}[\boldsymbol{X}]\boldsymbol{\mu}^T - \boldsymbol{\mu}\,\mathrm{E}[\boldsymbol{X}]^T + \boldsymbol{\mu}\boldsymbol{\mu}^T \\
&= \mathrm{E}[\boldsymbol{X}\boldsymbol{X}^T] - \boldsymbol{\mu}\boldsymbol{\mu}^T - \boldsymbol{\mu}\boldsymbol{\mu}^T + \boldsymbol{\mu}\boldsymbol{\mu}^T = \mathrm{E}[\boldsymbol{X}\boldsymbol{X}^T] - \boldsymbol{\mu}\boldsymbol{\mu}^T
\end{aligned}$$

5.2.4 벡터 확률변수에 대해 좀 더 알아보자

좋은 기회이니 벡터 확률변수에 대해 좀 더 이야기할게요.

벡터 확률변수 $\boldsymbol{X} = (X_1, \dots, X_n)^T$의 **확률밀도함수**에 대해서는 4.4.1절 '결합분포'에서 이미 소개했습니다. 일부러 벡터를 쓰고 있으니 지루하게 성분을 쓰는 대신 $f_{\boldsymbol{X}}(x)$와 같은 표기를 사용합시다.

$$f_{\boldsymbol{X}}(\boldsymbol{x}) \equiv f_{X_1, \dots, X_n}(x_1, \dots, x_n) \qquad \text{단, } \boldsymbol{x} \equiv \begin{pmatrix} x_1 \\ \vdots \\ x_n \end{pmatrix}$$

이때 4.4.7절 '임의 영역의 확률 · 균등분포 · 변수 변환'에서 말했듯이

$$\mathrm{P}(\boldsymbol{X} \text{가 어떤 영역 } D \text{에 들어 있다}) = \int \cdots \int f_{\boldsymbol{X}}(\boldsymbol{x})\, dx_1 \cdots dx_n \quad \text{(단, 적분 영역은 } D \text{다.)}$$

입니다.[8] 그것을

$$\mathrm{P}(\boldsymbol{X} \text{가 어떤 영역 } D \text{에 들어 있다}) = \int_D f_{\boldsymbol{X}}(\boldsymbol{x})\, d\boldsymbol{x}$$

라고 표기하는 것도 이공계에서는 흔히 볼 수 있습니다. 같은 방식을 사용하면 기댓값도

$$\mathrm{E}[\boldsymbol{X}] = \int_{\mathbf{R}^n} \boldsymbol{x} f_{\boldsymbol{X}}(\boldsymbol{x})\, d\boldsymbol{x}$$

처럼 쓸 수 있습니다. $\mathbf{R}^n$은 $\boldsymbol{x}$가 존재하는 n차원의 실벡터 공간 전체를 나타냅니다. 주어진 함수

---

7 예제 5.4에서 제시한 공식 $\mathrm{Cov}[X, Y] = \mathrm{E}[XY] - \mathrm{E}[X]\,\mathrm{E}[Y]$와도 비교합시다.

8 D는 집합이므로 대문자로 쓰고 있을 뿐이며, 딱히 D가 흔들리는 것은 아닙니다. 또한, 이 책에서는 이렇게 적분 범위를 별도로 명기하면 $\int$만으로도 정적분을 나타내게 하겠습니다.

g에 대해 $g(\boldsymbol{X})$의 기댓값을 구하고 싶을 때도

$$\mathrm{E}[g(\boldsymbol{X})] = \int_{\mathbf{R}^n} g(\boldsymbol{x}) f_{\boldsymbol{X}}(\boldsymbol{x}) \, d\boldsymbol{x}$$

입니다. (모두 4.5.1절을 그대로 확장한 것입니다.)

벡터 확률변수 $\boldsymbol{X}$, $\boldsymbol{Y}$, $\boldsymbol{Z}$의 독립성은

$$\mathrm{P}(\{\text{'}\boldsymbol{X}\text{의 조건'이고 '}\boldsymbol{Y}\text{의 조건'이고 '}\boldsymbol{Z}\text{의 조건'}\}) = \mathrm{P}(\boldsymbol{X}\text{의 조건})\,\mathrm{P}(\boldsymbol{Y}\text{의 조건})\,\mathrm{P}(\boldsymbol{Z}\text{의 조건})$$

이 반드시 성립하는 것으로 정의됩니다. 이 표현은 벡터든 실수든 이산값이든 상관없이 범용적으로 독립을 정의할 수 있습니다. $\boldsymbol{X}$, $\boldsymbol{Y}$, $\boldsymbol{Z}$의 분포가 확률밀도함수로 표현될 때 각각의 성분을 $X_1, \dots, X_l, Y_1, \dots, Y_m, Z_1, \dots, Z_n$으로 나타낼 수 있고

$$\begin{aligned}
&f_{X_1,\dots,X_l,Y_1,\dots,Y_m,Z_1,\dots,Z_n}(x_1,\dots,x_l,y_1,\dots,y_m,z_1,\dots,z_n) \\
&= f_{X_1,\dots,X_l}(x_1,\dots,x_l)\, f_{Y_1,\dots,Y_m}(y_1,\dots,y_m)\, f_{Z_1,\dots,Z_n}(z_1,\dots,z_n)
\end{aligned}$$

이 성립하는 것은 서로 독립임을 의미합니다. 이 좌변을 $f_{\boldsymbol{X},\boldsymbol{Y},\boldsymbol{Z}}(\boldsymbol{x},\boldsymbol{y},\boldsymbol{z})$라고 짧게 쓰면

$$\boldsymbol{X}, \boldsymbol{Y}, \boldsymbol{Z}\text{가 독립} \quad \Leftrightarrow \quad f_{\boldsymbol{X},\boldsymbol{Y},\boldsymbol{Z}}(\boldsymbol{x},\boldsymbol{y},\boldsymbol{z}) = f_{\boldsymbol{X}}(\boldsymbol{x}) f_{\boldsymbol{Y}}(\boldsymbol{y}) f_{\boldsymbol{Z}}(\boldsymbol{z}) \quad (\text{임의의 } \boldsymbol{x},\boldsymbol{y},\boldsymbol{z} \text{에서 성립})$$

라는 익숙한 모양입니다(4.4.6절). 변수가 두 개 또는 네 개라도 마찬가지입니다.

실수에 성립하는 각종 성질이 벡터에 어떻게 확장되는지는 정의로 돌아가면 각자 판단할 수 있을 것입니다. 가령 실수 확률변수 W와 벡터 확률변수 $\boldsymbol{X}$에 대해 두 변수가 서로 독립이면 $\mathrm{E}[W\boldsymbol{X}] = \mathrm{E}[W]\,\mathrm{E}[\boldsymbol{X}]$가 성립합니다. 이는 독립이 아닐 때는 보장되지 않습니다. 변화하는 벡터끼리의 내적이나 외적의 기댓값에 대해서도 비슷한 결과를 얻을 수 있습니다. 즉각 이해되지 않으면 성분을 써보세요.

5.2.5 변수를 바꾸면 공분산행렬이 어떻게 달라질까?

필요한 기초 체력이 준비됐으니 본론으로 돌아갑니다. 앞서 예고한 대로 성분의 족쇄에서 벗어나 도형적인 해석을 하는 것이 지금부터의 목표입니다. 이를 위한 수단으로 변수 변환이 사용됩니다.

$\boldsymbol{X}$를 n차원의 변화하는 열벡터라고 합니다. $\boldsymbol{X}$의 기댓값 벡터를 $\boldsymbol{\mu} \equiv \mathrm{E}[\boldsymbol{X}]$로 둘 때, $\boldsymbol{X}$의 공분산행렬은

$$V[\boldsymbol{X}] = E[(\boldsymbol{X} - \boldsymbol{\mu})(\boldsymbol{X} - \boldsymbol{\mu})^T]$$

로 표현됩니다(질문 5.2). 지금 상수 a를 $\boldsymbol{X}$에 곱하면 그 공분산행렬은

$$V[a\boldsymbol{X}] = a^2\, V[\boldsymbol{X}]$$

입니다. 이유는 다음과 같습니다.

$E[a\boldsymbol{X}] = a\, E[\boldsymbol{X}] = a\boldsymbol{\mu}$ 이므로,
$$V[a\boldsymbol{X}] = E[(a\boldsymbol{X} - a\boldsymbol{\mu})(a\boldsymbol{X} - a\boldsymbol{\mu})^T] = E[a^2(\boldsymbol{X} - \boldsymbol{\mu})(\boldsymbol{X} - \boldsymbol{\mu})^T] = a^2\, E[(\boldsymbol{X} - \boldsymbol{\mu})(\boldsymbol{X} - \boldsymbol{\mu})^T]$$
$$= a^2\, V[\boldsymbol{X}]$$

또한, 변하지 않는 열벡터 $\boldsymbol{a}$에 대해서는

$$V[\boldsymbol{a}^T \boldsymbol{X}] = \boldsymbol{a}^T\, V[\boldsymbol{X}]\boldsymbol{a}$$

가 성립합니다. 좌변의 $\boldsymbol{a}^T \boldsymbol{X}$는 '행벡터 곱하기 열벡터'로 숫자가 될 것이고, 우변도 '행벡터 곱하기 정사각행렬 곱하기 열벡터'로 역시 숫자가 된다는 것을 확실히 의식합시다. 처음 보면 예상 외의 모습일지도 모르지만, $\boldsymbol{a}$가 두 번 곱해지는 부근에서 지금까지의 결과와 공통점을 느낄 수 있을 것입니다.

마지막은 위의 행렬 버전입니다. A를 변하지 않는 보통의 행렬이라고 할 때

$$V[A\boldsymbol{X}] = A\, V[\boldsymbol{X}]A^T \tag{5.2}$$

입니다. A는 정사각행렬이 아니어도 괜찮습니다. 이 공식은 다음과 같이 도출됩니다(행렬의 곱셈 성질을 사용합니다).

$E[A\boldsymbol{X}] = A\, E[\boldsymbol{X}] = A\boldsymbol{\mu}$ 이므로,
$$V[A\boldsymbol{X}] = E[(A\boldsymbol{X} - A\boldsymbol{\mu})(A\boldsymbol{X} - A\boldsymbol{\mu})^T] \quad \cdots\cdots \text{위의 식을 대입했다.}$$
$$= E\left[\{A(\boldsymbol{X} - \boldsymbol{\mu})\}\{A(\boldsymbol{X} - \boldsymbol{\mu})\}^T\right] \quad \cdots\cdots \text{분배 법칙으로 공통항을 묶고}$$
$$= E\left[\{A(\boldsymbol{X} - \boldsymbol{\mu})\}\{(\boldsymbol{X} - \boldsymbol{\mu})^T A^T\}\right] \quad \cdots\cdots \text{일반적으로 } (\bigcirc\triangle)^T = \triangle^T \bigcirc^T$$
$$= E\left[A\{(\boldsymbol{X} - \boldsymbol{\mu})(\boldsymbol{X} - \boldsymbol{\mu})^T\} A^T\right] \quad \cdots\cdots \text{일반적으로 } (\bigcirc\triangle)(\square\bigstar) = \bigcirc(\triangle\square)\bigstar$$
$$= A\, E\left[(\boldsymbol{X} - \boldsymbol{\mu})(\boldsymbol{X} - \boldsymbol{\mu})^T\right] A^T \quad \cdots\cdots \text{변하지 않는 행렬은 E의 밖으로}$$
$$= A\, V[\boldsymbol{X}]A^T \quad \cdots\cdots \text{한가운데는 바로 } V[\boldsymbol{X}]$$

이전의 벡터 버전에서 $V[\boldsymbol{a}^T \boldsymbol{X}] = \boldsymbol{a}^T\, V[\boldsymbol{X}]\, \boldsymbol{a}$는 이것의 특별한 경우입니다($A$가 $1 \times n$ 행렬).

5.2.6 임의 방향에서의 편차

분산과 공분산의 이야기를 행렬에 옮김으로써 어떤 도형적 해석을 할 수 있는지, 드디어 그 일부분을 마주할 때가 왔습니다.

평소대로 $\boldsymbol{X} = (X_1, \dots, X_n)^T$를 변하는 n차원의 열벡터라고 합시다. 공분산행렬 $V[\boldsymbol{X}]$의 대각성분에 대해 각 성분의 분산 $V[X_1]$, $V[X_2]$, $\dots$, $V[X_n]$이 줄지어 서 있습니다(5.2.1절). 그림 5-9($n = 2$인 경우)에 대해 말하자면 $V[X_1]$은 행방향의 편차, $V[X_2]$는 열방향의 편차가 됩니다. 이 예시에서 $V[X_1] > V[X_2]$이므로, 행방향이 열방향보다 넓게 흩어져 있습니다.

▼ 그림 5-9 좌표축 방향의 편차(농담 무늬는 확률밀도함수 $f_{X_1, X_2}(x_1, x_2)$를 나타낸다.)

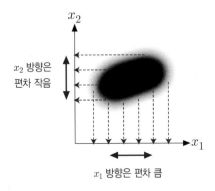

그럼 그림 5-10과 같은 비스듬한 방향의 편차는 어떻게 알 수 있을까요? 사실 그것도 공분산행렬에서 구할 수 있습니다. 공분산행렬에는 좌표축의 방향뿐만 아니라 모든 방향의 편차가 정보로 포함되어 있습니다. 지금부터 살펴보겠습니다.

▼ 그림 5-10 사선 방향의 편차를 구하고 싶다.

방향은 길이가 1인 벡터 $\boldsymbol{u}$를 사용해 그림 5-11처럼 지정합니다. $\boldsymbol{u}$는 변하지 않는 보통의 벡터입니다.

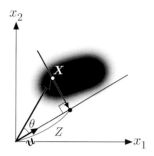

▼ 그림 5-11 임의 방향의 편차를 재기 위해 그 방향으로 사영한다.

하고 싶은 일을 알기 쉽게 말하면 이렇게 됩니다. 변하는 벡터 X를 그림 5-11처럼 u 방향의 직선에 사영하고 직선상의 위치를 Z라고 합니다. Z는 원점에서 잰 그림자의 길이며 u와 같은 방향은 양수고, u와 반대 방향은 음수라고 할 수 있습니다. X가 변하는 벡터이므로 Z는 변하는 수(실수의 확률변수)가 됩니다. 이렇게 만든 Z에 대해 분산 $V[Z]$를 구해봅시다. 그러기 위해 우선 X와 Z의 관계가

$$Z = u^T X$$

인 것을 확인하세요. 실제 그림 5-11을 보면 $Z = \|X\| \cos \theta$입니다($\|X\|$는 벡터 X의 길이, θ는 X와 u가 이루는 각).[9] 또한, 내적의 정의와 성질(부록 A.6절)에서

$$u^T X = u \cdot X = \|u\|\|X\| \cos \theta$$

지만, $\|u\| = 1$이라는 전제에 의해 $u^T X = \|X\| \cos \theta$입니다. 이는 바로 Z와 일치합니다. 그러므로 문제는

길이가 1인 지정된 벡터 u에 대해 $V[u^T X]$를 구하세요.

라는 것입니다. 이 변환 법칙은 앞에서 조사했습니다.

$$V[u^T X] = u^T V[X] u$$

가 답입니다. 이렇게 확실히 공분산행렬 $V[X]$에서 '임의 방향의 편차'를 계산할 수 있었습니다. 5.4절 '공분산행렬을 보면 타원으로 생각하라'에서는 지금의 결과를 단서로 삼아 공분산행렬을 표시해보겠습니다.

---

9 각도에는 그리스 문자 θ(세타)가 많이 쓰입니다. 또 6장의 주석 1번처럼 미지의 파라미터에도 θ가 사용됩니다.

5.3 다변량 정규분포

공분산행렬의 이야기는 여기까지로 일단락하고, 다음으로 다변량 정규분포에 대해 설명하겠습니다.

다변량 정규분포는 이름 그대로 정규분포의 다차원 버전입니다(**다변량 정규분포**라고도 합니다). 정규분포는 기초적이고 중요한 분포였습니다(4.6절). 다변량 정규분포도 마찬가지입니다.

- 수식으로 다루기 쉽고, 깔끔한 이론적 결과를 얻기 쉽다.
- 현실의 대상에서 다변량 정규분포로 되어 있는(다변량 정규분포라고 생각/근사할 수 있는) 것이 많다.

라는 두 가지 점에서 다변량 정규분포가 사용됩니다. 이론이든 응용이든 일단 다변량 정규분포의 경우를 생각해보고, 만족스럽지 않으면 다른 분포의 경우를 시도하는 것이 일반적입니다.

그렇기 때문에 확률통계를 응용한 방법으로 다변량 정규분포가 자주 나옵니다. 확률의 입문 클래스라는 이유로 다변량 정규분포까지 설명하지 않는 수업도 많을 것 같은데, 언제까지나 도망칠 수는 없습니다. 수식으로는 무서운 듯 보여도, 타원과 타원체의 그림으로 많은 결과를 설명할 수 있으므로 기하학적 이미지를 떠올리며 나아갑시다.

5.3.1 다변량 표준정규분포

먼저 표준정규분포를 따르는 i.i.d.한 확률변수들 $Z_1, \ldots, Z_n$을 늘어놓은 열벡터 $\boldsymbol{Z} \equiv (Z_1, \ldots, Z_n)^T$를 생각해봅시다. 이런 $\boldsymbol{Z}$가 따르는 분포를 **n차원 표준정규분포**라고 합니다.

2차원 표준정규분포를 그림 5–12에서 나타냈습니다. 원점 주위가 나오기 쉽고, 원점에서 멀어질수록 나오기 어렵습니다. 어떤 것을 측정했을 때 오차의 분포는 이런 모양이 되기 쉽습니다. 표적인 원점(즉, 오차 0)을 중심으로 원점에서 극단적으로 벗어난 값은 나오기 어렵습니다. 이는 자연스러운 모습이라고 느낄 것입니다. 게다가 위쪽, 오른쪽 아래, 또는 특정 방향으로 어긋나기 쉬운 것이 아니라 어느 방향에서도 균등합니다. 설정에 따라 달라지지만 이것이 자연스러운 경우는 많을 것입니다.

▼ 그림 5-12 2차원 표준정규분포의 확률밀도(왼쪽)와 확률밀도함수(오른쪽)

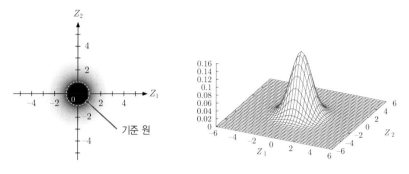

기준 원

$Z_1, \dots, Z_n$이 독립적이라는 전제하에 $\boldsymbol{Z}$의 확률밀도함수는

$$f_{\boldsymbol{Z}}(\boldsymbol{z}) = g(z_1)g(z_2)\dots g(z_n) \quad \text{단, } \boldsymbol{z} \equiv (z_1, z_2, \dots, z_n)^T, \; g\text{는 표준정규분포의 확률밀도함수}$$

입니다. 구체적으로는

$$f_{\boldsymbol{Z}}(\boldsymbol{z}) = c\exp\left(-\frac{z_1^2}{2}\right) \cdot c\exp\left(-\frac{z_2^2}{2}\right) \cdots c\exp\left(-\frac{z_n^2}{2}\right)$$

이라는 모양입니다. c는 '확률의 총합이 1'이라는 조건으로부터 정해지는 상수였습니다. 정리하면

$$f_{\boldsymbol{Z}}(\boldsymbol{z}) = d\exp\left(-\frac{1}{2}\|\boldsymbol{z}\|^2\right)$$

을 얻을 수 있습니다. 이것이 n차원 표준정규분포의 확률밀도함수입니다. d는 이전과 같이 '확률의 총합이 1'이라는 조건으로부터 정해지는 상수며,[10]

$$\|\boldsymbol{z}\| = \sqrt{z_1^2 + z_2^2 + \cdots + z_n^2} = \sqrt{\boldsymbol{z}^T\boldsymbol{z}}$$

는 벡터 $\boldsymbol{z}$의 길이를 나타냅니다. 이 결과로부터 특히 확률밀도함수 $f_{\boldsymbol{Z}}(\boldsymbol{z})$의 **등고선**이 원(또는 **등위면**이 구나 초구[*])이라는 것을 알 수 있었습니다.[11]

---

10 구체적으로는 $c = 1/\int_{-\infty}^{\infty} \exp(-z^2/2)dz = 1/\sqrt{2\pi}$보다 $d = c^n = 1/\sqrt{2\pi}^{\,n}$입니다. 이를 기억하거나 스스로 도출할 수 있게 되는 것이 나중에는 좋습니다. 입문 단계에서는 '(몇 배의) $\exp(-\|\boldsymbol{z}\|^2/2)$'라는 부분을 주목하세요.

* 〔역주〕 초구(超球)란 구를 임의의 차원으로 일반화한 공간을 말하는 기하학의 개념입니다.

11 등위면은 등고선의 고차원 버전입니다. 요컨대 두 가지 모두 함수의 값이 같은 점을 이어줄 수 있는 도형입니다.

5.3 왜 원인가요?

$f_Z(z)$가 $\|z\|$의 식으로 되어 있기 때문입니다. 벡터 z 자체를 몰라도 z의 길이만 알면 $f_Z(z)$를 계산할 수 있습니다. 이 사실은 벡터의 길이가 같다면 f_Z의 값도 같음을 의미합니다. 즉, (원점을 중심으로) 원주상에서는 어디서나 f_Z가 일정합니다. 따라서 등고선은 원이 됩니다. 함수 f_Z의 등고선이란 f_Z의 값이 동일해지는 점을 잇는 것이기 때문입니다.

Z의 기댓값 벡터와 공분산행렬은 다음과 같이 계산됩니다. $Z_1, \ldots, Z_n$은 각각 표준정규분포를 따르고, 게다가 서로 독립이라는 설정이었던 것을 생각하세요. 예를 들어 $n = 3$이면

$$\mathrm{E}[Z] = \begin{pmatrix} \mathrm{E}[Z_1] \\ \mathrm{E}[Z_2] \\ \mathrm{E}[Z_3] \end{pmatrix} = \begin{pmatrix} 0 \\ 0 \\ 0 \end{pmatrix} = o$$

$$\mathrm{V}[Z] = \begin{pmatrix} \mathrm{V}[Z_1] & \mathrm{Cov}[Z_1, Z_2] & \mathrm{Cov}[Z_1, Z_3] \\ \mathrm{Cov}[Z_2, Z_1] & \mathrm{V}[Z_2] & \mathrm{Cov}[Z_2, Z_3] \\ \mathrm{Cov}[Z_3, Z_1] & \mathrm{Cov}[Z_3, Z_2] & \mathrm{V}[Z_3] \end{pmatrix} = \begin{pmatrix} 1 & 0 & 0 \\ 0 & 1 & 0 \\ 0 & 0 & 1 \end{pmatrix}$$

일반 n차원에서도 같은 방식으로 기댓값은 n차원 제로 벡터 o, 공분산행렬은 n차 **단위행렬** I입니다(단위행렬을 E로 표시하는 사람도 있지만 이 책에서는 I를 사용합니다).

$$I = \begin{pmatrix} 1 & & \\ & \ddots & \\ & & 1 \end{pmatrix} \qquad \text{(빈 칸은 모두 0)}$$

이상을 근거로 Z의 분포가 n차원 표준정규분포임을 $Z \sim \mathrm{N}(o, I)$라고 써서 나타냅니다. 이는 1차원에서의 기법을 정직하게 확장한 모양입니다.

그림 5-12에서는 기준으로 **단위원**(원점 중심에서 반지름이 1인 원)을 그렸습니다. 이 원을 보며 다음 사실을 지적해두겠습니다.

- 각 성분의 표준편차는 모두 1이다(이는 만드는 방법에서부터 당연한 사실이다).
- 게다가 좌표축 방향에 국한되지 않고 어떤 방향의 표준편차도 모두 1이다.

실제로 다변량 표준정규분포의 등고선은 원(즉, 어느 방향도 분포의 모습은 같다)이므로 전자로부터 후자가 유도됩니다. '전형적인 편차 폭'이 어느 방향이든 1이니까 반지름이 1인 원을 기준으로 그리는 것은 자연스럽습니다. 만약 잘 이해되지 않는다면 표준편차에 대해 질문 3.6을 복습해보세요.

5.3.2 일반적인 다변량 정규분포

1차원일 때는 표준정규분포를 따르는 확률변수 $Z \sim N(0, 1)$을 확대 축소하거나 평행이동함으로써 여러 정규분포를 따르는 확률변수 $X \equiv \sigma Z + \mu \sim N(\mu, \sigma^2)$이 만들어졌습니다(4.6.2절). 그것과 비슷하게 n차원 표준정규분포를 따르는 확률변수 $Z \sim N(o, I)$를 변환해서 여러 가지 변화를 만들어냅니다.

확대 축소와 평행이동

우선은 1차원일 때와 동일하게 확대 축소와 평행이동을 해서 $X \equiv \sigma Z + \mu$를 만들어봅시다. σ는 양의 정수, μ는 n차원의 상수 벡터입니다. 그러면 X의 기댓값과 분산은

$$\mathrm{E}[X] = \sigma \, \mathrm{E}[Z] + \mu = \mu$$

$$\mathrm{V}[X] = \sigma^2 \, \mathrm{V}[Z] = \sigma^2 I = \begin{pmatrix} \sigma^2 & & \\ & \ddots & \\ & & \sigma^2 \end{pmatrix} \quad \text{(빈 칸은 모두 0)}$$

이 됩니다. 이 X의 분포를 '기댓값 μ, 공분산행렬 $\sigma^2 I$의 n차원 정규분포'라고 부르며 $X \sim N(\mu, \sigma^2 I)$라고 표현합니다. 분포의 모습은 그림 5-13과 같은 상태입니다. 확률밀도함수의 폭이 넓어지더라도 그래프의 부피는 1인 그대로를 유지해야 하기 때문에 그만큼 높이가 줄어든다는 점에 주의합시다. 넓어진 만큼 줄어든다는 일반적인 논리입니다. 기준인 원도 마찬가지로 확대 축소와 평행이동을 하고 나면, 중심이 μ에 어긋나고 반지름이 σ가 됩니다.

▼ 그림 5-13 2차원 정규분포 $N((2, 1)^T, 1.4^2 I)$의 확률밀도(왼쪽)와 확률밀도함수(오른쪽)

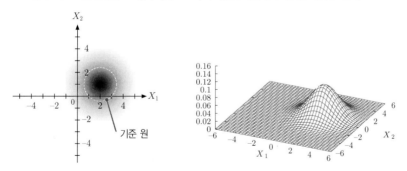

종횡 신축

위의 확대 축소는 모든 방향으로 균등하게 σ배가 됐습니다. 만약 축에 의해 늘어나고 줄어드는

배율을 바꾸면 그림 5-14와 같은 타원형의 분포를 얻을 수 있습니다. 기준인 원도 연동되어 **타원**으로 변환됩니다.

▼ 그림 5-14 2차원 정규분포 $N(o, D^2)$의 확률밀도(왼쪽)와 확률밀도함수(오른쪽) $D = \begin{pmatrix} 3/2 & 0 \\ 0 & 2/3 \end{pmatrix}$의 예

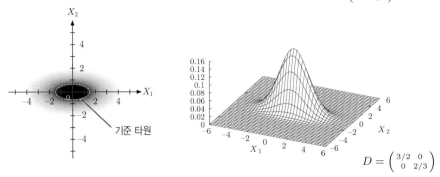

$$D = \begin{pmatrix} 3/2 & 0 \\ 0 & 2/3 \end{pmatrix}$$

구체적으로는 $\boldsymbol{Z} \equiv (Z_1, \dots, Z_n)^T$에서 $\boldsymbol{X} \equiv (\sigma_1 Z_1, \dots, \sigma_n Z_n)^T$처럼 각 성분을 별개의 양의 정수 $\sigma_1, \dots, \sigma_n$으로 새로 만드는 것입니다. 행렬을 사용해

$$\boldsymbol{X} = D\boldsymbol{Z}, \qquad D \equiv \begin{pmatrix} \sigma_1 & & \\ & \ddots & \\ & & \sigma_n \end{pmatrix} \qquad \text{(빈 칸은 모두 0)}$$

이라고 쓸 수 있습니다. 이때 $\boldsymbol{X}$의 공분산행렬은

$$V[\boldsymbol{X}] = D^2 = \begin{pmatrix} \sigma_1^2 & & \\ & \ddots & \\ & & \sigma_n^2 \end{pmatrix} \qquad \text{(빈 칸은 모두 0)}$$

이라는 **대각행렬**이 됩니다.

예제 5.12

$n = 3$일 때 위의 식을 유도해보세요.

답

$$
\begin{aligned}
V[\boldsymbol{X}] &= \begin{pmatrix} V[\sigma_1 Z_1] & \mathrm{Cov}[\sigma_1 Z_1, \sigma_2 Z_2] & \mathrm{Cov}[\sigma_1 Z_1, \sigma_3 Z_3] \\ \mathrm{Cov}[\sigma_1 Z_1, \sigma_2 Z_2] & V[\sigma_2 Z_2] & \mathrm{Cov}[\sigma_2 Z_2, \sigma_3 Z_3] \\ \mathrm{Cov}[\sigma_1 Z_1, \sigma_3 Z_3] & \mathrm{Cov}[\sigma_2 Z_2, \sigma_3 Z_3] & V[\sigma_3 Z_3] \end{pmatrix} \\
&= \begin{pmatrix} \sigma_1^2 \, V[Z_1] & \sigma_1 \sigma_2 \, \mathrm{Cov}[Z_1, Z_2] & \sigma_1 \sigma_3 \, \mathrm{Cov}[Z_1, Z_3] \\ \sigma_1 \sigma_2 \, \mathrm{Cov}[Z_1, Z_2] & \sigma_2^2 \, V[Z_2] & \sigma_2 \sigma_3 \, \mathrm{Cov}[Z_2, Z_3] \\ \sigma_1 \sigma_3 \, \mathrm{Cov}[Z_1, Z_3] & \sigma_2 \sigma_3 \, \mathrm{Cov}[Z_2, Z_3] & \sigma_3^2 \, V[Z_3] \end{pmatrix} = \begin{pmatrix} \sigma_1^2 & 0 & 0 \\ 0 & \sigma_2^2 & 0 \\ 0 & 0 & \sigma_3^2 \end{pmatrix}
\end{aligned}
$$

(다른 해) 식 (5.2)에 의해 $V[\boldsymbol{X}] = V[D\boldsymbol{Z}] = DV[\boldsymbol{Z}]D^T = DID^T = D^2$입니다. 마지막 등호에서는 $D^T = D$를 사용했습니다.

필요하다면 추가로 양의 벡터 $\boldsymbol{\mu}$를 더해서 중심이 겹치지 않도록 할 수도 있습니다 $\tilde{\boldsymbol{X}} \equiv \boldsymbol{X} + \boldsymbol{\mu}$의 기댓값은 $\boldsymbol{\mu}$, 공분산행렬은 $V[\boldsymbol{X}]$와 같습니다. $\tilde{\boldsymbol{X}}$의 분포도 다변량 정규분포라고 부르며, $N(\boldsymbol{\mu}, D^2)$이라는 기호로 나타냅니다. 공분산행렬이 대각인 다변량 정규분포는 이렇게 해서 얻어집니다.

추가 회전

이 타원을 더 회전해서 얻어지는 그림 5-15와 같은 분포가 일반적인 다변량 정규분포입니다. 도형적으로 말하자면 단지 그것뿐입니다. 만드는 방법은 분명 있지만, 2차원 정규분포의 확률밀도함수의 등고선은 기준 타원과 비슷한 동심 타원임을 짚어둡니다. 3차원 정규분포라면 등위면이 기준인 타원체와 비슷합니다.

▼ 그림 5-15 2차원 정규분포 $N(o, V)$의 확률밀도(왼쪽)와 확률밀도함수(오른쪽)

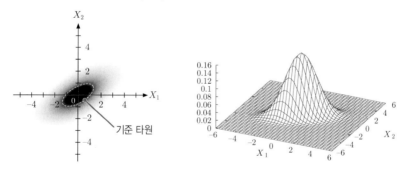

회전이라는 조작은 일반적으로 직교행렬을 곱하는 모습으로 표현됩니다(여기서 "헉" 소리를 낸 사람은 선형대수학 교과서를 참조해주세요. **직교행렬**이란 $Q^T Q = QQ^T = I$가 되는 정사각행렬 Q입니다). 그것을 근거로 직교행렬을 곱하는 방식을 수식으로 살펴봅시다. 일단 원점을 중심으로 (기댓값이 o인) 다변량 정규분포에 전념하겠습니다.

1. 다변량 표준정규분포를 따르는 $\boldsymbol{Z} \sim N(o, I)$에 어떤 대각행렬 D를 곱해서 $\boldsymbol{X} \equiv D\boldsymbol{Z} \sim N(o, D^2)$을 만듭니다. 이것으로 설명이 끝났습니다.

2. $\boldsymbol{X}$에 어떤 직교행렬 Q를 곱해서 $\boldsymbol{Y} = Q\boldsymbol{X}$를 만듭니다. 그러면

$$\mathrm{E}[\boldsymbol{Y}] = Q\,\mathrm{E}[\boldsymbol{X}] = \boldsymbol{o}$$
$$\mathrm{V}[\boldsymbol{Y}] = Q\,\mathrm{V}[\boldsymbol{X}]Q^T = QD^2Q^T \qquad \text{식 (5.2)에 따라}$$

이렇게 만들어진 $\boldsymbol{Y}$의 분포가 (기댓값이 $\boldsymbol{o}$인) 일반적인 다변량 정규분포입니다. 대각선이라고는 할 수 없는 공분산행렬 $V = QD^2Q^T$를 갖는 다변량 정규분포 $\mathrm{N}(\boldsymbol{o},\,V)$는 위와 같이 해서 얻어집니다.

반대로 원하는 공분산행렬 V를 가진 다변량 정규분포를 만들고 싶다면

$$V = QD^2Q^T$$

가 되는 대각행렬 D와 직교행렬 Q를 발견하면 됩니다. 어떻게 하면 찾을 수 있을까요? 힌트는 현재 $V = QD^2Q^T$라는 조건이 $Q^TVQ = D^2$과 동치인 것입니다.[12] 또한, 공분산행렬 V가 대칭행렬인 것(5.2.1절)도 힌트가 됩니다. 정리하면 '주어진 대칭행렬 V에 대해 알맞은 직교행렬 Q를 찾아 Q^TVQ가 대각행렬이 되면 된다'고 할 수 있습니다. 대학 수준의 선형대수학에서는 바로 이런 기술로 대칭행렬의 직교행렬에 의한 대각화를 배울 것입니다(바로 뒤에서 설명합니다). 이 기술을 사용하면 $Q^TVQ = \mathrm{diag}(\lambda_1, \ldots, \lambda_n)$의 모습이 되는 직교행렬 Q를 발견할 수 있습니다.[13] diag는 '⋯⋯을 대각 성분에 늘어놓은 대각행렬'로 읽어주세요.

나머지는 $D_2 = \mathrm{diag}(\lambda_1, \ldots, \lambda_n)$이 되면 좋으므로

$$D \equiv \begin{pmatrix} \sqrt{\lambda_1} & & \\ & \ddots & \\ & & \sqrt{\lambda_n} \end{pmatrix} \qquad \text{빈 칸은 모두 } 0$$

이라고 생각하면 됩니다. 이 D와 Q를 사용해 위의 절차를 수행함으로써 다변량 정규분포 $\mathrm{N}(\boldsymbol{o},\,V)$를 얻을 수 있습니다.

이상으로 $\boldsymbol{Y} \sim \mathrm{N}(\boldsymbol{o},\,V)$를 만드는 방법을 알아봤습니다. 이에 상수 벡터 $\boldsymbol{\mu}$를 더하면 원하는 위치로 중심을 이동할 수 있습니다. $\tilde{\boldsymbol{Y}} \equiv \boldsymbol{Y} + \boldsymbol{\mu}$의 기댓값이 $\boldsymbol{\mu}$, 공분산행렬이 V가 되는 것은 이제 말할 필요도 없습니다. $\tilde{\boldsymbol{Y}}$의 분포를 다변량 정규분포 $\mathrm{N}(\boldsymbol{\mu},\,V)$라고 부릅니다. 이전에 예시로 들었던 $\mathrm{N}(\boldsymbol{o},\,I)$나 $\mathrm{N}(\boldsymbol{\mu},\,D^2)$ 등은 모두 그 특별한 경우였습니다.

---

12 동치인 것을 나타내기 위해 직교행렬의 정의 $Q^TQ = QQ^T = I$를 사용합니다. $V = QD^2Q^T$ 양변의 왼쪽에 Q^T를, 오른쪽에 Q를 곱하면 다음과 같습니다.

$$Q^TVQ = Q^T(QD^2Q^T)Q = (Q^TQ)D^2(Q^TQ) = ID^2I = D^2$$

반대도 마찬가지입니다. $Q^TVQ = D^2$ 양변의 왼쪽에 Q를, 오른쪽에 Q^T를 곱하면 $V = QD^2Q^T$를 얻을 수 있습니다.

13 λ는 그리스 문자 '람다'입니다. 참고로 프로그래밍 언어 리스프(Lisp)나 스킴(Scheme)에 나오는 lambda는 λ입니다.

5.4 대칭행렬의 직교행렬에 의한 대각선화란 무슨 이야기죠?

일반적으로 대칭행렬은 다음과 같은 강한 성질을 가지고 있습니다.[14]

> H가 대칭행렬이라면 알맞은 직교행렬 Q를 취해 $Q^T H Q$가 반드시 대각행렬이 되도록 할 수 있습니다.

그렇게 해서 얻어지는 대각행렬을 $\Lambda \equiv \mathrm{diag}(\lambda_1, \ldots, \lambda_n)$이라고 해둡니다($\Lambda$는 λ의 대문자). Q는 직교행렬이라 $Q^T = Q^{-1}$입니다. 그래서 $Q^T H Q = \Lambda$는 $HQ = Q\Lambda$와 같은 값입니다(양변의 왼쪽에 Q를 곱했습니다). 이것은 'Q의 각 열벡터 $\boldsymbol{q}_1, \ldots, \boldsymbol{q}_n$이 H의 **고유벡터**다'라는 식입니다.

실제로

$$
H \left(\begin{array}{c|c|c} \boldsymbol{q}_1 & \cdots & \boldsymbol{q}_n \end{array} \right) = \left(\begin{array}{c|c|c} \boldsymbol{q}_1 & \cdots & \boldsymbol{q}_n \end{array} \right) \begin{pmatrix} \lambda_1 & & \\ & \ddots & \\ & & \lambda_n \end{pmatrix}
$$

을 열마다 확인해보면 $H\boldsymbol{q}_i = \lambda_i \boldsymbol{q}_i$라고 되어 있습니다($i = 1, \ldots, n$). 즉, $\boldsymbol{q}_i$는 H의 고유벡터(**고윳값**은 λ_i)입니다.

지금의 이야기를 본문과 비교하면 알맞은 변환을 만들기 위한 방법을 알 수 있습니다.

1. 주어진 대칭행렬 V의 고윳값 $\lambda_1, \ldots, \lambda_n$을 구합니다.
2. 각 고윳값 λ_i의 고유벡터 $\boldsymbol{p}_i$를 구합니다.
3. 고유벡터의 길이를 1로 일치시킵니다. 구체적으로는 $\boldsymbol{q}_i \equiv \boldsymbol{p}_i / \|\boldsymbol{p}_i\|$로 둡니다.
4. 고유벡터가 나란히 늘어선 Q를 만듭니다.

$$
Q = \left(\begin{array}{c|c|c} \boldsymbol{q}_1 & \cdots & \boldsymbol{q}_n \end{array} \right)
$$

완성된 Q는 직교행렬이 되는 것이 보증됩니다. 그리고 이 Q로 V를 변환하면

$$
Q^T V Q = \begin{pmatrix} \lambda_1 & & \\ & \ddots & \\ & & \lambda_n \end{pmatrix} \qquad \text{(빈 칸은 모두 0)}
$$

처럼 대각행렬이 됩니다. 굉장하죠![15]

---

14 고윳값·고유벡터나 대칭행렬·직교행렬에 대한 내용은 선형대수학 교과서를 참조하세요. 참고문헌 [32]나 부록 E에서 언급하는 것과 비슷한 이야기입니다.

15 본문에서는 제대로 언급하지 않았지만, 분포가 납작하게 부서져버리는 사태를 피하려고 다변량 정규분포 $N(\boldsymbol{\mu}, V)$의 공분산행렬 V의 고윳값 $\lambda_1, \ldots, \lambda_n$은 모두 >0이라는 전제를 둡니다.

2차원 표준정규분포를 따르는 $Z \sim \mathrm{N}(o, I)$를 변환해서 $X \sim \mathrm{N}(\mu, V)$를 만드세요. 단, μ와 V는 다음과 같습니다.

$$\mu \equiv \begin{pmatrix} 0 \\ 3 \end{pmatrix}, \qquad V \equiv \frac{1}{25} \begin{pmatrix} 34 & 12 \\ 12 & 41 \end{pmatrix}$$

(**힌트** V의 고윳값은 1과 2)

답

V의 고윳값 1의 고유벡터는 예를 들어 $p_1 \equiv (4, -3)^T$입니다. 길이를 1로 만들기 위해 $\|p_1\| = \sqrt{4^2 + (-3)^2} = 5$로 나누고 $q_1 \equiv (4/5, -3/5)^T$로 둡니다. 마찬가지로 고윳값 2의 고유벡터 $p_2 \equiv (3, 4)^T$에서 길이가 1인 고유벡터 $q_2 \equiv (3/5, 4/5)^T$를 만듭니다. 이들을 나란히 쓴 직교행렬

$$Q \equiv \left(\begin{array}{c|c} 4/5 & 3/5 \\ -3/5 & 4/5 \end{array} \right)$$

를 사용하면

$$Q^T V Q = \begin{pmatrix} 1 & 0 \\ 0 & 2 \end{pmatrix} = D^2, \qquad D \equiv \begin{pmatrix} 1 & 0 \\ 0 & \sqrt{2} \end{pmatrix}$$

가 대각화됩니다. 따라서

$$X \equiv QDZ + \mu = \begin{pmatrix} 4/5 & (3/5)\sqrt{2} \\ -3/5 & (4/5)\sqrt{2} \end{pmatrix} Z + \begin{pmatrix} 0 \\ 3 \end{pmatrix}$$

으로 변환하면 됩니다.

또한, 이외에도 정답은 있습니다. 임의의 2×2 직교행렬 R을 가지고 $QDRZ + \mu$도 답이 됩니다.

5.5 **직교행렬은 변환을 통해 회전하거나 뒤집어졌을 것입니다. 뒤집어져서 어떻게 되는 건가요?**

만약 뒤집어진 경우에는 직교행렬의 1열 q_1을 $-q_1$로 바꾸면 그냥 회전이 됩니다. 그리고 다변량 정규분포에 대해서는 대칭성으로 인해 뒤집어져도 역시 다변량 정규분포입니다(타원을 뒤집어도 타원). 그래서 뒤집어놓더라도 지장은 없습니다.

5.3.3 다변량 정규분포의 확률밀도함수

앞 절에서 만든 다변량 정규분포의 확률밀도함수를 구하겠습니다. 이후 다변량 정규분포의 편리한 성질을 알아보기 위해 필요하기 때문입니다.

우선은 기댓값이 o인 경우부터 살펴보겠습니다. $\boldsymbol{Z}$를 n차원 표준정규분포 $N(\boldsymbol{o}, I)$를 따르는 확률변수라고 할 때 그 확률밀도함수가

$$f_{\boldsymbol{Z}}(\boldsymbol{z}) = \frac{1}{\sqrt{2\pi}^n} \exp\left(-\frac{1}{2}\|\boldsymbol{z}\|^2\right)$$

이 된다는 것은 앞서 말했습니다. 만약 이 식이 어렵게 느껴진다면 $\exp(\cdots)$의 부분에만 주목해보세요. $\exp$ 앞에 알 수 없는 상수가 붙어 있는 것은 적분(그래프의 부피)이 1이 되도록 조절하고 있을 뿐입니다. 그리고 $V = QD^2Q^T$라는 공분산행렬을 가진 n차원 정규분포 $N(\boldsymbol{o}, V)$는

$$\boldsymbol{Y} \equiv A\boldsymbol{Z} \qquad (A \equiv QD)$$

라는 변환에 의해 얻을 수 있는 것이었죠. Q는 직교행렬, D는 대각 성분이 모두 양수인 대각행렬입니다. 그러면 Q도 D도 가역적이므로 곱셈 $A = QD$도 가역행렬입니다. 그런 식으로 가역행렬 A를 곱하면 변수 변환에서 확률밀도함수가 어떻게 바뀔지 우리는 이미 알고 있습니다 (4.4.7절 '임의 영역의 확률 · 균등분포 · 변수 변환').

$$f_{\boldsymbol{Y}}(\boldsymbol{y}) = \frac{1}{|\det A|} f_{\boldsymbol{Z}}(A^{-1}\boldsymbol{y}) = \frac{1}{|\det A|} \cdot \frac{1}{\sqrt{2\pi}^n} \exp\left(-\frac{1}{2}\|A^{-1}\boldsymbol{y}\|^2\right)$$

이 우변을 정리해서 V의 식으로 나타내고 싶은데, 그러려면 행렬 계산의 기법이 필요합니다. 우선

$$V = \mathrm{V}[A\boldsymbol{Z}] = A\,\mathrm{V}[\boldsymbol{Z}]A^T = AIA^T = AA^T \qquad \cdots\cdots \text{식 (5.2)에 의해}$$

라는 관계에 주목합시다. 그렇다면

$$\det V = \det(AA^T) = (\det A)(\det A^T) = (\det A)^2$$

입니다. 따라서 $|\det A| = \sqrt{\det V}$라고 나타냅니다. 그리고

$$V^{-1} = (AA^T)^{-1} = (A^T)^{-1}A^{-1} = (A^{-1})^T A^{-1}$$

에 따라

$$\|A^{-1}\boldsymbol{y}\|^2 = (A^{-1}\boldsymbol{y})^T(A^{-1}\boldsymbol{y}) = \boldsymbol{y}^T(A^{-1})^T A^{-1}\boldsymbol{y} = \boldsymbol{y}^T V^{-1}\boldsymbol{y}$$

로 나타냅니다. 지금까지의 내용을 정리하면

$$f_{\boldsymbol{Y}}(\boldsymbol{y}) = \frac{1}{\sqrt{(2\pi)^n \det V}} \exp\left(-\frac{1}{2}\boldsymbol{y}^T V^{-1} \boldsymbol{y}\right)$$

입니다. 이것이 기댓값 $\boldsymbol{o}$의 n차원 정규분포 $\mathrm{N}(\boldsymbol{o},\, V)$의 확률밀도함수입니다.

기댓값 $\boldsymbol{\mu}$의 n차원 정규분포는 $\tilde{\boldsymbol{Y}} \equiv \boldsymbol{Y} + \boldsymbol{\mu}$에서 $\boldsymbol{Y}$를 $\boldsymbol{\mu}$만 빼면 얻을 수 있는 것이었습니다. 이 변환은 단순한 평행이동이므로 면적이나 부피의 확대 축소는 일어나지 않습니다. 따라서 그대로

$$f_{\tilde{\boldsymbol{Y}}}(\tilde{\boldsymbol{y}}) = f_{\boldsymbol{Y}}(\tilde{\boldsymbol{y}} - \boldsymbol{\mu}) = \frac{1}{\sqrt{(2\pi)^n \det V}} \exp\left(-\frac{1}{2}(\tilde{\boldsymbol{y}} - \boldsymbol{\mu})^T V^{-1} (\tilde{\boldsymbol{y}} - \boldsymbol{\mu})\right)$$

이것이 n차원 정규분포 $\mathrm{N}(\boldsymbol{\mu},\, V)$의 확률밀도함수입니다. 중요한 식이므로 익숙한 문자인 $\boldsymbol{x}$로 고쳐서 쓰겠습니다.

n차원 정규분포 $\mathrm{N}(\boldsymbol{\mu},\, V)$의 확률밀도함수는 다음과 같습니다.

$$f(\boldsymbol{x}) = \frac{1}{\sqrt{(2\pi)^n \det V}} \exp\left(-\frac{1}{2}(\boldsymbol{x} - \boldsymbol{\mu})^T V^{-1} (\boldsymbol{x} - \boldsymbol{\mu})\right) \tag{5.3}$$

이것의 모양은

$$f(\boldsymbol{x}) = \square \exp(\boldsymbol{x} \text{ 성분의 2차식}) \qquad \square \text{는 } \boldsymbol{x}\text{를 포함하지 않는 상수} \tag{5.4}$$

입니다. 반대로 만약 확률밀도함수가 식 (5.4)의 형태라면 그것만으로도 $\boldsymbol{X}$의 분포는 정규분포라는 것을 알 수 있습니다. 이 논리는 1차원일 때의 식 (4.7)과 마찬가지입니다.

5.6 왜 □ exp(x 성분의 2차식)면 다변량 정규분포인가요?

벡터 $\boldsymbol{x}$ 성분의 2차식 $g(\boldsymbol{x})$가 주어진다면 대칭행렬 H(벡터 $\boldsymbol{b}$와 정수 c)를 잘 만들어 $g(\boldsymbol{x}) = \boldsymbol{x}^T H \boldsymbol{x} + \boldsymbol{b}^T \boldsymbol{x} + c$의 형태로 나타낼 수 있습니다. 그렇다면 질문 4.8과 같은 완전제곱의 벡터 버전을 생각해봅시다. 나머지는 1차원 때 논리와 마찬가지입니다. 그때 공분산행렬에 해당하는 부분이 주석 15번의 전제(고윳값 > 0)를 만족시키는 것도 자동으로 보증됩니다. 만약 그렇게 되지 않으면 확률밀도함수 그래프의 부피가 발산하기 때문입니다. 이 그래프의 부피는 반드시 1일 것입니다.

5.3.4 다변량 정규분포의 성질

확률밀도함수의 모양에서 다변량 정규분포는 여러 가지 편리한 성질을 갖고 있음을 알 수 있습니다.

- 기댓값 벡터와 공분산행렬을 지정하면 분포가 정해진다.
- 상관관계가 없는 것만으로 독립적이라고 단언할 수 있다.
- 다변량 정규분포를 선형 변환하면 다시 다변량 정규분포가 된다.

등입니다. 차례로 살펴보겠습니다.

기댓값 벡터와 공분산행렬을 지정하면 분포가 정해진다

이는 식 (5.3)으로부터 명확히 알 수 있습니다. 다변량 정규분포라고 알고 있다면 기댓값 벡터와 공분산행렬만 계산해 식 (5.3)에 대입하면 확률밀도함수를 구할 수 있습니다. 1차원의 정규분포에 대해 4.6.2절 '일반정규분포'의 방식으로 그런 지름길을 가는 것을 보였습니다. 유사한 기술이 다차원에서도 쓰일 수 있다는 것입니다.

상관관계가 없는 것만으로 독립적이라고 단언할 수 있다

일반적인 확률변수 X, Y에 대해

- X, Y가 서로 독립이라면 $\mathrm{Cov}[X, Y] = 0$(즉, 상관계수 $\rho_{XY} = 0$)
- 그 반대의 경우는 말할 수 없다. $\mathrm{Cov}[X, Y] = 0$(즉, $\rho_{XY} = 0$)이지만, 확률변수 X, Y가 서로 독립이라고 할 수는 없다.

라는 것에 주의가 필요했습니다. 그러나 $\boldsymbol{X} \equiv (X, Y)^T$가 2차원 정규분포인 경우에는 $\mathrm{Cov}[X, Y] = 0$이면 바로 X와 Y가 서로 독립이라고 단언할 수 있습니다.

이유는 다음과 같습니다. $\mathrm{Cov}[X, Y] = 0$이면 공분산행렬 $V \equiv \mathrm{V}[\boldsymbol{X}]$는

$$V = \begin{pmatrix} \mathrm{V}[X] & \mathrm{Cov}[X,Y] \\ \mathrm{Cov}[X,Y] & \mathrm{V}[Y] \end{pmatrix} = \begin{pmatrix} \sigma^2 & 0 \\ 0 & \tau^2 \end{pmatrix} \quad 단, \ \sigma^2 \equiv \mathrm{V}[X], \ \tau^2 \equiv \mathrm{V}[Y]$$

처럼 대각행렬이 되고, 그 역행렬

$$V^{-1} = \begin{pmatrix} 1/\sigma^2 & 0 \\ 0 & 1/\tau^2 \end{pmatrix}$$

도 대각입니다.[16] 그러면 확률밀도함수는

$$f_{\boldsymbol{X}}(\boldsymbol{x}) = \square \exp\left(-\square\,(\boldsymbol{x}-\boldsymbol{\mu})^T V^{-1}(\boldsymbol{x}-\boldsymbol{\mu})\right) = \square \exp\left(-\square\frac{(x-\mu)^2}{\sigma^2} - \square\frac{(y-\nu)^2}{\tau^2}\right)$$

$$= \square \exp\left(-\square\frac{(x-\mu)^2}{\sigma^2}\right)\exp\left(-\square\frac{(y-\nu)^2}{\tau^2}\right)$$

$$\text{단, } \boldsymbol{x} = \begin{pmatrix} x \\ y \end{pmatrix}, \quad \boldsymbol{\mu} = \mathrm{E}[\boldsymbol{X}] = \begin{pmatrix} \mu \\ \nu \end{pmatrix} \text{ (관심 없는 상수는 모두 } \square \text{로 줄였습니다.)}$$

의 형태로 x만의 수식과 y만의 수식의 곱셈으로 분해됩니다(부록 A.5절 '지수와 로그'). 이는 X 와 Y가 독립이라는 의미입니다(4.4.6절 '독립성').

더 차원이 증가해도 마찬가지입니다. $\boldsymbol{X} \equiv (X_1, \dots, X_n)^T$가 n차원 정규분포인 경우 $\mathrm{Cov}[X_i, X_j]$ (단, $i \neq j$)가 만약 모두 0이었다면 당장 $X_1, \dots, X_n$이 서로 독립이라고 단언할 수 있습니다. 즉, $\mathrm{V}[\boldsymbol{X}]$가 대각행렬이라면 $X_1, \dots, X_n$이 서로 독립이라는 것입니다.

다변량 정규분포를 선형 변환하면 다시 다변량 정규분포가 된다

$\boldsymbol{X} \sim \mathrm{N}(\boldsymbol{\mu}, V)$에 대해 변화하지 않는 가역행렬 A를 가지고 $\boldsymbol{Y} = A\boldsymbol{X}$라고 변수 변환하면 $\boldsymbol{Y}$도 다 변량 정규분포 $\mathrm{N}(\boldsymbol{\nu}, W)$입니다. 변환 후의 기댓값 벡터 $\boldsymbol{\nu}$와 공분산행렬 W는 다음과 같습니다.

$$\boldsymbol{\nu} \equiv \mathrm{E}[\boldsymbol{Y}] = A\,\mathrm{E}[\boldsymbol{X}] = A\boldsymbol{\mu}$$

$$W \equiv \mathrm{V}[\boldsymbol{Y}] = A\,\mathrm{V}[\boldsymbol{X}]A^T = AVA^T$$

기댓값 벡터와 공분산행렬이 이렇게 되는 것은 정규분포뿐만 아니라 일반적으로 식 (5.1)과 식 (5.2)에서 보였습니다. 그래서 앞으로는 정말 다변량 정규분포가 될지만 확인합시다. $\boldsymbol{Y}$의 확률밀 도함수는

$$f_{\boldsymbol{Y}}(\boldsymbol{y}) = \frac{1}{|\det A|} f_{\boldsymbol{X}}(A^{-1}\boldsymbol{y})$$

$$= \square \exp\left(-\frac{1}{2}(A^{-1}\boldsymbol{y} - \boldsymbol{\mu})^T V^{-1}(A^{-1}\boldsymbol{y} - \boldsymbol{\mu})\right) = \square \exp\left(\boldsymbol{y} \text{ 성분의 2차식}\right)$$

의 형태이므로 다변량 정규분포라는 것을 알 수 있습니다($\square$는 관심 없는 상수).

특히 다변량 표준정규분포를 따르는 $\boldsymbol{Z}$에 대해 $A\boldsymbol{Z}$는 다변량 정규분포 $\mathrm{N}(\boldsymbol{o}, AA^T)$를 따릅니다.

---

16 τ는 그리스 문자 '타우'입니다. σ의 다음 문자라서 짝으로 썼습니다. 이외에도 시각이나 시간을 표시해야 할(하지만 t는 피하고 싶은) 때 τ라는 문자가 종종 쓰입니다.

5.3.2절 '일반적인 다변량 정규분포'에서는 확대 축소나 회전 같은 단계로 나눠 설명했지만, 실제로는 '어떤 가역행렬을 곱한다'고 단순하게 말해도 괜찮다는 뜻입니다.

5.3.5 단면과 그림자

다변량 정규분포에는 편리한 성질이 또 있습니다.

- 다변량 정규분포의 조건부분포는 다변량 정규분포
- 다변량 정규분포의 주변분포는 다변량 정규분포

순서대로 살펴봅시다.

단면(조건부분포)

우선 조건부분포에 대해 지금 $\boldsymbol{X} \equiv (X_1, X_2, \ldots, X_n)^T$가 n차원 정규분포 N($\boldsymbol{o}$, V)를 따른다고 합니다. 이때 $X_1 = c$(c는 상수)라는 조건하에 $\tilde{\boldsymbol{X}} \equiv (X_2, \ldots, X_n)^T$의 조건부분포는 역시 $(n-1)$차원 정규분포가 됩니다. 실제로 바로 계산해보겠지만, 예시에 따라 관심 없는 부분은 □로 표기해서 생략하기로 합니다(이후 내용이 다른 것도 생략의 의미로 같은 기호인 □를 쓰겠습니다).

또한, V^{-1}의 (i, j) 성분을 r_{ij}라고 합시다. 그러면 $\tilde{\boldsymbol{X}}$의 조건부 확률밀도함수는

$$
\begin{aligned}
&f_{\tilde{\boldsymbol{X}}|X_1}(x_2, \ldots, x_n | c) \\
&= \square \exp\left(-\frac{1}{2}(c, x_2, \ldots, x_n)\begin{pmatrix} r_{11} & r_{12} & \cdots & r_{1n} \\ r_{21} & r_{22} & \cdots & r_{2n} \\ \vdots & \vdots & & \vdots \\ r_{n1} & r_{n2} & \cdots & r_{nn} \end{pmatrix}\begin{pmatrix} c \\ x_2 \\ \vdots \\ x_n \end{pmatrix}\right) \\
&= \square \exp(x_2, \ldots, x_n \text{의 2차식})
\end{aligned}
$$

라는 $(n-1)$차원 정규분포의 모양입니다. 지금 예시는 $\boldsymbol{X}$의 기댓값 벡터가 $\boldsymbol{o}$지만, 일반적인 경우도 마찬가지입니다.

같은 논리를 반복 적용해, 예를 들어 X_1과 X_2와 X_4의 값을 지정했을 때 나머지 $(X_3, X_5, X_6, \ldots, X_n)^T$의 조건부분포도 다변량 정규분포임을 알 수 있습니다.

다변량 정규분포가 된다는 것을 알고 나면, 나머지는 어떤 다변량 정규분포가 될 것인지의 문제입니다. 도형적으로는 그림 5-16처럼 $n = 3$차원의 경우에 대해 타원체의 **단면**은 타원임을 이미 지화하면 좋을 것입니다. 여기서 말하는 타원체는 확률밀도함수의 등위면에 대응합니다.

▼ 그림 5-16 타원체의 단면은 타원(n = 3차원의 예시)

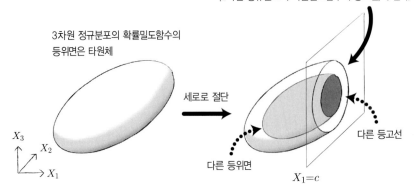

n = 2차원의 경우는 그림 5-17과 같습니다. 단면을 상수 배 해서 면적이 1이 되게 하면, 조건부분포의 확률밀도함수를 얻을 수 있었습니다(4.4.4절). 사실 이것이 다시 정규분포가 됩니다.

▼ 그림 5-17 2차원 정규분포의 확률밀도함수 $f_{X,Y}(x, y)$의 단면(다시 보기)

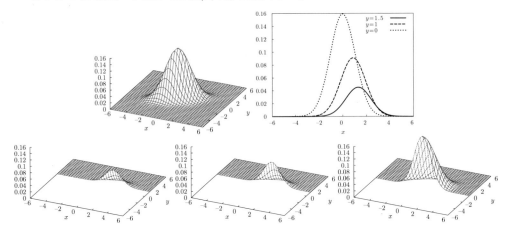

조건부분포의 기댓값 벡터와 공분산행렬을 구체적으로 계산할 수도 있습니다. 결과를 일반적으로 쓰면 다음과 같습니다. 굵은 글씨는 벡터를, 한글(가나다)은 행렬의 요소를 나타내기로 하고

$$\begin{pmatrix} \boldsymbol{X} \\ \boldsymbol{Y} \end{pmatrix} \sim \text{N}\left(\begin{pmatrix} \boldsymbol{\mu} \\ \boldsymbol{\nu} \end{pmatrix}, \begin{pmatrix} \text{가} & \text{나} \\ \text{나}^T & \text{다} \end{pmatrix} \right)$$

에 대해 $\boldsymbol{X} = \boldsymbol{c}$가 주어졌을 때의 $\boldsymbol{Y}$의 조건부분포는 N($\tilde{\boldsymbol{\nu}}$, $\tilde{W}$)입니다. 여기에

$$\tilde{\boldsymbol{\nu}} \equiv \boldsymbol{\nu} + \text{나}^T\text{가}^{-1}(\boldsymbol{c} - \boldsymbol{\mu})$$
$$\tilde{W} \equiv \text{다} - \text{나}^T\text{가}^{-1}\text{나}$$

라고 둡니다. 통계 · 제어 · 신호 처리 · 패턴 인식 등에서는 이런 계산이 종종 필요합니다.

예제 5.14

$(X, Y)^T$가 2차원 정규분포

$$N\left(\begin{pmatrix} \mu \\ \nu \end{pmatrix}, \begin{pmatrix} a & b \\ b & d \end{pmatrix}\right)$$

를 따른다고 합시다. $X = c$가 주어졌을 때 Y의 조건부분포를 답하세요.

답

위의 결과를 적용하면 다음과 같습니다.

$$N\left(\nu + \frac{b}{a}(c - \mu),\ d - \frac{b^2}{a}\right)$$

(다른 해) $f_{Y|X}(y|c)$를 계산해 이것이 정규분포가 됨을 보여도 됩니다. 정의대로 계산하려면 부록 A.5.2 절의 가우스 적분을 참조하고, 지름길을 알고 싶다면 질문 4.8을 참조하세요.

그림자(주변분포)

이어서 주변분포에 대해 알아보겠습니다. 주변분포의 확률밀도함수는 적분으로 계산됐습니다 (4.4.3절). 그 적분을 주시하면 사실 주변분포도 다변량 정규분포로 보입니다.

다변량 정규분포가 된다는 것을 알고 나면 나머지는 어떤 다변량 정규분포가 될 것인지를 다룹니다. 즉, '기댓값 벡터와 공분산행렬이 어떻게 되는가'라는 문제입니다(5.3.4절 '다변량 정규분포의 성질'). 이것은 간단합니다. 예를 들어 $\boldsymbol{X} = (X_1, X_2, X_3, X_4)^T$에 대해 $\tilde{\boldsymbol{X}} \equiv (X_2, X_3, X_4)^T$ 라고 하면

$$E[\boldsymbol{X}] = \begin{pmatrix} E[X_1] \\ E[X_2] \\ E[X_3] \\ E[X_4] \end{pmatrix} = \begin{pmatrix} * \\ E[\tilde{\boldsymbol{X}}] \end{pmatrix}$$

$$V[\boldsymbol{X}] = \begin{pmatrix} V[X_1] & Cov[X_1, X_2] & Cov[X_1, X_3] & Cov[X_1, X_4] \\ Cov[X_2, X_1] & V[X_2] & Cov[X_2, X_3] & Cov[X_2, X_4] \\ Cov[X_3, X_1] & Cov[X_3, X_2] & V[X_3] & Cov[X_3, X_4] \\ Cov[X_4, X_1] & Cov[X_4, X_2] & Cov[X_4, X_3] & V[X_4] \end{pmatrix} = \begin{pmatrix} * & * & * & * \\ * & & & \\ * & & V[\tilde{\boldsymbol{X}}] & \\ * & & & \end{pmatrix}$$

처럼 $E[\boldsymbol{X}]$, $V[\boldsymbol{X}]$에서 대응하는 범위를 단순하게 꺼낸 것이 $E[\tilde{\boldsymbol{X}}]$, $V[\tilde{\boldsymbol{X}}]$입니다.

도형적으로는 그림 5-18처럼 타원체의 **그림자**는 타원이라는 것을 이미지화하는 것이 좋습니다. 여기서 말하는 타원체나 타원은 앞서 언급한 기준 도형에 대응합니다.

▼ 그림 5-18 타원체의 그림자는 타원

같은 논리를 반복 적용하면 $(X_1, \dots, X_n)^T \sim \mathrm{N}(\boldsymbol{\mu}, V)$에 대해, 예를 들어 $(X_3, X_4, X_8)^T$만 빼내도 역시 다변량 정규분포가 될 것으로 보입니다. 특히 다변량 정규분포의 각 성분 $X_1, \dots, X_n$은 각각 (1차원의) 정규분포를 따릅니다. 후자를 만드는 방법도 당연합니다(∵ 독립적인 정규분포의 덧셈은 정규분포 → 4.6.2절 '일반정규분포').

단면과 그림자에 관한 주의 사항

'타원체의 단면과 그림자 모두 타원이 된다'는 개념으로 다변량 정규분포의 조건부분포와 주변분포를 직감적으로 파악할 수 있었습니다. 여기서 더 주의를 기울여야 할 사항이 있습니다. 그것은 주축에 따른 단면, 좌표축에 따른 단면, 좌표축에 따른 그림자가 각각 다른 형태의 타원이 된다는 점입니다. 이와 관련해 착각하기 쉬운 몇 가지 사항이 있습니다.

첫 번째는 단면이 주축에서 벗어나는 현상입니다. $\boldsymbol{X} \equiv (X, Y)^T$가 2차원 정규분포이므로 X의 값을 보고 Y의 값을 맞히고 싶다고 합시다. 그림 5-19를 보세요. $X = c$라는 값을 봤을 때, Y의 조건부분포는 어떤 정규분포 $\mathrm{N}(\nu, \tau^2)$이 됩니다. 그러면 확률밀도가 가장 높은 곳은 $Y = \nu$입니다. 혹은 조건부 기댓값을 답한다고 해도 역시 $\mathrm{E}[Y \mid X = c] = \nu$입니다. 어느 쪽이든 ν라는 예상 값을 답하는 것이 가장 자연스럽습니다. 여기서 현재의 ν가 주축에서 벗어나 있는 점에 주의해야 합니다. 그래서 X를 보고 Y를 맞히는 것인지, 아니면 Y를 보고 X를 맞히는 것인지에 따라, 이 그림과 같이 차이가 생깁니다. 3차원의 경우도 그림 5-20과 같이 단면의 중심이 주축과는 일치하지 않습니다.

▼ 그림 5-19 세로로 자른 단면은 주축에서 벗어난다(2차원의 예시).

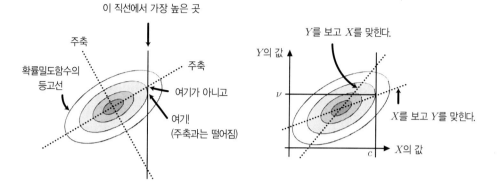

▼ 그림 5-20 세로로 자른 단면은 주축에서 벗어난다(3차원의 예시).

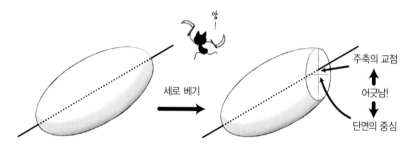

두 번째는 단면과 그림자의 차이입니다. 그림 5-21과 같은 분포에서 X와 Y는 상관관계가 있습니다(그림자는 기울어짐). 그러나 이 예시의 경우 만약 $Z = c$라는 조건을 달면 조건부분포에서 X와 Y는 상관관계가 없습니다(단면은 똑바름). 데이터를 해석할 때는 이를 혼동하지 않도록 주의해야 합니다.

▼ 그림 5-21 단면과 그림자는 다르다.

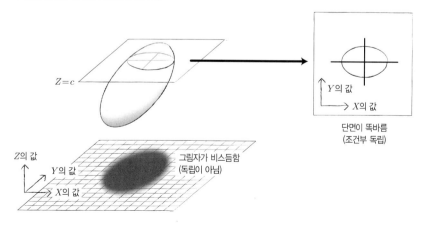

이러한 이야기는 사실 다변량 정규분포에 국한되지 않습니다. 예를 들어 5.1.4절 '공분산이나 상관계수에서 측정할 수 없는 것'에서 말한 카레 문제도 단면과 그림자의 이야기라고 할 수 있습니다(카레의 매출이 X, 분실물 건수가 Y, 등교 인원이 Z). 하지만 타원 형태로 이야기하는 편이 훨씬 더 쉬우므로 이 책에서는 여기서 소개했습니다.

그리고 타원의 주축이라는 개념 자체의 위태로움도 이 기회에 짚고 넘어갑니다. 그림 5-22에서 알 수 있듯이, 좌표축을 확대 축소한 경우 그에 맞게 원래의 주축을 확대 축소한 결과는 더 이상 주축이 아니게 됩니다. 원래 주축끼리는 직교할 것인데, 이런 식으로 끌어올리면 직교가 무너집니다. 그래서 주축이 될 수 없습니다. 이 그림은 이후 8.1.2절 '주성분 분석(PCA)'에서 다시 등장합니다(그림 8-11).

▼ 그림 5-22 좌표축을 확대 축소하면 주축이 어긋난다.

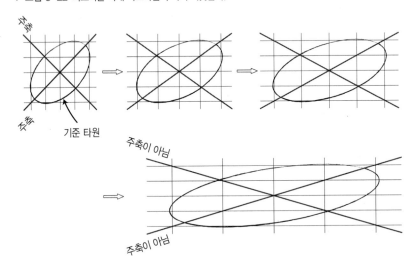

기준 타원

주축이 아님

주축이 아님

5.7 정규분포를 따르는 확률변수 X_1, X_2를 늘어놓은 벡터 $(X_1, X_2)^T$는 항상 2차원 정규분포를 따르나요?

아니오. 예를 들면 이런 반례를 들 수 있습니다.

2차원 표준정규분포를 따르는 확률변수 $\boldsymbol{Z} \equiv (Z_1, Z_2)^T$, $\boldsymbol{Z}$와 독립이면서 $+1$인지 -1인지를 각각의 확률 $1/2$로 잡는 확률변수 S를 준비하고

$$X_1 \equiv S|Z_1|, \quad X_2 \equiv S|Z_2|$$

라고 해둡니다. X_1, X_2의 동시분포는 그림 5-23과 같습니다.

▼ 그림 5-23 X_1과 X_2도 각각 정규분포다. 그러나 동시분포는 2차원 정규분포가 아니다.

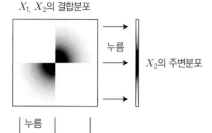

X_1, X_2의 결합분포

누름

X_2의 주변분포

누름

X_1의 주변분포

정규분포의 좌우 대칭성으로부터 X_1과 X_2도 정규분포입니다. 하지만 벡터 $\boldsymbol{X} = (X_1, X_2)^T$는 2차원 정규분포가 아닙니다($\boldsymbol{X}$의 값이 1사분면과 3사분면으로 한정되어 있습니다. 2차원 정규분포라면 그럴 리가 없습니다).

요컨대 주변분포만 지정하면 동시분포는 정해지지 않는다는 것입니다.

5.8 (질문 5.7에서 계속) 그럼 X_1과 X_2가 서로 독립이면 어떨까요?

그 경우에는 $(X_1, X_2)^T$도 2차원 정규분포에 따른다고 보장됩니다. 실제로 $X \equiv X_1 \sim \mathrm{N}(\mu, \sigma^2)$과 $Y \equiv X_2 \sim \mathrm{N}(\nu, \tau^2)$이 서로 독립이면 동시분포의 확률밀도함수는 다음과 같습니다.

$$
\begin{aligned}
f_{X,Y}(x, y) = f_X(x)f_Y(y) &= \frac{1}{\sqrt{2\pi\sigma^2}} \exp\left(-\frac{(x-\mu)^2}{2\sigma^2}\right) \cdot \frac{1}{\sqrt{2\pi\tau^2}} \exp\left(-\frac{(y-\nu)^2}{2\tau^2}\right) \\
&= \frac{1}{2\pi\sqrt{\sigma^2\tau^2}} \exp\left(-\frac{1}{2}\left(\frac{(x-\mu)^2}{\sigma^2} + \frac{(y-\nu)^2}{\tau^2}\right)\right) \\
&= \frac{1}{2\pi\sqrt{\sigma^2\tau^2}} \exp\left(-\frac{1}{2}(x-\mu, y-\nu)\begin{pmatrix} 1/\sigma^2 & 0 \\ 0 & 1/\tau^2 \end{pmatrix}\begin{pmatrix} x-\mu \\ y-\nu \end{pmatrix}\right)
\end{aligned}
$$

이는 기댓값 벡터 $(\mu, \nu)^T$, 공분산행렬 $\mathrm{diag}(\sigma^2, \tau^2)$의 2차원 정규분포의 확률밀도함수와 일치합니다.

혹은 다른 해로 다음과 같이 생각해도 괜찮습니다. $\tilde{X} \equiv (X - \mu)/\sigma$와 $\tilde{Y} \equiv (Y - \nu)/\tau$라고 하면 $\tilde{X}$와 $\tilde{Y}$도 $\mathrm{N}(0, 1)$을 따르는 독립적인 확률변수입니다. 그러므로 $\tilde{\boldsymbol{W}} \equiv (\tilde{X}, \tilde{Y})^T$는 정의에 의해 2차원 표준정규분포를 따릅니다. 그리고 $\boldsymbol{W} \equiv (X, Y)^T = \mathrm{diag}(\sigma, \tau)\tilde{\boldsymbol{W}} + (\mu, \nu)^T$라고 쓸 수 있다는 점에서 $\boldsymbol{W} \sim \mathrm{N}(\mu, \nu)^T, \mathrm{diag}(\sigma^2, \tau^2)$임을 알 수 있습니다.

5.3.6 카이제곱분포

다변량 정규분포 이야기의 덤으로 거기서 파생되는 분포를 마지막으로 약간 소개합니다.

다변량 표준정규분포를 따르는 $\mathbf{Z}$에서는 원점 주위가 나오기 쉬우므로 원점에서 멀어질수록 나오기 어렵다고 그림 5-12에서 말했습니다. 그렇다고 길이 $\|\mathbf{Z}\|$의 분포가 그림 5-24처럼 된다고 지레짐작하면 안 됩니다.

▼ 그림 5-24 $\mathbf{Z} \sim \mathrm{N}(o, I)$의 길이인 $\|\mathbf{Z}\|$의 확률밀도함수는 이런 느낌일까?

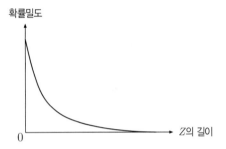

길이가 u로부터 $u + \epsilon$까지의 값이 될 확률은

$$\mathrm{P}(u \leq \|\mathbf{Z}\| \leq u + \epsilon) = \int_{u \leq \|\mathbf{z}\| \leq u+\epsilon} f_{\mathbf{Z}}(\mathbf{z}) \, d\mathbf{z}$$

에서 구했습니다.[17] u가 클수록 각각의 $f_{\mathbf{Z}}(\mathbf{z})$는 확실히 작아집니다. 그러나 '$u \leq \|\mathbf{z}\| \leq u + \epsilon$'이라는 조건에 해당하는 영역은 그림 5-25와 같이 u가 클수록 넓습니다. 이 때문에 $\|\mathbf{Z}\|$의 확률밀도함수는 실제로는 그림 5-26과 같은 것입니다.

▼ 그림 5-25 $u \leq \|z\| \leq u + \epsilon$이 되는 영역은 u가 클수록 넓다.

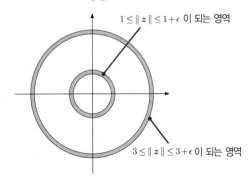

---

17 5.2.4절 '벡터 확률변수에 대해 좀 더 알아보자'에서 언급한 기법의 변종입니다. 적분 범위를 집합 대신 이렇게 조건으로 지정하는 글도 자주 볼 수 있습니다. 또 그리스 문자 ϵ(엡실론)은 '미세한 값'이라는 어감으로 잘 쓰입니다.

❤ 그림 5-26 n차원 표준정규분포 $\boldsymbol{Z} \sim \mathrm{N}(\boldsymbol{o}, I)$의 길이 $\|\boldsymbol{Z}\|$의 확률밀도함수

❤ 그림 5-26 n차원 표준정규분포 $\boldsymbol{Z} \sim \mathrm{N}(\boldsymbol{o}, I)$의 길이 $\|\boldsymbol{Z}\|$의 확률밀도함수

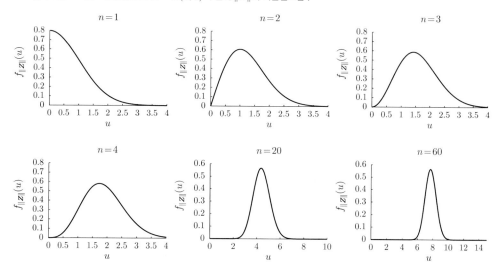

또한, 벡터의 길이 자체보다 길이의 제곱이 일반적으로 다루기 쉽다는 것은 그동안의 경험에서도 느낄 수 있을 것입니다. n차원 표준정규분포의 '길이의 제곱'의 확률밀도함수는 그림 5-27과 같습니다. 이 분포에는 **자유도 n의 카이제곱분포**라는 이름이 붙어 있습니다(**카이제곱분포를 χ^2분포**라고 표기하는 사람도 있습니다. χ는 '엑스'가 아니라 그리스 문자 '카이'입니다). 통계 분석에서 카이제곱분포가 어떤 활약을 하는지에 대해서는 참고문헌 [31] 등을 참조하세요.

❤ 그림 5-27 n차원 표준정규분포 $\boldsymbol{Z} \sim \mathrm{N}(\boldsymbol{o}, I)$의 길이 제곱 $\|\boldsymbol{Z}\|^2$의 확률밀도함수(카이제곱분포)

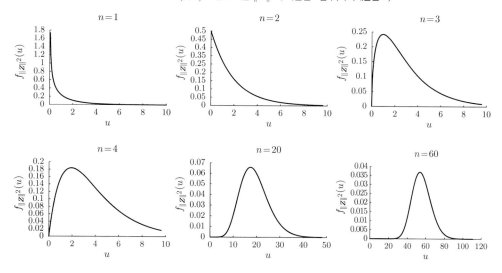

자유도 n의 카이제곱분포의 확률밀도함수는 구체적으로는 다음과 같습니다.

$$f(x) = \begin{cases} \frac{1}{2\Gamma(n/2)} \left(\frac{x}{2}\right)^{n/2-1} \exp\left(-\frac{x}{2}\right) & (x \geq 0) \\ 0 & (x < 0) \end{cases}$$

Γ는 Γ함수입니다.[18]

특히 $n = 2$일 때는 $f(x) = (1/2)\exp(-x/2)$라는 단순한 지수함수 형태이므로 그것을 적분한 누적분포함수도 구체적으로 쓸 수 있습니다. 이 사실은 정규분포를 따르는 의사난수를 생성하기 위해 나중에 7.2.3절에서 쓰입니다.

예제 5.15

$\boldsymbol{X} = (X, Y)^T \sim \mathrm{N}(\boldsymbol{o}, I)$에 대해 $U \equiv X^2 + Y^2$이라 하고, 벡터 $\boldsymbol{X}$의 편각(x축과 이루는 각)을 S라고 합니다. 즉,

$$X = \sqrt{U}\cos S, \quad Y = \sqrt{U}\sin S \qquad (U \geq 0, 0 \leq S < 2\pi)$$

처럼 변수로 변환합니다. 이때 (U, S)의 동시분포의 확률밀도함수를 구하세요.

답

변환 $x \equiv \sqrt{u}\cos s, y \equiv \sqrt{u}\sin s$의 야코비안은

$$\frac{\partial(x, y)}{\partial(u, s)} = \det \begin{pmatrix} \frac{\partial x}{\partial u} & \frac{\partial x}{\partial s} \\ \frac{\partial y}{\partial u} & \frac{\partial y}{\partial s} \end{pmatrix} = \det \begin{pmatrix} \frac{1}{2\sqrt{u}}\cos s & -\sqrt{u}\sin s \\ \frac{1}{2\sqrt{u}}\sin s & \sqrt{u}\cos s \end{pmatrix}$$

$$= \left(\frac{1}{2\sqrt{u}}\cos s\right)(\sqrt{u}\cos s) - \left(\frac{1}{2\sqrt{u}}\sin s\right)(-\sqrt{u}\sin s) = \frac{1}{2}(\cos^2 s + \sin^2 s) = \frac{1}{2}$$

이므로

$$f_{U,S}(u, s) = f_{X,Y}(x, y)\left|\frac{\partial(x, y)}{\partial(u, s)}\right| = \frac{1}{2\pi}\exp\left(-\frac{x^2 + y^2}{2}\right) \cdot \frac{1}{2} = \frac{1}{4\pi}\exp\left(-\frac{u}{2}\right)$$

입니다. 마지막 등식에는 $x^2 + y^2 = u\cos^2 s + u\sin^2 s = u$를 이용했습니다. 단, 위의 식은 $u \geq 0$이고 $0 \leq s < 2\pi$의 범위일 때입니다. 그 외에는 $f_{U,S}(u, s) = 0$입니다.

덧붙여서 이 결과로부터 다음 내용을 말할 수 있습니다.

---

18 구체적인 값은 $\Gamma(1) = 1$, $\Gamma(1/2) = \sqrt{\pi}$고, $\Gamma(x + 1) = x\Gamma(x)$의 규칙으로 계산해주세요. 예를 들어 $\Gamma(6) = 5 \cdot 4 \cdot 3 \cdot 2 \cdot 1 = 120$, $\Gamma\left(\frac{9}{2}\right) = \frac{7}{2} \cdot \frac{5}{2} \cdot \frac{3}{2} \cdot \frac{1}{2} \cdot \sqrt{\pi} = \frac{105}{16}\sqrt{\pi}$입니다.

- U와 S는 서로 독립
- S는 균등분포
- U의 확률밀도함수는

$$f_U(u) = \int_0^{2\pi} f_{U,S}(u, s)\, ds = \frac{1}{2} \exp\left(-\frac{u}{2}\right) \qquad (u \geq 0)$$

(즉, 자유도 2의 카이제곱분포의 확률밀도함수는 확실히 지수함수 형태입니다.)

5.4 / 공분산행렬을 보면 타원으로 생각하라

5.3절에서는 다변량 정규분포가 타원 모양이며, 그 타원이 공분산행렬과 대응한다는 것을 배웠습니다. 이 경험을 고려해 이 절에서는 일반분포에서의 공분산행렬을 다시 고찰합니다. 일반분포는 다변량 정규분포처럼 타원 모양이라고는 할 수 없습니다. 그래도 굳이 기준으로 타원을 그리는 것은 여러모로 편리합니다. 그래서 다변량 정규분포에서 그렸던 '기준 타원'은 이 절에서도 유용합니다. 즉, 벡터값의 확률변수 $\boldsymbol{X}$에 대해

1. $\boldsymbol{\mu} \equiv \mathrm{E}[\boldsymbol{X}]$와 $V \equiv \mathrm{V}[\boldsymbol{X}]$를 구하세요.

2. 그리고 같은 기댓값과 공분산행렬을 갖는 다변량 정규분포 $\mathrm{N}(\boldsymbol{\mu}, V)$를 생각하세요.

3. $\mathrm{N}(\boldsymbol{\mu}, V)$에 대한 '기준 타원'을 그리세요.

라는 과정을 거쳐 $\boldsymbol{X}$의 '기준 타원'으로 간주합니다. 사실은 타원형이 아닌 분포에 대해 "만일 타원으로 환산하면 이렇죠"를 추구한다고 해석하면 좋을 것입니다.

본질적인 이야기는 지금 설명하면서 모두 마쳤습니다. 그래도 모처럼이므로 이 절에서는 조금 말투를 바꾸고 '기준 타원'을 다시 설명하려고 합니다. 여러 가지 표현을 알면 이해도 깊어지므로 들어보세요. 공분산행렬의 성분을 본 것만으로는 파악하기 어려운 기하학적 성질이 타원에서는 한눈에 보이기도 해서 상당히 통쾌할 것입니다.

그럼 다시 벡터값 확률변수 $\boldsymbol{X} \equiv (X_1, \ldots, X_n)^T$의 공분산행렬 $\mathrm{V}[\boldsymbol{X}]$에 대해 생각해보겠습니다.

5.4.1 (사례 1) 단위행렬의 경우 — 원

우선 가장 단순한 사례로 공분산행렬 $V[X]$가 단위행렬 I였을 때를 알아보겠습니다. 이때 두드러진 특징은

어떤 방향에서도 그 방향의 분산은 1이다

라는 사실입니다. 실제로 5.2.6절 '임의 방향에서의 편차'에서 그랬듯이, 길이 1의 임의의 벡터 u에 대해 그 방향의 분산을 구하면

$$V[u^T X] = u^T V[X]u = u^T I u = u^T u = u \cdot u = \|u\|^2 = 1$$

이 됩니다. 분산(과 표준편차)의 의미를 생각하고 다시 말하면

어떤 방향에서도 그 방향의 전형적인 편차는 $\sqrt{1}$

이라는 것입니다(3.4절 '분산과 표준편차'). 이런 식으로 전형적인 편차라는 관점에서는 어느 방향이든 똑같다는 것입니다.

그러므로 이 책에서는 이 경우를 그림 5–28과 같이 반경 1의 원으로 표현하겠습니다. 원의 중심은 기댓값 $E[X]$입니다. 다만 오해하기 쉬운 두 가지 사항이 있으므로 주의하겠습니다.

▼ 그림 5–28 $V[X] = I$의 경우를 원으로 표현

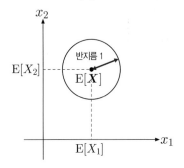

하나는 이 안에 거의 안정될 것 같은 범위를 지금의 원이 나타내지 않는다는 점입니다. 각 방향의 전형적인 편차이므로 그것보다 편차가 큰 것도 있고 작은 것도 있기 마련입니다. 이는 전에도 주의했습니다.

또 하나는 X의 확률밀도함수의 등고선이 원이 되는 것을 보장하지는 않는다는 점입니다. 이 점

은 다변량 정규분포와 크게 다릅니다. 그림 5-29에 예를 나타냈습니다. 여기서 "헉" 소리를 낸 사람은 다음 사실을 떠올려보세요. 분산이란 어디까지나 분포 형상의 한 측면을 측정한 것에 불과합니다. 비록 분산이 1, 즉 전형적인 편차가 $\sqrt{1}$이었어도 그림 5-30과 같이 분포에는 여러 가지 모양이 있을 수 있습니다.

▼ 그림 5-29 모든 공분산행렬은 I다. 그렇다고 확률밀도함수의 등고선이 원이 될 수는 없다. 왼쪽은 다변량 정규분포의 예, 오른쪽은 일반분포의 예다.

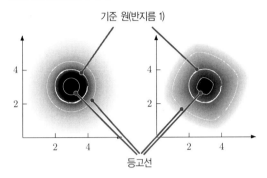

▼ 그림 5-30 분산이 1인 확률밀도함수의 예. 분산이 같아도 형태는 여러 가지다.

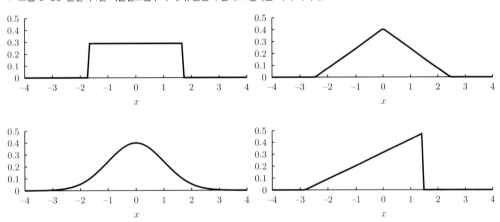

이 두 가지로 인해 해석에 주의가 필요하지만 그래도 대략적인 기준으로서 이 원은 편리합니다. 각 방향의 전형적인 편차가 이렇다는 의미는 물론, 어쨌든 도형으로 이미지화할 수 있는 기쁨이 큽니다. 공분산행렬이 단위행렬이라고 하면 이 원을 생각하세요.

또한, 원이라고 말하는 것은 $n = 2$차원을 가정하고 있기 때문입니다. 물론 $n = 3$차원이라면 구, $n = 4$차원 이상일 때는 대응하는 차원의 초구(超球)로 대체해보세요.

5.4.2 (사례 2) 대각행렬의 경우 — 타원

단계적으로 진행하기로 하고, 이어서 공분산행렬이 대각행렬인 경우를 살펴봅니다.[19] 식으로 쓰면 다음과 같습니다.

$$\mathrm{V}[\boldsymbol{X}] = \mathrm{diag}(v_1, v_2, \ldots, v_n) = \begin{pmatrix} v_1 & & & \\ & v_2 & & \\ & & \ddots & \\ & & & v_n \end{pmatrix} \quad (\text{빈 칸은 모두 0})$$

이런 경우는 어떻게 생각하면 좋을까요? 힌트는 조금 전에 살펴본 단위행렬의 결론을 활용하는 것입니다.

- 공분산행렬이 단위행렬이 되도록 $\boldsymbol{X}$를 어떻게든 변환한다.
- 변환 후의 공간에 원(혹은 구나 초구)을 그린다.
- 변환을 되돌려서 어떤 도형이 되는지 본다.

이러한 방식으로 갑니다. 그림 5-31은 그 모습을 나타낸 것입니다(지금부터 순서대로 설명합니다).

$$
\begin{array}{ccccccc}
\boldsymbol{X} & \longrightarrow & \mathrm{V}[\boldsymbol{X}] & = & \text{대각} & & ? \\
\text{변환} \downarrow & & \downarrow & & & & \uparrow \text{되돌린다} \\
\boldsymbol{Z} & \longrightarrow & \mathrm{V}[\boldsymbol{Z}] & = & I & \longrightarrow & \text{원}
\end{array}
$$

❤ 그림 5-31 변환하고, 원을 그리고, 변환을 되돌린다. 배경의 글자는 변환의 모습을 알기 쉽게 해주는 장식물이다.

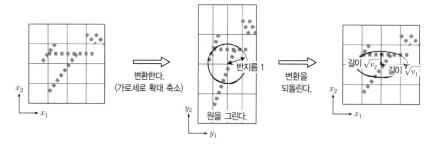

■ **변환한다** 맨 처음 작업은 $\boldsymbol{X}$를 잘 변환하는 것입니다. 어떻게 변환하면 공분산행렬을 단위행렬로 만들 수 있을까요? 지금까지 배운 이야기를 되돌아보면

$$Z_i \equiv \frac{X_i}{\sqrt{v_i}}$$

---

19 단, 대각 성분 $v_1, v_2, \ldots, v_n$은 모두 > 0이라고 가정합니다.

로 두는 것으로 $\text{V}[Z_i] = 1$이 될 수 있다는 것을 깨달았습니다. 이것으로 대각 성분은 OK입니다. 이때 비대각 성분도

$$\text{Cov}[Z_i, Z_j] = \frac{\text{Cov}[X_i, X_j]}{\sqrt{v_i v_j}} = \frac{0}{\sqrt{v_i v_j}} = 0 \qquad (i \neq j)$$

으로 제대로 0입니다. 그래서 $Z_1, Z_2, \ldots, Z_n$을 늘어놓은 열벡터를 $\boldsymbol{Z}$라고 하면, 쉽게 $\text{V}[\boldsymbol{Z}] = I$가 됩니다. 공간 변환으로서 이는 각 좌표축을 따라 확대 축소(신축)하는 것에 해당합니다(복사기에서 말하는 종횡 독립 배율, TV에서 말하는 가로세로비 수정). i축은 $1/\sqrt{v_i}$배입니다.

■ **원을 그린다** 다음 작업은 변환 후의 공간에 원을 그리는 것입니다. 흔히 생각하는 원을 그리면 됩니다.

■ **변환을 되돌린다** 마지막 작업은 변환을 되돌려서 원이 어떤 도형이 될지 보는 것입니다. 변환을 되돌리려면 역시 각 축을 확대 축소하게 됩니다. 이전의 변환의 역을 하는 셈이니까 i축은 $\sqrt{v_i}$배가 됐고, 결과적으로 원은 **타원**으로 둔갑했습니다. 타원의 각 축의 길이가 그림 5-31처럼 되는 것도 이야기의 흐름에서 자명합니다.

이것이 결론입니다. 공분산행렬이 대각행렬 $\text{diag}(v_1, v_2, \ldots, v_n)$이라고 하면 즉각 그림의 타원을 이미지화하세요. 물론 타원인 것은 $n = 2$차원일 때의 이야기입니다. $n = 3$차원이라면 공이 확대 축소되어 그림 5-32 같은 형태로 됩니다.

▼ 그림 5-32 3차원에서 공분산행렬이 대각행렬 $\text{diag}(v_1, v_2, v_3)$인 경우

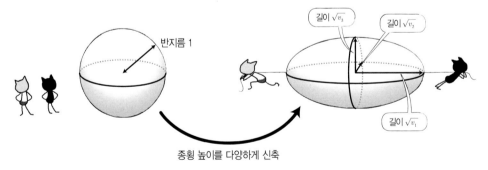

타원이 무엇을 나타내고 있는지는 주의해야 합니다. 그래도 기준으로 이 타원이 편리하다는 설명은 원의 경우와 마찬가지니까 되풀이하지 않겠습니다. 그림 5-33에 예를 나타냅니다.

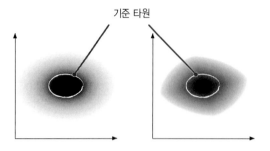

기준 타원

사실 5.2.6절에서 한 것과 같이 임의 방향의 편차도 그림 5-34처럼 이 타원에서 읽을 수 있습니다. 또한, 반대로 각 방향의 표준편차가 주어진다면 그것을 바탕으로 그림 5-35처럼 이 타원을 재현할 수도 있습니다.

❤ 그림 5-34 (왼쪽) 타원의 그림자 길이로부터 그 방향의 표준편차를 알 수 있다. (오른쪽) 3차원의 경우에는 타원체를 두 장의 평행한 판으로 끼울 때, 틈의 폭 절반이 표준편차다.

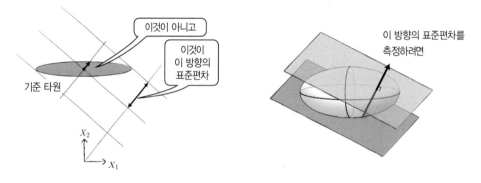

❤ 그림 5-35 표준편차로부터 타원을 재현한다.

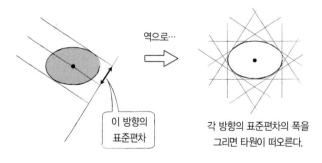

역으로…

각 방향의 표준편차의 폭을
그리면 타원이 떠오른다.

5.4.3 (사례 3) 일반적인 경우 — 기울어진 타원

드디어 일반적인 경우입니다.

방식은 조금 전과 같습니다. 공분산행렬 $V[X] = V$가 대각행렬이 아니었을 때도 X를 어떻게든 잘 변환해서 W로 만듭니다. 잘 변환한다는 것은 W의 공분산행렬 $V[W]$가 대각행렬이 되도록 변환하는 것입니다.

$$
\begin{array}{ccccccc}
X & \longrightarrow & V[X] & = & V & & ? \\
\text{변환} \downarrow & & \downarrow & & & & \uparrow \text{되돌린다} \\
W & \longrightarrow & V[W] & = & \text{대각} & \longrightarrow & \text{타원}
\end{array}
$$

이렇게 하면 나머지는

- 변환 후의 공간에 타원을 그린다.
- 변환을 되돌려서 어떤 도형이 되는지 본다.

라는 상투적인 절차를 밟는 것입니다. 그러므로 승부는 대각행렬로 변환되느냐에 달려 있습니다.

이 승부에 도전하기 전에 열쇠가 되는 변환 법칙을 떠올려봅니다. (변화하지 않는 보통의) 행렬 A를 가져와서 $W \equiv AX$라고 변환하면, 공분산행렬은 $V[W] = A\, V[X]\, A^T$라고 변환됐습니다 (5.2절). 이 변환행렬 A를 잘 골라서 $V[W]$를 대각행렬로 만들면 됩니다.[20]

그런 변환행렬을 찾는 방법은 질문 5.4에서 한 것과 같습니다. $V[X]$의 고윳값 $\lambda_1, \dots, \lambda_n$과 길이 1에 대응하는 고유벡터 $q_1, \dots, q_n$을 구하고, 직교행렬 $Q = (q_1, \dots, q_n)$을 만들어주면 $Q^T V[X] Q = \mathrm{diag}(\lambda_1, \dots, \lambda_n)$이 됩니다. 그래서 $A = Q^T$라고 생각하면 됩니다.[21]

이 방법을 적용하면 어떤 '기준 도형'을 얻을 수 있을까요? 선형대수학에서 배운 대로 직교행렬은 변환으로서는 회전(또는 뒤집음)을 나타냅니다. 그래서 실질적으로 하는 일은

1. 공분산행렬이 대각행렬이 되도록 회전합니다.
2. 이 대각행렬에 따른 타원을 그립니다.
3. 회전을 되돌립니다.

---

20 단, 이 A는 **정칙행렬**이어야 합니다. 역변환도 제대로 못하면 $W = AX$ 쪽에 그린 도형을 X로 되돌릴 수 없게 되어 상태를 볼 수 없기 때문입니다. 자세한 것은 선형대수학 교과서를 참조하세요.

21 단, 고윳값 $\lambda_1, \dots, \lambda_n$은 모두 > 0이라고 가정합니다.

이렇게 최종적으로 그림 5-36과 같은 기울어진 타원을 얻을 수 있습니다.

- 고유벡터 $q_1, \dots, q_n$이 타원의 **주축** 방향
- 고윳값 λ_i가 큰 고유벡터의 방향일수록 타원의 폭이 넓다.
- 단, 타원의 각 주축 '반경'은 고윳값 그 자체가 아니라 그것의 제곱근 $\sqrt{\lambda_i}$다.

라는 핵심을 잡으세요. 평소처럼 분포와 '기준 도형'을 겹쳐서 그린 그림을 그림 5-37에 실어두 겠습니다. 이 타원의 그림자 길이에서 '임의 방향의 표준편차'를 읽을 수 있는 것도 이전과 마찬 가지입니다. 이전에 배운 내용에서 회전한 것뿐이므로 당연합니다.

▼ 그림 5-36 회전하고, 타원을 그리고, 회전을 되돌린다. 배경의 글자는 변환의 모습을 알기 쉽게 해주는 장식물이다.

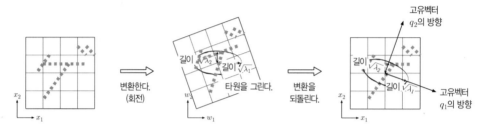

▼ 그림 5-37 기준 타원. 왼쪽은 다변량 정규분포의 예, 오른쪽은 일반분포의 예다.

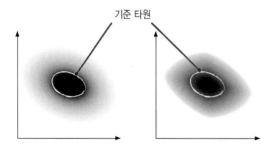

5.9 주축의 길이에 대해서는 알 수 있었지만, 주축의 방향이 고유벡터가 되는 이유는 무엇인가요?

$W = Q^T X$라는 것은, 양변에 왼쪽에서 Q를 곱하면 $X = QW$입니다. 이것이 W를 X로 되돌리 는 변환입니다. 그런데 W 쪽의 공간에서는 그림 5-36 중앙과 같이 타원의 주축은 모두 좌표축의 방 향이었습니다. W의 공간에서의 각 좌표축 방향의 단위 벡터를 $e_1, \dots, e_n$이라고 합니다. 즉, e_i는 i 성분만 1이고 나머지는 모두 0인 열벡터입니다($i = 1, \dots, n$). 이것을 Q로 X의 공간으로 옮기면 어 떻게 될지 생각해보세요. 답은 $Qe_i = q_i$입니다. 따라서 $q_1, \dots, q_n$이 타원의 주축 방향이 됩니다.

열심히 오른 덕분에 보람차게도 상쾌한 전망을 손에 넣었습니다. 기분 좋은 곳에서 잠시 쉽시다. 차라도 마시면서 눈 아래 경치를 즐기세요. 생각해보면 꽤 높이 올라온 것입니다. 지상에서 봤을 때는 뒤죽박죽인 것 같던 첫머리의 표도 위에서 바라보며 정체를 확인하니 단순한 타원에 불과했습니다. 이제 전혀 무섭지 않습니다.

공분산 행렬은 타원이다!

예제 5.16

예제 5.1의 X, Y를 나란히 놓고 벡터값 확률변수 $\boldsymbol{X} = (X, Y)^T$를 만듭니다. $\boldsymbol{X}$의 분포에 대해 기준 타원을 그려보세요(예제 5.5도 참조).

답

다음 값은 계산이 끝났습니다.

$$\mathrm{E}[\boldsymbol{X}] = \begin{pmatrix} \mathrm{E}[X] \\ \mathrm{E}[Y] \end{pmatrix} = \begin{pmatrix} 2 \\ 1 \end{pmatrix}, \qquad \mathrm{V}[\boldsymbol{X}] = \begin{pmatrix} \mathrm{V}[X] & \mathrm{Cov}[X,Y] \\ \mathrm{Cov}[X,Y] & \mathrm{V}[Y] \end{pmatrix} = \begin{pmatrix} 50 & 14 \\ 14 & 50 \end{pmatrix}$$

타원을 그리려면 $\mathrm{V}[\boldsymbol{X}]$의 고윳값·고유벡터만 알면 됩니다. $\mathrm{V}[\boldsymbol{X}]$의 고윳값은 **특성방정식** $\det(\lambda I - \mathrm{V}[\boldsymbol{X}]) = 0$을 푸는 것에서 구해집니다. 구체적으로는

$$\det \begin{pmatrix} \lambda - 50 & -14 \\ -14 & \lambda - 50 \end{pmatrix} = (\lambda - 50)^2 - (-14)^2 = 0$$

을 정리하면,

$$\lambda^2 - 100\lambda + 2304 = (\lambda - 64)(\lambda - 36) = 0$$

에 의해 $\mathrm{V}[\boldsymbol{X}]$의 고윳값은 64와 36입니다. 고윳값 64의 고유벡터를 구하려면 $\boldsymbol{r} = (r, s)^T \neq \boldsymbol{o}$에 대해 $\mathrm{V}[\boldsymbol{X}]\boldsymbol{r} = 64\boldsymbol{r}$을 풀면 됩니다. 답은 예를 들면 $\boldsymbol{r} = (1, 1)^T$입니다. 마찬가지로 고윳값 36의 고유벡터는 예를 들면 $\boldsymbol{r} = (1, -1)^T$입니다. 지금까지 말한 것에서 타원의 형상은 다음과 같습니다.

- 중심은 $\mathrm{E}[\boldsymbol{X}] = (2, 1)^T$
- 주축의 한쪽은 $(1, 1)^T$의 방향이고, 그 방향의 '반경'은 $\sqrt{64} = 8$
- 주축의 한쪽은 $(1, -1)^T$의 방향이고, 그 방향의 '반경'은 $\sqrt{36} = 6$

이를 그리면 그림 5-38처럼 됩니다.

▼ 그림 5-38 기준 타원. 참고로 $(X, Y)^T$가 취할 수 있는 값(검은 점 네 개)도 보여준다.

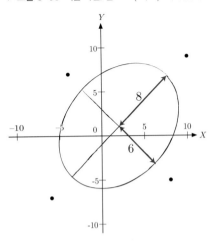

5.10 그림 5-38은 이상합니다. $(X, Y)^T$의 값이 모두 타원 바깥쪽에 있다는 점에서요. 타원은 전형적인 편차 폭을 나타내고 있었을 텐데 말이죠.

▼ 그림 5-39 기준 타원은 각 방향의 전형적인 편차 폭을 나타낸다.

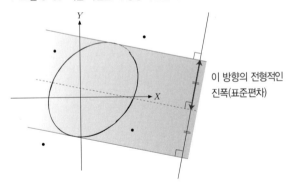

이 방향의 전형적인
진폭(표준편차)

해석을 착각하고 있습니다. 기준 타원은 각 방향의 전형적인 편차 폭을 그림 5-39처럼 그림자의 길이로 나타내는 것이었습니다. 이렇게 보면 편차 폭이 전형적인 것보다 큰 것도 있고 작은 것도 있을 테니, 모순을 느끼지 않을 것입니다.

5.4.4 공분산행렬로는 측정할 수 없는 일

공분산행렬은 분포가 어떤 방향으로 얼마나 넓게 퍼져 있는지를 나타내는 기준을 제공합니다. 그러나 그것은 어디까지나 기준에 불과하고, 분포의 구체적인 형태까지는 알 수 없습니다. 이 내용은 이미 이따금씩 언급해왔습니다.

공분산행렬에 대한 이야기를 마치면서 하나 더 강조하겠습니다. 'X_1과 X_2가 모두 클 때는 X_3도 크다'처럼 세 개 이상의 확률변수를 동시에 관측하고 비로소 나타나는 경향(**고차 상관관계**)은 공분산행렬에서 판단할 수 없습니다. 그 극단적인 예가 그림 5-40입니다. 이 분포는 지금까지 언급한 것과 같은 경향을 가지고 있지만, 공분산행렬을 봐도 그 점은 알 수 없습니다. $\mathrm{Cov}[X_2, X_3]$을 측정할 때는 X_1을 무시하고 X_2, X_3만 관측되기 때문입니다. 2.5.4절 '세 개 이상의 독립성(요주의)'을 떠올려보세요. 쌍끼리의 관계를 모두 조사했다고 해도 그것만으로는 전체의 얽힌 상태를 장담할 수 없습니다.

❤ 그림 5-40 공분산행렬에서는 고차 상관관계를 판단할 수 없다(각 그림은 색칠한 영역 내의 균등분포를 나타낸다).

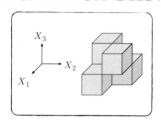

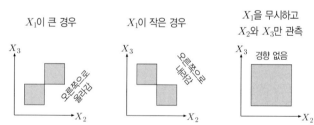

한 변의 길이가 1인 d차원 정육면체를 생각해봅시다. 그 안에 100개의 점을 독립적인 균등분포로 무작위로 둡니다. 예를 들어 $d = 2$차원(즉, 정사각형)이라면 그림 5-41과 같은 상태입니다. 이때 처음에 둔 점 $\boldsymbol{X}_1$에서 다른 점 $\boldsymbol{X}_2, \dots, \boldsymbol{X}_{100}$까지의 최단 거리

$$R = \min \|\boldsymbol{X}_j - \boldsymbol{X}_1\| \qquad (j = 2, \dots, 100)$$

은 얼마나 될까요?

▼ 그림 5-41 $\boldsymbol{X}_1$에 가장 가까운 점까지의 거리 R

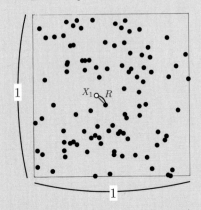

$d = 2$의 실험을 50회 반복할 때 R의 히스토그램은 이렇습니다. 적절해 보이나요?

```
$ make run2↵
./nearest.rb -d=2 50 | ../histogram.rb -w=0.02
  0.1<= | ** 2 (4.0%)
 0.08<= | ***** 5 (10.0%)
 0.06<= | ************* 13 (26.0%)
 0.04<= | ************* 13 (26.0%)
 0.02<= | ********* 9 (18.0%)
    0<= | ******** 8 (16.0%)
total 50 data (median 0.0504992, mean 0.0522141, std dev 0.0263934)
```

반면에 $d = 20$일 때 같은 실험을 하면 이렇습니다.

```
$ make run↵
./nearest.rb 50 | ../histogram.rb -w=0.1
  1.5<= | * 1 (2.0%)
  1.4<= | ******* 7 (14.0%)
  1.3<= | ***** 5 (10.0%)
  1.2<= | **************** 16 (32.0%)
  1.1<= | ******** 8 (16.0%)
    1<= | ********* 10 (20.0%)
  0.9<= | ** 2 (4.0%)
  0.8<= | * 1 (2.0%)
total 50 data (median 1.22427, mean 1.21449, std dev 0.151975)
```

이미지보다는 꽤 큰 값이지 않나요? (나타낸 것이 최단 거리임을 잊지 마세요.)

차원이 늘어남에 따라 점이 드문드문해진다는 지금의 결과는 **차원의 저주**라고 불리는 현상의 예시입니다. 고차원적인 데이터 분석 · 예측 · 패턴 인식 등에서는 차원의 저주라는 문제가 꽤 성가십니다.

확률에 도움이 될
이야기

6장

추정 및 검정

이 장에서는 추정 및 검정의 이론적 틀에 대해 설명하겠습니다. 각 ○○법의 구체적인 절차는 통계 교과서에 맡기기로 하고, 그것들이 어떤 사고방식에 근거를 두고 있는지를 소개하고 싶습니다.

추정론에 대해서는 기술 통계와 추측 통계를 구별하는 것을 서론에서 서술한 후에 후자의 독특한 견해를 먼저 설명합니다. 그것을 바탕으로 추정은 보통 수단으로는 풀리지 않는 다목적 문제임을 밝히고, 어떻게 다룰지 세 가지 방안을 제시합니다. 또 각각의 방안에 해당하는 기법으로서 최소분산불편추정, 최대우도법, 베이즈 추정을 소개합니다.

검정론에 대해서는 검정의 독특한 논법을 터득하는 것이 현재 직면한 가장 중요한 목표입니다. 대립가설과 귀무가설, 기각과 수용, 1종 오류와 2종 오류처럼 검정론에는 짝을 이루는 용어가 많이 나옵니다. 여기서 중요한 점은 짝이라도 그 취급은 전혀 대등하지 않다는 것입니다. 어떻게 비대칭인지를 확실히 머릿속에 새겨주세요.

통계를 현실에서 활용할 때는 사실 이런 데이터 분석을 하기 전에 우선 데이터를 어떻게 수집할지부터 살펴봐야 합니다. 조사 방법에 문제가 있어 오차와 편향이 생기기 때문입니다. 실수였든 계획적이었든 간에 이런 잘못된 데이터 처리가 문제가 되는 사례는 결코 사그라지지 않습니다. 그런 이유로 데이터 수집 문제도 중요하지만, '수학'에서 꽤 벗어난 이야기이므로 이 책에서는 다루지 않습니다.

6.1 추정론

무언가 데이터를 모으면 데이터 내 비율을 조사해서 '○○율'을 구하거나 혹은 평균치를 계산하는 등의 작업을 당연하게 실행합니다. 그러나 깊이 생각하면 왜 이런 작업을 하는가에 대한 논의는 그렇게 일반적인 방법으로는 하기 힘듭니다.

6.1.1 기술 통계와 추측 통계

우선 통계학의 입장은 크게 **기술 통계**와 **추측 통계**로 나눠집니다. 기술 통계는 데이터의 축약에 대한 이야기입니다. 예를 들어 인구 조사를 생각해보세요.

- 모든 데이터를 입수
- 하지만 방대한 목록을 나열해도 이해되지 않는다.
- 거기서 적은 개수의 '특징량'을 사용해 데이터의 상태를 관찰하자.
- 어떤 특징량을 쓰는 것이 좋을까?

초등학교에서 배우는 것은 기술 통계 영역입니다. 반면에 추측 통계는 데이터로부터 추측한다는 이야기입니다. 예를 들어 시청률 조사를 생각해보세요.

- 모든 데이터를 구할 수 없다.
- 대신 그 일부만 입수한다.
- 이를 토대로 전체의 성질을 추측한다.
- 어떤 추정법을 쓰는 것이 좋을까?

통계를 실제로 사용하고 싶어지는 상황을 보면, 이 경우가 많을 것이라고 생각합니다.

이 장에서는 우선 기술 통계에 대해 조금 설명한 후에 주로 추측 통계를 설명하겠습니다.

6.1.2 기술 통계

이 책에서는 **기술 통계**를 망라하지 않습니다. 따라서 여기서 명심해야 할 몇 가지만 짚고 넘어갑시다.

- 데이터를 어떻게 처리하고 축약할지 생각하기 전에 우선 데이터를 살펴봅시다. 예를 들어 그림 6-1 같은 데이터라면 **산점도**를 그리며 분포의 모습을 파악하세요.
- 분포의 모습을 나타내기 위해 흔히 **평균 · 분산**이 쓰이지만, **이상치**(outlier)에 끌려가기 쉽고 실태와 다른 인상을 주기도 합니다. 종종 지적되는 사례를 언급하면, '평균 소득은 현실과 맞지 않는다. 소수의 부자가 평균을 올려서, 대표적인 값이라고 말하기 어려운 숫자가 된다'는 문제가 있습니다. 그러므로 평균 · 분산 대신 **중앙값 · 사분위수**의 사용도 검토하세요.
- 애초에 평균이 의미를 갖는 것은 수치 데이터의 눈금이 등간격으로 예상되는 경우뿐입니다. 예를 들어 설문지의 5단계 평가라면 각 단계가 반드시 등간격이라 간주할 수 없고, 아무리 평균치를 말해도 이론적 타당성에 의문이 남습니다. 참고문헌 [31]의 첫머리에 이 문제가 친절하게 설명되어 있습니다. 이는 기술 통계 · 추측 통계를 구분하기 이전의 이야기입니다.

- 같은 데이터라도 보는 방법에 따라 인상이 달라질 수 있습니다. 예를 들어 그림 6-2와 그림 6-3 같은 경우입니다. 스스로 그래프를 그릴 때는 눈속임을 쓰지 말고, 또 다른 사람의 자료를 볼 때는 손의 농간에 속지 않도록 합시다. 참고문헌 [3]에는 더 다양한 수단이 소개되어 있습니다.

- 그림 6-4의 왼쪽과 같은 **원그래프**는 사용하지 않는 것이 좋습니다. 착각을 일으키기 쉽고, 비교하기도 불편하기 때문입니다. 비율을 나타내고 싶다면 오른쪽에 그린 **띠그래프**를 사용합시다. 비슷한 이유로 입체 막대그래프와 입체 꺾은선그래프도 추천하지 않습니다.

▼ 그림 6-1 산점도(다시 보기)

(학번)	중간시험 점수	기말시험 점수
1	59	37
2	64	72
3	30	68
⋮	⋮	⋮

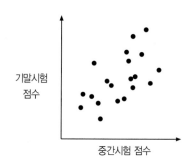

▼ 그림 6-2 인상 조작 (1): 세로축의 0의 위치

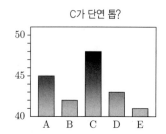

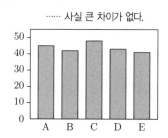

▼ 그림 6-3 인상 조작 (2): 가로, 세로를 두 배로 하면 면적은 네 배

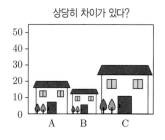

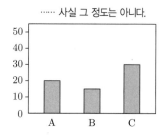

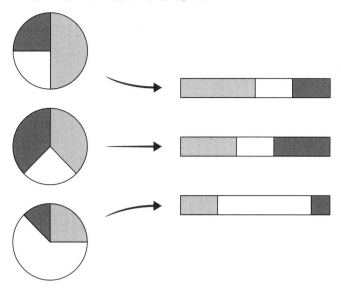
▼ 그림 6-4 원그래프보다는 띠그래프를 사용하자.

6.1 중앙값이나 사분위수가 무엇인가요?

크기 순서로 나열할 때 꼭 한가운데에 오는 값을 중앙값이라고 합니다. 예를 들어 1, 1, 2, 3, 5, 8, 13 의 중앙값은 3입니다. 위에서 세어도 아래에서 세어도 같은 네 번째가 한가운데에 있습니다. 만약 짝수 개일 때는 중간에 있는 두 값의 평균이 됩니다. 예를 들어 1, 1, 2, 3, 5, 8, 13, 21이라면 3과 5의 평균인 4가 중앙값입니다.

중앙값의 장점은 엉뚱한 값이 다소 섞여도 영향을 거의 받지 않는다는 점입니다. 가령 무언가 잘못되어 데이터 5를 500으로 둔갑시켰다고 합시다. 그러면 전체의 평균값은 크게 달라집니다. 한편 중앙값 (즉 1, 1, 2, 3, 8, 13, 21, 500의 한가운데)은 3과 8의 평균으로 (3 + 8)/2 = 5.5입니다. 원래의 중앙값 4에서 크게 변하지 않았습니다.

중앙값은 전체 데이터를 크기 순서대로 늘어놓고 둘로 나눌 때의 경계선이라고 말할 수도 있습니다. 사분위수는 네 개의 분할판, 즉 네 개로 분할할 때의 경계선입니다(단, 중앙값은 제외하고, 나머지 두 개의 경계선을 가리킵니다). 데이터의 개수가 어중간한 경우에는 몇 가지 처리 방식이 있습니다. 사분위수는 분포의 편차가 얼마나 넓은지에 대한 기준이 됩니다. 게다가 분포가 대칭적이거나 왜곡되어 있는지에 대한 기준도 됩니다.

6.1.3 추측 통계의 사물을 파악하는 방법

이제 본론으로 돌아가겠습니다. 지금부터는 기술 통계가 아닌 추측 통계의 입장에서 이 절 첫머리의 질문('왜 그런 처리를 하는가?')을 생각해봅시다. 사실 추측 통계에는 이 분야 특유의 사물을 파악하는 방식이나 해석하는 방법이 있습니다. 우선은 이것부터 설명하겠습니다.

시청률 조사

전국에 1,000만 대의 텔레비전이 있고, 그중 200만 대에서 축구 중계를 봤다고 합시다. 즉, 시청률은 200만/1,000만 = 0.2(= 20%)입니다. 이를 단 50대만 조사해서 추측하려 한다면 어떤 일이 벌어질까요?

조사는 이런 순서로 진행하기로 합니다.

- 1,000만 대 중 한 대를 완전히 랜덤하게 등확률로 뽑고, 축구 중계가 나오고 있으면 $X_1 = \bigcirc$, 그렇지 않으면 $X_1 = \times$로 둔다.
- 1,000만 대 중 한 대를 다시 완전히 랜덤하게 등확률로 선택하고, 축구 중계가 나오고 있으면 $X_2 = \bigcirc$, 그렇지 않으면 $X_2 = \times$로 둔다.
- 이하 마찬가지로 $X_3, X_4, \dots, X_{50}$을 정한다.
- $X_1, \dots, X_{50}$ 중에서 $\bigcirc$의 개수 Y를 세고 $Z \equiv Y/50$를 추정 시청률로 답한다.

이야기가 단순해지도록 매번 선택은 모두 독립적이라고 합니다(만일 같은 텔레비전이 두 번 선택되어도, 순서대로 두 번으로 셉니다).

물론 이 조사의 결과가 20%에 딱 들어맞는다고는 할 수 없습니다. 어떤 텔레비전이 조사 대상이 되는지가 운에 좌우되므로, Y나 Z도 운에 따라 변화하는 확률변수가 되기 때문입니다. 극단적으로 축구를 보여주는 텔레비전만 우연히 선택되면 추정 시청률이 100%가 될 가능성도 있습니다.

그렇다면 빗나갈 확률은 얼마일까요? 요컨대 Y나 Z의 확률분포가 어떻게 되는지에 대한 이야기인데, 우리는 이미 답을 알고 있습니다. 각 X_i는 독립적이고, 확률 0.2로 $\bigcirc$, 확률 0.8로 $\times$가 나옵니다($i = 1, 2, \dots, 50$). 다시 말해 Y는 이항분포 $\mathrm{Bn}(50, 0.2)$를 따른다는 의미입니다(3.2절). 그래프를 그리면 그림 6-5의 왼쪽과 같습니다. Z는 그 가로축을 다시 읽을 뿐입니다(그림 6-5의 오른쪽). 정답의 20% 주위에서 Z가 얼마나 변화할지를 이 그림에서 알 수 있습니다.

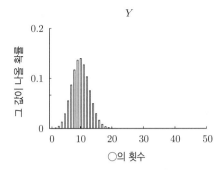
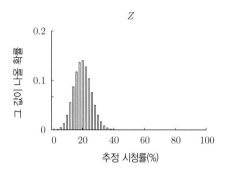

이 이야기에서 전하고 싶었던 것은 진짜 시청률(20%)과 추정 시청률(운에 따라 변하는)의 구별입니다. 양자의 차이를 확실히 의식하세요.

동전 던지기

다음은 동전 던지기로 해보겠습니다. 손안에 있는 동전을 시험 삼아 열 번 던지고 보니 뒤, 앞, 뒤, 앞, 앞, 뒤, 뒤, 뒤, 뒤, 뒤가 나왔습니다. 앞면이 나온 비율은 3/10입니다. 그러나 이 3/10은 어디까지나 단순한 비율이지 '앞면이 나올 확률'이 아닙니다. 이 책에서 확률이라고 하면, 그림 6-6과 같은 신의 관점에서 본 평행 세계의 면적을 의미합니다.

그러한 신의 관점에서 조금 전 동전 던지기의 실험 결과는 이렇게 해석됩니다.

> 확률변수 $X_1, X_2, \ldots, X_{10}$은 i.i.d.이므로 앞면과 뒷면이 각각 나올 확률을 q와 $(1 - q)$로 둡니다. 특히 내가 사는 세계 ω에서의 값은 다음과 같습니다.
>
> $X_1(\omega) =$ 뒤, $X_2(\omega) =$ 앞, $X_3(\omega) =$ 뒤, $X_4(\omega) =$ 앞, $X_5(\omega) =$ 앞,
> $X_6(\omega) =$ 뒤, $X_7(\omega) =$ 뒤, $X_8(\omega) =$ 뒤, $X_9(\omega) =$ 뒤, $X_{10}(\omega) =$ 뒤

처음에는 익숙하지 않을지도 모르지만, 익숙해지지 않으면 앞으로 나아갈 수 없습니다. 부드럽게 받아들이세요.

우리는 현재 해석에 나온 q 값을 알고 싶습니다. 그러나 직접 관측할 수는 없습니다. 인간은 하나의 세계 ω에 사로잡혀 있으므로 평행 세계를 횡단해서 면적을 측정하는 것은 실제로 불가능하기 때문입니다. 그래서 관측된 데이터 '뒤, 앞, 뒤, 앞, 앞, 뒤, 뒤, 뒤, 뒤, 뒤'를 근거로 q를 추측하려고 합니다. 믿을 수 없는 이야기지만, 이것이 인간이 할 수 있는 최선입니다. 던지는 횟수만 충분히 늘리면 거의 정확히 q를 추측할 수 있을 것입니다(3.5절 '큰 수의 법칙').

지금까지 설명한 내용을 정리할 겸 용어를 소개하겠습니다. 위의 해석에 나온 '앞면이 나올 확률 q, 뒷면이 나올 확률 $(1 - q)$'라는 것이 동전 던지기의 **진정한 분포**입니다. 이에 반해 우리의 세계 ω에서 관측된 '뒤, 앞, 뒤, 앞, 앞, 뒤, 뒤, 뒤, 뒤, 뒤'는 $X_1, \ldots, X_{10}$의 **실현값**이라고 합니다. 실현값에 대한 '앞면의 비율이 3/10, 뒷면의 비율이 7/10'은 **경험 분포**라 부르고, 진정한 분포와 구별합니다. 통계의 논의를 따라가기 위해서는 이 개념들을 혼용하지 않는 것이 중요합니다.

❤ 그림 6-6 신의 관점

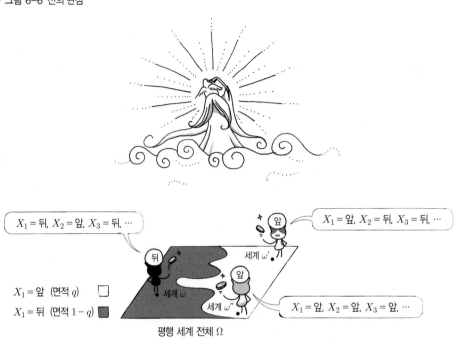

6.2 평행 세계를 횡단해서 관찰할 수는 없으므로 $X_1, \ldots, X_{10}$이 i.i.d.인지 아닌지도 인간이 판단하지 못하는 것 아닌가요?

네. 실험 방식으로부터 i.i.d.일 것이라고 생각했습니다. 아주 엄밀하게 말하면 동전을 던지는 동안에 동전의 각인에 때가 끼어 점점 균형이 바뀐다거나(동일 분포가 아니다), 동전이 미묘하게 변형되는 탓에 지난 번과 같은 면이 나오기 쉬워질 수도(독립적이지 않다) 있습니다. 하지만 그런 것은 무시하자는 의미입니다. 실제로 통계를 사용할 때도 데이터의 접근 방식 등에 대한 지식에서 "아마 i.i.d.이겠지" 또는 "아마 정규분포일 거야"라고 가정해두는 일은 종종 일어납니다.

그런데 여러분도 알고 있겠지만 시청률 조사와 동전 던지기 이야기는 수학으로서는 같은 이야기입니다. 시청률 조사에서 진정한 분포는 $P(X_i = \bigcirc) = 0.2, P(X_i = \times) = 0.8$이었습니다 $(i = 1, \dots, 50)$.

이 이야기에서 전하고 싶었던 것은 '현실의 관측값의 배후에 진정한 분포가 있다고 가정하고 그것을 맞히는 것을 목표로 한다'는 사고방식입니다.

기댓값의 추정

다음은 연속값의 예입니다. 확률변수 X_1, X_2, X_3이 i.i.d.이므로 각각의 확률밀도함수는 그림 6-7과 같이

$$f_{X_i}(x) = \frac{1}{2} e^{-|x-5|} \qquad (i = 1, 2, 3)$$

라고 합니다. 이때 각각의 기댓값은 $E[X_i] = 5$입니다.

▼ 그림 6-7 진정한 분포의 확률밀도함수 $f_{X_i}(x)$

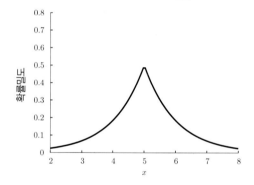

자, 현재 진정한 분포 $f_{X_i}(x)$를 모르는 사람이 X_1, X_2, X_3을 보고 $E[X_i]$를 맞히려는 경우를 가정해보세요. 하나의 발상으로는 단순히 관측값의 평균 $\bar{X} \equiv (X_1 + X_2 + X_3)/3$을 추정값으로 삼는 것이 우선 떠오릅니다. 또 다른 방안으로 X_1, X_2, X_3의 중앙값 $\tilde{X}$를 추정값으로 삼는 방법도 생각해볼 수 있습니다(질문 6.1). $\bar{X}$와 $\tilde{X}$는 추정값으로서의 성질에 어떤 차이가 있을까요?

지금까지의 이야기와 마찬가지로 $\bar{X}$와 $\tilde{X}$ 모두 운에 따라 변하는 확률변수가 됩니다. 데이터 X_1, X_2, X_3 자체가 운에 따라 변하기 때문에 데이터로부터 계산된 $\bar{X}$와 $\tilde{X}$도 변합니다. 이치에 맞는 이야기입니다. 그렇다면 어떤 방식으로 변하는 것일까요? 그것을 관찰하기 위해 둘의 분포를 계산했습니다. 결과를 그래프로 그리면 그림 6-8과 같습니다. 이 그림에서 둘 다 정답 5를 중심으로 변한다는 점, 정답 부근이 나올 확률은 지금의 예시에서 $\tilde{X}$가 높다는 점을 읽을 수 있습니다.

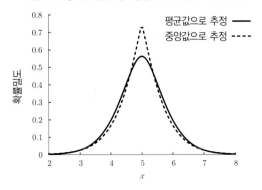

이 이야기에서 전하고 싶었던 내용은 단순한 평균 외에도 다양한 추정법이 있을 수 있다는 것, 그리고 추정법에 따라 변하는 상태가 다르다는 것입니다.

6.1.4 문제 설정

위의 몇 가지 예를 통해

- 현실의 관측값의 배후에 진정한 분포가 있다고 가정하고 그것을 맞히는 것을 목표로 한다.
- 관측값이 운에 따라 변하므로 관측값에서 계산되는 추정값도 변한다.
- 여러 가지 추정법을 생각할 수 있고 추정법에 따라 추정값의 변하는 상태가 다르다.

라는 핵심을 소개했습니다. 이 절에서는 이를 근거로 이야기를 일반화하고 추정론의 문제 설정을 설명합니다.

얻은 데이터 $X_1, \dots, X_n$은 i.i.d.인 확률변수라고 합니다. 통계 산업에서는 보통 데이터라고 하기보다는 **표본**이라고 하지만, 위압감을 주기 때문에 이 책에서는 데이터라고 부릅니다. 데이터의 개수 n을 **표본 크기**라고 부릅니다.

데이터의 진정한 분포는 미지의 영역입니다. 특히 이 분포의 구체적인 함수 형태를 단정하지 못하는 설정을 **비모수적**(nonparametric)이라고 부릅니다. 반면 기댓값과 분산은 잘 모르지만 정규분포라고 가정할 수 있는 것처럼, 분포를 제한한 설정을 **모수적**(parametric)이라고 부릅니다.

비모수 추정과 모수 추정은 일장일단이 있습니다. 모수 추정은 더 강한 가정이 필요하므로 적용 범위가 좁습니다. 하지만 그만큼 가정이 정확하다면 높은 정밀도로 추정할 수 있습니다. 그런 까닭에 과거의 경험이나, 데이터가 어떻게 생성되는지에 관한 지식(질문 6.2)이나, **중심극한정리**

(4.6.3절) 등에 근거해 분포의 모양을 가정하는 일이 많습니다. 이 책에서도 모수 추정을 이어서 설명합니다.

예를 들어 $X_1, \dots, X_n$이 모두 정규분포 $\mathrm{N}(\mu, 1)$를 따른다는 전제하에서 $X_1, \dots, X_n$을 보고 μ를 맞히는 것이 모수 추정입니다. 일반적으로는 '유한 차원의 벡터값 매개변수 $\theta \equiv (\theta_1, \dots, \theta_k)$에 따라 이러이러한 것처럼 데이터의 분포가 정해진다'는 설정을 준 다음 데이터에서 θ를 맞히는 것을 목표로 합니다.[1]

이후부터는 n개의 데이터를 모아서 $X = (X_1, \dots, X_n)$이라고 쓰겠습니다. 또 θ의 추정값을 $\hat{\theta}$라고 합니다. 추정값에는 이렇게 '모자'를 씌우는 것이 관습입니다. 데이터 X가 운에 따라 변하기 때문에 데이터에 따라 얻을 수 있는 추정 결과도 변하는 값(확률변수)입니다. 이 점을 강조하고 싶을 때는 $\hat{\theta}$를 **추정량**(estimator)이라 부르거나 X에 따라 정해지는 것을 명시하고 $\hat{\theta}(X)$라고 쓰기도 합니다.[2] 책에 따라서는 표본 크기가 n이라는 것을 나타내기 위해 $\hat{\theta}_n$이라고 쓸 수도 있습니다. 위의 예라면

$$\hat{\mu}(X) \equiv \frac{X_1 + \cdots + X_n}{n}$$

은 추정량 중 하나입니다. 또한,

$$\tilde{\mu}(X) \equiv \text{'}X_1, \dots, X_n\text{의 중앙값'}$$

도 추정량 중 하나입니다(이전의 $\hat{\mu}$와는 다른 추정량이므로 기호를 다르게 했습니다).

이런 식으로 추정량은 얼마든지 생각해볼 수 있습니다. 어쨌거나 데이터 X에 따라 정해지는 것은 일단 무엇이든 추정량입니다. 예를 들어

- 내일 날씨를 예상하는 것 자체는 누구나 할 수 있다(맞히는 것은 다른 이야기지만).
- 데이터 X를 입력하면 'θ의 값은 ○○일 것'이라고 출력하는 프로그램은 모두 일종의 추정 프로그램이다(맞히는 것은 다른 이야기지만).

와 같은 입장을 취한다고 생각해보세요. 이런 식으로 우선 넓게 후보를 모아 놓고 그중에서 가장 좋은 추정량은 어느 것인지 결정합니다. 이것이 이 절에서 몰두하는 주제입니다.

---

1 미지의 파라미터는 그리스 문자 θ(세타)로 나타내는 것이 관례입니다. 또한 추정에는 추정값을 핀포인트로 답하는 **점 추정**과 여기서부터 여기까지라는 범위로 답하는 **구간 추정**이 있습니다. 이 책에서 다루는 것은 점 추정 쪽입니다.

2 '데이터로부터 어떤 식으로 추정 결과를 구하는가'라는 것도 추정량이라고 부릅니다. 예를 들면 '프로그램 h'도 '변하는 데이터 X를 h에 입력하고 얻게 되는 변하는 출력 $h(X)$'도 모두 추정량이라고 부릅니다.

6.1.5 기대 벌금

가장 좋은 추정량을 결정하기 위한 평가 기준은 여러 가지로 생각할 수 있습니다. 그중에서도 다루기 쉽고 흔히 쓰이는 것이 '정답이 a인데 b라고 추정하면 벌금이 $\|b - a\|^2$원'이라는 제곱 오차입니다($\| \cdot \|$는 벡터의 길이). 정답 a와 추정 b가 떨어져 있을수록 벌금은 커지고, 정확히 일치하면 벌금은 0입니다. 제곱 오차는 작을수록 좋다고 합니다.

그러나 이 평가 기준을 현재 이야기에 맞춰 벌금 $\|\hat{\theta}(X) - \theta\|^2$을 구하려고 하면 다음 사항이 문제가 됩니다.

- 벌금은 운에 따라 변한다.
- 벌금은 정답에 따라 변한다.

우선 벌금이 운에 따라 변하는 것에 대해 이야기해봅시다. 데이터 X가 운에 따라 변할 테니 추정량 $\hat{\theta}(X)$도 변하고 벌금도 변합니다. 몇 번이나 확인해왔던 대로입니다. 이에 대해서는 기댓값으로 벌금이 결정됩니다. 즉, 기대 벌금

$$R_{\hat{\theta}}(\theta) \equiv \mathrm{E}[\|\hat{\theta}(X) - \theta\|^2]$$

이 가능한 한 작아지는 추정량 $\hat{\theta}$를 목표로 합니다.

또 다른 경우인 벌금이 정답에 따라 변하는 문제에 대해서는 다음 절에서 논의합니다.

예제 6.1

$X, \theta, \hat{\theta}(X), R_{\hat{\theta}}(\theta)$는 각각 변하는 값(확률변수), 변하지 않는 값(단순한 수나 벡터) 중 무엇인가요?

답

X와 $\hat{\theta}(X)$는 변하는 값이고, θ와 $R_{\hat{\theta}}(\theta)$는 변하지 않는 값입니다.

6.1.6 다목적 최적화

기대 벌금 $R_{\hat{\theta}}(\theta)$는 정답 θ에 따라 달라집니다. 추정하는 사람은 정답을 모르기 때문에(그러니 추정을 하고 있죠) 이래서는 기대 벌금을 계산할 수 없습니다. 할 수 있는 것은 '혹시 정답이 이렇다면 기대 벌금은 이와 같고, 정답이 이렇다면 기대 벌금은 이와 같다'는 식의 이야기뿐입니

다. 즉, 추정량 $\hat{\theta}$에 대한 평가는 단일 값으로서 주어지는 것이 아니라 그림 6-9와 같은 그래프로 주어집니다.

❤ 그림 6-9 정답 θ에 따른 기대 벌금 그래프

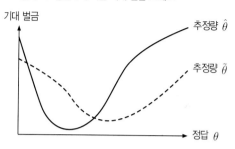

다른 추정량 $\tilde{\theta}$를 가져오면 다른 형태의 그래프 $R_{\tilde{\theta}}(\theta)$를 얻을 수 있습니다. 그럼 $\hat{\theta}$와 $\tilde{\theta}$의 우열을 어떻게 측정할까요? 만약 그래프의 전역에서 기대 벌금이 $R_{\hat{\theta}} < R_{\tilde{\theta}}$라면, $\hat{\theta}$가 $\tilde{\theta}$보다 더 좋다고 명확히 말할 수 있을 것입니다. 하지만 어떤 θ에서는 $R_{\hat{\theta}}$가 낮고, 다른 θ에서는 $R_{\tilde{\theta}}$가 낮으면 어떻게 할까요? 이렇게 되면 $\hat{\theta}$와 $\tilde{\theta}$ 중 어느 쪽이 더 좋은지에 대해 일괄적으로 말할 수 없습니다. 즉, 어떤 종목에서는 이쪽의 선수 $\hat{\theta}$가 이기고 다른 종목에서는 저쪽의 선수 $\tilde{\theta}$가 이기는 식으로 결판나지 않는 상황입니다.

6.3 모든 종목에서 θ로 모든 라이벌을 능가함으로써 전 종목을 석권한 슈퍼 챔피언 추정량 $\hat{\theta}$를 찾아야 할까요? 열심히 찾아볼게요.

안타깝게도 그런 '초인'은 세상에 존재하지 않습니다. 극단적인 이야기로서 무슨 데이터든 무시하고 항상 '추정치는 0.7'이라고 답하는 무의미한 추정량 $\tilde{\theta}$를 생각해보세요. 보기에도 무성의한 후보지만 정답이 $\theta = 0.7$인 경우만큼은 $R_{\tilde{\theta}}(0.7) = 0$이라는 최고 기록을 달성합니다. 각 종목에 이러한 '한 방'을 기록하는 값이 있어서 전 종목을 석권하는 것은 불가능합니다.

평가 기준이 단일 값이라면 단순히 최선의 추정량이 '베스트(best)'라고 그렇게 말할 수 있지만, 지금은 그렇지 않습니다. $R_{\hat{\theta}}(0.7)$도 좋고, $R_{\hat{\theta}}(0.5)$도 좋고, $R_{\hat{\theta}}(0.843191)$도 $R_{\hat{\theta}}(0.543217)$도 좋다는 **다목적 최적화** 이야기가 있습니다. 이 상황에서 추정량에 대한 우리의 챔피언을 정하려면 무언가 규정이 필요합니다.

몇 가지 대책이 있습니다.

가. 참가 자격에 조건을 마련해 후보를 걸러낸 후 그중에서 나무랄 데 없는 챔피언을 기대한다.

나. '베스트'의 의미를 약화시킨다.

다. 그래프에서 어떤 식으로든 평가 기준이 되는 단일 값을 정한다.

차례로 살펴봅시다.

6.1.7 (대책 가) 후보 가려내기: 최소분산불편추정

여기서 한 가지 고민거리는 질문 6.3에서 말한 단 한 방을 기록하는 것과 같은 불성실한 추정량이 섞여 있다는 것입니다. 이런 후보들을 몰아내고 진정한 추정량만으로 참가를 제한하면 전 종목에서 패권을 잡는 값이 나타날지도 모릅니다.

흔히 쓰이는 참가 자격은 불편성입니다. 입력 데이터 X 자체가 운에 따라 변하므로 출력되는 추정값 $\hat{\theta}(X)$가 변하는 것은 어쩔 수 없습니다. 그래도 적어도 답의 주변에서는 변하고 있습니다. 즉, 기댓값 $\mathrm{E}[\hat{\theta}(X)]$는 항상 정답 θ에 일치합니다.

$$\mathrm{E}[\hat{\theta}(X)] = \theta \qquad \text{(어떤 } \theta \text{에서도 이것이 성립하는 것을 요구한다.)}$$

이런 요구를 하면 단 한 방은 배제할 수 있습니다. 이 요구로 후보자를 걸러낸 것 중에서 전 종목을 석권한 패자를 **최소분산불편추정량**(uniformly minimum variance unbiased estimator, **UMVUE**)이라고 부릅니다. 예를 들어 정규분포 $\mathrm{N}(\mu, \sigma^2)$을 따르는 i.i.d.인 데이터 $X_1, \ldots, X_n$(단, μ, σ^2은 미지수 $n \geq 2$)에서 평균 $\bar{X} \equiv (X_1 + \cdots + X_n)/n$에 의해 기댓값 μ를 추정하는 것은 UMVUE입니다. 또한,

$$S^2 \equiv \frac{1}{n-1} \sum_{i=1}^{n} (X_i - \bar{X})^2$$

이라는 양에 의해 분산 σ^2을 추정하는 것도 UMVUE입니다. 다소 이상하게 느낄 수도 있지만 n이 아닌 $(n-1)$로 나눌 때 불편추정량이 됩니다. UMVUE에 대한 증명도 포함해서 자세한 것은 참고문헌 [14] 등을 참조하세요. 이 S^2을 **불편 분산**이라고 부릅니다.[3]

---

3 **표본 분산**이라는 용어도 있지만 사람마다 용법이 다릅니다.
- $(n-1)$로 나눈 것을 표본 분산이라고 부르는 선생님도 있다.
- $(n-1)$로 나눈 것은 불편 분산, n으로 나눈 것은 표본 분산이라고 구분하는 선생님도 있다.

예제 6.2

위 본문과 관련해 $\mathrm{E}[\bar{X}] = \mu$ 및 $\mathrm{E}[S^2] = \sigma^2$을 증명하세요. 또한,

$$\tilde{S}^2 \equiv \frac{1}{n} \sum_{i=1}^{n} (X_i - \bar{X})^2$$

의 기댓값 $\mathrm{E}[\tilde{S}^2]$을 구하고 σ^2에 일치되지 않음을 확인하세요.

답

기댓값의 성질로부터 $\mathrm{E}[\bar{X}] = (\mathrm{E}[X_1] + \cdots + \mathrm{E}[X_n])/n = n\mu/n = \mu$입니다. S^2은 우선

$$\mathrm{E}[S^2] = \mathrm{E}\left[\frac{1}{n-1} \sum_{i=1}^{n} (X_i - \bar{X})^2\right] = \frac{1}{n-1} \sum_{i=1}^{n} \mathrm{E}\left[(X_i - \bar{X})^2\right] \qquad \cdots\cdots \text{(가)}$$

으로 변형할 수 있다는 점에 주의합니다. 계산하기 쉽도록 $Y_i \equiv X_i - \mu$라고 합니다($i = 1, \ldots, n$). 이때 $Y_1, \ldots, Y_n \sim \mathrm{N}(0, \sigma^2)$(i.i.d.)입니다. 또한, $\bar{Y} \equiv (Y_1 + \cdots + Y_n)/n$은 $\bar{X} - \mu$와 같습니다. 그렇다면

$$\mathrm{E}\left[(X_i - \bar{X})^2\right] = \mathrm{E}[(Y_i - \bar{Y})^2] = \mathrm{E}[Y_i^2 - 2Y_i\bar{Y} + \bar{Y}^2]$$
$$= \mathrm{E}[Y_i^2] - 2\,\mathrm{E}[Y_i\bar{Y}] + \mathrm{E}[\bar{Y}^2] \qquad \cdots\cdots \text{(나)}$$

이고, $\mathrm{E}[Y_i^2] = \sigma^2$과 $\mathrm{E}[Y_iY_j] = \mathrm{E}[Y_i]\mathrm{E}[Y_j] = 0 \cdot 0 = 0 (i \neq j)$과 $\bar{Y} \sim \mathrm{N}(0, \sigma^2/n)$을 따릅니다(예제 4.22). 이를 사용해서 다음과 같습니다.

$$\text{(나)} = \mathrm{E}[Y_i^2] - 2\,\mathrm{E}\left[\frac{Y_iY_1 + \cdots + Y_iY_n}{n}\right] + \mathrm{E}[\bar{Y}^2]$$
$$= \sigma^2 - 2 \cdot \frac{\sigma^2}{n} + \frac{\sigma^2}{n} \qquad (Y_iY_1 + \cdots + Y_iY_n \text{의 안에 } Y_i^2 \text{이 한 개 있다.})$$
$$= \left(1 - \frac{2}{n} + \frac{1}{n}\right)\sigma^2 = \left(1 - \frac{1}{n}\right)\sigma^2 = \frac{n-1}{n}\sigma^2$$

따라서

$$\text{(가)} = \frac{1}{n-1} \cdot \sum_{i=1}^{n} \frac{n-1}{n}\sigma^2 = \sigma^2$$

이것으로 $\mathrm{E}[S^2] = \sigma^2$이라고 말할 수 있습니다. 이때 $\tilde{S}^2$은

$$\mathrm{E}[\tilde{S}^2] = \mathrm{E}\left[\frac{n-1}{n}S^2\right] = \frac{n-1}{n}\mathrm{E}[S^2] = \frac{n-1}{n}\sigma^2$$

이므로, σ^2과 일치하지 않습니다.

후보자를 걸러낸다고는 하지만 전 종목을 혼자 석권하는 것은 쉽지 않습니다. 언제든지 전 종목 챔피언을 찾을 수 있을 것이라 기대하지는 마세요.

6.1.8 (대책 나) '베스트'의 의미를 약화시킨다: 최대우도추정

다음 대책은 '베스트'의 의미를 약화시키는 것입니다. 유일무이한 챔피언이 아니더라도 예를 들어

- **일치성**

  표본 크기가 $n \to \infty$일 때 추정 결과가 정답으로 수렴한다.

- **점근 유효성**

  표본 크기가 $n \to \infty$일 때 $n\,\mathrm{E}[(\text{추정 결과} - \text{정답})^2]$이 이론적 한계에 수렴한다.

위와 같은 성질을 갖는다면 타협하자는 것입니다. 이것들을 만족하는 추정은 무수히 존재하지만 그중에서도 특히 **최대우도추정**이라고 불리는 것에 주목해야 합니다. 최대우도는 일어날 가능성이 가장 크다는 의미입니다.

데이터 $X_1, \dots, X_n$의 실현값으로 $\check{x}_1, \dots, \check{x}_n$을 얻었을 때 확률

$$\mathrm{P}(X_1 = \check{x}_1, \dots, X_n = \check{x}_n) \tag{6.1}$$

이 최대가 되는 매개변수 θ를 답하는 것이 최대우도추정입니다.[4]

다만 연속값의 확률변수에 대해 식 (6.1)이라면 0이 되므로, 그 대신에 확률밀도

$$f_{X_1,\dots,X_n}(\check{x}_1, \dots, \check{x}_n) \tag{6.2}$$

을 최대화합니다. 미지의 매개변수 θ에 대해 식 (6.1) 또는 식 (6.2)에 대한 것을 θ의 **우도**라고 부릅니다. 즉, 간단히 말해 우도가 최대가 되는 θ를 답하는 것이 최대우도추정입니다.

이전 절에서 설명한 UMVUE와 비교하면 최대우도추정의 장점은 다음과 같습니다.

- 기계적으로 계산하면 구할 수 있습니다.

  : UMVUE에서는 이렇게 할 수 없습니다.

- 매개변수를 변환해도 추정 결과의 앞뒤가 맞습니다.

  σ^2의 최대우도추정을 $\widehat{\sigma^2}(X)$라고 할 때 σ의 최대우도추정은 자연히 $\sqrt{\widehat{\sigma^2}(X)}$가 됩니다.

---

4 실제로 관측된 특정값(6.1.3절의 실현값)이라는 것을 강조하기 위해 체크 기호 '˘'를 붙였습니다. 이는 이 책에서만 쓰는 아류 기법입니다.

: UMVUE에서는 이렇게 할 수 없습니다.

- 합당한 가정하에서 일치성이나 점근 유효성이 성립합니다.

  그래서 표본 크기 n이 충분히 커지면 UMVUE와 거의 비슷합니다.

최대우도추정을 실제로 구할 때는 식 (6.1)이나 (6.2)의 로그를 생각하는 것이 정석입니다. $X_1, \ldots, X_n$은 i.i.d.이라고 가정했으니

$$\log \mathrm{P}(X_1 = \check{x}_1, \ldots, X_n = \check{x}_n) = \log \mathrm{P}(X_1 = \check{x}_1) \cdots \mathrm{P}(X_n = \check{x}_n)$$
$$= \log \mathrm{P}(X_1 = \check{x}_1) + \cdots + \log \mathrm{P}(X_n = \check{x}_n)$$
$$\log f_{X_1, \ldots, X_n}(\check{x}_1, \ldots, \check{x}_n) = \log f_{X_1}(\check{x}_1) \cdots f_{X_n}(\check{x}_n)$$
$$= \log f_{X_1}(\check{x}_1) + \cdots + \log f_{X_n}(\check{x}_n)$$

처럼 덧셈으로 분해되어 쉽게 다룰 수 있기 때문입니다(부록 A.5절 '지수와 로그'). '○○의 최대화'와 'log○○ 최대화'는 등가라는 것에 주의합시다. x가 클수록 $\log x$가 커지므로 어느 쪽의 최대화도 등가입니다. 우도의 로그는 **로그 우도**라고 부릅니다.

예제 6.3

정규분포 $N(\mu, \sigma^2)$을 따르는 i.i.d.한 데이터 $X_1, \ldots, X_n$의 실현값으로서 $\check{x}_1, \ldots, \check{x}_n$을 얻었습니다. 기댓값 μ와 분산 σ^2이 동시에 알 수 없는 값일 때, μ와 σ^2의 최대우도추정을 구하세요.

답

로그 우도 l는

$$l = \log f_{X_1}(\check{x}_1) + \cdots + \log f_{X_1}(\check{x}_n)$$
$$= \log \left(\frac{1}{\sqrt{2\pi\sigma^2}} \exp \left(-\frac{(\check{x}_1 - \mu)^2}{2\sigma^2} \right) \right) + \cdots + \log \left(\frac{1}{\sqrt{2\pi\sigma^2}} \exp \left(-\frac{(\check{x}_n - \mu)^2}{2\sigma^2} \right) \right)$$

이라고 계산되지만, log의 성질에 의해 각 항은

$$\log \left(\frac{1}{\sqrt{2\pi\sigma^2}} \exp \left(-\frac{(\check{x}_i - \mu)^2}{2\sigma^2} \right) \right) = -\frac{1}{2} \log(2\pi) - \frac{1}{2} \log(\sigma^2) - \frac{(\check{x}_i - \mu)^2}{2\sigma^2}$$

처럼 분해됩니다($i = 1, \cdots, n$). 그러므로

$$l = -\frac{n}{2} \log(2\pi) - \frac{n}{2} \log(\sigma^2) - \frac{(\check{x}_1 - \mu)^2 + \cdots + (\check{x}_n - \mu)^2}{2\sigma^2}$$

최대우도추정은 l가 최대가 되는 μ 및 σ^2을 구하는 것입니다.

우선은 σ^2을 일단 고정해두고 μ만 조정하면서 l의 최대화를 목표로 합니다. 'σ^2을 상수로 간주하고 l를

μ로 미분한 값'을 관찰하면 됩니다. 즉, $\partial l / \partial \mu$를 보면 됩니다(편미분에 대해서는 4장의 주석 12번 참조). 구체적으로 계산하면

$$\frac{\partial l}{\partial \mu} = -\frac{(\mu - \breve{x}_1) + \cdots + (\mu - \breve{x}_n)}{\sigma^2} = -\frac{n\mu - (\breve{x}_1 + \cdots + \breve{x}_n)}{\sigma^2} = -\frac{n}{\sigma^2}(\mu - \bar{x})$$

단, $\bar{x} \equiv \dfrac{\breve{x}_1 + \cdots + \breve{x}_n}{n}$은 $\breve{x}_1, \ldots, \breve{x}_n$의 평균값

이므로 μ가 $\bar{x}$보다 크면 $\partial l / \partial \mu < 0$, 작으면 $\partial l / \partial \mu > 0$, 같으면 $\partial l / \partial \mu = 0$입니다. 따라서 로그 우도 l 가 최대가 되는 것은 $\mu = \bar{x}$일 때이므로, μ의 최대우도추정은 $\bar{x}$입니다.

지금 구한 대로 $\mu = \bar{x}$라 설정하고, 이어서 σ^2을 조정해 l를 최대화합니다. 혼란을 피하기 위해 $\sigma^2 = s$ 라 하고

$$l = -\frac{n}{2} \log(2\pi) - \frac{n}{2} \log s - \frac{(\breve{x}_1 - \bar{x})^2 + \cdots + (\breve{x}_n - \bar{x})^2}{2s} \equiv g(s)$$

라 다시 씁니다. 이 $g(s)$가 최대가 되는 s를 구하려면 dg/ds를 관찰하면 됩니다.

$$\frac{dg}{ds} = -\frac{n}{2s} + \frac{(\breve{x}_1 - \bar{x})^2 + \cdots + (\breve{x}_n - \bar{x})^2}{2s^2} = -\frac{n}{2s^2}\left(s - \frac{(\breve{x}_1 - \bar{x})^2 + \cdots + (\breve{x}_n - \bar{x})^2}{n}\right)$$

따라서 조금 전과 마찬가지로 s가

$$\frac{(\breve{x}_1 - \bar{x})^2 + \cdots + (\breve{x}_n - \bar{x})^2}{n} = \frac{1}{n}\sum_{i=1}^{n}(\breve{x}_i - \bar{x})^2$$

과 같을 때 $g(s)$가 최대라는 것을 알 수 있습니다. 따라서 이것이 σ^2의 최대우도추정입니다.

예제 6.3에서 구한 '분산의 최대우도추정'을 이전의 불편 분산과 비교했을 때 차이가 있다면, 'n 으로 나누는가, 아니면 $(n-1)$로 나누는가'뿐입니다. 이 차이는 표본 크기 n이 크면 거의 무시할 수 있습니다. '표본 크기가 커지면 최대우도추정은 UMVUE와 거의 비슷하다'는 것을 이 예제에서도 확인할 수 있습니다.

6.1.9 (대책 다) 단일 값으로서 평가 기준을 정한다: 베이즈 추정

세 번째 방안은 단일 값으로서 무언가 평가 기준을 정하는 것입니다. '종목마다 이기거나 져서 우 승자가 결정되지 않는다면? 그럼 종합 득점으로 결정하면 되잖아'라는 식의 방안은 아마 여러분

도 이미 생각했을 것입니다. 하지만 이 경우 각 종목의 배점을 둘러싼 분쟁이 일어나기도 합니다. 이 절에서는 이 방안에 상응하는 기법으로 **베이즈 추정**을 소개합니다.

베이즈 추정에서는 매개변수 θ도 확률변수라고 가정합니다. 즉, θ에도 확률분포를 가정하는 것입니다. 이를 **사전 분포**라고 부릅니다. 지금까지 '매개변수 θ에 따른 데이터 X의 확률분포'라고 말했던 것들은 'θ가 주어졌을 때 X의 조건부분포'로 다시 해석됩니다.

이 설명을 받아들이면 이후에는 더 이상 망설일 일이 없습니다. 데이터 X의 실현값으로 $\tilde{x}$가 얻어질 때, 조건부 기대 벌금

$$\mathrm{E}[(\hat{\theta} - \theta)^2 | X = \tilde{x}]$$

를 최소화하고 싶으면

$$\hat{\theta} = \mathrm{E}[\theta | X = \tilde{x}]$$

를 취하면 됩니다(3.6절 '조건부 기댓값과 최소제곱 예측'의 주석 18번). 혹은 한 점 내기에 연연하지 않고 $X = \tilde{x}$가 주어졌을 때 θ의 조건부분포 자체를 답하는 방식도 생각할 수 있습니다. θ의 추정값을 거침없이 하나로 답하는 것이 아니라, 그림 6-10처럼 어느 부근의 가능성이 얼마나 높은지를 나타내는 분포의 형태로 답하는 것입니다. 이런 맥락에서 조건부분포를 사후 분포라고 불렀습니다.[5] 사후 분포의 확산이 '좁은' 경우에는 그만큼 자신감을 가지고 추정값을 쓸 수 있습니다. 반면에 사후 분포가 '넓은' 경우라면 그다지 명확하게 말할 수 없습니다. 이 방식이라면, 자신감의 정도도 결과로부터 읽을 수 있습니다.

▼ 그림 6-10 데이터 $X = \tilde{x}$가 주어졌을 때 알 수 없는 매개변수 θ의 조건부분포(사후 분포)

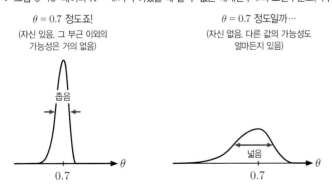

---

5 사후 분포에 대해서는 2.4절 '베이즈 공식'을 참조하세요. 사후 분포의 구체적인 계산식은 4.4.5절의 연속값 버전 '베이즈 공식'을 복습하세요.

예제 6.4

미지의 확률 R로 앞면이 나오는 동전을 n번 던져서 n차례 모두 앞면이었습니다. R의 사전 분포의 확률밀도함수가 그림 6–11처럼

$$f_R(r) = \begin{cases} 6r(1-r) & (0 \le r \le 1) \\ 0 & \text{(기타)} \end{cases}$$

일 때 R의 사후 분포와 그 (조건부) 기댓값을 구하세요(이산값과 연속값이 섞인 베이즈 공식은 4.4.8절을 참조하세요).

▼ 그림 6–11 R의 사전 분포

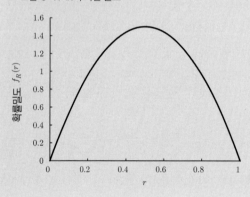

답

동전 앞면이 나온 횟수를 S라고 합니다. R의 사후 분포의 확률밀도함수는 $0 \le r \le 1$에 대해

$$\begin{aligned} f_{R|S}(r|n) &= \frac{\mathrm{P}(S=n|R=r)f_R(r)}{\int_0^1 \mathrm{P}(S=n|R=u)f_R(u)\,du} \\ &= \frac{r^n \cdot 6r(1-r)}{\int_0^1 u^n \cdot 6u(1-u)\,du} = \frac{r^{n+1}(1-r)}{\int_0^1 u^{n+1}(1-u)\,du} \end{aligned}$$

로 계산됩니다. 여기서

$$\begin{aligned} \int_0^1 u^{n+1}(1-u)\,du &= \int_0^1 (u^{n+1} - u^{n+2})\,du = \left[\frac{1}{n+2}u^{n+2} - \frac{1}{n+3}u^{n+3} \right]_0^1 \\ &= \frac{1}{n+2} - \frac{1}{n+3} = \frac{(n+3)-(n+2)}{(n+2)(n+3)} = \frac{1}{(n+2)(n+3)} \end{aligned}$$

이므로

$$f_{R|S}(r|n) = (n+2)(n+3)r^{n+1}(1-r) \qquad (0 \le r \le 1)$$

입니다. 그 (조건부) 기댓값은 다음과 같습니다.

$$E[R|S=n] = \int_0^1 r f_{R|S}(r|n)\, dr = (n+2)(n+3)\int_0^1 r^{n+2}(1-r)\, dr$$
$$= (n+2)(n+3)\cdot\frac{1}{(n+3)(n+4)} = \frac{n+2}{n+4}$$

(정적분 계산법은 이전과 마찬가지로 생략했습니다.)

이해하기 쉬운 베이즈 추정의 장점은 사전 지식을 추정에 적용할 수 있다는 것입니다. 만약 매개 변수가 양수라고 알고 있다면, 음수가 될 확률이 0인 사전 분포를 설정하면 됩니다. 매개변수가 대략 10 전후라고 알고 있다면, 자신감의 정도에 따라 10 부근의 확률이 높을 것 같은 사전 분포 를 설정하면 됩니다. 예를 들어 위의 예제 6.4의 사전 분포 $f_R(r)$은 '앞면이 될 확률이 0 또는 1 이라는 극단적인 경우는 있을 법하지 않으므로, 확률은 아마 1/2 전후일 것이다'라는 '상식'을 구 체화한 예였습니다. 이 장점은 최대우도추정과 비교해보면 분명합니다. 만약 최대우도추정을 사 용하면 '이 동전은 5회 중 다섯 번 모두 앞면이 나온다. 그래서 앞면이 나올 확률은 1일 것이다' 와 같은 추정 결과가 나옵니다. 우리의 일상적인 감각에 비춰보면 상식을 벗어난 결과죠. 그런 동전은 없을 테니까요. 한편 베이즈 추정이라면, '확률은 $(5+2)/(5+4) \approx 0.78$입니다.' 여러분 도 이 정도가 상식적이라고 느끼지 않을까요? 나중에 8.1.1절에서 소개하는 티코노프의 정규화 (Tikhonov regularization)에서도 이 장점이 활용됩니다.

그러나 이 장점은 비판으로도 이어집니다. 반대파가 베이즈 추정에 대해 비판하는 부분은 우선 답이 사전 분포를 따라간다는 것입니다. '사전 분포란 자의적인 것을 들여오는 것으로 객관성·공 평성이 훼손되지는 않을까?'라는 것이 비판을 위한 전형적인 문구입니다. 예를 들어 예제 6-4 에서도 사전 분포의 구체적인 식을 저렇게 설정한 이유에 대해 추궁을 당한다면 모두를 납득시킬 만한 근거를 보여주지 못할 것입니다. 이런 비판에 대한 베이즈파의 전형적인 반론은 "잠깐, 추 정 오차를 줄이겠다고 말했을 텐데. 지금은 객관성이라고 목표가 바뀌어 있어" "게다가 객관성이 라고 해도 암묵적으로 가정했던 것은 그 밖에도 많아(i.i.d. 등). 그런데도 여기만 쓸데없이 물고 늘어지는 것은 불합리해" 등과 같이 나타납니다. 결말은 알 수 없습니다. 베이즈파 중에서도 주 관성을 적극적으로 좋게 보는 입장이 있는 반면, 주관성을 배제하고 사전 분포를 선택하는 방법 같은 이야기도 있습니다. 또한, 표본 크기 n이 늘어남에 따라 일반적으로 사전 분포의 영향이 작 아지는 점을 보완해둡니다. 예제 6.4에서도 n이 늘어남에 따라 "아마도 1/2 전후겠지"라는 사전 의 상식에서 점차 멀어지고 있습니다(상식에는 어긋나지만 이만큼 실제 데이터를 쌓아보면 믿을 수밖에 없다는 것입니다).

사후 분포 계산이 힘든 것도 베이즈 추정의 문제점입니다. 일반적으로는 표본 크기 n이 늘어남에 따라 사후 분포가 점점 복잡해지기 때문입니다. 이 문제점은 교묘한 사전 분포(**켤레 사전 분포**)를 선택함으로써 회피할 수도 있습니다. 예제 6.4는 이에 해당합니다. 또 나중에 8.2.2절 '칼만 필터'에서도 예시를 살펴보겠습니다. 칼만 필터에서는 사전 분포로 정규분포를 선택하는 덕분에 사후 분포도 계속 정규분포로 남아 있으므로 복잡하지 않습니다.

사실 더 근본적인 문제로, 베이즈 추정을 받아들이지 않는 (혹은 베이즈 추정을 추측 통계와는 전혀 다른 문제 설정이라고 생각하는) 통계학자들도 많습니다. 논의의 초점은 '매개변수 θ를 확률변수로 간주하고 그 확률분포를 생각하는 것'이 합리적인지 여부입니다. 이 말을 꺼내면 예시의 '여기에 비가 왔을 확률' 같은 논란이 다시 불거집니다(1.1절 '수학의 입장'). '그런 것에 대해 변하는 값의 확률이라는 말에 의미가 있는가?' 이는 '확률이란 무엇인가'에도 관련되어 수학 속에서 명확하게 결말이 나는 문제가 아닙니다. 베이즈 추정의 사용자도 강한 주장을 가진 사람, 사상에는 구애받지 않고 단순히 편리함이나 성능에 매료되어 쓰는 사람 등 다양합니다.

컴퓨터 처리 능력의 향상이나 계산 기법의 발전(마르코프 연쇄 몬테카를로 방법 등은 참고문헌 [37] 참조)에 따라 최근 몇 년간 베이즈법이 활기를 띠고 있습니다. 이른바 '통계학' 이외의 분야에서 베이즈법이 적극적으로 응용되고 있습니다. 예를 들어 기계에 학습 능력을 갖게 하려는 연구에서는 이 책에서 언급하지 않은 관점에서도 베이즈 추정의 이점이 평가되고 있습니다. 스팸 메일을 자동 판정하는 소프트웨어에서는 베이지안 필터(Bayesian filter)라는 방법이 널리 쓰이게 됐습니다. 이 분야의 통계적 기법에 관심이 있다면 베이지안 네트워크(Bayesian network), 비모수적 베이지안법(nonparametric Bayesian method) 같은 이름도 들어봤을 것입니다.

6.1.10 방법의 선택과 관련해 주의할 점

마지막으로 한 가지 주의할 점을 설명합니다. 사실 이 절의 주제와는 다소 동떨어져 있지만, 일반적인 이야기로서 중요하기 때문에 굳이 여기에 넣어둡니다. 몇 가지 추정 기법 중에서 하나를 선택할 때는 이 주의 사항을 떠올리세요. 특히 추정한 분포를 사용하고 예측하는 경우에는 이것이 중요합니다.

6.4 **예비 실험에서 최강이었던 기법을 실전에 투입했다가 큰일이 벌어졌습니다.**

어떤 방법이 잘 맞는지 실험하는 방법에는 주의가 필요합니다. 가진 데이터로 기법을 조율했을 때, 그와 동일한 데이터로 성적을 테스트하면 실력을 파악할 수 없기 때문입니다. 수업 중에 했던 것과 같은 문제로 시험을 본다면 답을 암기하는 것이 최고의 방법입니다. 하지만 그것은 실력이 아닙니다. 본 적 없는 문제에서 얼마나 정답을 찾을 수 있는지가 우리가 요구하는 실력입니다. 그럼 어떻게 할까요? 간단한 것은 수업 중에 보여주지 않은 실력 테스트용 문제를 별도로 확보하고 그쪽에서 승부를 내는 방법입니다. 더 좋은 방법은 모델 선택이라는 화두를 살펴보는 것입니다. **CV**(Cross Validation)(교차 분석, 교차 검증법)와 **AIC**(Akaike's Information Criterion)(아카이케의 정보량 기준), 나아가 부트스트랩법, **BIC**(Bayesian Information Criterion)(베이지안 정보량 기준), **MDL**(Minimum Description Length)(최소 설명 길이) 등이 키워드입니다. 그림 8-5에서 볼 수 있는 초등학생 스타일의 꺾은선그래프에 대한 논의도 참조하세요.

6.2 / 검정론

6.2.1 검정 논법

A 씨가 B 씨에게 100차례 도전해서 승부를 겨뤘고, 결과는 61승 39패였습니다.

- A: 내가 더 강해.
- B: 우연이야.
- A: 우연으로 이렇게 편향될 수 있을까? 실력 차이야.
- B: 아니, 실력이 비등하더라도 우연히 이 정도는 치우칠 수도 있잖아.
- A: 그럴 확률은 거의 없어.
- B: 거의라고? 구체적으로 말해봐.
- A: 지금부터 계산해주지. 그 대신 확률이 5%보다 작으면 솔직히 실력 차이를 인정해라.

이것이 **검정**의 사고방식입니다. 즉,

> **귀무가설** H_0 : A 씨가 이길 확률 = 1/2   ⋯⋯ 무너뜨리고 싶은 주장
> **대립가설** H_1 : A 씨가 이길 확률 > 1/2   ⋯⋯ 호소하고 싶은 주장

처럼 두 가지 가설을 세운 다음 '만약 H_0이 참이라면 이렇게 H_1스러운 데이터가 우연히 나올 확률은 단 △△일 수밖에 없다. 그래서 H_0이 참이라는 가설은 받아들이기 어렵다'고 호소하는 것입니다('H_1스러운'을 구체적으로 어떻게 정의할 것인지는 이후 6.2.3절 '단순가설'에서 이야기합니다).

조금 번거로운 곳이 있는 논법이기 때문에 잘 음미해주세요. 말하고 싶은 본심은 'H_1이 참이다'라고 합시다. 그래도 비교 대상이 없는 주장은 확실치 않기 때문에 경쟁자로서 다른 가설 H_0을 세우고 'H_0이 아니라 H_1이 참이다'라는 결론을 내리겠습니다. 그러나 운에 따라 변하는 데이터로 이 결론을 단언하기는 여전히 어려울 것 같습니다. 그래서 더 물러서서 "H_0이 맞다고 생각되지는 않죠?"라는 간접적인 주장으로 설득을 시도합니다. 상대는 당연히 "왜 H_0을 부정하는 거야?"라고 물어볼 것입니다. 그에 대한 대답이 바로 조금 전의 설명입니다. 다시 한 번 씁니다.

> 만약 H_0이 맞다면 이렇게 H_1과 같은 데이터가 우연히 나올 확률은 단 △△일 수밖에 없다. 그래서 H_0이 맞다는 가설은 받아들이기 어렵다.

본심은 'H_1이 참이다'라고 말하고 싶지만, 그렇게 직접적으로 말하기보다는 경쟁자인 가설 H_0을 깎아내리며 호소합니다. 본심과 말이 어긋난 것에 현혹되지 맙시다.

위에 나온 확률 △△를 **p값**(p-value)이라고 부릅니다. 충분히 작은 값 α를 미리 정해두고, p값이 α 미만으로 작은지의 여부에 따라 판정하는 것입니다. α로는 전통적으로 0.05나 0.01이 자주 사용되어 왔습니다. 이 임곗값 α를 **유의수준**이라고 부릅니다.

- p값 $< \alpha \rightarrow H_0$을 **기각**(reject)
- p값 $\geq \alpha \rightarrow H_0$을 기각할 수 없다(**accept**).

앞서 말했던 '본심과 말의 어긋남'에 주의하세요. 귀무가설 H_0을 기각했다는 것은 "그러니 분명 H_1이 참입니다"라고 언외적으로 강하게 호소하는 것입니다. 한편 H_0을 기각할 수 없다는 것은 조금 전의 말이 잘 들어맞지 않았다는 의미입니다. H_0이 맞다고 해도 지금과 같은 데이터가 나올 확률이 꽤 있었습니다. 그래서 H_0이 아니라고도 할 수 없습니다.

- p값 $< \alpha \rightarrow$ 귀무가설 H_0을 기각(reject) …… H_1의 호소에 성공!
- p값 $\geq \alpha \rightarrow$ 귀무가설 H_0을 기각할 수 없다(accept). ……결론은 '어느 쪽이라고도 말할 수 없습니다'

이런 비대칭성을 머릿속에 잘 새기는 것이 검정을 배우는 데 가장 중요합니다. 단어의 의미와는 반대로 기각하는 편이 긍정적인 판정 결과이므로 틀리지 마세요.[6] 덧붙여 accept에 대한 것은 **수용**이나 **채택**이라고도 합니다.

유의수준은 주로 %로 표기합니다($\alpha = 0.05$ 대신에 유의수준 5%로 씁니다). 유의수준 α가 작을

---

6 '귀무가설 H_0', '대립가설 H_1'이라는 표면적인 용어가 이 혼란을 가중시킵니다. 본심으로 호소하는 가설이 H_1이고, 그것을 무너뜨려야 할 경쟁자인 가설이 H_0입니다.

수록 판정은 엄격해집니다. 즉, 어지간히 눈에 띄는 데이터가 아니면 귀무가설 H_0이 기각되지 않습니다. 그만큼 기각하는 경우에는 매우 강하게 H_1이 참이라고 호소할 수 있습니다.

예전에는 p값을 계산하기가 힘들었으므로 숫자 표와 비교하고 p값이 α 미만인지 아닌지만 답했습니다. 지금은 컴퓨터로 간단하게 p값을 구할 수 있으므로, 기각할 수 있는지 없는지가 판정 결과뿐만 아니라 p값 자체를 제시하는 경우도 많습니다.

예제 6.5

앞에 나온 문답의 결말은 어떻게 될까요?

🔲 답

i번째의 결과를

$$X_i = \begin{cases} 1 & \text{(A 씨의 승리)} \\ 0 & \text{(A 씨의 패배)} \end{cases} \tag{6.3}$$

이라고 표현합시다($i = 1, \ldots, 100$). 이때 $S \equiv \sum_{i=1}^{100} X_i$가 A 씨의 총 승리 횟수입니다. 그런데 A 씨의 주장은 다음과 같았습니다.

> $X_1, \ldots, X_{100}$이 서로 독립이고, 각각 1이 나올지 0이 나올지는 확률이 반반이라고 가정합니다 ($\mathrm{P}(X_i = 0) = \mathrm{P}(X_i = 1) = 1/2$). 이때 S가 61 이상이 될 확률 $\mathrm{P}(S \geq 61)$을 계산합니다. 만약 답이 5% ($= 0.05$) 이하라면 실력 차이를 인정합시다.

S의 확률분포는 이항분포 $\mathrm{Bn}(100, 1/2)$이 됩니다(3.2절). 계산해보면 $\mathrm{P}(S \geq 61)$은 약 0.02라는 것을 알 수 있습니다(예제 4.23). 이는 설정한 유의수준 0.05보다 작기 때문에 결론은 '실력 차이를 인정하라' 입니다.

예제 6.6

다음 표의 각 경우에 대해서는 앞의 설명이 어떻게 적용될 수 있을까요?

무너뜨리고 싶은 주장 H_0	호소하려는 주장 H_1
○○의 기댓값은 7이다.	○○의 기댓값은 7이 아니다.
○○의 기댓값과 ××의 기댓값은 같다.	○○의 기댓값은 ××의 기댓값보다 크다.
○○과 ××의 상관계수는 0이다.	○○과 ××의 상관계수는 0이 아니다.
○○과 ××는 서로 독립이다.	○○과 ××는 서로 독립이 아니다.
이 약을 발라도 나을 확률은 변하지 않는다.	이 약을 바르는 편이 나을 확률이 높다.

답

표에서 가장 위의 경우: '만약 ○○의 기댓값이 7이라면, 이렇게 기댓값이 7이 아닌 데이터가 우연히 나올 확률은 고작 △△일 수밖에 없습니다. 그래서 기댓값이 7이라는 가설은 받아들이기 어렵습니다.' 나머지도 마찬가지이므로 생략합니다(연습 삼아 반드시 지금 소리 내어 답해보세요).

6.5 유의수준의 '유의'는 무슨 의미일까요?

귀무가설 H_0 : '○○은 ××와 같다'가 검정에서 기각됐을 때 '유의하게 크다', '유의한 차이가 있다'와 같이 표현합니다. 전자는 대립가설 H_1 : '○○은 ××보다 크다'의 경우고(**단측 검정**), 후자는 대립가설 H_1 : '○○은 ××와 다르다'의 경우(**양측 검정**)입니다.[7] 예를 들어 조금 전의 예제 6.5에서 A 씨의 승률은 5할보다는 유의하게 큽니다.

'유의하다'는 말을 들으면 '우연이라고 도저히 생각할 수 없을 정도로'라고 생각하세요.[8] 그리고 다시 말해 의미가 통하지 않는 것 같으면, 상대가 내용을 이해하지 않고 발언하고 있을 가능성도 의심해보세요. 예를 들어 차(뺄셈)에 관한 이야기가 아닌 것까지 무엇이든 유의한 차이라고 말하거나, 더 심하게는 H_0, H_1을 제대로 정하지 않고 유의하다고 말하는 사람이 가끔 있는 것 같습니다. 이런 곤란한 발언을 하지 않기 위해 여러분은 유의라는 단어를 봉인하고, '……라는 가설이 기각됐다', '……라는 가설을 기각하지 못한다'와 같은 표현을 습관화하면 어떨까요?

6.2.2 검정의 이론적 틀

이전 절에서는 검정론의 뼈대를 대강 설명했습니다. 이번 절에서는 검정을 명확하게 수학으로 설명하기 위해 다시 한 번 이론적 틀을 구축합니다.

추정의 이론적 틀을 구축할 때는 일단 '데이터를 입력하면 추정값을 출력하는 프로그램'을 생각해 그중 가장 좋은 것을 찾았습니다. 검정에 대해서도 비슷한 접근 방식을 취합니다. 즉, 데이터를 입력하면 '수용'이나 '기각'을 출력하는 프로그램을 일단 고려해야 합니다.

그중에서 우열을 논의하기 위해 새로운 용어를 사용합시다.

---

7 단측 검정에 대해서도 '유의한 차이가 있다'고 말하는 경우도 있습니다.

8 이렇게 '우연이라고는 도저히 생각할 수 없다'는 식으로 선을 긋는 것이 유의수준입니다.

- **잘못된 기각(false reject)**:

  H_0이 참인데 H_0을 기각하는 오류를 말합니다. **1종 오류**라고 부르기도 합니다.

- **잘못된 수용(false accept)**:

  H_0은 거짓인데 H_0을 수용하는 오류를 말합니다. **2종 오류**라고 부르기도 합니다.

프로그램의 판정 실수는 이 두 종류로 분류됩니다. 둘 다 달갑지 않은 것이므로 가급적 적은 편이 물론 좋습니다. 그러나 둘은 트레이드오프 관계에 있으므로 양쪽 모두 적게 해달라는 것은 무리한 요구입니다.

그렇다면 어떻게 생각해야 할까요? 다음과 같은 둘의 차이를 생각해봅시다. 잘못된 기각은 자신만만하게 "H_0은 거짓이다!"라고 호소합니다. 한편 잘못된 수용은 "뭐라고 말할 수 없습니다……"라고 판단을 유보할 뿐입니다. 어조를 비교하면 실수했을 때의 충격은 잘못된 기각이 더 강렬할 것 같습니다. 따라서 잘못된 기각에 대한 품질 보증이 우선입니다.

이 관점에서 프로그램을 선별합니다. '잘못된 기각'의 확률이 α보다 더 높은 프로그램은 떠나라! α는 이전 절에서 설정한 유의수준입니다. 남은 프로그램은 모두 α라는 품질 기준을 충족합니다. 남은 프로그램은 다른 한쪽의 기준인 '잘못된 수용' 확률 β가 얼마나 낮은지로 승부를 겨뤄 우열을 가리도록 합시다. 우승 프로그램 δ가 정해지면, 그다음에는 δ의 값으로 기각인지 수용인지를 판정하면 됩니다. 이상이 검정의 첫 번째 원칙입니다.[9]

6.2.3 단순가설

방금 살펴본 첫 번째 원칙만으로 끝난다면 깔끔하고 이해하기 쉽지만, 실제로는 안타깝게도 고민스러운 문제가 있습니다. 이 절에서는 깔끔한 논의로 끝나는 경우를 먼저 소개하고, 고민스러운 경우는 다음 절에서 이야기합니다.

이제 수학적으로 설명하겠습니다. n개의 실수 값 데이터를 정리하고 $X = (X_1, \ldots, X_n)$으로 나타냅시다. 'X의 분포는 이렇다'라는 형태의 가설을 **단순가설**이라고 부릅니다. 그래서 g_0, g_1을 무언가 구체적으로 지정해서

> 귀무가설 H_0 : X의 확률밀도함수는 $g_0(x)$다.   ……무너뜨리고 싶은 주장
>
> 대립가설 H_1 : X의 확률밀도함수는 $g_1(x)$다.   ……호소하고 싶은 주장

---

9 잘못된 기각의 확률이 α고, 잘못된 수용의 확률이 β라는 머리글자의 대응이 멋지네요(문헌에 따라서는 문자 β를 다른 뜻으로 사용하기도 합니다만). δ는 그리스 문자 '델타'입니다.

라고 설정하면 귀무가설과 대립가설 모두 단순가설이 됩니다. 핵심은 H_0과 H_1 모두 X의 분포를 단 하나씩 지정한다는 것입니다. 예를 들어 이 절의 서두 부분에 대한 문답은 단순가설이 아닙니다. 그 문답의 H_1은 '이길 확률이 0.7'이라거나 '이길 확률이 $0.5897932\cdots$'이라는 복수의 분포를 포함하고 있기 때문입니다.

목표는 '데이터를 입력하면 '수용' 또는 '기각'을 출력하는 프로그램' 중에서 가장 좋은 것을 골라내는 것입니다. 그런 프로그램 δ에 데이터 X를 입력했을 때의 출력을 $\delta(X)$라고 표현합니다. 데이터 X가 운에 따라 변하기 때문에 출력 $\delta(X)$도 운에 따라 변하는 확률변수가 됩니다. 이 근방의 형세는 추정할 때와 같습니다.

이런 단순가설에 대해 이전 절에서 서술한 품질 보증은 이렇게 표현됩니다.

$$H_0\text{의 경우} \quad \mathrm{P}(\delta(X) = \text{'기각'}) \leq \alpha \tag{6.4}$$

다시 말하면 $x = (x_1, \cdots, x_n)$일 때

$$\int_A g_0(x)\, dx \leq \alpha \qquad \text{(적분 범위 } A\text{는 } \delta(x) = \text{'기각'이 되는 } x \text{ 전체)} \tag{6.5}$$

입니다.[10] 이를 충족하는 δ 중에서 '잘못된 수용'의 확률 β가 가장 작은 것을 찾고 싶습니다. β는

$$H_1\text{의 경우 } \mathrm{P}(\delta(X) = \text{'수용'}) \tag{6.6}$$

에 관한 것입니다. 그것은

$$\int_B g_1(x)\, dx \qquad \text{(적분 범위 } B\text{는 } \delta(x) = \text{'수용'이 되는 } x \text{ 전체)} \tag{6.7}$$

라는 식으로 구할 수 있습니다. 정리하면 '식 (6.5)를 충족시키는 δ 중 식 (6.7)이 최소가 되는 것을 찾아보자'가 우리에게 주어진 문제입니다.

이대로는 명확히 이해하지 못할 수 있으니 비유해서 문제를 번역해봅시다.

주인공은 애벌레입니다. 잎사귀를 많이 먹여 영양분을 더 많이 섭취하게 하고 싶은데, 이 잎사귀에는 가벼운 독이 있습니다. 참을 수 있는 독의 양은 $\alpha\,\mathrm{mg}$까지입니다. 그보다 더 많은 독을 섭취하면 배가 아픕니다. 참을 수 있는 범위에서 최대한 많은 영양분을 섭

---

10 벡터에 대한 적분의 표기법은 5.2.4절 '벡터값 확률변수에 대해 좀 더 알아보자'를 참조하세요. 또한, 적분 안에 나오는 x는 확률변수가 아닌 변수이므로 X가 아니라 소문자 x로 썼습니다.

취하려면 잎사귀의 어느 곳을 먹으면 좋을까요? 잎사귀는 부위에 따라 독과 영양분의 농도가 다릅니다. 위치 x의 독의 농도는 $g_0(x)\,\mathrm{mg/cm^2}$, 영양분의 농도는 $g_1(x)\,\mathrm{mg/cm^2}$ 입니다.

애벌레가 먹은 부위 x를 $\delta(x) =$ '기각'으로, 먹지 않은 부위 x를 $\delta(x) =$ '수용'으로 대응시키면 이전 문제와 같습니다. 애벌레가 먹지 않고 남긴 영양분의 양이 β라는 것에 주의하세요. β를 최소화하는 것은 섭취하는 영양분을 최대화하는 것과 동치입니다.

먼저 그림 6-12와 같이 구체적인 예부터 생각해봅니다. $\alpha = 0.05\,\mathrm{mg}$, 잎사귀 전체 면적은 $10\,\mathrm{cm^2}$로, 그 각각의 부분은 다음과 같습니다.

- 잎사귀의 뿌리 부분 $4\,\mathrm{cm^2}$는 독의 농도 $0.225\,\mathrm{mg/cm^2}$, 영양분의 농도 $0.15\,\mathrm{mg/cm^2}$
- 잎사귀의 중앙 부분 $4\,\mathrm{cm^2}$는 독의 농도 $0.02\,\mathrm{mg/cm^2}$, 영양분의 농도 $0.075\,\mathrm{mg/cm^2}$
- 잎사귀의 끝부분 $2\,\mathrm{cm^2}$는 독의 농도 $0.01\,\mathrm{mg/cm^2}$, 영양분의 농도 $0.05\,\mathrm{mg/cm^2}$

그렇다면 어디를 먹으면 좋을까요? 영양분의 농도에 눈이 멀어 뿌리를 덥석 물면 순식간에 독이 쌓입니다. 그것은 현명하지 않습니다.

▼ 그림 6-12 뿌리 · 중앙 · 끝 각각의 독의 농도와 영양분의 농도

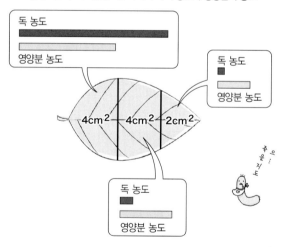

- 뿌리 부분은 독을 $r\,\mathrm{mg}$ 섭취하는 동안에 영양분을 $(0.15/0.225)r \sim 0.67r\,\mathrm{mg}$ 섭취할 수 있다.
- 중앙 부분은 독을 $r\,\mathrm{mg}$ 섭취하는 동안에 영양분을 $(0.075/0.02)r = 3.75r\,\mathrm{mg}$ 섭취할 수 있다.
- 끝부분은 독을 $r\,\mathrm{mg}$ 섭취하는 동안에 영양분을 $(0.05/0.01)r = 5.00r\,\mathrm{mg}$ 섭취할 수 있다.

이렇게 보면 잎사귀의 끝이 가장 이득이라는 것을 알 수 있습니다. 그래서 끝부터 먹습니다. 잎사귀의 끝을 다 먹고도 독은 $0.01 \times 2 = 0.02\,\mathrm{mg}$이니까 한곗값 $0.05\,\mathrm{mg}$까지 아직 여유가 있습니다. 다음은 중앙 부분이 이득이므로 계속 중앙 부분을 먹다가 $1.5\,\mathrm{cm}^2$를 먹고 독을 계산하면 총 $0.05\,\mathrm{mg}$에 도달하므로 그만 먹습니다. 이것이 최적으로 먹는 방법입니다.

다음 예시를 봅시다. 잎사귀를 20개 영역으로 나눠 i번째 영역의 면적은 s_i, 독의 농도는 a_i, 영양분의 농도는 b_i라고 합니다. 사고방식은 조금 전과 같습니다. 각 영역의 b_i/a_i를 구해서 그것이 큰 영역부터 순서대로 먹습니다. 그렇게 해서 독이 한계 α에 도달한 곳에서 먹는 것을 그만둡니다. 이것이 최적입니다.

마지막 예는 일반적인 경우입니다. 독의 농도 $g_0(x)$와 영양분의 농도 $g_1(x)$가 위치 x에 따라 연속적으로 변화하는 설정입니다. 이제 답을 알 수 있겠네요. $g_1(x)/g_0(x)$가 큰 곳을 우선시하면서 독이 α에 도달할 때까지만 먹으면 됩니다. 먹는 것을 그만두는 시점의 $g_1(x)/g_0(x)$의 값을 c라고 하면 $g_1(x)/g_0(x) > c$인 위치 x를 다 먹은 것이 됩니다.

검정의 주제로 되돌아가면 최적의 프로그램은

$$\delta(x) = \begin{cases} \text{'기각'} & (g_1(x)/g_0(x) > c) \\ \text{'수용'} & (g_1(x)/g_0(x) \le c) \end{cases}$$

이라는 형태입니다. 임곗값 c는 '잘못된 기각'의 확률이 α가 되도록 조절해서 결정하겠습니다. 이 결론은 **네이만–피어슨 보조정리**(Neyman–Pearson lemma)라고 합니다.

6.2.1절 '검정 논법'에서 말했던 '데이터 x가 H_1스럽다'는 결국 지금의 경우 '$g_1(x)/g_0(x)$가 크다'라는 의미였습니다. 이 $g_1(x)/g_0(x)$를 **우도비**라고 부릅니다. 우도비가 얼마나 크면 기각할지는 유의수준 α에 따라 결정됩니다. α가 작을수록 검정은 엄격해지므로 임곗값 c는 커집니다. $g_1(x)/g_0(x)$가 상당히 노골적으로 크지 않으면 기각되지 않는 것입니다. α를 서서히 낮춰갈 때 어느 시점까지 기각이 계속되다가 간당간당해지는 α의 값을 데이터 x의 p값이라고 합니다.

6.2.4 복합가설

단순가설이 아닌 가설은 **복합가설**이라고 부릅니다. 즉, 여러 개의 분포를 포함하는 가설이 복합가설입니다. 예를 들어 서두 문답의 대립가설 H_1 : 'A 씨가 이길 확률 > 1/2'은 복합가설입니다.

귀무가설과 대립가설이 모두 단순가설인 경우에는 식 (6.4)와 (6.6)에서 본 것처럼

$$\text{'잘못된 기각'의 확률} \quad = \quad H_0\text{의 경우 } P(\delta(X) = \text{'기각'})$$

$$\text{'잘못된 수용'의 확률} \quad = \quad H_1\text{의 경우 } P(\delta(X) = \text{'수용'})$$

이라고 정확히 표현했습니다. 그래서 각 프로그램 δ에 대해 이러한 값이 제대로 하나씩 정해졌고, 불만 없이 우열을 가릴 수 있었습니다. 그러나 복합가설은 일반적으로 그렇게 되지 않습니다. H_0 이나 H_1이 여러 개의 분포를 포함한다면, 그중 어느 분포인지에 따라 이러한 오류의 확률이 바뀌기 때문입니다. 이렇게 되면 6.1.6절 '다목적 최적화'에서 경험했던 고민에 다시 빠지게 됩니다.

그럼 어떻게 해야 할까요? 자세한 내용은 생략합니다만, 추정할 때와 비슷한 위치 부여의 개념이나 방법을 검정에 대해서도 생각할 수 있습니다. **최소분산불편추정**(UMVUE)에 대해서는 **균등초강력불편검정**(uniformly most powerful unbiased test, UMPUT), 최대우도추정에 대해서는 **우도비 검정**과 같이 말이죠.

Column ≡ **원형 전투**

여기서는 원형 전투를 시뮬레이션합니다. 원형 전투는 A, B, C 이렇게 세 명이 있을 때 다음 방식으로 우승자를 결정합니다.

- 싸움에서 '진 사람을 교체'하는 방식으로 상대를 바꿔가며 뱅글뱅글 계속 싸운다.
- 누군가가 두 번 연속해서 승리한다면 그 사람이 우승한다.

예를 들어

1. 먼저 A와 B가 싸운다. → A가 이겼다.
2. 승자 A가 대기하던 C와 싸운다. → C가 이겼다.
3. 승자 C가 대기하던 B와 싸운다. → B가 이겼다.
4. 승자 B가 대기하던 A와 싸운다. → A가 이겼다.
5. 승자 A가 대기하던 C와 싸운다. → A가 이겼다. …… 연승했기 때문에 A가 우승

A, B, C 사이의 승률을 여러 가지로 설정하고 컴퓨터 시뮬레이션을 수행한 결과는 다음과 같습니다. 원형 전투에서 우승이 결정될 때까지의 과정을 1,000회 반복해서 누가 몇 번 우승했는지를 세어봤습니다.

```
$ cd tomoe↵
$ make↵
=========== 50%, 50%, 50%
./tomoe.rb 1000 | ../count.rb
A: 362 (36.2%)
B: 364 (36.4%)
C: 274 (27.4%)
=========== 50%, 45%, 55%
```

```
./tomoe.rb -p=50,45,55 1000 | ../count.rb
A: 338 (33.8%)
B: 319 (31.9%)
C: 343 (34.3%)
=========== 50%, 40%, 60%
./tomoe.rb -p=50,40,60 1000 | ../count.rb
A: 288 (28.8%)
B: 287 (28.7%)
C: 425 (42.5%)
=========== 50%, 35%, 65%
./tomoe.rb -p=50,35,65 1000 | ../count.rb
A: 277 (27.7%)
B: 268 (26.8%)
C: 455 (45.5%)
=========== 50%, 30%, 70%
./tomoe.rb -p=50,30,70 1000 | ../count.rb
A: 213 (21.3%)
B: 245 (24.5%)
C: 542 (54.2%)
```

처음에 표시되는 것은 어느 둘이 싸우더라도 승패 확률은 반반이라는 설정에서 각자가 가지는 승률입니다. 원형 전투는 순서에 따라 유불리가 있다고 알려져 있습니다.

이어서 표시되는 것은 다음과 같은 설정(C가 이길 확률이 더 큰)에서의 결과입니다.

- A가 B를 이길 확률은 50%

- B가 C를 이길 확률은 45%

- C가 A를 이길 확률은 55%

그 아래에서는 C가 이길 확률을 점점 더 크게 만들고 있습니다. C가 이길 확률이 현저히 높은 설정에서도 C의 우 승률은 생각보다 크게 오르지 않네요.

7^장

의사난수

확률에 얽힌 컴퓨터 시뮬레이션을 실시할 때는 대부분 의사난수를 사용합니다. 의사난수에 대해 우선 명심해야 할 것은 다음과 같습니다.

스스로 만들지 말라

의사난수는 초심자의 생각으로 어떻게 할 수 있을 만큼 얕지 않습니다. 이에 관한 교훈적인 이야기가 참고문헌 [30]에 실려 있습니다. '여러 가지 루틴을 엉망으로 만들어서 알 수 없는 아류 슈퍼 난수 발생 함수를 만들어봤지만 전혀 엉터리가 되지 않았다'는 이야기입니다. '엉터리'를 만들려면 세심한 주의와 정밀한 고찰이 필요합니다. 그 길은 전문가에게 맡깁시다.

이 장에서는 철저히 사용자의 입장에서 의사난수를 설명합니다. 예를 들어 메르센 트위스터(Mersenne twister) 같은 의사난수 생성법에는 발을 들여놓지 않습니다. 다음과 같이 좀 더 바깥쪽 이야기에 전념할 것입니다.

- 의사난수의 시드(seed)가 무엇인가, 어떻게 활용하면 되는가?
- 의사난수의 전형적인 용도(몬테카를로 방법(Monte Carlo method))
- 의사난수가 적합하지 않은 경우(암호론적 의사난수 수열이나 저불일치수열(low−discrepancy sequence)과의 대비)
- 기존의 의사난수 루틴으로 얻어진 균일분포를 정규분포 등으로 변환하는 방법

7.1 / 여러 가지 의사난수

7.1.1 난수열

이 책에서는 i.i.d. 확률변수의 열 X_1, X_2, ... (혹은 그 실현값)을 **난수열**이라고 부르기로 합니다. 뒤에 나올 의사난수열과 명확히 구별하고 싶을 때는 **진정한 난수열**이라고 부릅니다.

난수열을 이용해 시뮬레이션을 하고 싶은 상황은 여러 분야에 많이 있습니다. 예를 들어 교통 및 통신 네트워크의 시뮬레이션에서는 각자의 목적지 또는 각 기기의 연결 상대를 무작위로 설정해 전체의 동작을 관찰합니다. 혹은 신호 처리 시뮬레이션에서는 입력 신호에 불규칙한 잡음을 가하면서 출력에 미치는 영향을 조사합니다. 이외에도 많습니다.

그러나 확률변수열을 실제로 준비하는 데는 시간이 필요합니다. 사람 손으로 주사위를 흔들거나 동전 던지기를 하는 것은 대규모의 용도와 너무 거리가 멉니다. 방사선 등의 물리적인 흔들림을 이용하는 전용 하드웨어도 있지만 널리 보급되지는 않았습니다. 그래서 좀 더 간편하게 실험하기 위한 수단으로 다음 절에서 말하는 의사난수열을 사용합니다.

7.1 수열 1, 1, 2, 3, 5는 난수열인가요?

본문의 입장에서 보면 이런 구체적인 수열에 대해 난수열인지를 묻는 것은 이치에 맞지 않습니다. 주사위를 흔들어 우연히 나온 1, 1, 2, 3, 5는 난수열이고, '직전의 두 값을 더해 다음 값을 정한다'는 규칙으로 만든 수열 1, 1, 2, 3, 5(피보나치 수열)는 난수열이 아니라는 뜻이 됩니다. 난수열이라는 것은 수열에 관한 개념이 아니라 수열을 만드는 방법에 관한 개념입니다.

다만 난수열이라는 말을 사용하는 데는 다른 방식도 있습니다. 그러한 다른 방식을 취하면 주어진 특정 수열(변하지 않는 확정된 수열)이 난수열인지 아닌지를 논의할 수도 있습니다.*

7.1.2 의사난수열

난수열만큼 대량으로 주사위를 흔들지 않고도 생성할 수 있고, 게다가 난수열을 대신할 만한 것이 좋겠습니다. 이를 의도해서 만들어진 것이 **의사난수열**입니다. 따라서 이것이 바로 의사난수열이라고 콕 집어 말할 수 있는 결정적인 정의는 없습니다.

역사적으로 여러 가지 의사난수열 생성법이 고안되어 왔습니다. 이 분야는 계속 진보하고 있기 때문에 교과서에 실린 추천 기법도 그 교과서가 쓰인 시기에 따라 달라집니다.

이 책에서는 각 방법의 세부 내용은 말하지 않지만, 사용자가 이해해야 할 공통된 개념만은 여기서 설명하겠습니다. 의사난수열 $x_1, x_2, x_3, \ldots$ 은 대체로 다음과 같은 처리를 통해 생성됩니다.

$$s_{t+1} \equiv g(s_t), \qquad x_t \equiv h(s_t) \qquad (t = 1, 2, 3, \ldots)$$

즉,

* 어떤 함수 g로 내부 상태 s_t를 갱신합니다.

---

* **역주** 여러 가지 검정을 이용해 주어진 특정 수열(변하지 않는 확정된 수열)이 난수열인지 아닌지를 논의할 수도 있지만, 6.2절 '검정론'의 내용과 함께 배우면 혼란스러울 수 있으니 이 책에서는 난수 검정에 대해 설명하지 않습니다.

- 내부 상태에서 어떤 함수 h로 출력 x_t를 정합니다.

라는 형태입니다. s_t나 g나 h가 구체적으로 어떤 것인지는 각각의 방법마다 다릅니다.

날카로운 독자는 x_1, x_2, x_3, … 이 어딘가에서 반복되는 것을 눈치챘을지도 모릅니다. 컴퓨터에서 표현할 수 있는 내부 상태 s_t는 유한 거리밖에 없어서 s_1, s_2, s_3, … 으로 나아가면 어딘가에서 이전과 같은 값이 나올 것이고, 그러면 그 뒤의 전개도 같아집니다. 그렇다 하더라도 반복 주기가 충분히 길면 실용적으로 문제는 없습니다.

초깃값 s_1은 **시드**라고 부르는 값을 부여함으로써 설정됩니다. 주사위를 조금 흔들어 시드만 엉터리로 정해주면 나머지는 긴 '엉터리 수열'이 자동으로 생성됩니다. 주사위를 오래 흔드는 것보다 훨씬 시간이 적게 들어서 좋죠. 좀 더 제대로 말하면, 운에 따라 변화하는 확률변수를 시드로 설정하면 거기서 생성되는 수열도 운에 따라 변화하는 확률변수열이 됩니다. 이렇게 생기는 확률변수열(혹은 그 실현값)을 이 책에서는 의사난수열이라고 부릅니다.

의사난수열을 이용한 프로그램에서는 같은 시드를 주면 같은 동작이 반복됩니다. 이는 디버깅이나 다른 사람에 의한 검증을 할 때 고마운 특성입니다. 한편 시각이나 프로세스 번호 등에서 시드를 만들면 실행할 때마다 다른 결과를 얻을 수 있습니다. 게임 같은 것은 이렇게 하지 않으면 재미없을 것입니다.

최근 몇 년 동안은 의사난수열 생성법으로 **메르센 트위스터**가 인기입니다.[1] 메르센 트위스터의 특징은

- 계산이 빠릅니다.
- 주기 p가 깁니다($p = 2^{19937} - 1$).
- 큰 k로 연달아 k개의 값을 조합해 만들 수 있는 벡터가 균등하게 분포합니다($i = 0, 1, …,$ $p - 1$에 대한 $(x_i, x_{i+1}, …, x_{i+622})$가 $k = 623$차원의 초입방체 내에 32비트 정밀도로 균등하게 분포).

라는 점입니다. 마지막의 '균등하게 분포'가 왜 중요한지는 과거에 잘 구현되어 있던 난수 루틴과 비교하면 잘 알 수 있습니다. 과거의 많은 환경에서는 난수 루틴을 호출하면 짝수와 홀수가 번갈아 나왔습니다. 위의 설명에 맞추면, 벡터 (x_i, x_{i+1})이 2차원 정사각형에서 그림 7–1 같은 경향이 있는 분포가 되는 것입니다. 물론 이런 경향은 늘 있어왔습니다.

---

[1] 당신이 쓰고 있는 언어와 라이브러리에도 메르센 트위스터가 포함되어 있을지도 모릅니다. 물론 더 좋은 의사난수 알고리즘을 추구하는 연구는 메르센 트위스터 이후에도 이어지고 있습니다.

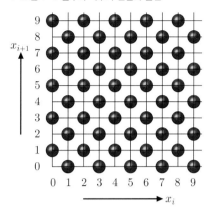

▼ 그림 7-1 홀수와 짝수가 번갈아 출현

● 가 있는 곳에만 나옴

7.1.3 전형적인 용도: 몬테카를로 방법

의사난수열의 알기 쉬운 용도 중 하나는 컴퓨터 게임입니다. 하지만 게임 외에도 의사난수열은 많이 활용되고 있습니다. 그 전형적인 용도가 몬테카를로 방법입니다. 난수를 사용한 시뮬레이션을 모두 통틀어 몬테카를로 방법이라고 부르는 사람도 있지만, 이 책에서는 좀 더 한정적 의미로 이 이름을 사용합니다.

예시로 초등학생용 자유 연구 소재를 하나 들겠습니다. 다트를 던져 원주율 π를 구하는 연구를 들어본 적이 있나요? 정사각형 판에 그림 7-2와 같이 (1/4) 원을 그리고 아무렇게나 다트를 몇 번 던지면, 꽂힌 다트 중 (1/4) 원에 들어가는 비율은 대략 $\pi/4$가 될 것이라는 이야기입니다. 확률의 언어로 정리하면 이렇게 됩니다.

그림 7-2와 같은 정사각형 영역 위에 균등하게 분포하는 i.i.d.인 벡터값 확률변수 $\boldsymbol{X}_1, \dots, \boldsymbol{X}_n$이 있다고 합시다. 이때

$$Y_i \equiv \begin{cases} 1 & (\|\boldsymbol{X}_i\| \le 1 \text{의 경우}) \\ 0 & (\text{기타}) \end{cases}$$

으로 두면, 기댓값 $\mathrm{E}[Y_i]$는 음영의 면적 $\pi/4$와 일치합니다($i = 1, \dots, n$). 그러므로 $R_n \equiv (Y_1 + \cdots + Y_n)/n$은 $n \to \infty$의 극한에서 $\pi/4$에 수렴합니다(3.5절 '큰 수의 법칙').

R_n은 확률변수고, $\pi/4$의 주위에서 운에 따라 변화합니다. 그래도 n을 크게 하면 운에 따른 영향을 얼마든지 줄일 수 있습니다.

컴퓨터에서 이를 시뮬레이션하려면 실제로 다트를 던지는 대신 의사난수열을 사용할 수 있습니다.

▼ 그림 7-2 다트를 던져서 π를 구한다.

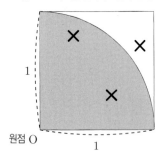

이런 식으로 i.i.d.인 다수의 확률변수(또는 의사난수열)를 사용해 얻은 결과의 평균값으로 기댓값을 추정하는 방법이 **몬테카를로 방법**입니다. 이 방법의 이름은 카지노에서 잘 알려진 지명인 몬테카를로에서 유래합니다. 예를 들어 1장의 '몬티 홀 문제의 시뮬레이션' 칼럼에서 한 시뮬레이션도 'i번째 시도에 맞힌다면 $Y_i = 1$, 틀린다면 $Y_i = 0$'으로 두고 $(Y_1 + \cdots + Y_n)/n$으로 맞힐 확률을 추정하는 것을 몬테카를로 방법이라고 해석할 수 있습니다. 4장의 '케이크' 칼럼도 i번째 시도에서 얻은 몫을 Y_i로 하고, $(Y_1 + \cdots + Y_n)/n$으로 몫의 기댓값을 추정하는 것을 몬테카를로 방법이라고 생각합니다. 또한, 몫의 히스토그램을 그려 바라본 것도 '$0.2 \leq Y_i < 0.3$이면 $Z_i = 1$, 아니면 $Z_i = 0$'이라 두고 $(Z_1 + \cdots + Z_n)/n$으로 '몫이 이 범위에 들어갈 확률'을 추정한 것이라고 볼 수 있습니다. 그러면 이것 역시 몬테카를로 방법이라고 불러도 좋을 것입니다.

몬테카를로 방법의 강점은 적용 범위의 넓이입니다. 어쨌든 구하고 싶은 양을 어떤 기댓값으로 나타낼 수만 있다면, 그다음에는 그 '무엇인가'에 해당하는 것을 많이 생성하고 평균을 구하면 됩니다. 한편 몬테카를로 방법의 약점은 수렴이 느리다는 것입니다. 다트의 예에서 보면 정밀도를 열 배로 (표준편차 $\sqrt{V[R_n]}$을 1/10에) 하려면 던지는 횟수 n은 $10^2 = 100$배로 해야 합니다. 여기서 "헉" 소리를 낸 사람은 3.5.2절 '평균값의 기댓값 · 평균값의 분산'을 복습하세요. 일반적으로 몬테카를로 방법의 원리를 이용하는 한, 정밀도를 한 자릿수 올리기 위해 100배의 수고가 드는 숙명에서 벗어날 수 없습니다. 그래서 다른 좋은 방법이 있는 경우에는 그쪽을 선호합니다. 몬테카를로 방법을 사용하는 것은 다른 방법으로는 당해낼 수 없는 복잡하고 질이 나쁜 문제에 직면할 때입니다.

몬테카를로 방법으로 얻은 결과의 정확도는 데이터의 분산을 추정해 평가합니다. 다트의 예와 기호로 설명하면, 6.1.7절 '(대책 가) 후보 가려내기: 최소분산불편추정'이나 6.1.8절 '(대책 나) '베스트'의 의미를 약화시킨다: 최대우도추정'에서 했던 것처럼 $V[Y_1] (= V[Y_2] = \cdots = V[Y_n])$을 데이터로부터 추정하면 $\sqrt{V[R_n]} = \sqrt{V[Y_1]/n}$에 의한 R_n의 표준편차를 계산할 수 있습니다.

몬테카를로 방법은 일종의 수치적분법이라고도 할 수 있습니다. 확률변수 X의 확률밀도함수를 f라고 하면, 지정된 함수 g에 대한 $g(X)$의 기댓값은 $\mathrm{E}[g(X)] = \int_{-\infty}^{\infty} g(x)f(x)dx$처럼 적분으로 표현됩니다(4.5.1절). 그래서 $g(X)$의 기댓값을 구하는 것은 우변의 적분값을 구하는 것과 같습니다. 이를 거꾸로 구하는 것이 몬테카를로 방법에 의한 수치적분입니다. 정적분 값을 계산하고 싶을 때, 그것을 무언가의 기댓값 형태로 나타내고 몬테카를로 방법으로 가져오는 것입니다. 예를 들어 $c \equiv \int_a^b h(x)\,dx$를 계산할 때 X가 $[a, b]$에서 균등분포를 따르면 $g(x) \equiv (b - a)\,h(x)$에 의해 $\mathrm{E}[g(X)] = c$입니다. 그래서 $[a, b]$에서 균등분포에 해당하는 의사난수열 $x_1, \ldots, x_n$을 생성하고 $(b - a)(h(x_1) + \ldots + h(x_n))/n$을 c의 추정값으로 이용합니다. 물론 '보통의' 수치적분법을 사용할 수 있는 상황에서는 이런 효율이 나쁜 방법은 사용하지 않습니다. 몬테카를로 방법에 의지할 때는 h가 매끄럽지 못한 나쁜 함수거나 계산하고 싶은 것이 차원 높은 다중적분인 경우입니다.[2] 그런 식으로 문제가 어려워지면 '보통의' 수치적분법은 급격히 성능이 악화됩니다. 한편 몬테카를로 방법은 여전히 100배나 더 해야 정확도가 한 자리 오릅니다. 어려운 문제에서 이는 오히려 높은 평가를 받습니다.[3]

7.1.4 관련된 주제: 암호론적 의사난수열 · 저불일치수열

메르센 트위스터를 비롯한 의사난수열이 무엇이 부족한지를 잘 알려주는 관련 주제를 예로 들겠습니다.

암호론적 의사난수열

메르센 트위스터 등의 의사난수열은 (그 자체로는) 암호용으로 사용할 수 없습니다. 앞서 말했던 오랜 주기나 균등분포 역시 예측의 어려움을 입증하지는 않기 때문입니다. 그래서 예측의 곤란한 성질에 집착한 **암호론적 의사난수열**이라는 개념이 생겼습니다. 계산량의 개념을 가져와서 예측에 필요한 계산량을 논의하는 것이 특색입니다(참고문헌 [18], [41]).

초균등분포열

의사난수열에서는 앞에 나온 값과 전혀 무관한 엉터리 값이 나오는 것이 바람직합니다. 그러면 앞에 나온 것과 같은 값이나 가까운 값도 가끔 나오게 됩니다. 이는 당연합니다. 뭐랄까, 나름의

---

2 참고문헌 [8]의 158쪽에서는 몬테카를로 방법을 '최후의 보루'라고 표현하고 있습니다.

3 다만 정확도라는 말의 의미가 '보통의' 수치적분 이야기와 다르다는 것을 잊지 마세요. 표준편차가 아무리 작아도, 운 나쁘게 표준편차에서 크게 벗어날 확률이 0은 아닙니다.

비율로 이렇게 되는 것이 오히려 진짜 엉터리라는 증거입니다.

이에 반해 엉터리 대신에 균등함에 집착한 **저불일치수열**이라는 것도 연구되고 있습니다(참고문헌 [24]). 그림 7-3에서 의사난수열과 비교해보세요.

▼ 그림 7-3 의사난수열(왼쪽)과 저불일치수열(오른쪽)을 비교해보자. 왼쪽은 메르센 트위스터, 오른쪽은 기수 2, 3에 의한 Halton 수열(참고문헌 [24] 참조). 둘 다 정사각형 영역에 점 100개를 생성하는 그래프를 그린 것이다.

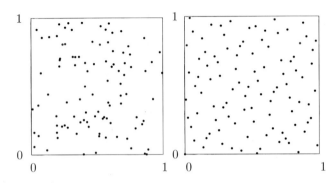

저불일치수열은 몬테카를로 방법의 단점을 개선하는 데 사용됩니다. 위에서도 말했듯이 몬테카를로 방법의 약점은 정밀도를 한 자릿수 올리기 위해 100배의 시간이 걸리는 것입니다. 그래서 의사난수열 대신 저불일치수열을 사용함으로써 어느 정도 효과가 있는 경우에 수렴 속도를 개선하는 방법이 개발되고 있습니다. **준몬테카를로 방법**이라고 불리는 방법의 일종입니다.

7.2 균일성에 집착한다면 그림 7-4처럼 격자점을 찍으면 되지 않나요?

▼ 그림 7-4 격자점

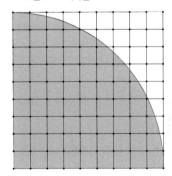

격자점에는 다음과 같은 단점이 있습니다.

- 차원이 커지면 점이 매우 늘어납니다. 예를 들어 10차원일 경우, 각 축을 4분할하면 $4^{10} = 1048576 \approx 100$만 개의 격자가 필요합니다.

- 어중간한 개수로 중단할 수 없습니다. 예를 들어 3차원에서 100개의 점을 찍고 싶어도 격자점이라면 $4^3 = 64$개나 $5^3 = 125$개밖에 선택하지 못합니다. 게다가 그것을 사전에 선택해야 하고, 실험하면서 상태를 보고 원하는 개수가 되면 중단하겠다고 할 수 없습니다.

7.2 / 원하는 분포를 따르는 난수를 만드는 방법

처음에 경고한 대로 의사난수열 자체의 생성법은 전문가에게 맡겨야 합니다. 그러나 목적에 맞춰 의사난수열을 가공하는 것은 각자 해야 할 수도 있습니다. 이 절에서는 이에 대해 설명하겠습니다. 구체적으로는 $[0, 1)$의 균등분포를 따르는 i.i.d.한 확률변수열 X_1, X_2, ... 이 있을 때, 그것을 변환해 원하는 분포를 따르는 확률변수로 만들려면 어떻게 해야 할지가 주제입니다.

7.3 $[0, 1)$이 무엇인가요?

그림 7–5처럼 괄호의 미묘한 차이로 구간의 종류를 구별합니다.

- $[a, b]$ → '$a \leq x \leq b$인 x'
- (a, b) → '$a < x < b$인 x'
- $[a, b)$ → '$a \leq x < b$인 x'
- $(a, b]$ → '$a < x \leq b$인 x'

연속값의 균등분포에서는 $[0, 1)$과 $[0, 1]$의 차이를 신경 쓰지 않아도 됩니다. 딱 1이 나올 확률은 어느 쪽이든 0이기 때문입니다(4.2절 '확률 0'). 본문에서 굳이 $[0, 1)$이라고 쓰는 것은 의사난수열 생성 루틴의 사양에 맞추기 위해서입니다.

❤ 그림 7–5 구간의 기법

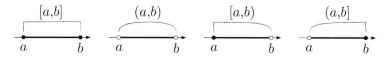

327

이 절의 기법을 적용할 때는 확률변수 X_1, X_2, ... 을 의사난수열로 대용합니다. [0, 1)의 균등분포에 상응하는 의사난수열을 얻는 방법은 각 언어나 라이브러리의 설명을 참조하세요.

또 계산 속도에 집착한 추가 연구는 참고문헌 [11], [19], [30]에 있습니다.

7.2.1 이산값의 경우

균등분포

맨 처음 예는 동전 던지기입니다. 앞면이나 뒷면이 같은 확률로 나오는 Y를 만들려면 어떻게 하면 될까요? 답은 [0, 1)의 균등분포를 따르는 확률변수 X에 대해 $X < 1/2$이면 $Y =$ 앞면, 그렇지 않으면 $Y =$ 뒷면으로 두면 됩니다.

다음 예는 주사위입니다. 1, 2, 3, 4, 5, 6이 같은 확률로 나오는 Y를 만들려면 어떻게 하면 될까요? 답은 $6X$의 소수점 이하를 버리고 1을 더하는 것입니다.

7.4 정숫값의 의사난수 $Z(\geq 0)$를 사용해 'Z가 홀수라면 앞면, 짝수라면 뒷면'이라고 하면 동전 던지기를 할 수 있고, 'Z를 6으로 나눈 나머지에 1을 더한다'고 하면 주사위도 던질 수 있을까요?

원래는 그래야 합니다만…… 7.1절에서 설명한 대로 패턴이 있는 질 나쁜 알고리즘을 사용한 의사난수열이라면 하위 비트(bit)는 무작위로 생성되지 않을지도 모릅니다.

일반적인 분포

지금부터는 확률이 균등하지 않은 일반적인 분포를 생각해봅시다.

첫 번째 예는 야바위 동전 던지기입니다. 확률 p가 앞면, 확률 $(1 - p)$가 뒷면이 되는 Y를 만들려면 어떻게 하면 될까요? 답은 그림 7-6과 같습니다. [0, 1)의 균등분포를 따르는 확률변수 X에 대해 $X < p$면 $Y =$ 앞면, 그렇지 않으면 $Y =$ 뒷면이라고 하면 됩니다.

▼ 그림 7-6 확률 p로 앞면, 확률 $(1 - p)$로 뒷면이 나오는 동전 던지기

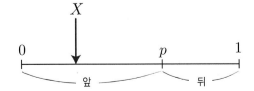

다음 예는 야바위 주사위입니다. 1에서 6까지의 눈이 나올 확률이 각각 $p_1, \ldots, p_6$인 Y를 만들려면 어떻게 해야 할까요($p_1 + \cdots + p_6 = 1$)? 답은 그림 7-7과 같습니다. 위와 동일한 X에 대해

- $X < p_1$이면 $Y = 1$
- 그렇지 않고 $X < p_1 + p_2$면 $Y = 2$
- 그렇지 않고 $X < p_1 + p_2 + p_3$이면 $Y = 3$
- 그렇지 않고 $X < p_1 + p_2 + p_3 + p_4$면 $Y = 4$
- 그렇지 않고 $X < p_1 + p_2 + p_3 + p_4 + p_5$면 $Y = 5$
- 그렇지 않고 $Y = 6$

이라고 하면 됩니다.

❤ 그림 7-7 확률 p_i는 i가 나온 주사위

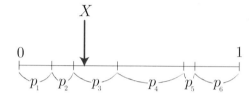

이산값의 분포에 대해서는 이런 방법으로 (이론적으로는) 좋아하는 분포를 만들 수 있습니다.

7.2.2 연속값의 경우

다음은 연속값의 다양한 분포를 만드는 방법입니다. 연속값의 분포 중에서도 특히 중요한 정규분포에 대해서는 7.2.3절에서 다루기로 하고, 여기서는 그 외의 것을 이야기하겠습니다.

균등분포

−10에서 10까지의 실숫값이 나오는 균등분포 Y를 만들려면 어떻게 하면 될까요? [0, 1)의 균등분포를 따르는 확률변수 X에 대해 20X는 0에서 20까지의 균등분포가 되므로, 이를 사용해

$$Y \equiv 20X - 10$$

으로 만들면 원하는 분포를 만들 수 있습니다. 일반적으로 a에서 b까지의 균등분포를 만들고 싶다면

$$Y \equiv (b - a)X + a$$

라고 하면 됩니다. 사람에 따라서는 $Y = (1 - X)a + Xb$라고 쓰는 편이 이해하기 쉬울지도 모릅니다.

누적분포함수를 사용하는 방법

그렇다면 균등하지 않은 연속값의 분포는 어떻게 만들면 될까요? 우선 그림 7-8 같은 방법이 있습니다. X는 $[0, 1)$의 균등분포를 따르는 확률변수고, $F(y)$를 원하는 분포의 누적분포함수(4.3.1절)라고 할 때

$$Y \equiv F^{-1}(X)$$

로 두면 Y는 원하는 분포를 따릅니다. 우변의 F^{-1}은 $1/F$이 아니라 'F의 역함수'를 나타냅니다. 즉, '$F(y) = X$가 되는 y 값'이라는 의미입니다.

▼ 그림 7-8 누적분포함수 F의 역함수 F^{-1}

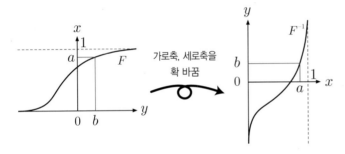

실제로 이때

$$P(Y \leq b) = P(X \leq F(b)) = F(b)$$

이므로 Y의 분포는 확실히 원하는 대로 됩니다. 누적분포함수의 역함수가 식에서 제대로 깔끔하게 사용된다면 이 방법을 사용할 수 있습니다.

예제 7.1

$[0, 1)$의 균등분포를 따르는 확률변수 X에 대해 함수 g를 잘 만들어서 $Y \equiv g(X)$의 확률밀도함수

$$f_Y(u) = \begin{cases} \frac{1}{2}\exp\left(-\frac{u}{2}\right) & (u \geq 0 \text{일 때}) \\ 0 & (\text{기타}) \end{cases}$$

으로 만드세요.

답

Y의 누적분포함수는

$$F_Y(y) = \int_{-\infty}^{y} f_Y(u)\, du = \int_0^y \frac{1}{2} \exp\left(-\frac{u}{2}\right) du = \left[-\exp\left(-\frac{u}{2}\right)\right]_0^y = 1 - \exp\left(-\frac{y}{2}\right) \quad (y \geq 0)$$

입니다. 그 역함수는 $F_Y(y) = x$를 y에 대해 풀어

$$y = F_Y^{-1}(x) = -2\log(1-x)$$

라고 구할 수 있습니다. 따라서 $g(x) = -2\log(1-x)$라고 할 수 있습니다.

또한, 이외에도 답이 있습니다. X가 균등분포이므로, 예를 들어 X의 확률분포와 $1 - X$의 확률분포는 같습니다. 그렇다면 $h(X) \equiv -2\log X$의 확률분포도 $g(X)$의 확률분포와 같습니다(X가 딱 0이나 1이 될 확률은 0이므로, '끝'을 포함할지 말지는 신경 쓰지 않기로 합니다).

확률밀도함수를 사용하는 방법(간단한 방법)

누적분포함수(의 역함수)를 깨끗하게 쓸 수 없는 경우에는 확률밀도함수에 기초한 방법도 있습니다.

만들고 싶은 분포의 확률밀도함수를 f라고 합시다. 그림 7-9처럼 f의 그래프를 그리고, 이 직사각형 내의 어딘가에 균등분포로 무작위 위치에 점을 찍습니다. 만약 점이 그래프보다 아래라면, 그 점을 선택하고 가로축의 값을 Y로 출력합니다. 반면에 만약 점이 그래프보다 위라면, 그 점은 버리고 새로운 점을 다시 무작위로 찍어야 합니다. 이 과정을 점을 채택할 때까지 반복합니다. a, b, c는 그래프보다 바깥쪽에만 있으면 어떻게 설정해도 괜찮습니다(가능한 한 그래프에 빠듯하게 잡을수록 채택 확률이 높아지면서 효율이 좋아집니다).

루비 코드로 쓰면 다음과 같습니다. 각 행의 # 이후는 주석입니다.

```
# a, b, c, f는 여기보다 앞에서 정의됐다고 합니다.
begin
  u = (b - a) * rand() + a     # a부터 b까지의 균등 난수
  v = c * rand()               # 0부터 c까지의 균등 난수
end until v <= f(u)            # v f(u)가 될 때까지 begin end를 반복
return u                       # u를 답하고 끝
```

▼ 그림 7-9 직사각형 안에 무작위로 점을 찍는다.

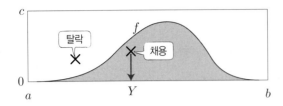

이렇게 해서 Y를 만들면 f가 큰 값일수록 원하는 분포가 쉽게 나올 것입니다. 이 방법으로 실제 원하는 분포를 얻을 수 있다는 것은

$$\mathrm{P}(y_1 \leq Y \leq y_2) = \mathrm{P}(\text{점이 그림 7-10의 음영 부분에 들어갈 때} \,|\, \text{점이 그림 7-10의 그래프보다 아래로 들어갈 때})$$

$$= \frac{\text{음영 부분의 면적}}{\text{그래프의 면적}} = \frac{\int_{y_1}^{y_2} f(u)\, du}{1} = \int_{y_1}^{y_2} f(u)\, du$$

라는 계산에 의해 알 수 있습니다(확률밀도함수 그래프의 면적은 반드시 1입니다.→그림 4-21).
이 식은 f가 Y의 확률밀도함수라는 것을 의미합니다.

▼ 그림 7-10 $y_1 \leq Y \leq y_2$가 될 확률은⋯

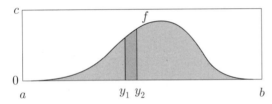

7.2.3 정규분포를 따르는 난수를 만드는 방법

박스–뮬러 변환

균등분포로부터 정규분포를 만드는 좋은 방법으로 다음의 **박스–뮬러 변환**(Box–Muller transformation)이 알려져 있습니다. X_1, X_2 모두 $[0, 1)$의 균등분포에 따르는 i.i.d. 확률변수라고 할 때

$$Y_1 \equiv g(X_1, X_2) \equiv \sqrt{-2\log X_1} \cos(2\pi X_2)$$
$$Y_2 \equiv h(X_1, X_2) \equiv \sqrt{-2\log X_1} \sin(2\pi X_2)$$

로 정하면 $(Y_1, Y_2)^T$는 2차원 표준정규분포를 따릅니다.[4] 즉, 독립적인 균등분포 난수를 두 개 써

---

4 엄밀히 말하면 X_1의 범위는 $[0, 1)$이 아니라 $(0, 1]$로 해야 합니다. 만약 $X_1 = 0$이 나오면 $\log X_1$이 오류가 되어버리고, $X_1 = 1$이 나오지 않으면 $(Y_1,$ $Y_2) = (0, 0)$이 빠지기 때문입니다. 질문 7.3도 참조하세요.

서 독립적인 정규분포 난수를 두 개 얻을 수 있다는 것입니다.

예제 7.2

$(Y_1, Y_2)^T$가 2차원 표준정규분포를 따르는지 따져보세요.

답

$0 < x_1 \leq 1$과 $0 < x_2 \leq 1$에 대해 $y_1 = g(x_1, x_2)$ 및 $y_2 = h(x_1, x_2)$라고 합시다. 이때 결합확률밀도 함수끼리의 관계는

$$f_{Y_1, Y_2}(y_1, y_2) = \frac{1}{|\partial(y_1, y_2)/\partial(x_1, x_2)|} f_{X_1, X_2}(x_1, x_2)$$

였습니다(여기서 "헉" 소리를 낸 사람은 그림 4–48의 변수 변환을 복습하세요). 지금은 전제로부터 $f_{X_1, X_2}(x_1, x_2) = 1$이고, 야코비안을 계산하면

$$\frac{\partial(y_1, y_2)}{\partial(x_1, x_2)} = \det \begin{pmatrix} \frac{\partial y_1}{\partial x_1} & \frac{\partial y_1}{\partial x_2} \\ \frac{\partial y_2}{\partial x_1} & \frac{\partial y_2}{\partial x_2} \end{pmatrix} = \det \begin{pmatrix} -\frac{1}{x_1 \sqrt{-2 \log x_1}} \cos(2\pi x_2) & -2\pi \sqrt{-2 \log x_1} \sin(2\pi x_2) \\ -\frac{1}{x_1 \sqrt{-2 \log x_1}} \sin(2\pi x_2) & 2\pi \sqrt{-2 \log x_1} \cos(2\pi x_2) \end{pmatrix}$$

$$= -\frac{2\pi}{x_1} \left(\cos^2(2\pi x_2) + \sin^2(2\pi x_2) \right) = -\frac{2\pi}{x_1}$$

입니다. 그러므로

$$f_{Y_1, Y_2}(y_1, y_2) = \frac{x_1}{2\pi}$$

이 얻어집니다. 게다가 $y_1^2 + y_2^2 = -2\log x_1$로부터 $x_1 = \exp(-(y_1^2 + y_2^2)/2)$이라고 표현되기 때문에 이를 위의 식에 대입하면 결국 다음과 같습니다.

$$f_{Y_1, Y_2}(y_1, y_2) = \frac{1}{2\pi} \exp \left(-\frac{y_1^2 + y_2^2}{2} \right)$$

이 우변이 바로 2차원 표준정규분포의 확률밀도함수입니다(5.3.1절). 예제 5.15나 예제 7.1도 참조하세요.

균등분포의 덧셈

엄밀하게 정규분포에 그다지 연연하지 않는 경우에는 다음과 같은 편법도 사용합니다. $X_1, \dots, X_{12}$가 모두 $[0, 1)$의 균등분포를 따르는 i.i.d.인 확률변수라고 합시다. 이때

$$Y \equiv X_1 + \cdots + X_{12} - 6$$

은 대략 표준정규분포를 따릅니다. 중심극한정리를 배울 때 본 그림 4–55를 떠올려보세요. 이

방법의 매력은 구현의 단순함입니다. 어려운 점이라면, 엄밀히는 정규분포가 아닌 것과 기본이 되는 난수가 12개가 필요하다는 것입니다.

예제 7.3

Y의 기댓값이 0, 분산이 1인지 확인해보세요.

답

$E[X_1] = \cdots = E[X_{12}] = 1/2$이므로 $E[Y] = 12 \cdot (1/2) - 6 = 0$입니다. 또한,

$$V[X_1] = \cdots = V[X_{12}] = E[X_1^2] - E[X_1]^2 = \int_0^1 x^2 \, dx - \left(\frac{1}{2}\right)^2 = \left[\frac{1}{3}x^3\right]_0^1 - \left(\frac{1}{2}\right)^2 = \frac{1}{3} - \frac{1}{4} = \frac{1}{12}$$

에 의해 $V[Y] = 12 \cdot (1/2) = 1$입니다.

예제 7.4

Y가 엄밀히는 정규분포를 따르지 않는다는 것을 증명하세요.

답

만약 정규분포를 따른다면 아무리 큰 수 c에 대해서도 $P(Y > c)$는 양수일 것입니다. 그러나 실제로는 만드는 방법에서 $P(Y > 12) = 0$입니다. 그래서 정규분포에서는 있을 수 없습니다.

다변량 정규분포를 따르는 난수를 만드는 방법

표준정규분포 $N(0, 1)$을 따르는 i.i.d.인 확률변수 $Z_1, \ldots, Z_n$을 늘어놓은 벡터 $\boldsymbol{Z} \equiv (Z_1, \ldots, Z_n)^T$는 n차원 표준정규분포를 따릅니다. 이에 n차 정칙행렬 A를 곱하고 n차원 벡터 $\boldsymbol{\mu}$를 더하면 $\boldsymbol{X} \equiv A\boldsymbol{Z} + \boldsymbol{\mu}$는 $N(\boldsymbol{\mu}, AA^T)$를 따릅니다(5.3.4절 '다변량 정규분포의 성질'). 그래서 주어진 기댓값 벡터 $\boldsymbol{\mu}$와 공분산행렬 V를 갖는 다변량 정규분포 $N(\boldsymbol{\mu}, V)$로 만들고 싶으면 $V = AA^T$라고 쓸 수 있는 행렬 A를 구하면 됩니다.

예제 5.13에서 했던 것처럼 고윳값·고유벡터를 계산하면 그러한 A를 구할 수 있습니다. 하지만 위와 같은 목적일 뿐이라면 **콜레스키**(Cholesky) **분해**라는 기술을 사용하는 것이 더 간단합니다.

이는 $V = AA^T$가 되는 것과 같은 아래 삼각행렬 A를 구하는 방법입니다. 구체적인 알고리즘은

수치 계산 교과서를 참조하세요. 참고문헌 [32]의 내용을 알고 있다면 LU 분해도 기억해주세요. 요컨대 LU 분해의 음이 아닌 상수 대칭행렬 버전입니다.

7.2.4 삼각형 내 균등분포와 구면의 균등분포

중요한 이야기는 여기까지입니다만, 지면을 빌려 좀 더 깊은 이야기도 소개하겠습니다.

삼각형 내의 균등분포

예를 들어 그림 7-11의 왼쪽과 같은 삼각형 영역 내의 균등분포를 원하는 경우도 가끔 있습니다. 어떻게 하면 만들 수 있을까요?

❤ 그림 7-11 삼각형 영역 내의 균등분포를 만들고 싶다.

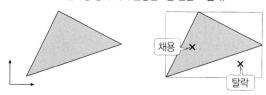

우선 생각나는 것은 조금 전과 마찬가지로 '그림 7-11의 오른쪽과 같은 직사각형 내의 균등분포에서 점을 생성해보고, 만약 삼각형 밖에 있으면 다시 시작한다'는 방법입니다. 하지만 더 잘할수 있는 방법이 있습니다. 다음 예제에서 순서대로 설명합니다.

예제 7.5

X_1, X_2가 $[0, 1]$의 균등분포를 따르는 i.i.d.한 확률변수라고 할 때, 벡터 (X_1, X_2)는 어떤 분포가 될까요?

📋 **답**

그림 7-12의 '가' 정사각형 영역 내의 균등분포를 보겠습니다. 실제 각각의 확률밀도함수는

$$f_{X_1}(x_1) = \begin{cases} 1 & (0 \le x_1 \le 1) \\ 0 & (\text{기타}) \end{cases}, \qquad f_{X_2}(x_2) = \begin{cases} 1 & (0 \le x_2 \le 1) \\ 0 & (\text{기타}) \end{cases}$$

이고, 두 확률변수의 독립성에 의해 결합확률밀도함수는

$$f_{X_1, X_2}(x_1, x_2) = f_{X_1}(x_1)f_{X_2}(x_2) = \begin{cases} 1 & (0 \le x_1 \le 1 \text{이고 } 0 \le x_2 \le 1) \\ 0 & (\text{기타}) \end{cases}$$

입니다(4.4.7절 '임의 영역의 확률 · 균등분포 · 변수 변환').

그림 7-12 여러 영역 내의 균등분포

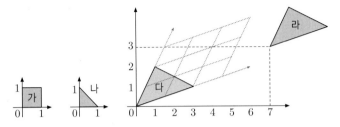

예제 7.6

앞의 예제에서 다음 (Y_1, Y_2)는 어떤 분포가 될까요?

$$(Y_1, Y_2) \equiv (\min(X_1, X_2), |X_1 - X_2|) = \begin{cases} (X_1, X_2 - X_1) & (X_1 \leq X_2 \text{일 때}) \\ (X_2, X_1 - X_2) & (X_1 > X_2 \text{일 때}) \end{cases}$$

답

그림 7-12의 '나' 삼각형 영역 내의 균등분포를 보겠습니다. 실제로 결합확률밀도함수 $f_{Y_1, Y_2}(y_1, y_2)$는 이 삼각형 내에서 다음과 같고

$$f_{Y_1, Y_2}(y_1, y_2) = 1 \cdot f_{X_1, X_2}(y_1, y_1 + y_2) + 1 \cdot f_{X_1, X_2}(y_1 + y_2, y_1) = 1 + 1 = 2$$

삼각형 밖에서는 $f_{Y_1, Y_2}(y_1, y_2) = 0$입니다. 여기서 "헉" 소리를 낸 사람은 4.4.7절의 변수 변환을 복습하세요. 단, 그림 7-13과 같이 두 장이 겹쳐져 있습니다.

그림 7-13 두 장이 겹쳐진 변수 변환

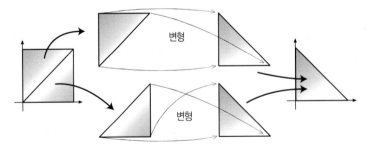

예제 7.7

앞의 예제에서 다음 (Z_1, Z_2)는 어떤 분포가 될까요?

$$Z_1 = 3Y_1 + Y_2, \qquad Z_2 = Y_1 + 2Y_2$$

답

위의 식은 $(Y_1, Y_2) = (1, 0)$을 $(Z_1, Z_2) = (3, 1)$로, $(0, 1)$을 $(1, 2)$로 옮기는 선형 사상입니다. 그러므로 답은 그림 7–12의 '다' 삼각형 영역 내의 균등분포입니다. 이유를 알고 싶다면 4.4.7절의 변수 변환을 복습해보세요(이후 반복하지 않습니다).

예제 7.8

앞의 예제에서 다음 (W_1, W_2)는 어떤 분포가 될까요?

$$W_1 = Z_1 + 7, \qquad W_2 = Z_2 + 3$$

답

그림 7–12의 '라' 삼각형 영역 내의 균등분포입니다.

이런 식으로 임의의 삼각형 영역 내의 균등분포를 만들 수 있습니다. 참고로 위의 (Y_1, Y_2)에 $Y_3 \equiv 1 - Y_1 - Y_2$를 덧붙인 벡터 (Y_1, Y_2, Y_3)은 그림 7–14 왼쪽의 삼각형 영역에서 균등하게 분포합니다. 즉,

$$y_1 + y_2 + y_3 = 1, \qquad y_1 \geq 0, \quad y_2 \geq 0, \quad y_3 \geq 0$$

이라는 제한 내에서 '균등하게' 분포하는 것입니다. 이것도 알아두면 가끔 편리합니다.

▼ **그림 7–14** 3차원 공간 내의 삼각형(왼쪽)과 삼각뿔(오른쪽)

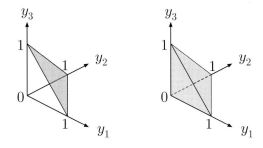

지금까지의 이야기는 더 높은 차원으로도 자연스럽게 확장할 수 있습니다. 예를 들어 X_1, X_2, X_3을 $[0, 1]$의 균등분포를 따르는 i.i.d.한 확률변수라고 할 때

$$X_{(0)} = 0$$
$$X_{(1)} = (X_1, X_2, X_3 \text{ 중 첫 번째로 작은 값})$$

$$X_{(2)} = (X_1, X_2, X_3 \text{ 중 두 번째로 작은 값})$$
$$X_{(3)} = (X_1, X_2, X_3 \text{ 중 세 번째로 작은 값})$$

에서

$$Y_1 \equiv X_{(1)} - X_{(0)}, \qquad Y_2 \equiv X_{(2)} - X_{(1)}, \qquad Y_3 \equiv X_{(3)} - X_{(2)}$$

를 만들면 벡터 (Y_1, Y_2, Y_3)은 그림 7-14의 오른쪽과 같은 삼각뿔 내의 균등분포가 됩니다. 이어서

$$\begin{pmatrix} Z_1 \\ Z_2 \\ Z_3 \end{pmatrix} = \begin{pmatrix} a & b & c \\ d & e & f \\ g & h & i \end{pmatrix} \begin{pmatrix} Y_1 \\ Y_2 \\ Y_3 \end{pmatrix}$$

처럼 변수 변환을 하면

$$\begin{pmatrix} 0 \\ 0 \\ 0 \end{pmatrix}, \quad \begin{pmatrix} a \\ d \\ g \end{pmatrix}, \quad \begin{pmatrix} b \\ e \\ h \end{pmatrix}, \quad \begin{pmatrix} c \\ f \\ i \end{pmatrix}$$

를 정점으로 하는 삼각뿔 내의 균등분포가 됩니다. 여기서 "헉" 소리를 낸 사람은 이 행렬이 어떤 변환을 나타내는지 참고문헌 [32] 등을 참조하세요. 또한, $X_{(4)} \equiv 1$로 두고 $Y_4 \equiv X_{(4)} - X_{(3)}$을 덧붙인 (Y_1, Y_2, Y_3, Y_4)는 '합계가 1이고 모두 ≥ 0'이라는 제한 내에서 '균등하게' 분포합니다.

구면의 균등분포

마지막으로 덧붙여 다소 의외인 정규분포의 응용을 소개합니다.

단위구(원점을 중심으로 반경이 1인 구) 위에서 균등하게 분포하는 난수가 필요한 경우가 종종 있습니다. 지구본 위의 어느 한 점을 무작위로 선택하는 듯한 이미지입니다. 이를 어떻게 구현할 수 있는지 힌트가 없다면 이해하기 힘들까요? 어설프게 하면 균등한 분포가 될 수 없습니다. 예를 들어 단순히 위도와 경도를 각각 균등분포로 무작위로 선택한다면 극지방에 가까워질수록 경도 간 거리가 짧아져 면적도 줄어든다는 점을 생각해야 합니다. 이때 북극과 적도 부근에서 면적당 선택 용이성은 달라지게 됩니다. 그렇다고 해서 그것이 같아질 만한 보정을 제대로 하려면 성가신 공식이 나옵니다. 사실 이러한 난수는 정규분포 난수를 사용해 다음과 같이 쉽게 생성할 수 있습니다.

Z_1, Z_2, Z_3을 모두 표준정규분포를 따르는 i.i.d.한 확률변수라고 합시다. 이때 벡터 $\boldsymbol{Z} = (Z_1, Z_2, Z_3)^T$는 3차원 표준정규분포를 따릅니다. 그러면 그 길이를 1로 조절한

$$\boldsymbol{W} \equiv \frac{1}{\|\boldsymbol{Z}\|} \boldsymbol{Z}$$

는 구면상에 균등하게 분포하게 됩니다. 이유는 벡터 Z의 '방향'이 한결같기 때문입니다. 다변량 표준정규분포의 등방성(어느 방향도 분포의 상태가 같다)은 5.3.1절에서 언급했습니다. 또한, $\|Z\|$가 '딱 0'이 될 확률은 0이므로 여기서는 0으로 나누는 것에 대한 우려를 무시합니다.

마찬가지로 $(n + 1)$차원 표준정규분포를 따르는 Z에서 위와 같이 W를 만들면 n차원 구면상의 균등분포를 얻을 수 있습니다. 길이가 1인 무작위 방향을 가리키는 벡터는 이렇게 생성하는 것이 편리합니다.

Column ≡ **주사위 놀이 게임**

주사위 놀이 게임에서 여러분은 플레이어가 아니라 총괄하는 사람입니다. 그림 7-15처럼 무한히 긴 오솔길의 주사위 놀이로, 여러분은 어딘가 좋아하는 칸에 미리 함정을 걸어둡니다. 플레이어가 함정에서 멈추면 여러분은 승리하고, 모든 함정을 넘어간다면 여러분은 패배합니다.

▼ 그림 7-15 무한한 오솔길의 주사위 놀이(함정 포함)

우선 함정이 한 개인 경우라면 어느 칸에 두는 것이 좋을까요? 함정의 위치를 바꾸고 컴퓨터 시뮬레이션을 한 결과는 다음과 같습니다.

```
$ cd sugoroku↵
$ make long↵
=========== trap = 1
./sugoroku.rb -t=1 10000 | ../count.rb
O: 1620 (16.2%)
X: 8380 (83.8%)
=========== trap = 5
./sugoroku.rb -t=5 10000 | ../count.rb
O: 3138 (31.38%)
X: 6862 (68.62%)
=========== trap = 10
./sugoroku.rb -t=10 10000 | ../count.rb
O: 2930 (29.3%)
X: 7070 (70.7%)
```

게임을 1,000번 반복해서 여러분이 이긴 횟수를 'O'로, 진 횟수를 'X'로 표시합니다. 맨 위는 1번 칸에 함정을 파는 경우, 다음은 5번 칸, 마지막은 10번 칸의 경우입니다. 위치에 따라 승률이 다르다는 것을 알 수 있습니다. 그렇다면 가장 좋은 위치는 어디일까요?

또한, 함정이 두 개라면 어떨까요?

```
$ make tlong↵
=========== trap = 10,20
./sugoroku.rb -t=10,20 10000 | ../count.rb
O: 4845 (48.45%)
X: 5155 (51.55%)
=========== trap = 10,15
./sugoroku.rb -t=10,15 10000 | ../count.rb
O: 4819 (48.19%)
```

맨 위는 10, 20번 칸에 함정을 파는 경우, 다음은 10, 15번 칸, 마지막은 10, 11번 칸입니다. 역시 위치에 따라 승률이 다른 것 같습니다. 그렇다면 가장 좋은 위치는 어디일까요?

8^장

여러 가지 응용

이 장에서는 확률의 여러 가지 응용을 소개합니다. 본래 이 주제는 자세히 다루려면 각각의 내용마다 책 한 권 분량이 필요할 만큼 방대하므로, 여기서는 가볍게 다루는 것을 양해해주세요. 이 장의 목적은 두 가지입니다.

- 여러 가지 응용을 시식하며 분위기를 맛본다.
- 지금까지 배운 기술이 응용 현장에서 어떻게 쓰이는지 체험한다.

각 절에서 다루는 소재를 간단히 설명하겠습니다. 8.1절은 데이터 해석에 대한 이야기입니다. 수집된 데이터의 그래프에 가장 잘 들어맞을 것 같은 직선을 그리는 방법(최소제곱법)과 고차원 데이터에서 주요 성분을 추출하는 방법(주성분 분석)을 소개합니다. 8.2절은 시계열 이야기입니다. '시간에 따라 변화하는 유동적인 값'의 대표인 랜덤워크(random walk)와 시계열 예측의 기본 기법 중 하나인 칼만 필터, 확률적으로 상태가 전이하는 상황을 모델화한 마르코프 연쇄를 다룹니다. 8.3절은 정보이론에 대한 이야기입니다. 엔트로피라는 개념을 소개하고 그것이 정보의 개념과도 잘 들어맞는 것을 확인한 다음, 데이터 압축이나 통신 오류의 이론적 한계가 엔트로피로 정해짐을 설명합니다(정보원 부호화 정리, 통신로 부호화 정리).

8.1 / 회귀분석과 다변량 분석에서

응용에서는 둘 이상의 측정값을 쌍으로 취급하고 싶을 때가 많습니다(참고문헌 [32] 시작 부분). 그런 경우 데이터의 쌍을 함께 벡터로 취급하면 편리한데, 선형대수 이론이 힘을 발휘합니다. 통계를 주제로 이에 해당하는 대표적인 예를 이 절에서 소개하겠습니다. **회귀분석**이라 불리는 분야에서 가장 기초적인 최소제곱법에 의한 직선 근사, **다변량 분석**이라 불리는 분야에서 대표적인 방법 중 하나인 주성분 분석을 다루겠습니다.

8.1.1 최소제곱법에 의한 직선 근사

문제 설정

당신은 미친 과학자입니다. 오랜 연구 끝에 순간 이동 장치의 시제품을 제작하는 데 성공했습니다. 그러나 아직 이동 거리를 제어하는 데 문제가 남아 있습니다. 이동 거리는 장비의 온도 설정에 따라 달라지는 것 같습니다. 그래서 온도 설정을 여러 가지로 바꿔가며 각각의 경우에서 이동 거리를 측정한 뒤 다음과 같은 데이터를 얻었습니다.

설정한 온도	측정된 이동 거리
190.0	4.2
191.4	5.0
192.9	6.2
⋮	⋮

초등학생이라면 그림 8–1처럼 **꺾은선그래프**를 그릴 것입니다. 이는 얻은 데이터 자체를 보기 쉽게 제시하는 기술 통계의 경우입니다. 그러나 대학 이과 계열 수준 이상의 지식을 갖췄다면 이런 꺾은선그래프를 그린 것만으로 만족해서는 안 됩니다. 그 이유는 추측 통계의 입장이 요구되기 때문입니다. 즉, 데이터 자체에 관심이 있는 것이 아니라 데이터가 생성된 배후의 법칙을 알고 싶기 때문입니다(6.1.1절 '기술 통계와 추측 통계').

▼ 그림 8–1 꺾은선그래프

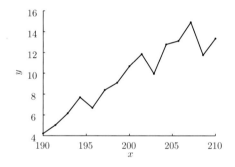

추측 통계의 입장에서는 예를 들어 이런 상황을 가정합니다.

> 만약 오차가 전혀 없는 이상적인 상황이라면 온도를 똑같이 설정했을 때 이동 거리도 항상 같을 것이다. 즉, 어떤 함수 g에서 온도를 x로 설정하면 이동 거리는 $g(x)$가 될 것이다. 우리는 이 함수 g가 알고 싶다. 그러나 불행히도 g를 직접 알 수는 없다. 실험에는 오차가 붙기 때문이다. 측정되는 이동 거리는 오차 W가 더해진 $Y = g(x) + W$라는 값이 되어버린다. W는 무작위의 오차이기 때문에 측정값 Y도 무작위의 오차가 있다. 그런 측정값 Y를 보고 어떻게든 g를 추측하고 싶다.

이 입장에서 보면 오차를 포함한 측정값을 충실히 따르는 것은 좋은 방법이 아닙니다. 그럼 어떻게 하면 좋을까요?

이야기가 명확해지도록 문제를 좀 더 구체적으로 공식화하겠습니다. 편의상 g는 1차식으로 해서 $g(x) \equiv ax + b$로 둡니다. a, b는 미지의 상수입니다. 실험을 n번 시행했을 때 i번째 실험에서의 온도 설정을 x_i, 측정되는 이동 거리를 $Y_i \equiv g(x_i) + W_i$로 둡시다. 오차 W_i는 정규분포 $N(0, \sigma^2)$에 따르는 확률변수라고 합니다. 또한, $W_1, \dots, W_n$은 i.i.d.이라고 가정합니다. 설정 $x_1, \dots, x_n$과 각각 실제로 측정된 이동 거리 $\check{y}_1, \dots, \check{y}_n$을 보고 a, b를 맞춰주세요.

기호를 사용하는 이유에도 주의합시다. $\check{y}_i$로 쓰면 0.89 같은 보통의 수(오차값이 우연히 구체적인 값이 됐다)를 나타냅니다. 한편 Y_i라고 쓰면 어떤 확률변수(무작위로 오차가 있는 값)를 나타냅니다.[1] 각 Y_i의 분포는 '정답 $f(x_i) = ax_i + b$ 주위에 표준편차 σ만 오차'인 정규분포 $N(ax_i + b, \sigma^2)$입니다.

해결 방법

조금 기교적이지만 행렬과 벡터를 사용해

$$\boldsymbol{Y} = C\boldsymbol{a} + \boldsymbol{W}, \qquad \boldsymbol{Y} \equiv \begin{pmatrix} Y_1 \\ \vdots \\ Y_n \end{pmatrix}, \quad C \equiv \begin{pmatrix} x_1 & 1 \\ \vdots & \vdots \\ x_n & 1 \end{pmatrix}, \quad \boldsymbol{a} \equiv \begin{pmatrix} a \\ b \end{pmatrix}, \quad \boldsymbol{W} \equiv \begin{pmatrix} W_1 \\ \vdots \\ W_n \end{pmatrix} \sim N(\boldsymbol{o}, \sigma^2 I)$$

라는 모아 쓰기가 가능하다는 것을 확인하세요. C는 이미 알고 있는 행렬, $\boldsymbol{a}$는 미지의 (그렇지만 오차는 없는 보통의) 벡터입니다. 그러면 벡터 $\boldsymbol{Y}$는 n차원 정규분포 $N(C\boldsymbol{a}, \sigma^2 I)$를 따른다는 것을 알 수 있습니다. 그 확률밀도함수의 형태는 다음과 같습니다.

$$f_{\boldsymbol{Y}}(\boldsymbol{y}) = \square \exp\left(-\frac{1}{2\sigma^2} \|\boldsymbol{y} - C\boldsymbol{a}\|^2\right) \qquad \square는 \ 관심 \ 없는 \ 상수(> 0)$$

미지의 매개변수 $\boldsymbol{a}$대로 분포가 달라지는 것을 명확하게 나타내기 위해 $f_{\boldsymbol{Y}}(\boldsymbol{y})$를 장황하게 $f_{\boldsymbol{Y}}(\boldsymbol{y}; \boldsymbol{a})$라고도 씁니다. $\boldsymbol{a}$에 따라 정해진 '$\boldsymbol{Y}$의 확률밀도'라는 뜻입니다(어디까지나 $\boldsymbol{Y}$의 확률밀도며, $\boldsymbol{a}$의 확률밀도는 아닙니다).

이야기를 되돌립시다. $\boldsymbol{Y}$ 값으로 $\check{\boldsymbol{y}} \equiv (\check{y}_1, \dots, \check{y}_n)^T$가 관측됐다는 데이터에 따라 $\boldsymbol{a}$를 추정하는 것이 목표였습니다. 여기서는 최대우도추정을 사용하기로 합니다. 즉, 지금 얻은 것과 같은 $\check{\boldsymbol{y}}$가 나올 확률밀도 $f_{\boldsymbol{Y}}(\check{\boldsymbol{y}}; \boldsymbol{a})$를 구해서 그것이 최대가 되는 $\boldsymbol{a}$를 답하는 것입니다(6.1.8절). $f_{\boldsymbol{Y}}(\check{\boldsymbol{y}}; \boldsymbol{a})$

---

1 헷갈린다면 신의 관점으로 되돌아가세요. 신의 관점에서 각 세계 ω의 관측값을 지정하는 $Y_i(\omega)$를 확률변수라고 불렀습니다. 한편 $\check{y}_i$는 그저 수일 뿐입니다.

를 최대화하려면 exp 속을 최대화하면 됩니다. 그러기 위해서는 결국 $\|\check{\boldsymbol{y}} - C\boldsymbol{a}\|^2$을 최소화해야 합니다.[2] 그래서 풀어야 할 문제는

행렬 C와 벡터 $\check{\boldsymbol{y}}$가 주어졌을 때 $\|\check{\boldsymbol{y}} - C\boldsymbol{a}\|^2$이 최소가 되는 벡터 $\boldsymbol{a}$를 답하라.

로 바뀌었습니다.

이렇게 바뀌면 이제 확률과 통계가 아닌 선형대수학과 해석학의 문제입니다. 성분으로 표현하면

$$\sum_{i=1}^{n}\left(\check{y}_i - (ax_i + b)\right)^2 \text{ 이 최소가 되는 } a, b\text{를 구하라.} \tag{8.1}$$

라는 문제입니다. 위 식을 $h(a, b)$로 두면 h를 최소화하는 a, b는

$$\frac{\partial h}{\partial a} = 0 \text{ 이면서 } \quad \frac{\partial h}{\partial b} = 0$$

인 조건에 의해 결정됩니다(편미분과 그 기호 ∂에 대해서는 4장의 주석 12번 참조).[3] 구체적으로 편미분을 계산하면

$$-2\sum_{i=1}^{n}\left(\check{y}_i - (ax_i + b)\right)x_i = 0 \text{ 이면서 } \quad -2\sum_{i=1}^{n}\left(\check{y}_i - (ax_i + b)\right) = 0$$

즉, 다음과 같습니다.

$$\left(\sum_{i=1}^{n} x_i^2\right)a + \left(\sum_{i=1}^{n} x_i\right)b = \left(\sum_{i=1}^{n} \check{y}_i x_i\right) \text{ 이면서 } \left(\sum_{i=1}^{n} x_i\right)a + nb = \left(\sum_{i=1}^{n} \check{y}_i\right)$$

좀 어수선합니다만, 요약하면 $\square a + \square b = \square$라는 식이 두 개 있는 연립 1차 방정식($\square$는 모두 이미 알고 있는 값)입니다. 이 방정식은 **정규방정식**이라는 이름이 붙어 있습니다. 정규방정식을 풀면 a, b가 나와서 추정 직선 $y = ax + b$를 그림 8-2처럼 그을 수 있습니다. 또한, 정규방정식은 행렬로 정리해

$$C^T C \boldsymbol{a} = C^T \check{\boldsymbol{y}}$$

로 나타낼 수 있습니다(성분으로 풀어 쓰면 확인할 수 있습니다).

---

2 식 $\|\check{\boldsymbol{y}} - C\boldsymbol{a}\|^2$은 σ^2이 들어 있지 않으므로, 답(가장 그럴듯한 $\boldsymbol{a}$)은 σ^2 값에 관계없이 구해집니다. 전제로서 σ^2을 이미 알고 있는지 아닌지 밝히지 않은 것은 이를 먼저 알았기 때문입니다.

3 대략 말하면 이 조건으로 구할 수 있는 것은 어디까지나 후보에 지나지 않습니다. 정말 최소화를 달성하는지는 별도의 확인이 필요합니다. 이 질문의 경우 h가 반반이고, 다른 후보가 없고, (a, b)를 무한의 저편으로 날아가게 하면 h는 끔찍한 값이 될 것이 뻔하다는 사실이 최소성의 근거가 됩니다.

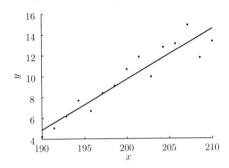

예제 8.1

본문에서 본 것처럼 다음 데이터에 직선 $y = ax + b$를 끼워 맞추세요.

x 설정값	y 관측값
0	2
1	1
2	6

답

위와 같이 해서 얻은 방정식은 다음과 같습니다.

$$\begin{cases} (0^2 + 1^2 + 2^2)a + (0 + 1 + 2)b = (0 \cdot 2 + 1 \cdot 1 + 2 \cdot 6) \\ (0 + 1 + 2)a + 3b = (2 + 1 + 6) \end{cases} \text{, 즉} \begin{cases} 5a + 3b = 13 \\ 3a + 3b = 9 \end{cases}$$

이것을 풀면 $(a, b) = (2, 1)$입니다. 따라서 $y = 2x + 1$이라는 직선에 맞출 수 있습니다(그림 8–3).

✔ 그림 8-3 직선 적합

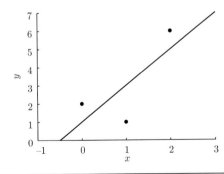

이상이 최소제곱법의 기본 예입니다. 사실 C가 더 일반적인 $n \times m$의 행렬이어도 이 항목과 같은 이야기를 할 수 있습니다. 이런 전개에 관심이 있는 사람은 참고문헌 [25]를 참조하세요.

8.1 모처럼 벡터로 해석했는데, 더 기하학적으로 설명할 수 있을까요?

할 수 있습니다. Im이나 span 같은 선형대수학의 개념(참고문헌 [32]의 2장 등)을 이미 배운 사람은 그림 8-4를 보면서 다음과 같은 기하학적 이미지도 생각해보세요.

a를 여러 가지로 바꿀 때, Ca가 취할 수 있는 값의 집합은 평면

$$\text{Im}\, C = \text{span}\{\boldsymbol{x}, \boldsymbol{u}\}, \qquad \boldsymbol{x} \equiv \begin{pmatrix} x_1 \\ \vdots \\ x_n \end{pmatrix}, \quad \boldsymbol{u} \equiv \begin{pmatrix} 1 \\ \vdots \\ 1 \end{pmatrix}$$

이다. 그래서 $\|\tilde{\boldsymbol{y}} - Ca\|^2$을 최소화하고 싶다면 Im C 위의 점 $\tilde{\boldsymbol{y}}$에서 가장 가까운 곳을 찾으면 된다. 가장 가까운 곳은 $\tilde{\boldsymbol{y}}$로부터 Im C에 내린 수선의 발이다.

실제로 위에서 얻은 정규방정식은 벡터로

$$\begin{cases} (\tilde{\boldsymbol{y}} - (a\boldsymbol{x} + b\boldsymbol{u})) \cdot \boldsymbol{x} = 0 \\ (\tilde{\boldsymbol{y}} - (a\boldsymbol{x} + b\boldsymbol{u})) \cdot \boldsymbol{u} = 0 \end{cases} \qquad (\cdot \text{은 내적})$$

이라고 바꿔 쓸 수 있다. 이것은 $\tilde{\boldsymbol{y}} - (a\boldsymbol{x} + b\boldsymbol{u})$가 $\boldsymbol{x}$와 $\boldsymbol{u}$에 모두 수직이라는 의미이므로, 수선의 발을 구하는 것입니다.

❤ 그림 8-4 최소제곱법의 기하학적 해석

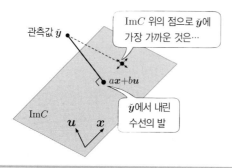

초등학생 스타일의 꺾은선그래프는 왜 안 될까

그림 8-1에서 본 초등학생 스타일의 꺾은선그래프는 왜 안 되는 것일까요? 의사난수열을 이용

한 시뮬레이션 결과를 그림 8-5에 표시해 대학생 스타일과 초등학생 스타일을 비교해보세요(진짜 관계는 $y = x/2 - 90$으로 설정했습니다).

❤ 그림 8-5 관측값(점)에 대한 초등학생 스타일의 꺾은선그래프와 대학생 스타일의 직선 적합. 진짜 관계는 점선으로 나타냈다. (왼쪽) 15개의 x로 y를 관측. (오른쪽) 200개의 x로 y를 관측

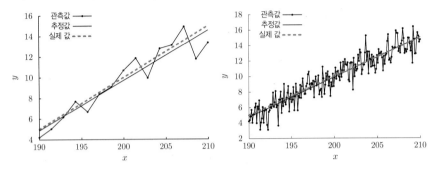

대학생 스타일의 직선 적합은 데이터의 개수(샘플 크기)가 증가함에 따라 추정이 정확해집니다.[4] 그러나 초등학생 스타일의 꺾은선그래프는 아무리 데이터를 늘려도 정답의 오차가 사라지지 않습니다. 이것이 바로 초등학생 스타일이 안 되는 이유입니다. 질문 6.4도 참조하세요.

8.2 원래 진짜 관계를 모르기 때문에 추정하고 있는 것인데, 어떻게 진짜 관계가 직선이라고 가정할 수 있나요?

크게 두 가지 상황이 있습니다.

하나는 물리 법칙이나 과거 경험 등, 측정 데이터와는 별개인 사전 지식을 통해 직선 또는 직선 근사임을 알고 있는 상황입니다. 추정에 관해서는 질문 6.2와 6.1.4절 '문제 설정'도 참조해주세요.

다른 하나는 진짜 관계가 비록 곡선이라고 해도 곡선을 동일하게 적용하기보다는 오히려 직선을 동일하게 적용하는 편이 정확도가 좋은 상황입니다. 왜 그런 일이 일어나는지 알 수 있는 열쇠는 맞춰야 하는 매개변수의 개수에 있습니다. 직선이라면 매개변수는 계수 a와 상수항 b, 두 개뿐입니다. 곡선을 동일하게 적용하려면 더 많은 매개변수가 필요합니다. 만약 데이터가 그렇게 많지 않은 주제에 대해 과도한 개수의 매개변수를 추정하려고 하면 일반적으로 추정치의 편차가 커져버립니다. 그 손실이 곡선을 직선으로 근사하는 손실을 웃돈다면 차라리 직선에 적합하는 편이 낫습니다. 이에 대해서는 그림 3.13과 질문 6.4를 참조하세요.

---

4 제대로 말하면 추정치의 제곱 오차의 기댓값이 작아집니다. 무슨 말을 하는지 잘 모르겠다면 6.1절을 읽어보세요.

티코노프 정규화

응용할 때는 정규분포가 어쩌고저쩌고하는 서론 없이 무조건 제곱 오차 $\|\tilde{y} - Ca\|^2$을 최소화하겠다고 선언해 식 (8.1)에서 출발하는 경우도 많습니다. 이 책에서는 그렇게 무조건이 아니라

1. 관측값이 어떤 식으로 나오는지의 전제를 확률 용어로 먼저 명확하게 언급한다(오차는 정규분포를 따른다고 하자).

2. 그리고 그 전제하에서 통계적 추정을 한다(최대우도추정에 따라 직선 적합).

라는 절차를 통해 제곱 오차의 최소화를 이끌어냈습니다. 이는 왜 제곱 오차를 최소화하는지에 대한 하나의 이론적 해석을 부여한 것으로도 볼 수 있습니다. 사실 지금의 예에 국한하지 않고, 제곱 오차에 의거한 방법에 대해서는 정규분포를 써서 해석하는 경우가 많습니다. 참고문헌 [32]에서 조금 다루고 있는 **티코노프**(Tikhonov) **정규화**도 그 예입니다.

티코노프 정규화는 $\|\tilde{y} - Ca\|^2 + \alpha\|a\|^2$을 최소화하는 a를 구하는 방법입니다. 그리고 참고문헌 [32] 등에 설명되어 있습니다($\alpha > 0$은 사용자가 설정한 상수. 기호는 이 항에 맞게 고쳤습니다). C가 질 나쁜 행렬이라도 엉뚱한 답을 피하고 그럴 듯한 답을 내주는 것이 이 방법의 포인트입니다.

사실 다음과 같이 해석하면 티코노프 정규화가 자동으로 나옵니다.

- A를 m차원 정규분포 $N(o, \tau^2 I)$에 따르는 벡터값 확률변수라고 한다(여기까지 a에 해당하지만, 지금까지와는 달리 '오차가 있는 값'이라는 설정이므로 대문자로 했습니다).

- 알려진 $n \times m$ 행렬 C에 대해 CA를 관측하는데, 그때 노이즈가 더해져버려 얻을 수 있는 값은 $Y \equiv CA + W$가 된다. 이 노이즈 W는 n차원 정규분포 $N(o, \sigma^2 I)$를 따르며, A와는 독립이라고 한다.

- 확률변수 Y의 실현값으로 $\tilde{y}$가 관측됐다.

- 다음 중 하나에 따라 A를 추정해보자.
  - 정책 1: 조건부 확률밀도 $f_{A|Y}(a|\tilde{y})$가 최대가 되는 a를 A의 추정값으로 한다.
  - 정책 2: 조건부 기댓값 $E[A|Y = \tilde{y}]$를 A의 추정값으로 한다.
    (단, 분산 σ^2, τ^2은 이미 알고 있다는 전제에서)

즉, 앞서 살펴본 최소제곱법과 같은 최대우도추정이 아니라 베이즈 추정을 적용하는 셈입니다. A의 사전 분포를 $N(o, \tau^2 I)$로 설정하고 있다는 사실은 A 성분에는 아마 극단적인 값이 없을 것이라는 '상식'을 반영한 것으로 간주할 수 있습니다. 이런 식의 사전 지식을 추정에 담아 둬서, 그로 인해 비상식적인 답을 피할 수 있다는 것이 베이즈 추정의 장점이었습니다(6.1.9절).

위의 방법에 따라 계산하면 답은 티코노프 정규화로 $\alpha = \sigma^2/\tau^2$이라고 해둔 결과와 일치합니다.

8.1.2 주성분 분석(PCA)

자리매김

2차원 또는 3차원이 아니라 100차원 등의 고차원 벡터 데이터를 취급하고 싶은 경우가 종종 있습니다. 예를 들어 $16 \times 16 = 256$픽셀의 그레이 스케일 이미지가 있으면, 그 픽셀값을 일렬로 늘어놓은 것은 256차원 벡터 데이터입니다. 즉, 하나의 이미지는 256차원 공간 내의 어딘가에 한 점을 가리키는 벡터로 해석됩니다. 500장의 사진을 가져오면 공간에 500개의 점이 흩뿌려진 상황이 됩니다.

이런 고차원 데이터가 모든 방향으로 균일하게 분포하는 일은 별로 없습니다. 많은 경우, 그림 8-6처럼 특정 방향으로만 널리 흩어져서 나머지 대부분의 방향으로는 거의 확산이 없는 모습이 됩니다. 그럴 때 '특정 방향'을 추출해 다른 성분은 버리는 것이 **주성분 분석**(Principal Component Analysis, PCA)입니다. 주성분 분석은 데이터의 차원을 축소해 다루기 쉽게 한 후 다른 고급 기술을 적용해 분석하는 식인 전처리에 자주 사용됩니다. 또한, 데이터를 2차원 또는 3차원까지 떨어뜨려 점으로 표시한 후 눈으로 보고 관찰하는 시각화를 위해서도 사용됩니다. 또는 추출된 '특정 방향'에 대해 더 적극적으로 그 의미를 부여하고 해석을 시도하는 것도 전통적으로 종종 이뤄져 왔습니다.

▼ **그림 8-6** 데이터가 거의 평면 위에 올라가 있다.

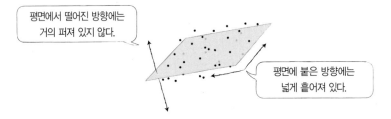

순서

주성분 분석의 순서는 다음과 같습니다.

n개의 고차원 벡터 데이터 $\boldsymbol{x}_1, \ldots, \boldsymbol{x}_n$이 제시됐다고 합시다. 조금 기교적이지만 식을 짧게 쓰려면 이것을 확률변수로 바꿔 다루는 것이 편합니다. 구체적으로는 1, 2, ..., n이 등확률로 나오는 룰렛을 돌려 번호 J를 결정하고, $\boldsymbol{X} \equiv \boldsymbol{x}_J$로 정합니다. $\boldsymbol{X}$는 요컨대 '$\boldsymbol{x}_1, \ldots, \boldsymbol{x}_n$ 중 하나가 등

확률로 나온다'라는 확률변수입니다. 그러나 뒤의 식이 쉽도록 여기에 기댓값 벡터 E[X] = o라고 가정해둡니다(일반적인 경우는 이후 식 (8.3)쯤에서 다룹니다). 그런데 공분산행렬 V[X]는 그림 8.7 같은 고차원의 타원체, 즉 도형적으로 시각화할 수 있습니다(5.4절 '공분산행렬을 보면 타원으로 생각하라'). 조금 전의 이야기를 해석하면 '타원체의 주축 중 길이가 괜찮은 것은 적고, 반면에 대부분의 주축은 극히 짧다. 그런 극히 짧은 주축의 방향은 버리라'는 것입니다. 각 주축의 '반경'은 V[X]의 고윳값 λ_1, λ_2, ... 의 제곱근이었다는 것, 주축 방향은 해당 고유벡터 q_1, q_2, ... 의 방향이었다는 것을 기억하세요. 고윳값은 크기 순서로 늘어놓겠습니다. 또한, 고유벡터들은 모두 길이가 1로 서로 직교하도록 취합니다(질문 5.4). 그런 식으로 취했을 때의 q_i를 i번째 **주성분 벡터**라고 합니다. 2차원 데이터의 예가 그림 8-8에 있습니다.

❤ 그림 8-7 다양한 공분산행렬. 오른쪽의 예와 같이 일부 주축이 극히 짧을 때 그런 방향을 없애버리는 것이 주성분 분석이다.

❤ 그림 8-8 2차원 데이터에 대한 주성분 분석의 예. 기울어진 직선이 제1주성분 벡터의 방향

주성분 분석에서는 적당한 곳까지 (λ_1, q_1), ... , (λ_k, q_k)만 남기고, 다음의 (λ_{k+1}, q_{k+1}), (λ_{k+2}, q_{k+2}), ... 은 버립니다. 남긴 개수 k는 미리 정해둬서 어떤 임곗값보다 λ_i가 작아지는 곳에서 끊거나, λ_i가 쑥 작아지는 곳에서 끊거나, 아래에서 설명할 기여율을 본다거나 하는 몇 가지 방법으로 결정합니다.

그런데 그림 8-9처럼 q_1, ... , q_k가 펼치는 k차원 초평면 Ⅱ를 떠올려보세요.[5] Ⅱ에서 튀어나온 방향으로는 대부분 데이터의 확산이 없습니다. 그것이 원래의 가정이기도 했습니다. 그렇다면 원래의 고차원 데이터 x 대신에 Ⅱ 위의 가까운 지점을 가져와도 큰 차이는 없을 것입니다. 그래서 x를 Ⅱ에 직교 투영함으로써 차원 압축을 실행합니다. 구체적으로, 투영된 Ⅱ 위의 점 y는

---

5 Ⅱ는 그리스 문자 π(파이)의 대문자입니다.

$$\boldsymbol{y} = z_1 \boldsymbol{q}_1 + z_2 \boldsymbol{q}_2 + \cdots + z_k \boldsymbol{q}_k$$

형태로 쓸 수 있으므로 계수를 나열한 k차원 벡터 $\boldsymbol{z} \equiv (z_1, \ldots, z_k)^T$를 가지고 원래의 고차원 벡터 $\boldsymbol{x}$를 대체합니다. 계수 z_i는 $z_i = \boldsymbol{q}_i \cdot \boldsymbol{x} = \boldsymbol{q}_i^T \boldsymbol{x}$에 따라 구하면 됩니다. z_i를 $\boldsymbol{x}$의 i번째 **주성분**이라고 합니다.

❤ 그림 8-9 고차원 데이터 $\boldsymbol{x}$를 저차원 초평면 Π에 투영

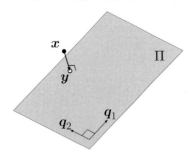

예제 8.2

다음 2차원 데이터의 제1주성분 벡터와 제1주성분을 구하세요.

$$\boldsymbol{x}_1 = \begin{pmatrix} 0 \\ 5 \end{pmatrix}, \quad \boldsymbol{x}_2 = \begin{pmatrix} 0 \\ -5 \end{pmatrix}, \quad \boldsymbol{x}_3 = \begin{pmatrix} 4 \\ 3 \end{pmatrix}, \quad \boldsymbol{x}_4 = \begin{pmatrix} -4 \\ -3 \end{pmatrix}$$

📋 **답**

평균 벡터가 $(\boldsymbol{x}_1 + \boldsymbol{x}_2 + \boldsymbol{x}_3 + \boldsymbol{x}_4)/4 = \boldsymbol{o}$이므로 공분산 V는

$$
\begin{aligned}
V &= \frac{1}{4}(\boldsymbol{x}_1 \boldsymbol{x}_1^T + \boldsymbol{x}_2 \boldsymbol{x}_2^T + \boldsymbol{x}_3 \boldsymbol{x}_3^T + \boldsymbol{x}_4 \boldsymbol{x}_4^T) \\
&= \frac{1}{4}\left[\begin{pmatrix} 0 & 0 \\ 0 & 25 \end{pmatrix} + \begin{pmatrix} 0 & 0 \\ 0 & 25 \end{pmatrix} + \begin{pmatrix} 16 & 12 \\ 12 & 9 \end{pmatrix} + \begin{pmatrix} 16 & 12 \\ 12 & 9 \end{pmatrix} \right] = \begin{pmatrix} 8 & 6 \\ 6 & 17 \end{pmatrix}
\end{aligned}
$$

로 계산됩니다. V의 고윳값 λ를 구하기 위해서는 특성방정식 $\det(\lambda I - V) = 0$을 풀면 됩니다. 구체적으로 계산하면 다음과 같습니다.

$$
\begin{aligned}
\det(\lambda I - V) &= \det \begin{pmatrix} \lambda - 8 & -6 \\ -6 & \lambda - 17 \end{pmatrix} = (\lambda - 8)(\lambda - 17) - (-6)^2 \\
&= \lambda^2 - 25\lambda + 100 = (\lambda - 20)(\lambda - 5)
\end{aligned}
$$

따라서 V의 고윳값은 20과 5입니다. 큰 쪽의 고윳값 20에 대응하는 고유벡터는 $V\boldsymbol{p} = 20\boldsymbol{p}$를 풀면, 예를 들어 $\boldsymbol{p} = (1, 2)^T$입니다. 거기에 길이가 1인 고유벡터 $\boldsymbol{q}$를 만듭니다.

$$\boldsymbol{q} \equiv \frac{1}{\|\boldsymbol{p}\|}\boldsymbol{p} = \frac{1}{\sqrt{\boldsymbol{p} \cdot \boldsymbol{p}}}\boldsymbol{p} = \frac{1}{\sqrt{1^2 + 2^2}} \begin{pmatrix} 1 \\ 2 \end{pmatrix} = \frac{1}{\sqrt{5}} \begin{pmatrix} 1 \\ 2 \end{pmatrix}$$

이것이 제1주성분 벡터입니다. 데이터 x_1의 제1주성분은 다음과 같고

$$q^T x_1 = \frac{1 \cdot 0 + 2 \cdot 5}{\sqrt{5}} = \frac{10}{\sqrt{5}} = 2\sqrt{5}$$

마찬가지로 데이터 x_2, x_3, x_4의 제1주성분은 각각 $q^T x_2 = -2\sqrt{5}$, $q^T x_3 = 2\sqrt{5}$, $q^T x_4 = -2\sqrt{5}$ 입니다.

8.3 왜 제i주성분이 $z_i = q_i \cdot x$로 구해지나요?

$q_1, \ldots, q_k$에 대한 '길이가 1이며 서로 직교'라는 조건은

$$q_i \cdot q_j = \begin{cases} 1 & (i = j) \\ 0 & (i \neq j) \end{cases}$$

으로 바꿀 수 있습니다(부록 A.6절 '내적과 길이'). 또한, x를 Π에 직교 투영한 점이 y라는 것은 $x - y$가 $q_1, \ldots, q_k$와 모두 직교한다는, 즉 $q_i \cdot (x - y) = 0$인 것입니다($i = 1, \ldots, k$). 이를 달리 표현하면, 예를 들어 다음과 같습니다.

$$q_1 \cdot x = q_1 \cdot y = q_1 \cdot (z_1 q_1 + z_2 q_2 + \cdots + z_k q_k) = 1z_1 + 0z_2 + \cdots + 0z_k = z_1$$

나머지도 마찬가지입니다.

8.4 두 사람이 같은 데이터로 각각 제i주성분을 계산해봤는데, 답의 부호가 다른 것은 왜 그런가요?

처음 제i주성분 벡터의 방향을 두 사람이 반대로 취하지는 않았나요? 그렇다면 둘 다 정답입니다.

원래 데이터 x로부터 압축 데이터 z를 구하는 처리는 벡터와 행렬을 묶어서

$$z = R^T x, \qquad R \equiv (q_1, \ldots, q_k)$$

라고 쓸 수 있습니다. 같은 행렬을 사용해 z와 y의 관계도

$$y = Rz$$

로 쓸 수 있습니다. 합치면 $y = RR^T x$입니다. 만약을 위해 모양을 그림으로 표현해봤습니다. 벡터를 문자식으로 다룰 때는 항상 이런 실제 모습을 상상하면서 읽는 습관을 들이세요.

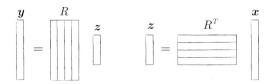

평가

'원래 데이터 x'와 '압축 데이터 z로부터 재현된 y'의 차이 $x - y$가 버려진 성분에 해당합니다. 그 크기는 평균적으로 어느 정도일까요? 평균을 보기 위해 확률변수 X와 $Y \equiv RR^T X$에 대해 $\|X - Y\|^2$의 기댓값을 찾아보면[6]

$$\mathrm{E}\left[\|X - Y\|^2\right] = \lambda_{k+1} + \cdots + \lambda_m \qquad (m\text{은 } x\text{차원 수}) \tag{8.2}$$

을 얻을 수 있습니다. 위 식은, 즉 버려진 고윳값의 합을 나타냅니다.

또한, 열심히 계산하면

$$\mathrm{E}[\|X\|^2] = \mathrm{Tr}\, \mathrm{V}[X] = \lambda_1 + \cdots + \lambda_k + \lambda_{k+1} + \cdots + \lambda_m$$

임을 알 수 있습니다. 정리하면 그림 8-10 같은 상태입니다. 이상을 근거로 해서

$$\frac{\lambda_1 + \cdots + \lambda_k}{\lambda_1 + \cdots + \lambda_k + \lambda_{k+1} + \cdots + \lambda_m}$$

라는 양에 주목합시다. 이것을 제k주성분까지의 **누적 기여율**이라고 합니다. 누적 기여율을 보면 X의 변동 중 몇 %까지가 Y로 재현될지 알 수 있습니다. 그것이 만족할 만한 수준인지의 여부를 기준으로 남길 개수 k를 결정하는 것이 실제 응용에서 자주 쓰입니다.

▼ 그림 8-10 '버린 성분의 크기'와 누적 기여율

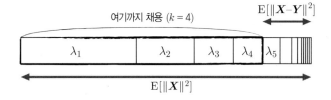

평균이 0이 아닌 데이터에 대한 PCA

만약 평균이 0이 아닌 데이터 $\tilde{x}_1, \ldots, \tilde{x}_n$이 주어진 경우, 본문과 같이 확률변수 $\tilde{X} \equiv \tilde{x}_J$를 만들고 나서 $\tilde{\mu} \equiv \mathrm{E}[\tilde{X}]$를 계산하고 $X \equiv \tilde{X} - \tilde{\mu}$로 두세요. 그러면 $\mathrm{E}[X] = o$이 충족됩니다. 더 구체

---

6 길이 자체의 기댓값보다 2제곱의 기댓값을 더 쉽게 계산할 수 있습니다.

적으로 말하면

$$\boldsymbol{x}_i \equiv \tilde{\boldsymbol{x}}_i - \tilde{\boldsymbol{\mu}} \quad (i = 1, \ldots, n) \qquad 단, \ \tilde{\boldsymbol{\mu}} \equiv \frac{1}{n}(\tilde{\boldsymbol{x}}_1 + \cdots + \tilde{\boldsymbol{x}}_n) \tag{8.3}$$

처럼 평균을 옮겨 놓고, $\boldsymbol{x}_1, \ldots, \boldsymbol{x}_n$을 주성분 분석하라는 것입니다.

이렇게 얻어진 주성분 벡터 $\boldsymbol{q}_1, \ldots, \boldsymbol{q}_n$을 그대로 원래 데이터 $\tilde{\boldsymbol{x}}_1, \ldots, \tilde{\boldsymbol{x}}_n$의 주성분 벡터라고 합니다. 이 경우 고차원 데이터 $\tilde{\boldsymbol{x}}$의 제i주성분은 $\boldsymbol{q}_i^T(\tilde{\boldsymbol{x}} - \tilde{\boldsymbol{\mu}})$로 정의됩니다.

주의점

마지막으로 PCA를 사용할 때 주의할 점을 언급해두겠습니다. PCA의 핵심은 그다지 변동이 없는 성분은 필요 없다는 것입니다. 하지만 각자의 목적을 위해 그 성분이 중요한지 중요하지 않은지를 변동 폭으로 판단해도 좋을까요? 변동은 거의 없지만 향후 분석에서 중요한 정보를 가진 성분이 혹시 있을지도 모릅니다. 이러한 성분은 PCA를 적용하면 버려지고 맙니다.

한 가지 더, 변동 폭을 측정하는 방법에도 주의가 필요합니다. PCA는 각 축의 단위가 일치하지 않으면 의미가 없습니다. 예를 들어 신장(m)과 체중(kg)을 나열한 2차원 벡터 데이터에 PCA를 적용하는 것은 안 됩니다. 왜냐하면, 단위를 바꾸면 결과도 바뀌기 때문입니다. 그림 8-11을 보면 실감날 것입니다. 신장의 단위를 m에서 cm로 바꾸는 것만으로 주성분 벡터가 어그러져버립니다. 단위 여하에 따라 달라지는 허무한 결론은 설득력이 없습니다. 만약 어떻게든 단위가 다른 성분을 섞어 PCA를 적용할 경우에는 이 축 '1'과 저 축 '1'의 변환은 타당하며, 타당하다고 말할 근거가 있는지를 확실히 자문해보세요. 1 m와 1 kg은 모두 '1'이라는 말도 안 되는 부주의는 피해야 합니다.

▼ 그림 8-11 좌표축을 신축하면 주축이 어그러진다(다시 보기).

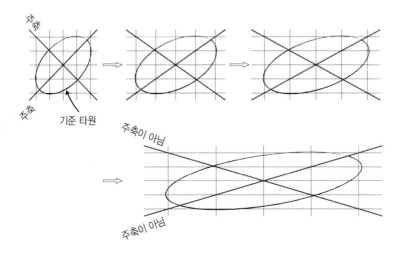

8.5 그림 8-2와 8-8을 보면 이 절의 두 이야기가 뒤죽박죽되고 맙니다. 2차원 데이터로 말하면 모두 데이터에 맞춰 직선을 뽑아낸다는 이야기군요?

물론 모두 제곱 오차가 최소가 되는 직선을 구하는 것입니다만, 그림 8-12와 같이 오차 측정 방법이 다릅니다. 이전 8.1.1절은 '가로축이 이러이러한 때의 세로축의 값은?'이라는 이야기이므로 세로축과 가로축이 대등하지 않습니다. 이 절의 이야기는 세로축과 가로축이 대등합니다(실제로는 가로세로뿐만 아니라 임의 방향으로 대등합니다). 이론 지향의 독자라면 이전 절에서는 추측 통계의 입장을, 이번 절에서는 기술 통계의 입장을 취한 것에도 주의하세요(6.1.1절 '기술 통계와 추측 통계').

❤ 그림 8-12 '오차' 측정 방법의 차이

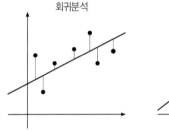

8.2 확률 과정에서

우리는 불규칙한 오차를 동반하는(혹은 동반하는 것처럼 보이는) 시계열에 종종 관심을 가집니다. 대표적인 예는 주가, 환율, 음성 신호 등입니다. 그런 시계열을 확률변수의 예로 해석한 것(**확률 과정**)이 이 절의 주제입니다.

위의 문장을 도식화하면 그림 8-13과 같습니다. 혹은 좀 더 쉽게 그림 8-14도 좋습니다. 별것 아니라고 생각할 수 있지만 이런 이미지는 의외로 중요합니다. 카드 한 장을 놓고 왼쪽에서 오른쪽으로 눈을 돌리고 있는지, 아니면 다수의 카드를 가로질러 바라보고 있는지를 확실히 구별해야 하기 때문입니다. 양쪽이 뒤죽박죽되면 본격적으로 공부할 때 무슨 이야기인지 알 수 없게 됩니다.[7]

---

7 3.5.3절 '큰 수의 법칙'의 그림 3-14도 기억하세요. 멍하니 듣다 보면 '평균이 평균된다. 당연하지 않나?'라고 오해하기 십상입니다.

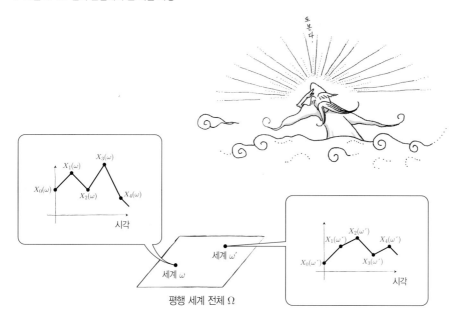

◥ 그림 8-14 다양한 '파형 카드'가 들어 있는 주머니에서 한 장을 뽑는다.

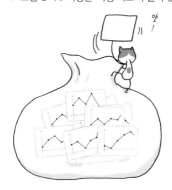

수학적으로 단순한 나열이어도 인간에게 시간축이라는 것은 특별합니다. 미래 데이터는 현시점에서 입수할 수 없다는, 즉 과거와 미래 사이에는 현저한 차이가 있다는 이유 때문입니다. 앞서 언급했던 카드 주머니에 비유해 말하면 그림 8-15와 같습니다. 카드에 그려져 있는 파형 중 현재 시각에 해당하는 데까지만 보고, 그 뒤로 어떻게 될 것 같은지를 논의하는 것입니다. 거기에 어려움과 재미가 있습니다. 뽑은 카드에 그려져 있는 파형은 뽑은 시점에 이미 정해져 있습니다. 한편 지금 보이는 부분만으로는 어떤 카드인지 완전히 확인할 수 없습니다. 그 부분까지 일치하는 카드가 주머니 안에는 여러 장 있기 때문입니다. 이와 관련된 상황은 전에도 한 번 조금 다른 표현으로 언급했습니다(그림 1-5 '인간은 자신이 어떤 세상에서 살고 있는지를 인식할 수 없다.').

▼ 그림 8-15 꺼낸 카드에서 '현재'까지의 범위만 보고 그 앞을 맞히는 것이 '예측'이다.

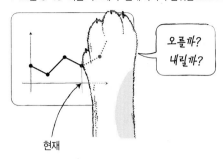

불행히도 이 책에서는 **시계열 분석**의 가장 기본적인 부분을 소개할 수 없습니다. (이산) **푸리에 변환**이라는 도구가 처음부터 필요하기 때문입니다. 이제부터는 그다지 준비가 필요 없지만, 그래도 그 분야의 분위기를 느낄 수 있는 내용으로 이야기합니다. 만약 2.3.4절 '세 개 이상의 확률변수'를 건너뛰었다면 다시 읽어두세요.

덧붙여서 확률 과정은 영어로 stochastic process라고 합니다. 이 용어는 **s.pr.**이라고 줄여 쓸 수도 있습니다.

8.2.1 랜덤워크

'동전 던지기를 해서 앞이 나오면 왼쪽으로 한 걸음, 뒤가 나오면 오른쪽으로 한 걸음'을 끝없이 반복하는 가장 기본적인 확률 과정이 **랜덤워크**입니다. 좌우의 확률을 바꾸거나 전후 좌우로 움직이게 하는 등의 여러 가지 변형을 생각할 수 있습니다만, 여기서는 단순히 1차원으로 좌우 등확률로 설정합니다. 좀 더 형식적으로 쓰면, $+1$ 또는 -1이 반반의 확률로 나오는 i.i.d. 확률변수들 $Z_1, Z_2, Z_3, \dots$ 을 사용해

$$X_0 = 0, \qquad X_t = X_{t-1} + Z_t \quad (t = 1, 2, \dots)$$

로 표현되는 X_t입니다. 구체적인 실현값의 예를 그림 8-16에서 볼 수 있습니다.

▼ 그림 8-16 랜덤워크

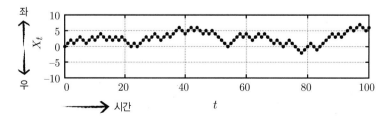

그럼 즉시 예제를 풀어봅시다.

예제 8.3

동전 던지기를 해서 앞면이 나오면 1달러를 받고, 뒷면이 나오면 1달러를 냅니다. 이 내기를 20회 반복할 때, 마지막에 가서 딱 10달러를 벌 확률을 구하세요. 즉, 랜덤워크 X_t에서 $X_{20} = 10$이 될 확률을 구하세요.

답

$X_{20} = 10$이 되는 것은 $Z_1, \ldots, Z_{20}$에서 $+1$이 15개, -1이 다섯 개인 경우입니다.[8] 그래서 동전을 20번 던져 앞이 15시간이 될 확률을 구하면 됩니다. 앞이 나온 횟수는 이항분포 $\mathrm{Bn}(20, 1/2)$에 따랐습니다(3.2절). 따라서 답은 다음과 같습니다.

$$_{20}C_{15} \left(\frac{1}{2}\right)^{15} \left(1 - \frac{1}{2}\right)^{20-15} = \frac{20!}{15!\,(20-15)!} \cdot \frac{1}{2^{20}} = \frac{969}{65536} \approx 0.0148$$

다음은 번뜩이는 한 방에 산뜻하게 풀리는 인상적인 문제입니다.

예제 8.4

예제 8.3과 같이 20차례 승부를 합니다. '중간에 5달러 이상 이득을 보고 있었는데, 결국 본전'이 될 확률을 구하세요. 즉, 랜덤워크 X_t에서 $\mathrm{P}(\max(X_0, \ldots, X_{20}) \geq 5$고 $X_{20} = 0)$을 구하세요.

답

$X_0 = 0$으로부터 도중 어딘가에서 $X_t = 5$가 되어 결국 $X_{20} = 0$으로 돌아가는 경로 A가 있다고 합시다. 그림 8-17처럼 $X_t = 5$의 높이에 거울을 두고 이 경로의 끝부분을 반전시킵니다. 정확히 말하면, 마지막에 $X_t = 5$가 되는 시간 t를 T라 하고

$$Y_t \equiv \begin{cases} X_t & (t \leq T) \\ 10 - X_t & (t > T) \end{cases} \quad \cdots\cdots 5\text{를 중심으로 반전}$$

라 합시다. 그러면 이것은 $Y_0 = 0$에서 $Y_{20} = 10$에 이르는 경로가 됩니다. 반대로 0에서 10에 이르는 경로 B가 뭔가로 주어진 경우, 그 끝부분을 반전시킴으로써 0에서 5를 통해 0으로 돌아가는 경로를 얻을 수 있습니다. 이때 A에 대해서도 B에 대해서도 반전의 반전이 원래대로 돌아가는 것은 분명하겠죠. 그것은 끝부분의 반전이 일대일 대응임을 의미합니다(거울상 원리).[9] 게다가 랜덤워크의 정의에서 끝부분을

반전시켜도 그 경로의 출현 확률은 바뀌지 않습니다. 그러면 다음에는 0에서 10에 이르는 경로의 확률을 구하기만 하면 됩니다. 그래서 이전 질문에서 구한 969/65536가 답입니다.

▼ 그림 8-17 거울상 원리

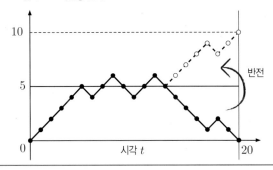

다루는 김에 관련 응용 문제도 살펴봅시다.

예제 8.5

또 예제 8.3의 내기를 합니다. 이번에는 횟수를 미리 정하지 않고, 10달러를 버는 시점에서 내기를 중단합니다. 딱 20번째에 중단할 확률을 구하세요. 즉, 랜덤워크 X_t에서 P($t = 20$에 처음으로 $X_t = 10$이 된다)를 구하세요.[10]

답

$X_{19}(= Z_1 + \cdots + Z_{19})$와 Z_{20}이 독립인 점에 유의해

P($t = 20$에 처음으로 $X_t = 10$이 된다) = P(중간에 10 이상이 되는 일 없이 $X_{19} = 9$에 이른다)P($Z_{20} = +1$)

물론 P($Z_{20} = +1$)은 1/2입니다. 또한,

  P(중간에 10 이상이 되는 일 없이 $X_{19} = 9$에 이른다)

  = P($X_{19} = 9$) − P(중간 어딘가에서 10 이상이 되며 $X_{19} = 9$에 이른다)

우변은 모두 다시 계산할 수 있습니다. $X_{19} = 9$가 될 확률은 동전을 19번 던져 앞이 14번, 뒤가 다섯 번 나올 확률이라 다음과 같습니다.

---

10 힌트: 이렇게 되기 위해서는 반드시 $X_{19} = 9$에 마지막으로 $Z_{20} = +1$이 나와야 하며, P($X_{19} = 9$)를 구해야 합니다. 나머지는 거기서 중간에 10 이상이 되어버리는 경우를 제외하면 됩니다.

$$P(X_{19} = 9) = \frac{19!}{14!\,5!} \cdot \frac{1}{2^{19}}$$

또한, 0에서 10을 통해 9에 이르는 확률은 거울상 원리로부터 0에서 11에 이르는 확률과 동일하므로

$$P(\text{중간 어딘가에서 } 10 \text{ 이상이 되며 } X_{19} = 9\text{에 이른다}) = P(X_{19} = 11) = \frac{19!}{15!\,4!} \cdot \frac{1}{2^{19}}$$

위로부터 답은 다음과 같습니다.

$$\left(\frac{19!}{14!\,5!} - \frac{19!}{15!\,4!} \right) \cdot \frac{1}{2^{19}} \cdot \frac{1}{2} = \frac{969}{131072} \approx 0.00739$$

8.6 운수에는 '파도'가 있다는 것이 이론적으로도 증명된 셈이군요. '운수의 추이를 느끼며 흐름이 나쁘다면 거기서 승부를 중단하는 것도 중요하다. 무리해서 계속해도 진 횟수가 늘어날 가능성이 높다.' 그런 건가요?

아니오. 그런 말은 하지 않았습니다. 앞뒤의 확률은 어디까지나 반반이기 때문에

$$\mathrm{E}[X_{20}|X_{10} = -6] = -6, \quad \mathrm{E}[X_{20}|X_{10} = 8] = 8, \quad \mathrm{E}[X_{20}|X_{10} = 0] = 0$$

과 같습니다. 그렇다는 것은 다음과 같습니다.

- A 씨: '열 번째 시점에서 6달러 손해가 났다. 이제 그만두자.' → 수지 (−6)달러로 확정
- B 씨: '열 번째 시점에서 6달러 손해가 났다. 그렇지만 20번째까지 계속하자.' → 이 조건에서 최종 수지 '조건부 기댓값'은 역시 (−6)달러

A 씨와 B 씨 모두 조건부 기댓값으로는 우열이 없습니다. 그래야 공정한 내기라는 것이죠. 이런 성질을 일반화한 것이 **마틴게일**(martingale)이며, 확률 과정 이론에서 중요한 역할을 합니다.

8.2.2 칼만 필터

앞 절에서 다룬 주제는 굳이 따지면 이론적 관심이 일단 주목적이었습니다. 이 절에서는 현실에 직접 사용되어 왔던 실용적인 이야기 주제(의 극히 간단한 경우)를 소개합니다.

설정

측정에는 오차가 붙기 마련입니다. 오차를 줄이는 대책으로서 동일한 조건으로 몇 번씩 독립적으로 측정하는 방법을 생각할 수 있습니다. i.i.d.이라는 전제하에 n회 측정해 평균하면 표준편차는 $1/\sqrt{n}$이 될 것입니다(3.5절 '큰 수의 법칙'). 말하자면 멈춰 있는 표적에 쏘는 경우입니다. 그러나 실제 응용에서는 움직이는 표적에 쏘고 싶은 경우도 있습니다.

시각 t에 따른 표적의 위치를 실숫값 확률변수 X_t로 나타냅시다. X_t를 맞히고 싶지만 X_t 그 자체를 직접 알 수는 없습니다. 측정할 때 오차가 생겨버리기 때문입니다. 측정값을 Y_t, 오차를 Z_t로 쓰기로 하면 $Y_t = X_t + Z_t$입니다. 이 Y_t를 보고 X_t를 맞히는 것이 목표입니다. 표적은 정지해 있지 않으므로 이전 위치 X_{t-1}과 이번 위치 X_t는 다릅니다. 하지만 이전과 너무 동떨어진 위치로 이동하는 일은 거의 없습니다. 과녁의 이동량을 W_t로 쓰면 $X_t = X_{t-1} + W_t$입니다. 이 W_t에 극단적인 값이 나올 가능성은 작다는 가정입니다. 이상의 상황을 다음과 같이 확률 모델로 공식화합니다.

$t = 1, 2, \ldots$ 에 대해

$$X_t = X_{t-1} + W_t$$
$$Y_t = X_t + Z_t$$

단, $X_0 \sim \mathrm{N}(0, \sigma_0^2)$, $W_t \sim \mathrm{N}(0, \alpha^2)$, $Z_t \sim \mathrm{N}(0, \beta^2)$이며 X_0, W_1, W_2, $\ldots$, Z_1, Z_2, $\ldots$ 은 독립이다. σ_0^2, α^2, β^2은 (알려진) 상수다. $Y_1, \ldots, Y_t$의 값을 보고 X_t를 맞힌다.

실행 예가 그림 8-18입니다. 이 추정값 μ_t를 어떻게 구할 것인지를 지금부터 설명하겠습니다.

❤ **그림 8-18** 칼만 필터의 실행 예(굵은 선이 실제 값, 얇은 선이 관측값, 점선이 추정값). 큰 노이즈가 더해진 관측값 Y_t에서 노이즈를 감소시켜 추정값 μ_t를 얻을 수 있다.

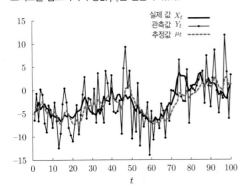

도출

우선 $t = 1$을 생각해봅시다. Y_1을 보고 X_1을 추정하기 위해 둘의 결합분포를 구하는 것이 당면 과제입니다. 설정으로부터 다음과 같습니다.

$$X_1 = X_0 + W_1, \qquad Y_1 = X_1 + Z_1 = X_0 + W_1 + Z_1$$

그러므로 행렬을 사용해

$$\begin{pmatrix} Y_1 \\ X_1 \end{pmatrix} = \begin{pmatrix} 1 & 1 & 1 \\ 0 & 1 & 1 \end{pmatrix} \begin{pmatrix} Z_1 \\ W_1 \\ X_0 \end{pmatrix}$$

으로도 쓸 수 있습니다. 오른쪽에 나온 벡터 $(Z_1, W_1, X_0)^T$는 가정에서 3차원 정규분포 $\mathrm{N}(o,$ $\mathrm{diag}(\beta^2, \alpha^2, \sigma_0^2))$을 따릅니다. 이는 곧 왼쪽의 벡터 $(Y_1, X_1)^T$도 2차원 정규분포가 될 것이라는 의미입니다.[11] 그러면 Y_1이 주어졌을 때 X_1의 조건부분포도 정규분포라고 할 수 있습니다. 구체적으로는 방금 전의 행렬

$$J \equiv \begin{pmatrix} 1 & 1 & 1 \\ 0 & 1 & 1 \end{pmatrix}$$

을 사용해 다음과 같습니다.

$$\begin{pmatrix} Y_1 \\ X_1 \end{pmatrix} \sim \mathrm{N}(o, V_1)$$

$$V_1 \equiv J \begin{pmatrix} \beta^2 & 0 & 0 \\ 0 & \alpha^2 & 0 \\ 0 & 0 & \sigma_0^2 \end{pmatrix} J^T = \begin{pmatrix} \tau_1^2 + \beta^2 & \tau_1^2 \\ \tau_1^2 & \tau_1^2 \end{pmatrix}$$

$$\tau_1^2 \equiv \mathrm{V}[X_1] = \sigma_0^2 + \alpha^2$$

그러면 예제 5.14로부터 $Y_1 = y_1$이 주어졌을 때 X_1의 조건부분포는 $\mathrm{N}(\mu_1, \sigma_1^2)$이라고 볼 수 있습니다. 기댓값과 분산은

$$\mu_1 \equiv \mathrm{E}[X_1 | Y_1 = y_1] = \frac{\tau_1^2 y_1}{\tau_1^2 + \beta^2}$$

$$\sigma_1^2 \equiv \mathrm{V}[X_1 | Y_1 = y_1] = \frac{\tau_1^2 \beta^2}{\tau_1^2 + \beta^2}$$

입니다(조건부 분산의 정의는 3.6.4절 참조).

---

11 5.3.4절로부터 $(Y_1, X_1, X_0)^T$가 3차원 정규분포가 되고, 이에 따라 '그림자' $(Y_1, X_1)^T$도 5.3.5절과 같이 2차원 정규분포가 됩니다.

그러면 $t = 2$는 어떨까요? 이번에는

$$\begin{pmatrix} Y_2 \\ X_2 \end{pmatrix} = \begin{pmatrix} 1 & 1 & 1 \\ 0 & 1 & 1 \end{pmatrix} \begin{pmatrix} Z_2 \\ W_2 \\ X_1 \end{pmatrix}$$

에 주목합니다. 앞서 알아본 바와 같이 $Y_1 = y_1$이 주어졌을 때 X_1의 조건부분포는 $N(\mu_1, \sigma_1^2)$이었습니다. 그때 우변 벡터 $(Z_2, W_2, X_1)^T$는 3차원 정규분포 $N\big((0, 0, \mu_1)^T, \text{diag}(\beta^2, \alpha^2, \sigma_1^2)\big)$을 따르므로……라고 생각해주세요. $Y_1 = y_1$과 $Y_2 = y_2$가 주어졌을 때 X_2의 조건부분포는 $N(\mu_2, \sigma_2^2)$임을 알 수 있습니다. 기댓값과 분산은

$$\mu_2 \equiv \mathrm{E}[X_2 | Y_2 = y_2, Y_1 = y_1] = \mu_1 + \frac{\tau_2^2(y_2 - \mu_1)}{\tau_2^2 + \beta^2} = \frac{\tau_2^2 y_2 + \beta^2 \mu_1}{\tau_2^2 + \beta^2}$$

$$\sigma_2^2 = \mathrm{V}[X_2 | Y_2 = y_2, Y_1 = y_1] = \frac{\tau_2^2 \beta^2}{\tau_2^2 + \beta^2}$$

$$\tau_2^2 = \mathrm{V}[X_2 | Y_1 = y_1] = \sigma_1^2 + \alpha^2$$

입니다. 기댓값 μ_2의 정규분포이므로 X_2를 맞히라고 하면 이 μ_2를 답하는 것이 현명합니다.

다음은 똑같은 계산을 반복할 뿐입니다. 알고리즘 스타일로 쓰면 다음과 같습니다.

1. σ_0^2, α^2, β^2을 입력하고 $\mu_0 = 0$, $t = 1$로 설정한다.

2. 다음 값을 계산한다.

$$\tau_t^2 \equiv \mathrm{V}[X_t | Y_{t-1} = y_{t-1}, \ldots, Y_1 = y_1] = \sigma_{t-1}^2 + \alpha^2$$

3. Y_t 값 y_t를 입력하고 다음 값을 계산한다.

$$\mu_t \equiv \mathrm{E}[X_t | Y_t = y_t, Y_{t-1} = y_{t-1}, \ldots, Y_1 = y_1] = \frac{\tau_t^2 y_t + \beta^2 \mu_{t-1}}{\tau_t^2 + \beta^2} \tag{8.4}$$

$$\sigma_t^2 \equiv \mathrm{V}[X_t | Y_t = y_t, Y_{t-1} = y_{t-1}, \ldots, Y_1 = y_1] = \frac{\tau_t^2 \beta^2}{\tau_t^2 + \beta^2}$$

$$(\text{즉}, \ 1/\sigma_t^2 = 1/\tau_t^2 + 1/\beta^2)$$

4. 'X_t의 조건부분포는 $N(\mu_t, \sigma_t^2)$'이라고 출력한다(정확히 말하면 '$Y_1 = y_1$, $Y_2 = y_2, \ldots,$ $Y_t = y_t$가 주어질 때 X_t의 조건부분포'입니다).

5. t를 1 늘려서 2번으로 간다.

이것이 **칼만 필터**(의 극히 간단한 경우)입니다.

갱신식인 식 (8.4)는 다음과 같이 해석하면 자연스럽게 느껴질 것입니다. 이전까지의 데이터에서 추정한 이전의 표적 위치가 μ_{t-1}(그 모호함이 σ_{t-1}^2이었습니다). 그 점에서 미뤄볼 때, 이번 표적의 위치도 μ_{t-1} 근처일 것입니다(그러나 모호성은 표적의 이동만큼 증가해 $\tau_t^2 = \sigma_{t-1}^2 + \alpha^2$). 한편 이번 데이터에 따르면 이번 표적의 위치는 y_t 부근이라 생각됩니다(관측 시의 오차에 의한 모호성 β^2). 그래서 τ_t^2이 크면 현재 y_t를, β^2이 크면 종전 μ_{t-1}에 무게를 두고 둘의 가중평균을 내보세요.

알고리즘으로 봤을 때 칼만 필터의 장점은 과거의 기록을 점점 버려도 된다는 것입니다. 위의 단계를 살펴보면 이번 갱신은 이번 관측값 y_t밖에 사용하지 않습니다. 그래서 과거의 관측값은 버려도 괜찮습니다. 또한, τ_t^2, σ_t^2, μ_t도 직전의 값밖에 사용하지 않습니다. 그래서 프로그램을 작성하기 위해 단순히 덮어 쓰기로 갱신해도 괜찮습니다. $t = 100$까지 달리게 해도 크기 100의 배열을 취할 필요는 없습니다.

이 절의 논의에서 가장 중요한 곳을 수식으로 되돌아보겠습니다. 다만 기호가 복잡하기 때문에

$$f_{X_t, Y_t | Y_{t-1}, \ldots, Y_1}(x_t, y_t | y_{t-1}, \ldots, y_1)$$

등을 간단하게 $f(x_t, y_t | y_{t-1}, \ldots, y_1)$처럼 줄여 쓰도록 하겠습니다(1.6절 '실전용 축약법').

$$
\begin{aligned}
&f(y_t, x_t | y_{t-1}, \ldots, y_1) \\
&= \int_{-\infty}^{\infty} f(y_t, x_t, x_{t-1} | y_{t-1}, \ldots, y_1)\, dx_{t-1} \quad \cdots\cdots \text{ 굳이 주변분포의 형태로 표기} \\
&= \int_{-\infty}^{\infty} f(y_t | x_t, x_{t-1}, y_{t-1}, \ldots, y_1) f(x_t | x_{t-1}, y_{t-1}, \ldots, y_1) f(x_{t-1} | y_{t-1}, \ldots, y_1)\, dx_{t-1} \\
&\qquad \cdots\cdots \text{ 조건부분포로부터 결합분포를 구한다.} \\
&= \int_{-\infty}^{\infty} f(y_t | x_t) f(x_t | x_{t-1}) f(x_{t-1} | y_{t-1}, \ldots, y_1)\, dx_{t-1} \\
&\qquad \cdots\cdots \ Y_t, X_t \text{가 어떻게 생성되는지에 대한 설정으로부터} \\
&= \int_{-\infty}^{\infty} g(y_t; x_t, \beta^2) g(x_t; x_{t-1}, \alpha^2) g(x_{t-1}; \mu_{t-1}, \sigma_{t-1}^2)\, dx_{t-1}
\end{aligned}
$$

여기서 $g(x; \mu, \sigma^2) \equiv \dfrac{1}{\sqrt{2\pi\sigma^2}} \exp\left(-\dfrac{(x-\mu)^2}{2\sigma^2}\right)$ $\quad \cdots\cdots \ \mathrm{N}(\mu, \sigma^2)$의 확률밀도함수

식을 따라갈 수 있나요? 위의 식 변형에서는 2.3.4절 '세 개 이상의 확률변수'의 연속값 버전(밀도 버전)을 쏠쏠하게 썼습니다.

앞으로

이 책에서는 칼만 필터를 특히 쉬운 상황에 한해 소개했습니다. 이후 칼만 필터를 진지하게 공부할 독자를 위해 좀 더 보충해두겠습니다.

칼만 필터는 이번 표적이 어디일지 추측하는 것뿐만 아니라 다음 표적은 어디일 것인지 예측하는 데도 사용됩니다. 위의 알고리즘을 그런 식으로 개조하려면 2번 직후에 다음 단계를 넣으면 됩니다.

> '$Y_1 = y_1$, $Y_2 = y_2, \ldots, Y_{t-1} = y_{t-1}$이 주어질 때 X_t의 조건부분포는 $N(\mu_{t-1}, \tau_t^2)$'이라고 출력한다.

이 단계에서는 Y_t를 아직 보지 않은(그래서 예측이라고 부릅니다) 것에 주의하세요.

칼만 필터는 다차원도 있습니다. 오히려 대부분 다차원 버전이 사용됩니다. 다차원 버전의 설정은 이런 모습입니다.

$$\boldsymbol{X}_t = A\boldsymbol{X}_{t-1} + \boldsymbol{W}_t$$
$$\boldsymbol{Y}_t = C\boldsymbol{X}_t + \boldsymbol{Z}_t$$

$\boldsymbol{X}_t$, $\boldsymbol{Y}_t$, $\boldsymbol{W}_t$, $\boldsymbol{Z}_t$는 오차가 있는 유동적인 세로 벡터, A, C는 변동 없는 상수 행렬입니다. A는 상태 $\boldsymbol{X}_t$의 추이의 경향을 나타내며, C는 관측값 $\boldsymbol{Y}_t$로서 어떤 양을 얻을 수 있는지를 나타냅니다.

본문은 표적의 위치가 급격하게 변하지 않는다는 가정하에 설명했습니다. 현실에서는 표적의 속도가 급격하게 변하지 않는다는 가정이 더 타당한 경우도 많을 것입니다. 예를 들어 '차가 갑자기 멈출 수 없는' 상황에도 칼만 필터를 적용할 수 있습니다. 위치와 속도를 나열한 종벡터를 $\boldsymbol{X}_t$라고 설정하면 됩니다.[12]

사실 칼만 필터는 제곱 오차를 최소화한다는 관점에서 설명하는 것이 보통입니다. 제곱 오차에 기반한 방법에 대해 정규분포를 사용해서 하나의 해석을 붙이는 경우가 많다는 것은 8.1.1절 '최소제곱법에 의한 직선 근사'에서도 언급했습니다. 이것도 그 예입니다.

실제 응용에서는 꼭 상정한 대로가 아닌 상황에 칼만 필터를 적용시켜보는 경우도 많습니다. 그런 경우 α^2, β^2, σ_0^2은 괜찮은 결과가 나올 때까지 시행착오를 거쳐 결정하기도 합니다.

---

12 이 테크닉은 참고문헌 [32]의 1.2.10절 '다양한 관계를 행렬로 표현 (2)' 등을 참조하세요.

8.2.3 마르코프 연쇄

8.2.1절 '랜덤워크'의 경우

$$\mathrm{P}(X_{t+1} = x_{t+1}|X_t = x_t, X_{t-1} = x_{t-1}, \ldots, X_0 = x_0) = \mathrm{P}(X_{t+1} = x_{t+1}|X_t = x_t)$$

가 성립합니다. 즉, 내일의 상태(의 조건부분포)는 오늘의 상태만으로 정해지며 과거의 이력(어디서 어떤 경로를 따라 오늘의 상태에 도달했는가)은 무관합니다. 또한, 8.2.2절의 칼만 필터에 의한 표적의 위치도

$$f_{X_{t+1}|X_t, X_{t-1}, \ldots, X_0}(x_{t+1}|x_t, x_{t-1}, \ldots, x_0) = f_{X_{t+1}|X_t}(x_{t+1}|x_t)$$

라는 설정이었습니다. 이쪽도 어디에서 왔는지에 관계없이 '지금 어디에 있는지'만으로 '내일 어디로 갈 것인지'가 정해져 있습니다. 이 같은 확률 과정을 **마르코프 과정**(Markov process)이라고 총칭합니다. 그중에서도 특히 X_t가 취할 수 있는 값이 유한 가짓수(또는 가산 무한 가짓수→부록 A.3.2절)인 것을 **마르코프 연쇄**(Markov chain)라고 합니다.

마르코프 연쇄는 확률적으로 상태가 변화하는 상황을 취급하기 위해 널리 사용되어 왔습니다. 또한, 구글의 **페이지랭크**(PageRank)에 활용되어 요즘은 이과 계열이 아닌 사람도 마르코프 연쇄를 알게 됐습니다.

정의

X_0, X_1, X_2, ... 을 확률변수의 나열이라 할 때 각각의 X_t는 1, 2, ..., n 중 하나의 값을 취합니다. 시간 t가 지남에 따라 n 종류의 상태를 떠돌아다니는 느낌입니다(1, ..., n 대신 0, ..., m으로 하거나 '가, 나, 다, ..., 하'와 같은 상태 이름을 사용할 수도 있습니다).

앞서 언급했듯이

$$\mathrm{P}(X_{t+1} = x_{t+1}|X_t = x_t, X_{t-1} = x_{t-1}, \ldots, X_0 = x_0) = \mathrm{P}(X_{t+1} = x_{t+1}|X_t = x_t) \quad (8.5)$$

가 반드시 성립할 때, 이 확률변수열을(이산 시간 유한 상태) 마르코프 연쇄라고 합니다. 연속 시간과 무한 상태 마르코프 연쇄도 생각할 수 있지만, 일단은 이산 시간·유한 상태에 전념합시다. 이 책에서는 그중에서도 **시간적으로 균일**한 마르코프 연쇄만을 취급합니다. 이는 **추이확률** $\mathrm{P}(X_{t+1} = i \,|\, X_t = j)$가 시각 t에 관계없이 어떤 일정한 값으로 되어 있는 것입니다(i, $j = $

$1, \ldots, n$).[13] 이 '일정값'을 $p_{i \leftarrow j}$로 나타낼 수 있습니다. 미리 양해를 구하면, 마르코프 연쇄는 이산 시간, 유한 상태에서 **시간적으로 균일하다**고 가정합니다.

예를 들어 다섯 개의 웹 페이지가 그림 8-19의 화살표처럼 링크하고 있다고 합시다. '페이지의 링크 하나를 완전히 무작위로 선택해 클릭한다'는 동작을 반복해서 해나갈 때의 추이확률 $p_{i \leftarrow j}$는 그림 왼쪽의 분수와 같습니다.[14] 또는 링크에 따라 클릭의 용이성에 차이가 있다면 그림 오른쪽처럼 불균일한 설정도 생각할 수 있습니다.

▼ 그림 8-19 추이확률의 예. j에서 i로의 화살표 시작 부근에 쓰여진 값이 $p_{i \leftarrow j}$를 나타낸다. 왼쪽은 각 선택의 확률이 균일한 예. 오른쪽은 불균일한 예

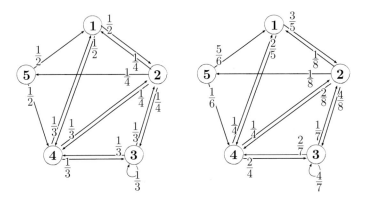

또한, 엄격하게 마르코프 연쇄가 되지 않는 경우에도 응용에서는 일단 근사로 마르코프 연쇄를 다뤄보기도 합니다.

추이확률 행렬

추이확률 $p_{i \leftarrow j} = \mathrm{P}(X_{t+1} = i \mid X_t = j)$를 나열해 만든 정사각행렬

$$P \equiv \begin{pmatrix} p_{1 \leftarrow 1} & \cdots & p_{1 \leftarrow n} \\ \vdots & & \vdots \\ p_{n \leftarrow 1} & \cdots & p_{n \leftarrow n} \end{pmatrix}$$

을 **추이확률 행렬**이라고 합니다.[15] 예를 들어 그림 8-19(오른쪽)의 추이확률 행렬은 다음과 같습니다.

---

13 추이확률은 **전이확률** 또는 **천이확률**이라고도 합니다.

14 한 번 클릭한 적이 있는지 없는지에 관계없이 무작위로 링크를 선택한다고 가정합니다. 이런 식으로 과거의 기록을 완전히 잊고 현재 상태만 신경 쓰는 것이 마르코프 연쇄의 특징입니다.

15 짧게 **추이행렬**이나 **천이행렬**이라고 부르는 등 몇 가지 방식이 있습니다.

$$\begin{pmatrix} 0 & 1/8 & 0 & 1/4 & 5/6 \\ 3/5 & 0 & 1/7 & 1/4 & 0 \\ 0 & 4/8 & 4/7 & 2/4 & 0 \\ 2/5 & 2/8 & 2/7 & 0 & 1/6 \\ 0 & 1/8 & 0 & 0 & 0 \end{pmatrix}$$

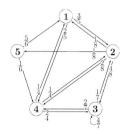

확률이므로 전이확률 행렬의 모든 성분은 ≥ 0입니다. 또한, '확률의 합은 1'에 대응해 각 열의 합계(세로로 더한 합계)가 모두 1이 되는 것에도 주의합시다.[16]

그런데 X_t의 분포는 $\mathrm{P}(X_t = 1), \dots, \mathrm{P}(X_t = n)$의 일람표였습니다. 그 값을 세로로 나열하면 종벡터

$$\boldsymbol{u}_t \equiv \begin{pmatrix} \mathrm{P}(X_t = 1) \\ \vdots \\ \mathrm{P}(X_t = n) \end{pmatrix}$$

이 됩니다. 여기서 주목했으면 하는 관계는 다음과 같습니다.

$$\boldsymbol{u}_{t+1} = P\boldsymbol{u}_t$$

$n = 3$ 정도에서 우변을 계산해보세요.

$$\begin{aligned} P\boldsymbol{u}_t &= \begin{pmatrix} p_{1\leftarrow 1} & p_{1\leftarrow 2} & p_{1\leftarrow 3} \\ p_{2\leftarrow 1} & p_{2\leftarrow 2} & p_{2\leftarrow 3} \\ p_{3\leftarrow 1} & p_{3\leftarrow 2} & p_{3\leftarrow 3} \end{pmatrix} \begin{pmatrix} \mathrm{P}(X_t = 1) \\ \mathrm{P}(X_t = 2) \\ \mathrm{P}(X_t = 3) \end{pmatrix} \\ &= \begin{pmatrix} p_{1\leftarrow 1}\,\mathrm{P}(X_t = 1) + p_{1\leftarrow 2}\,\mathrm{P}(X_t = 2) + p_{1\leftarrow 3}\,\mathrm{P}(X_t = 3) \\ p_{2\leftarrow 1}\,\mathrm{P}(X_t = 1) + p_{2\leftarrow 2}\,\mathrm{P}(X_t = 2) + p_{2\leftarrow 3}\,\mathrm{P}(X_t = 3) \\ p_{3\leftarrow 1}\,\mathrm{P}(X_t = 1) + p_{3\leftarrow 2}\,\mathrm{P}(X_t = 2) + p_{3\leftarrow 3}\,\mathrm{P}(X_t = 3) \end{pmatrix} = \begin{pmatrix} \mathrm{P}(X_{t+1} = 1) \\ \mathrm{P}(X_{t+1} = 2) \\ \mathrm{P}(X_{t+1} = 3) \end{pmatrix} \end{aligned}$$

을 확인할 수 있습니다.

마르코프 연쇄의 모든 분포는 초기 분포와 추이확률 행렬로 결정됩니다. 실제로 결합 확률이

$$\begin{aligned} &\mathrm{P}(X_2 = x_2, X_1 = x_1, X_0 = x_0) \\ &= \mathrm{P}(X_2 = x_2 | X_1 = x_1, X_0 = x_0)\,\mathrm{P}(X_1 = x_1 | X_0 = x_0)\,\mathrm{P}(X_0 = x_0) \\ &= p_{x_2 \leftarrow x_1} p_{x_1 \leftarrow x_0}\,\mathrm{P}(X_0 = x_0) \\ &\mathrm{P}(X_3 = x_3, X_2 = x_2, X_1 = x_1, X_0 = x_0) \\ &= \cdots\cdots \text{중략} \cdots\cdots \\ &= p_{x_3 \leftarrow x_2} p_{x_2 \leftarrow x_1} p_{x_1 \leftarrow x_0}\,\mathrm{P}(X_0 = x_0) \end{aligned}$$

---

16 각 행의 합계(가로로 더한 합계)는 1이 되지 않습니다. 여기서 "헉" 소리를 낸 사람은 2.1절 '각 도의 토지 이용(면적 계산 연습)'을 복습하세요.

과 같이 초기 분포와 추이확률 행렬로 정해지기 때문에 결합분포에서 요구되는 주변분포와 조건부분포도 모두 이에 의해 결정됩니다.[17]

특히 앞의 결과를 반복 적용하면, $\boldsymbol{u}_3 = P\boldsymbol{u}_2 = PP\boldsymbol{u}_1 = PPP\boldsymbol{u}_0$ 같은 모양으로 일반적으로

$$\boldsymbol{u}_t = P^t \boldsymbol{u}_0$$

이라고 할 수 있습니다. 또한, 예를 들어 $X_t = 2$라는 조건 아래에서 X_{t+1}의 조건부분포는

$$\begin{pmatrix} \mathrm{P}(X_{t+1}=1|X_t=2) \\ \mathrm{P}(X_{t+1}=2|X_t=2) \\ \mathrm{P}(X_{t+1}=3|X_t=2) \end{pmatrix} = P \begin{pmatrix} 0 \\ 1 \\ 0 \end{pmatrix}$$

으로 나타낼 수 있습니다($n = 3$의 예). 왜냐하면,

$$\mathrm{P}(X_0 = 1) = 0, \quad \mathrm{P}(X_0 = 2) = 1, \quad \mathrm{P}(X_0 = 3) = 0$$

은 초기 분포로부터 1단계 경과한 X_1의 분포와 같을 것이기 때문입니다. 같은 논리로 X_{t+k}의 조건부분포가

$$\begin{pmatrix} \mathrm{P}(X_{t+k}=1|X_t=2) \\ \mathrm{P}(X_{t+k}=2|X_t=2) \\ \mathrm{P}(X_{t+k}=3|X_t=2) \end{pmatrix} = P^k \begin{pmatrix} 0 \\ 1 \\ 0 \end{pmatrix}$$

이 된다고도 할 수 있습니다.

정상분포

시각 t로 나아감에 따라 일반적으로 분포 $\boldsymbol{u}_t$는 변화해갑니다. 그러나 특별한 초기 분포에서 시작하면 분포가 변화하지 않습니다. 그런 초기 분포를 **정상분포**라고 합니다.[18] 요컨대 $P\boldsymbol{u}_0 = \boldsymbol{u}_0$이 되는 $\boldsymbol{u}_0$입니다. $P\boldsymbol{u}_0 = \boldsymbol{u}_0$이라면 확실히 P를 몇 번 곱하든 간에 $\boldsymbol{u}_t = P^t \boldsymbol{u}_0 = \boldsymbol{u}_0$이므로, 아무리 시간이 지나도 $\boldsymbol{u}_t = \boldsymbol{u}_0$입니다. 즉, 분포는 변화하지 않습니다.

정상분포에 대해서는 그림 8–20과 같은 인상을 가지는 것이 좋습니다. 가, 나, 다라는 세 마을에 총 10만 명이 있습니다. 마을 사람들은 다음과 같은 규칙으로 마을을 옮겨다닙니다.

- 가에 있는 사람 중 1/2이 다음 날에는 나로 이동
- 나에 있는 사람 중 1/3이 다음 날에는 다로 이동

---

17 여기서 "헉" 소리를 낸 사람은 2.3.4절 '세 개 이상의 확률변수'를 복습하세요. 또한, 이 책에서는 '무한개의 확률변수'를 정확히 다루는 내용에 대해서는 깊이 들어가지 않습니다.

18 **불변분포**, **평형분포**라고도 합니다.

● 다에 있는 사람 중 1/5이 다음 날에는 가로 이동

그래서 각 마을의 주민 수는 매일 바뀝니다. 그러나 잘 조정하면 그 수가 전혀 변하지 않도록 할 수 있습니다. 실제로 가에 2만 명, 나에 3만 명, 다에 5만 명으로 각 마을의 주민 수를 설정하면 매일 출입이 딱 맞아떨어져 주민 수는 바뀌지 않습니다. 마르코프 연쇄로 말하자면

$$P(가) = 0.2, \quad P(나) = 0.3, \quad P(다) = 0.5 \qquad (P(가) + P(나) + P(다) = 1)$$

가 정상분포라는 것입니다(주민 수라고 하면 나누기가 곤란한 경우도 있습니다만, 그럴 때는 밀가루 1 kg이나 물 1리터처럼 적절히 생각하세요).

❤ 그림 8-20 정상분포의 이미지. 출입이 잘 되고 주민 수는 매일 일정하다.

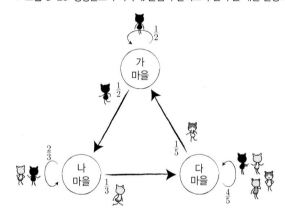

사실 어떤 추이확률 행렬 P에도 반드시 정상분포가 존재한다고 알려져 있습니다.

예제 8.6

추이확률이 다음 그림과 같이 주어졌을 때의 정상분포를 구하세요.

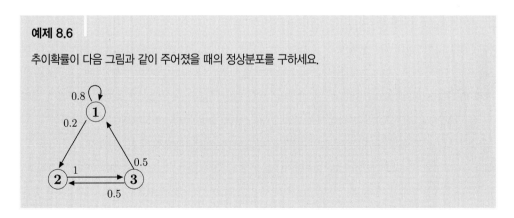

📝 답

정상분포를 $r_0 = (a, b, c)^T$로 둡시다. 추이확률 행렬은 다음과 같습니다.

$$P = \begin{pmatrix} 0.8 & 0 & 0.5 \\ 0.2 & 0 & 0.5 \\ 0 & 1 & 0 \end{pmatrix}$$

그래서 $P\boldsymbol{r}_0 = \boldsymbol{r}_0$을 써내려가면

$$0.8a + 0.5c = a, \quad 0.2a + 0.5c = b, \quad b = c$$

라는 방정식을 얻을 수 있습니다. 하지만 자세히 보면 이 세 방정식은 독립적이지 않습니다. 첫 번째 식과 두 번째 식의 양변을 더하면 $a + c = a + b$이므로, 세 번째 식과 완전히 같아집니다. 조건이 부족하기 때문에 해를 정할 수는 없습니다(바로 감이 오지 않는 분은 참고문헌 [32]의 2장을 참조하세요). 뭔가 놓치지 않았나요? 사실 또 하나, $\boldsymbol{r}_0$이 만족해야 할 조건이 있었습니다. 확률이니까 합이 1이 되는 것입니다.

$$a + b + c = 1$$

이상을 연립해 풀면 $\boldsymbol{r}_0 = (5/9, 2/9, 2/9)^T$라는 답을 얻을 수 있습니다.[19]

극한분포

많은 추이확률 행렬 P에서는 어떤 초기 분포 $\boldsymbol{u}_0$부터 시작해도 시간 t가 흐르면서 결국 같은 정상분포인 $\boldsymbol{u}_t$로 수렴하고 있습니다. 이때 수렴하는 $\boldsymbol{u}$를 **극한분포**라고 합니다. 앞서 살펴본 그림 8-20의 정상분포 $(1/2, 1/3, 1/5)^T$는 사실 극한분포입니다.

극한분포가 $\boldsymbol{u} \equiv (u_1, \dots, u_n)^T$라면 각 상태 i에 있는 시간의 비율은 u_i에 수렴하는 것으로 알려져 있습니다. 제대로 말하면

$$\lim_{t \to \infty} \frac{(X_1, \dots, X_t \text{ 중 값이 } i \text{인 것의 개수})}{t} = u_i \qquad (i = 1, \dots, n)$$

가 확률 1로 성립합니다. 양변이 보고 있는 것의 차이에 주의하세요(그림 8-13). 우변의 u_i는 시간 t를 일단 멈추고 평행 세계를 가로질러 바라보면서 $X_t(\omega) = i$가 되는 듯한 세계 ω의 모든 면적을 측정한다는 이야기입니다. 한편 왼쪽의 '개수/t'는 하나의 세계 ω에 내려 그 세계에서 계열 $X_1(\omega), X_2(\omega), \dots$ 을 장기간 관찰하고 $X_\tau(\omega) = i$인 횟수(비율)를 계산한다는 이야기입니다. 신의 관점에서만 관측할 수 있는 우변과 인간도 관측할 수 있는 좌변을 묶는 데에 이 식의 묘미가 있습니다. 그림 8-14의 느낌으로 말하면 '$X_{100} = 7$로 되어 있는 카드가 주머니 안에 몇 장인지'와 '이 카드 한 장에 그려진 $X_1, X_2, \dots$ 중에서 7이 몇 번인지'를 비교하는 것입니다. 만약 감이

---

19 $b = c$를 다른 식에 대입해 $0.8a + 0.5c = a$와 $a + 2c = 1$입니다. 전자로부터 $a = 2.5c$이므로, 후자는 요컨대 $4.5c = 1$입니다. 따라서 $c = 1/4.5 = 2/9$입니다. 그러면 b도 $2/9$고, 나머지는 $a + b + c = 1$에서 $a = 5/9$입니다.

오지 않으면 3.5.4절 '큰 수의 법칙에 관한 주의 사항'을 복습해보세요.

극한분포가 존재하지 않는 경우도 예를 들어 생각해봅시다. 첫 번째는 도달할 수 없는 상황에 기인하는 예입니다. 그림 8-21을 보세요. 만약 처음에 가에서 출발하면 그룹 '가' 안에서 방황할 수밖에 없습니다. 마찬가지로 처음 다에서 출발하면 그룹 '다' 안에서 방황할 수밖에 없습니다. 이래서는 '어떤 초기 분포에서 시작해 동일한 분포에'라는 것이 불가능합니다. 그룹 '가'와 그룹 '다' 사이를 왕래할 수 없는 것이 근본적인 원인입니다. 또한, 정상분포가 복수로 존재하는 예이기도 합니다. 사실

$$P(가) = 4/13, \quad P(갸) = 4/13, \quad P(거) = 2/13, \quad P(겨) = 3/13 \qquad (다른 확률은 0)$$

은 정상분포고,

$$P(다) = 4/13, \quad P(댜) = 4/13, \quad P(더) = 2/13, \quad P(뎌) = 3/13 \qquad (다른 확률은 0)$$

도 정상분포입니다. 각자 확인해보세요.[20] 정상분포는 언제까지나 그 분포 상태이기 때문에 양자가 같은 분포로 수렴하는 것은 있을 수 없습니다.

▼ 그림 8-21 극한분포가 존재하지 않는 경우(도달할 수 없는 상황에 기인함)

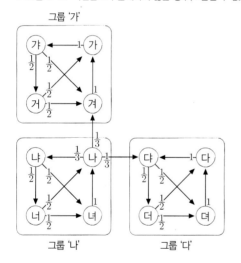

두 번째는 주기성에 기인하는 예입니다. 그림 8-22(왼쪽)는 '가나다' 같은 세 문자의 문자열에 대해 '무작위로 두 문자를 선택해 바꿔 넣는다'는 작업을 반복해나갈 때의 추이를 나타냅니다. $t = 0$에서 '가나다'에서 시작되면

---

20 두 정상분포 u, u'를 혼합한 $u'' \equiv (1 - c)u + cu'$ 또한 정상분포입니다(c는 상수, $0 \leq c \leq 1$). 그러므로 지금의 예에서는 정상분포가 무한히 존재합니다.

- $t = 1$에서는 아래쪽 중 하나
- $t = 2$에서는 위쪽 중 하나
- $t = 3$에서는 아래쪽 중 하나
- $t = 4$에서는 위쪽 중 하나
- ......

와 같이 루프를 계속 돕니다만, 분포는 수렴하지 않습니다. 그림 8–22(오른쪽)는 주기가 3인 예입니다. $t = 0$에서 '나'에서 시작되면

- $t = 1, 4, 7, ...$에는 '가' '다' '바' 중 하나
- $t = 2, 5, 8, ...$에는 '사' '라' 중 하나
- $t = 3, 6, 9, ...$에는 '나' '마' 중 하나

와 같이 루프를 계속하기 때문에 역시 분포는 수렴하지 않습니다.

❤ 그림 8–22 극한분포가 존재하지 않는 경우(주기성에 기인함)

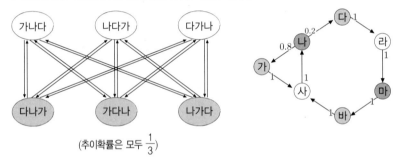

(추이확률은 모두 $\frac{1}{3}$)

덧붙여서 무한 상태의 경우에는 또 다른 사정으로 극한분포가 존재하지 않을 수 있습니다. 8.2.1절의 랜덤워크 X_t가 그 예입니다. 랜덤워크에서는 $\lim_{t \to \infty} \mathrm{P}(X_t = c) = 0$이 어떤 c에서도 성립합니다(시간이 지날수록 확률분포가 어디까지든 멀리 퍼지므로 그만큼 어디까지든 엷어져갑니다). 그렇다고 해서 갈 곳을 죽 나열한 '모든 c에 대해 $\mathrm{P}(X = c) = 0$'은 원래 확률분포가 되지 않습니다. 그래서 특정 확률분포에 수렴한다고는 말할 수 없습니다.

수렴 확률

마르코프 연쇄의 전제(이력이 필요 없다) 덕분에 얼핏 보면 어려울 것 같은 계산이 멋지게 해결되는 경우가 있습니다. 그런 예를 소개하겠습니다.

그림 8–23과 같은 추이확률이고, 어디서부터 시작해도 언젠가는 '갸' '냐' '댜' '랴' 중 하나에 붙잡

힐 것입니다. 그럼 '가'에서 시작하는 경우 마지막으로 '갸'에 붙잡힐 확률은 얼마일까요?

▼ 그림 8-23 '갸'에 흡수될 확률은? (숫자는 추이확률)

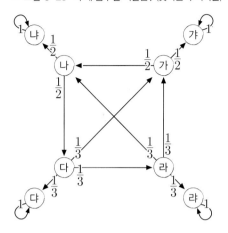

'갸'에 흡수될 때까지의 방향은 여러 가지가 있을 수 있습니다. '가갸'나 '가나다라가나라다가갸', 혹은 '가나다라다나다나다나가갸' 같은 것 말이죠. 그런 것에 대해 하나하나 확률을 계산해 합하는 것은 힘듭니다. 그 대신에 더 멋진 다른 계산법이 있습니다.

'가'에서 시작해 마지막으로 '갸'로 흡수될 확률을 $s_가$로 둡니다. 마찬가지로 '나', '다', '라'에서 시작해 '갸'에 흡수될 확률을 각각 $s_나$, $s_다$, $s_라$로 둡니다. 그리고 다음과 같이 생각합니다.

> '가'로 시작해서 마지막으로 '갸'로 흡수되기 위해서는 갑자기 바로 '갸'로 가거나, 일단
> '나'로 간 다음 마지막에 '갸'로 흡수되어야 한다. 전자의 확률은 1/2이다. 후자의 확률
> 은 다음과 같다.

$$P\left(마지막에\ '갸'로\middle|일단\ '나'로\right)\ P(\ 일단\ '나'로) = s_나 \cdot \frac{1}{2}$$

그 둘의 합계가 $s_가$다.

$$s_가 = \frac{1}{2} + \frac{1}{2}\,s_나$$

같은 식으로

$$s_나 = \frac{1}{2}\,s_다, \quad s_다 = \frac{1}{3}\,s_가 + \frac{1}{3}\,s_라, \quad s_라 = \frac{1}{3}\,s_가 + \frac{1}{3}\,s_나$$

위의 네 개 등식을 네 개의 미지수 $s_가$, $s_나$, $s_다$, $s_라$의 연립방정식으로 풀면

$$s_{가} = \frac{17}{30}, \quad s_{나} = \frac{4}{30}, \quad s_{다} = \frac{8}{30}, \quad s_{라} = \frac{7}{30}$$

이제 답을 얻을 수 있었습니다. '가'에서 시작해 마지막으로 '갸'에 붙잡힐 확률은 17/30입니다.

최초 도달 횟수

다음 내용도 비슷한 기법으로 풀 수 있는 문제입니다. 그림 8-24와 같은 미니보드 게임이 있습니다. 동전을 던져서 앞면이면 두 걸음, 뒷면이면 한 걸음 이동하며 시계 방향으로 빙빙 돕니다. '골'에서 딱 멈추면 골입니다. 운이 나쁜 사람은 골을 뛰어넘어 몇 바퀴를 돌지도 모릅니다. '스'에서 시작해 골까지 가기 위한 소요 횟수(동전 던지기 횟수)의 기댓값을 구하세요.

골까지의 과정은 여러 가지가 존재할 수 있으므로 그것을 전부 나열해 확률을 하나하나 계산하는 것은 힘듭니다. 여기서는 힘쓰는 것을 멈추고 또 연립방정식을 노려봅시다.

▼ 그림 8-24 미니보드 게임과 그 추이확률

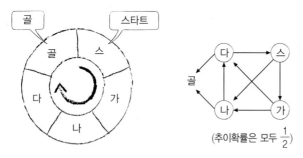

'스'에서 골까지의 소요 횟수의 기댓값을 $t_{스}$, '나'에서 골까지의 소요 횟수의 기댓값을 $t_{나}$와 같이 나타냅니다. 예를 들어 '나'에서는 확률 1/2로 직접 골로 갈 수 있습니다. 이때의 소요 횟수는 1회로 끝납니다. 또한, 확률 1/2로 먼저 '다'로 넘어간 후 어찌됐든 골에 겨우 도착합니다. 이때의 소요 횟수는 ('다'로 이동 1회) + ('다'에서 골까지의 소요 횟수)입니다. 그런 식으로 생각하면 다음과 같고

$$t_{나} = \frac{1}{2} \cdot 1 + \frac{1}{2}(1 + t_{다}) = 1 + \frac{1}{2}t_{다}$$

마찬가지로 다음과 같습니다.

$$t_{스} = 1 + \frac{1}{2}t_{가} + \frac{1}{2}t_{나}, \quad t_{가} = 1 + \frac{1}{2}t_{나} + \frac{1}{2}t_{다}, \quad t_{다} = 1 + \frac{1}{2}t_{스}$$

이 식들을 연립해 풀면 다음과 같습니다.

$$t_\text{스} = \frac{46}{11}, \quad t_\text{가} = \frac{42}{11}, \quad t_\text{나} = \frac{28}{11}, \quad t_\text{다} = \frac{34}{11}$$

따라서 시작부터 골까지 소요 횟수의 기댓값은 46/11회입니다.

8.2.4 확률 과정에 대한 보충

여기까지는 계속 이산 시간의 확률 과정을 다뤄왔습니다. 즉, X_t의 't'는 정수라는 설정이었습니다. t를 실수로 하면 연속 시간의 확률 과정도 생각할 수 있습니다. 연속 시간의 좋은 점은 깨끗한 결과가 나오기 쉽다는 것입니다. '차이와 미분', '총합과 적분'이라는 대비에서 유추할 수 있지 않을까요?

이산	연속
$(t+1)^3 - t^3 = 3t^2 + 3t + 1$	$\dfrac{d}{dt}t^3 = 3t^2$
$\displaystyle\sum_{t=0}^{a} t^2 = \dfrac{a(a+1)(2a+1)}{6}$	$\displaystyle\int_0^a t^2\,dt = \dfrac{a^3}{3}$

한편 연속 시간의 안 좋은 점을 말하려면 이야기가 좀 어려워집니다. 이것도 지금의 대비에서 유추할 수 있을 텐데요. 이산이라면 초등학생도 열심히 곱셈 덧셈을 하면 어쨌든 답이 구해집니다. 그렇지만 연속이라면 애초에 미분과 적분의 개념을 정의하는 것도 큰일입니다. 또한, 미분 가능성과 적분 가능성도 사실은 제대로 고려하지 않으면 안 됩니다. 그와 관련된 엄격한 논의는 이과 대학생에게도 고통스러운 수준입니다. 연속 시간 확률 과정에 대해서도 마찬가지로 정확한 정의와 취급 방법을 터득하려면 본격적인 수학 공부가 필요합니다. **브라운 운동**, **이토 적분**, **미분 방정식** 같은 키워드를 보면 그런 공부라고 생각하면 됩니다.

또한, 정규분포와 선형 함수를 추정하는 고전적인 기법이 시계열 분석의 전부는 아니라는 점을 알아야 합니다. 더 일반적인 분포 및 비선형 함수를 상정한 방법도 연구·개발되고 있습니다. 고전적인 기법을 시도한 결과에 만족하지 못하는 경우 현대적인 기법을 알아보는 것이 좋겠습니다.

마지막으로 지금까지 이야기의 근본을 위협하는 질문을 꺼내보겠습니다. 이 절을 시작하면서 '불규칙한 오차를 동반하는(혹은 동반하는 것처럼 보이는) 시계열'이라고 썼습니다. 이것은 정말 불규칙한 오차일까요? 이를 확률로 해석하는 것이 타당할까요? 사실 다른 길을 생각하는 연구자들도 있습니다. 관심 있는 사람은 **카오스**라는 주제에 대해 알아보길 바랍니다(예를 들어 참고문헌 [22]).

8.3 / 정보이론에서

'정보란 무엇인가'라는 물음은 그야말로 철학적이라 결론을 내기 어렵다고 생각합니다. 그러나 확률의 입장에서 이런 어려움을 정면으로 맞서 대처함으로써 성공을 거둔 이론이 있습니다. 바로 이 절의 주제인 **정보이론**입니다.

8.3.1 엔트로피

정보의 크기라는 것은 어떻게 측정하면 좋을까요? 측정을 위한 한 가지 아이디어는 깜짝 놀라는 정도(**깜짝도**)를 정보의 크기로 보는(생각하는) 것입니다.

뜻밖의 내용(일어날 확률이 낮은 현상)을 들으면 깜짝 놀랍니다. 당연한 내용(일어날 확률이 높은 현상)을 들으면 그다지 놀라지 않습니다. 극단적인 이야기(즉, 당연히 일어나지 않는 일), 또는 반드시 일어난다고 알고 있는 일이라면 들어도 전혀 놀라지 않으며 원래 듣지 않은 것이나 마찬가지이므로 정보는 제로일 것입니다. 그런 깜짝도가 클수록 정보가 크다고 생각하는 것입니다.

이 생각을 수치화하기 위해 확률이 낮을수록 큰 값이 되는 지표를 무언가 가져오게 합시다. 여러 가지 지표가 떠오르지만 다음과 같이 정하는 것이 깔끔합니다.

$$\text{그 소식을 들었을 때의 깜짝도} = \log \frac{1}{\text{확률}}$$

단, 이 절에서는 log로 쓰면 $\log_2$를 나타내는 것으로 합시다. 예를 들어 $2^3 = 8$이므로 $\log 8 = 3$, $2^{10} = 1024$이므로 $\log 1024 = 10$입니다. 만약 다음과 같은 log의 성질이 이상하다면 복습해두세요(부록 A.5.3절 '로그 함수').

$$\log(xy) = \log x + \log y, \quad \log(x^y) = y \log x, \quad \log \frac{1}{x} = -\log x, \quad \frac{d \log x}{dx} = \frac{\log e}{x}$$
$$\log 1 = 0, \quad \log 2 = 1$$

깜짝도가 얼마나 잘 정의됐는지 예를 통해 살펴봅시다. 우선 기본적인 예부터 보죠.

- '주사위를 던져 2가 나왔다.' → 깜짝도 $\log 6 \approx 2.6$ …… (가)

- '주사위를 던져 짝수가 나왔다.' → 깜짝도 $\log 2 = 1 <$ 가 (가보다 일어나기 쉬운 일이라서 놀라지 않습니다.) …… (나)

- '주사위를 던져 1 이상 6 이하가 나왔다.' → 깜짝도 $\log 1 = 0$ (반드시 그렇게 되는 것을 알고 있기 때문에 전혀 놀라지 않습니다.)

- '주사위를 던져 7이 나왔다.' → 깜짝도 ∞ (있을 수 없습니다.)

사실 깜짝도는 컴퓨터의 기억 용량이나 트래픽양 등에 나오는 비트(bit) 수의 개념과도 밀접한 관련이 있습니다. 그 예를 살펴보겠습니다.

- '동전을 던져 앞이 나왔다.' → 깜짝도 $\log 2 = 1$ (1비트의 경우 앞 또는 뒤, 두 가지를 나타낼 수 있다.) …… (다)

- '8면체 주사위를 던져서 7이 나왔다.' → 깜짝도 $\log 8 = 3$ (3비트라면 여덟 가지를 나타낼 수 있다.)

- '0에서 1023까지 있는 거대한 룰렛을 돌려 753이 나왔다.' → 깜짝도 $\log 1024 = 10$ (10비트라면 0에서 1023까지의 정수를 나타낼 수 있다.)

마지막으로 여러 현상을 조합해 깜짝도가 어떻게 되는지 관찰합시다.

- '주사위를 던져 2가 나오고, 동전을 던져 앞이 나왔다.' → 깜짝도 $\log (6 \cdot 2) = \log 6 + \log 2 =$ 가 + 다 (각각의 깜짝도의 합)

- '주사위를 던져 2가 나오고, 주사위 뒷면을 보니 5였다.' → 깜짝도 $\log(6 \cdot 1) = \log 6 + \log 1 = \log 6 + 0 =$ 가 (주사위 앞면이 2라면 뒷면은 반드시 5이므로 깜짝도는 증가하지 않는다.)

- '주사위를 던져 소수가 나왔다.' → 깜짝도 $\log 2 = 1$ (즉 2, 3, 5 중 하나가 나왔다.) …… (라)

- '주사위를 던져 짝수가 나오고, 게다가 소수였다.' → 깜짝도 $\log(2 \cdot 3) = \log 2 + \log 3 (= \log 6 =$ 가)
  - 독립이 아닌 것에 주의

$$P(\text{짝수, 소수}) = P(\text{짝수})\,P(\text{소수}|\text{짝수}) \neq P(\text{짝수})\,P(\text{소수})$$

- 짝수라는 이야기를 듣고 '그럼 소수의 가능성은 낮다'고 방심하던 차에 '소수'라고 들으면 보통보다 크게 놀란다. 그래서 단순한 '가 + 라'보다 깜짝도가 커졌다.
- 결국은 2가 나왔다는 것. 그래서 가와 일치하는 것은 당연하다.

'정보'에 대해 우리가 왠지 모르게 가지고 있는 느낌과 잘 맞는 것을 실감할 수 있었나요? 도중에도 암시했지만 본문처럼 $\log_2$를 사용해 정의된 깜짝도의 단위는 **비트**입니다.[21]

그런데 괜찮은 주사위라면 어떤 눈도 등확률이므로 어느 눈이 나와도 깜짝도는 동일합니다. 그러나 조작된 주사위라면 이야기가 다릅니다. 만약 1이 많이 나오고 6이 거의 나오지 않는 주사위라면 예상대로 1이 나오면 거의 놀라지 않고, 예상 외로 6이 나오면 크게 놀랄 것입니다. '깜짝도' 자체가 행운 여하에 따라 흔들리는 것입니다. 그러면 기댓값으로는 얼마나 놀랄까요? 눈 i의 확률을 p_i로 두면 깜짝도의 기댓값은 다음과 같습니다.

$$H = \sum_{i=1}^{6} p_i \cdot (i\text{가 나왔다고 들었을 때의 깜짝도}) = \sum_{i=1}^{6} p_i \log \frac{1}{p_i}$$

이 값을 (그 분포의) **엔트로피** 또는 **섀넌 정보량**이라고 합니다.[22] 섀넌(Shannon)은 정보이론의 토대를 마련한 창시자의 이름입니다.

예제 8.7

확률 p로 앞이 나오고, 확률 $1 - p$로 뒷면이 나오는 동전이 있습니다(p는 상수). 이 경우에 동전 던지기의 엔트로피를 구하세요. 엔트로피가 최대가 되는 것은 p가 얼마일 때인가요?

답

엔트로피 H는 정의로부터 다음과 같습니다.

$$H = p \log \frac{1}{p} + (1 - p) \log \frac{1}{1-p} = -p \log p - (1 - p) \log (1 - p)$$

---

21 만약 다른 밑 $c > 1$을 사용한 경우에도 다음과 같이 값이 정수배가 될 뿐이므로 그만큼 본질적인 차이는 없습니다만(부록 A.5절 '지수와 로그')

$$\log_c \frac{1}{\text{확률}} = \frac{\log_2 \frac{1}{\text{확률}}}{\log_2 c} = (\text{상수}) \times (\text{본문의 깜짝도})$$

22 정보이론의 관례에 따라 대문자로 H라고 되어 있습니다만, 엔트로피 H는 확정된 단순한 숫자입니다. 그리고 오차값(확률변수)이 없습니다. 또한, 여기서는 표기 편의상 $0 \log(1/0) = 0$으로 정합니다.

그러면 $dH/dp = \log(1 - p) - \log p$이므로, $dH/dp = 0$이 되는 것은 $p = 1/2$일 때입니다. $p < 1/2$은 $dH/dp > 0$, $p > 1/2$은 $dH/dp < 0$입니다. 따라서 H가 최대인 것은 $p = 1/2$일 때입니다. H를 그래프로 그리면 그림 8-25와 같습니다.

▼ 그림 8-25 동전 던지기의 엔트로피. 앞뒤의 확률이 반반일 때 엔트로피(기대 깜짝도)가 최대입니다.

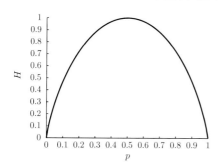

이산값의 확률변수 X에 대해 X의 분포 엔트로피를 H[X]로 쓰고 짧게 'X의 엔트로피'라고 부릅니다. 좀 더 살펴보면, $X = x$라는 소식을 들었을 때의 깜짝도를

$$h(x) \equiv \log \frac{1}{\mathrm{P}(X = x)}$$

로 쓰기로 하면

$$\mathrm{H}[X] \equiv \mathrm{E}[h(X)] = \sum_x \mathrm{P}(X = x) \log \frac{1}{\mathrm{P}(X = x)}$$

입니다. 그러나 앞의 주석 22번대로 $\mathrm{P}(X = x)$가 0인 경우 $\mathrm{P}(X = x) \log \frac{1}{\mathrm{P}(X = x)} = 0$으로 해석합니다.

표기법이 좀 헷갈릴 것 같으니 주의하세요. 예를 들어 확률 0.7로 $X =$ 앞, 확률 0.3으로 $X =$ 뒤라면 다음과 같습니다.

$$h(앞) = \log \frac{1}{\mathrm{P}(X = 앞)} = \log \frac{1}{0.7}, \quad h(뒤) = \log \frac{1}{\mathrm{P}(X = 뒤)} = \log \frac{1}{0.3}$$

따라서 $h(X)$는 '확률 0.7로 $\log(1/0.7)$이 나오고, 확률 0.3으로 $\log(1/0.3)$이 나온다'는 확률변수가 됩니다.[23]

---

23 직접 '대입'해 $\log(1/\mathrm{P}(X = X))$ 등과 같이 쓰지 마세요. $\mathrm{P}(X = X) = \mathrm{P}(반드시 성립) = 1$이므로 의미가 달라집니다(부록 B.3절의 주석 2번도 마찬가지).

X가 취할 수 있는 값이 m가지일 때

$$0 \leq \mathrm{H}[X] \leq \log m$$

이 성립합니다. $\mathrm{H}[X] = 0$이 되는 것은 X가 오차 없이 일정한 값의 경우고, $\mathrm{H}[X] = \log m$이 되는 것은 균등분포(취할 수 있는 어떤 값 x도 $\mathrm{P}(X = x) = 1/m$)의 경우입니다.

8.7 제 교과서에는 $\mathrm{H}[X]$가 아니라 $\mathrm{H}(X)$라고 쓰여 있는데요?

그렇게 쓰는 사람이 더 많을지도 모르지만, 이 책에서는 범함수임을 명시하기 위해 대괄호를 사용하고 있습니다. 오차가 있는 값 X에 대해 $\mathrm{H}[X]$는 오차가 없는 단순한 숫자가 된다는 점을 유념해주길 바라기 때문입니다.

8.3.2 두 변수의 엔트로피

이산값 확률변수 X, Y의 관계를 알기 위해 결합 확률 $\mathrm{P}(X = x, \ Y = y)$와 조건부 확률 $\mathrm{P}(Y = y | X = x)$라는 개념을 2장에서 도입했습니다. 이에 대응하는 것을 엔트로피에 대해서도 정의할 수 있습니다. $X = x$와 $Y = y$라는 소식을 들었을 때 깜짝도를

$$h(x, y) \equiv \log \frac{1}{\mathrm{P}(X = x, Y = y)}$$

이라 쓰기로 하고, 그 기댓값은 **결합 엔트로피** $\mathrm{H}[X, Y]$입니다.

$$\mathrm{H}[X, Y] \equiv \mathrm{E}[h(X, Y)] = \sum_x \sum_y \mathrm{P}(X = x, Y = y) \log \frac{1}{\mathrm{P}(X = x, Y = y)}$$

또한, $X = x$라는 것을 이미 알고 있었다면 $Y = y$라는 소식을 들었을 때 깜짝도를

$$h(y | x) \equiv \log \frac{1}{\mathrm{P}(Y = y | X = x)}$$

이라 쓰기로 하고, 그 기댓값은 **조건부 엔트로피** $\mathrm{H}[Y | X]$입니다.

$$\mathrm{H}[Y | X] \equiv \mathrm{E}[h(Y | X)] = \sum_x \sum_y \mathrm{P}(X = x, Y = y) \log \frac{1}{\mathrm{P}(Y = y | X = x)}$$

이 식의 P(X = x, Y = y)를 P(Y = y|X = x)라고 잘못 기억하지 않도록 주의하세요. 암기하기보다는 '기댓값을 구한다'라는 것을 머리에 넣기를 권합니다.[24]

P(X = x, Y = y) = P(Y = y|X = x) P(X = x)라는 관계에 대응하면

$$H[X, Y] = H[Y|X] + H[X]$$

가 성립합니다. 사실

$$h(x, y) = \log \frac{1}{P(X = x, Y = y)} = \log \frac{1}{P(Y = y|X = x)} + \log \frac{1}{P(X = x)} = h(y|x) + h(x)$$

로부터

$$H[X, Y] = E[h(X, Y)] = E[h(Y|X)] + E[h(X)] = H[Y|X] + H[X]$$

입니다. X, Y의 역할을 맞바꾸면

$$H[X, Y] = H[X|Y] + H[Y]$$

라고도 할 수 있습니다.

그림을 그리면 그림 8-26과 같습니다. X, Y를 모두 들을 때의 기대 깜짝도는 'X를 들을 때의 기대 깜짝도'와 'X를 이미 듣고 Y를 들을 때의 기대 깜짝도'의 합과 같습니다. 또한, 'Y를 들을 때의 기대 깜짝도'와 'Y를 이미 듣고 X를 들을 때의 기대 깜짝도'의 합과도 같습니다. 참 당연한 결과입니다. 마찬가지로 당연하지만

$$H[Y|X] \le H[Y], \qquad H[X|Y] \le H[X]$$

라는 성질을 밝혀두겠습니다. 'X를 이미 듣고 Y를 들을 때의 기대 깜짝도'는 'Y를 갑자기 들었을 때의 기대 깜짝도'보다 반드시 작습니다(또는 같습니다). 개별 $h(y|x)$는 $h(y)$보다 더 커지는 경우도 있습니다만, X를 들어두는 것이 기댓값에 아무런 손해가 되지 않는 셈입니다(이유는 뒤에서 설명합니다).

---

24 지금 식에서 알 수 있듯이 H[Y|X]는 오차가 없는 단순한 숫자입니다. E[Y|X]가 오차가 있는 값(확률변수)이었다는 것을 혼동하지 마세요(3.6절 '조건부 기댓값과 최소제곱 예측').

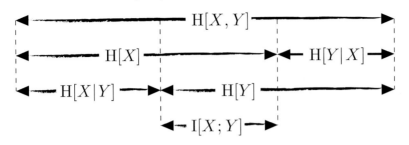

▼ 그림 8-26 결합 엔트로피 H[○, △] · 조건부 엔트로피 H[○|△] · 상호 정보량 I[○; △]의 관계

'갑자기 Y를 들을 때의 기대 깜짝도와 이미 X를 듣고 나서 Y를 들을 때의 기대 깜짝도 간에는 얼마나 차이가 있을까?' 이 차이가 클수록 X는 Y에 대해 많은 정보를 포함하고 있다고 말해도 좋을 것입니다. 그래서 이 차이를

$$I[X;Y] \equiv H[Y] - H[Y|X]$$

로 쓰고 X와 Y의 **상호 정보량**이라고 합니다. $I[X;Y]$는 X와 Y 관계의 강도를 나타내는 지표라고 생각할 수 있습니다. 앞의 그림 8-26에서 $I[X;Y] = H[X] - H[X|Y]$라고도 나타낼 수 있다는 점에 주목하세요. 다시 말해 $I[X;Y] = I[Y;X]$입니다. X와 Y의 역할을 서로 바꿔도 상호 정보량은 동일합니다.[25]

앞서 언급한 $H[Y|X] \leq H[Y]$라는 성질은 $I[X;Y] \geq 0$이라고 바꿔 말할 수도 있습니다. 또한, $I[X;Y] = 0$이라는 조건은 X와 Y가 독립인 것과 동치입니다. 정리가 잘됐네요.

이들이 성립하는 이유는 부록 C.3절 '쿨백 라이블러 정보량과 대편차 원리'의 질문 C.2에서 설명합니다. 거기서는 상호 정보량에 대한 또 다른 견해를 소개합니다.

마지막으로 상호 정보량 $I[X;Y]$와 상관계수 $\rho_{X,Y}$(5.1.3절)의 차이를 확인해야 합니다.

- $I[X;Y]$는 X와 Y가 얼마나 독립이 아닌지를 나타냅니다. 독립인 경우 $I[X;Y] = 0$, 독립이 아닌 경우 $I[X;Y] > 0$입니다.
- $\rho_{X,Y}$는 한쪽이 크고 다른 한쪽도 큰(혹은 반대로 작은) 경향의 정도를 나타냅니다. X, Y가 비례할 때 $\rho_{X,Y} = \pm 1$(부호는 비례 계수의 부호와 일치), 그렇지 않은 경우 $-1 < \rho_{X,Y} < +1$입니다. 위와 같은 크고 작은 경향이 없는 경우가 $\rho_{X,Y} = 0$입니다.

독립이라면 $\rho_{X,Y} = 0$입니다만, 역은 성립한다고 할 수 없다는 점에 재차 주의하길 바랍니다.

---

25 그림을 더 살펴보면 $I[X;Y] = H[X] + H[Y] - H[X, Y]$라고도 쓸 수 있음을 알게 됩니다. 이렇게 쓰면 $I[X;Y] = I[Y;X]$가 분명하고, $I[X;Y]$가 X와 Y 정보의 중복 정도를 나타내는 것도 더 알기 쉬울지 모릅니다.

$$I[X;Y] = 0 \quad \Leftrightarrow \quad X, Y가 독립 \quad \Leftrightarrow \quad \rho_{X,Y} = 0$$

앞서 언급한 예를 그림 8-27로 다시 보겠습니다.

▼ 그림 8-27 상관계수가 0이지만 독립인 것은 아니다(다시 보기).

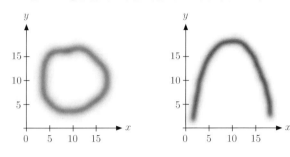

8.3.3 정보원 부호화

엔트로피 개념의 탁월함은 우리의 직관에 맞다는 데 그치지 않습니다. 다음 이야기는 엔트로피가 정보의 본질을 잡아내는 증거입니다.

각종 파일 압축 도구 lha, zip, gzip, bzip2, 7-Zip 등을 사용한 적이 있을 것입니다. 파일 크기가 작아졌는데도 어떻게 원래 내용을 복원할 수 있는지, 압축한 것을 한 번 더 압축하려고 하면 어떻게 되는지 등에 대해 이상하게 생각하지 않았나요?

단적으로 말해 압축할 수 있는 것은 어떤 '편향'이 있기 때문입니다. 예를 들어 대부분의 문장이 '……해 둡시다.'나 '……군요.'로 끝난다면

- '해 둡시다.'라는 여섯 문자를 모두 '\해'라는 두 문자로 대체한다.
- '군요.'라는 세 문자를 모두 '\군'이라는 두 문자로 대체한다.
- 그러나 만약 원래 문장 중에 '\'가 있으면 그것은 '\\'으로 대체한다.

와 같이 약어를 써서 압축할 수 있습니다. 또는 횡스크롤 슈팅 게임의 지형을 그대로 비트맵으로 기록하는 것보다 '여기서 오른쪽 100픽셀은 계속 벽, 그 앞 225픽셀은 계속 공간, 그리고 32픽셀은 계속 벽' 같은 수열 100, 225, 32, …을 기록하는 것이 훨씬 공간을 절약할 수 있습니다. 이것도 어느 픽셀이 벽이라면 대부분 그 앞에 잠시 벽이 나오고, 공간이라면 그 앞은 당분간 공간이라는 편향이 있다는 사실을 이용한 방법입니다. 이런 식으로 강한 편향이 있을수록 편향을 이용해 데이터를 작게 압축할 수 있습니다.

그런데 여기서 엔트로피의 성질을 되돌아보세요. 엔트로피라는 지표도 확률에 편차가 있으면 작고, 확률이 균등하면 커집니다(예제 8.7). 이 조합은 우연이 아닙니다. 이 절에서는 엔트로피의 대소와 압축률의 한계를 연결하는 **정보원 부호화 정리**를 소개합니다.

문자열 압축 문제

k종류의 문자 $a_1, \ldots, a_k$로 이뤄진 길이 n인 문자열 X가 주어진다고 합니다. 예를 들어 X가 알파벳의 대문자와 공백으로 쓰여진 문장이라면 $k = 27$로, 0과 1을 나열한 비트열이라면 $k = 2$로 설정합니다. 이것을 길이 m의 비트열 Y에 압축하고 싶습니다. X가 취할 수 있는 값은 k^n가지, Y가 취할 수 있는 값은 2^m가지입니다. 그래서 $k^n \leq 2^m$일 때는 어떠한 연구도 필요 없습니다. 어떤 X에 어떤 Y를 대응할 것인지 고민할 필요 없이 그냥 할당하면 되기 때문입니다. 이것은 압축이라고 부를 수 없기 때문에 $k^n > 2^m$을 전제로 합니다.

그런 전제라면 Y에서 원래 X를 완벽하게 재현하는 것은 원칙적으로 불가능합니다. X는 k^n가지나 있는데 Y는 2^m가지밖에 없으므로 Y만 보고 모든 X를 구분할 수 없습니다.[26] 따라서 필연적으로 때로는 압축에 실패('이 문자열은 압축할 수 없습니다'라고 대답할 수밖에 없습니다)합니다. 그러면 신경 쓰이는 것은 '얼마나 짧게 압축하면 얼마나 실패해버리는지'를 나타내는 관계입니다. 그것을 지금부터 알아봅시다.

단, X의 첫 번째 문자 X_1, 두 번째 문자 X_2, ……은 i.i.d.인 확률변수로, 각 문자 a_j가 얼마나 나오기 쉬운지는

$$\mathrm{P}(X_i = a_j) \equiv r(a_j), \qquad j = 1, \ldots, k$$

로 미리 알고 있다고 합시다(i.i.d.이면 몇 번째 문자에서도 이 확률은 일정하기 때문에 $r_i(a_j)$가 아니라 간단히 $r(a_j)$라고 썼습니다). 또한, 문자열 길이 n이 매우 큰 상황을 가정합니다.

수치 예제 및 정보원 부호화 정리

감을 잡기 위해 수치 예제를 봅시다. $k = 2$, $r(a_1) = 3/4$, $r(a_2) = 1/4$이라는 설정으로 m과 압축 성공 확률의 관계를 계산하면 그림 8-28처럼 됩니다. 이것은 최적의 압축 방식을 사용했을 때의 결과입니다.

---

26 이 이론은 **비둘기 집 원리**라고 합니다. '비둘기가 u마리 있는데 둥지가 $v(< u)$개밖에 없으면, 어떤 둥지에는 반드시 비둘기가 두 마리 이상 있다.'

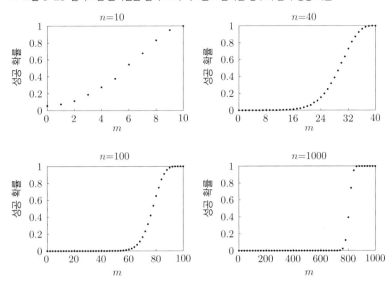

▼ 그림 8-28 길이 n인 문자열을 길이 m의 비트열로 압축할 경우의 압축 성공 확률

n이 커질수록 명암이 두드러진다는 점을 강조합니다. 명암이 갈리는 경계는 어찌 됐든 $m \approx 0.8n$ 부근으로 보입니다.

자, 지금 설정에서 한 글자 한 글자의 엔트로피는 다음과 같습니다.

$$\mathrm{H}[X_i] = r(a_1) \log \frac{1}{r(a_1)} + r(a_2) \log \frac{1}{r(a_2)} = \frac{3}{4} \log \frac{4}{3} + \frac{1}{4} \log \frac{4}{1} = 2 - \frac{3}{4} \log 3 \approx 0.811$$

사실 이 값이 바로 위의 경계의 계수가 되고 있는 것입니다.

그래서

- 압축률 $m/n <$ H$[X_i]$일 경우 n이 충분히 커지면 압축 성공률은 거의 1
- 압축률 $m/n >$ H$[X_i]$일 경우 n이 충분히 커지면 압축 성공률은 거의 0

인 현상을 지금의 수치 예에서 엿볼 수 있습니다. 이 예에 그치지 않고 일반적인 설정에서도 비슷한 결과가 된다는 것을 이론적으로 증명할 수 있습니다(정보원 부호화 정리).

8.3.4 통신로 부호화

앞 절은 데이터를 변환하고 크기를 작게 하는 이야기였습니다. 엔트로피가 활약하는 또 다른 전형적인 상황으로서 **오류 수정**이라는 주제가 있습니다.

오류 수정

몰래 가끔 오류가 발생해 내용이 바뀌는 품질이 낮은 통신로나 저장 장치가 있다고 합시다. 그런 신뢰성이 낮은 것을 사용해 확실하게 메시지를 전달하거나 기록하려면 어떻게 하면 좋을까요?

거기에는 어떤 중복성을 도입할 수밖에 없습니다. 예를 들어 동일한 메시지를 여럿 복사해두고, 읽는 쪽은 다수결 방식을 취해주는 것이 하나의 방법입니다. 물론 데이터 크기는 복사한 만큼 늘어납니다. 그 대신 대부분의 복사에 동일한 오류가 발생하는 등의 불운한 경우를 제외하고는 제대로 메시지를 읽을 수 있습니다.

다른 소박한 방법으로 다음과 같이 체크섬을 추가하는 것도 생각할 수 있습니다.

메시지 번호	메시지	행 체크섬
1	10110010	0
2	00001001	0
3	10111110	0
4	11111011	1
5	10101011	1
6	11100011	1
7	11111110	1
8	00000000	0
열 체크섬	01001000	

행 체크섬은 그 행에 1이 짝수 개면 0, 홀수 개면 1이라는 정해진 규칙이 있습니다. 열 체크섬은 열에 대해 유사한 규칙을 적용한 것입니다. $8 \times 8 = 64$비트의 메시지에 8비트 행 체크섬과 8비트 열 체크섬이 추가된 데이터의 크기는 $64 + 16 = 80$비트로 늘어났습니다. 그 80비트 중에 오류가 한 곳에서만 일어나야 체크섬 불일치를 관찰해 오류를 확인하고 정정할 수 있습니다. 견딜 수 있는 오류의 개수는 적지만, 데이터 크기에 따른 오버헤드는 반복 복사 방식보다 훨씬 작아졌습니다.

이러한 방식(통신로 부호화)은 그 밖에도 여러 가지로 고안할 수 있으므로 실제로는 더 세련된 방식이 연구되어 쓰이고 있습니다. 그렇다면 지금의 예처럼 '원래 메시지 + 추가분'이라는 형태로 제한할 필요 없이, 원래 메시지 자체를 다른 비트열로 변환한 후 읽는 측에서 역변환하게 해도 상관없습니다.

부호화 방식은 오류의 특성에 따라 적합하기도 하고 부적합하기도 합니다. 서툰 방식이라면 원하는 오류 방지를 위해 과도한 오버헤드가 들어가게 됩니다. 그러면 가능한 한 좋은 방식을 사용해 얼마만큼의 오버헤드를 감안하면 정확한 판독이 가능할까요? 그 이론적 한계에 대한 논의에서는 상호 정보량 I[X; Y]가 활약합니다. 그림 8-26과 상호 정보량은 엔트로피를 이용해 정의됐기 때문에 이 역시 엔트로피가 활약하는 예라고 할 수 있습니다.

통신로 부호화 정리

통신로와 저장 장치는 모두 본질적으로 같으므로 다음은 통신로의 용어로 상호 정보량의 활약을 설명합니다. 보낸 문자를 확률변수 X, 받은 문자를 확률변수 Y라고 할 때 통신로의 특성은 조건부분포 $P(Y = y | X = x)$로 나타냅니다. 예를 들어 문자로서 '0'과 '1'을 사용한다면

$$\begin{cases} P(Y = \text{'}0\text{'} | X = \text{'}0\text{'}) = 0.99 \\ P(Y = \text{'}1\text{'} | X = \text{'}0\text{'}) = 0.01 \end{cases} \qquad \begin{cases} P(Y = \text{'}0\text{'} | X = \text{'}1\text{'}) = 0.1 \\ P(Y = \text{'}1\text{'} | X = \text{'}1\text{'}) = 0.9 \end{cases}$$

와 같은 식입니다. 통신로의 사용자는 그것을 주어진 대로 받아들일 수밖에 없습니다.[27] 한편 송신 문자 자체의 분포 $P(X = x)$는 사용자 측에서 조절할 수 있습니다. 이곳은 어떤 부호화 방식을 취할지에 따라 달라집니다. X, Y의 결합분포는 둘의 곱으로 $P(X = x, Y = y) = P(Y = y | X = x) \, P(X = x)$라고 정해, 결합분포에서 상호 정보량 $I[X; Y]$가 정하는 꼴입니다. 그러면 분포 $P(X = x)$를 잘 조절해서 송신 내용 X 및 수신 내용 Y의 상호 정보량 $I[X; Y]$가 가능한 한 크게 되도록 해봅시다. 그렇게 해서 달성된 $I[X; Y]$의 상한 c가 다음 의미로 **통신로의 용량**이 됩니다(**통신로 부호화 정리**).

- 통신 속도 $r < c$라면 (통신로에 맞게 좋은 부호화를 통해) 통신 오류 발생 가능성을 얼마든지 낮출 수 있다.
- $r > c$라면 그렇게 할 수 없다.

통신 속도 r은 실제 통신 한 문자당 원래 메시지를 몇 비트 보낼지를 나타냅니다.[28] 편의상 원래 메시지는 0과 1로 이뤄진 비트열이라 두고, 요컨대 부호화 전후 길이의 비가 통신 속도입니다. 예를 들어 위의 체크섬이라면 원래 64비트의 메시지를 80비트를 써서 보내기 때문에 $r = 64/80 = 0.8$입니다. 또한, 이 정리는 메시지가 충분히 긴 경우를 상정하고 있습니다(n개 문자로 rn비트 메시지를 보내는 것으로 하고 n이 큰 경우를 고찰합니다). 또한, 메시지는 이미 압축된 것이며 메시지 자체에 포함된 중복은 미리 정보원 부호화에 의해 제거된 것으로 합니다.

제목에 '정보이론'이란 말이 붙어 있는 책이라면 정보원 부호화 정리도 설명되어 있을 테니 자세한 것은 그쪽을 참조하세요(예를 들어 참고문헌 [17], [26]).

---

27 정확히는 전송 문자열 중 몇 번째 글자든지 이 분포에 따라 깨질 수 있음을, 그리고 각 문자가 깨지는 방식은 독립임을 가정하고 있습니다(**정상 무기억 통신로**).

28 **전송 속도**나 **부호화 속도**라고도 합니다.

첫 출현까지의 거리

0001110101…처럼 랜덤으로(확률 반반으로 매번 독립에) 0 또는 1을 이어 써가면 지정한 패턴이 나올 때까지의 길이를 셀 수 있습니다. 예를 들어 지정 패턴이 1101이면 수열의 끝이 '…1101'로 된 시점에서 중단하고 거기까지의 길이를 의미합니다. 패턴에 따라 이 길이의 기댓값은 바뀌게 될까요?

지정 패턴이 01인 경우와 11인 경우를 각각 20번 컴퓨터로 시뮬레이션한 결과는 다음과 같습니다.

```
$ make↵
=========== pattern 01
./pattern.rb -p=01 20
11111001
1001
111111101
101
11101
01
001
111001
01
101
101
0001
01
1001
10000001
101
001
01
101
01
=========== pattern 11
./pattern.rb -p=11 20
1000100100001011
000011
11
11
101011
11
1011
010010010010000001 0011
10101001011
100011
11
0011
00011
11
100000000011
011
1011
11
11
010000100010011
```

더 분명하게 판단하기 위해 각 패턴에 대해 1,000회 시행해 집계하고 최초 출현까지의 길이를 히스토그램으로 그리면 이렇게 됩니다.

```
$ make long↵
=========== pattern 01
./pattern.rb -p=01 1000 | ./length.rb | ../histogram.rb -w=2 -u=10
  12<= |   2 (0.2%)
  10<= | * 18 (1.8%)
   8<= | **** 46 (4.6%)
   6<= | ********** 116 (11.6%)
   4<= | **************************** 308 (30.8%)
   2<= | *************************************************** 510 (51.0%)
total 1000 data (median 3, mean 3.95, std dev 1.98884)
=========== pattern 11
./pattern.rb -p=11 1000 | ./length.rb | ../histogram.rb -w=2 -u=10
  38<= |   1 (0.1%)
  36<= |   1 (0.1%)
  34<= |   0 (0.0%)
  32<= |   0 (0.0%)
  30<= |   2 (0.2%)
  28<= |   2 (0.2%)
  26<= |   0 (0.0%)
  24<= |   4 (0.4%)
  22<= |   4 (0.4%)
  20<= |   8 (0.8%)
  18<= | * 15 (1.5%)
  16<= | * 15 (1.5%)
  14<= | ** 29 (2.9%)
  12<= | *** 37 (3.7%)
  10<= | ******* 71 (7.1%)
   8<= | ********* 94 (9.4%)
   6<= | ************* 146 (14.6%)
   4<= | ******************* 206 (20.6%)
   2<= | ********************************* 365 (36.5%)
total 1000 data (median 5, mean 6.164, std dev 4.81613)
```

패턴 11이 출현하기까지 오래 걸리기 쉬운데, 그 이유를 설명할 수 있나요?

출현 횟수

이번에는 지정된 패턴이 일정한 길이까지 몇 번 나왔는지 셉니다. 예를 들어 패턴 01과 패턴 11에 대해 길이 20까지 몇 번 출현했는지를 세는 실험을 다섯 번씩 시행해봤습니다.

```
$ make count↵
=========== pattern 01
./pattern.rb -v -p=01 -c=20 5
11110111101000101110
4
11110011111110011111
2
10010110101010010000
6
10001100001011111100
3
10001101110101101101
6
=========== pattern 11
./pattern.rb -v -p=11 -c=20 5
```

```
00001011000011101010
3
00010110111100010000
4
01100100111111010111
8
11110001111101100001
8
11001100001001011001
3
```

확실한 결론을 내기 위해 각 패턴에 대해 길이 100까지의 출현 횟수를 1,000번의 시행을 통해 센 결과를 히스토그램으로 나타냈습니다.

```
$ make clong↵
=========== pattern 01
./pattern.rb -p=01 -c=100 1000 | ../histogram.rb -w=2 -u=10
   32<= |  4 (0.4%)
   30<= | ** 29 (2.9%)
   28<= | ********* 102 (10.2%)
   26<= | ********************** 232 (23.2%)
   24<= | ***************************** 305 (30.5%)
   22<= | ******************* 208 (20.8%)
   20<= | ********* 102 (10.2%)
   18<= | * 18 (1.8%)
total 1000 data (median 25, mean 24.654, std dev 2.5823)
=========== pattern 11
./pattern.rb -p=11 -c=100 1000 | ../histogram.rb -w=2 -u=10
   44<= |  2 (0.2%)
   42<= |  0 (0.0%)
   40<= |  1 (0.1%)
   38<= |  9 (0.9%)
   36<= | * 15 (1.5%)
   34<= | *** 32 (3.2%)
   32<= | ***** 52 (5.2%)
   30<= | ********* 103 (10.3%)
   28<= | ********* 101 (10.1%)
   26<= | ************ 132 (13.2%)
   24<= | ************ 132 (13.2%)
   22<= | *********** 123 (12.3%)
   20<= | ************ 127 (12.7%)
   18<= | ******** 84 (8.4%)
   16<= | **** 43 (4.3%)
   14<= | ** 28 (2.8%)
   12<= | * 10 (1.0%)
   10<= |  5 (0.5%)
    8<= |  1 (0.1%)
total 1000 data (median 25, mean 24.805, std dev 5.55022)
```

이 출현 횟수의 평균은 패턴 01에서나 패턴 11에서나 거의 같습니다. 얼핏 보면 이전 절의 결과와 모순되는 것 같은데요. 어떻게 설명하겠습니까?

부록

A. 이 책에서 사용하는 수학의 기초 사항

A.1 그리스 문자

소문자	대문자	읽는 법	소문자	대문자	읽는 법
α	A	알파	ν	N	뉴
β	B	베타	ξ	Ξ	크사이(크시)
γ	Γ	감마	o	O	오미크론
δ	Δ	델타	π	Π	파이
$\epsilon(\varepsilon)$	E	엡실론	ρ	P	로
ζ	Z	체타(제타)	σ	Σ	시그마
η	H	에타	τ	T	타우
$\theta(\partial)$	Θ	세타	υ	Υ	입실론
ι	I	요타	$\phi(\varphi)$	Φ	피
κ	K	카파	χ	X	카이
λ	Λ	람다	ψ	Ψ	프사이
μ	M	뮤	ω	Ω	오메가

A.2 수

A.2.1 자연수, 정수

0, 1, 2, 3, … (책에 따라서는 1, 2, 3, …)을 **자연수**라 하고, … , -2, -1, 0, 1, 2, … 을 **정수**라 합니다.

소수란 1과 자기 자신 외의 자연수로는 나눠지지 않는 (2 이상의) 자연수입니다. 구체적으로는 2, 3, 5, 7, 11, 13, 17, 19, 23, … 입니다.

A.2.2 유리수 · 실수

5/7처럼 '정수/정수' 형태의 분수로 표현할 수 있는 수를 **유리수**, $3.14159265\ldots$ 처럼 무한소수로 나타낼 수 있는 수를 **실수**라고 합니다. 정수는 유리수의 일종이고, 유리수는 실수의 일종입니다 ($-5 = -5/1$나 $3/4 = 0.75000\ldots$ 이나 $2/3 = 0.666\ldots$ 등).

실수 x의 **절댓값** $|x|$는 부호를 제거한 값입니다. 예를 들어 $|-5| = 5$, $|7.2| = 7.2$가 됩니다. 즉,

$$|x| = \begin{cases} x & (x \geq 0) \\ -x & (x < 0) \end{cases}$$

실수 $x_1, \ldots, x_n$에 대해 그 **최솟값**을 $\min(x_1, \ldots, x_n)$, **최댓값**을 $\max(x_1, \ldots, x_n)$으로 나타냅니다. 예를 들어 $\min(5, 2, 6, 4, 3) = 2$, $\max(5, 2, 6, 4, 3) = 6$입니다. 특히 인수가 두 개면

$$\min(x, y) = \begin{cases} x & (x \leq y) \\ y & (x > y) \end{cases}, \qquad \max(x, y) = \begin{cases} x & (x \geq y) \\ y & (x < y) \end{cases}$$

책에 따라서는 최솟값 $\min(x, y)$를 $x \wedge y$, 최댓값 $\max(x, y)$를 $x \vee y$로 나타내는 경우도 있습니다($\vee$나 $\wedge$라는 기호는 다른 의미로 많이 쓰이지만).

A.2.3 복소수

$i^2 = i \cdot i = -1$이 되는 **허수 단위** i를 써서

$$z = \alpha + i\beta \qquad (\alpha, \beta\text{는 실수}) \tag{A.1}$$

로 나타내지는 수를 **복소수**라고 합니다. 실수 α도 복소수의 일종입니다($\alpha + i0$이라고 해석).

복소수의 **절댓값**은 $|z| = \sqrt{\alpha^2 + \beta^2}$이라고 정의됩니다.

A.3 집합

A.3.1 집합의 표기법

집합을 나타내려면 $\{2, 4, 6, 8, 10\}$처럼 원소를 직접 열거하는 표기법 외에

$$\{2n \mid n\text{은 1 이상 5 이하의 정수}\}$$

와 같은 표기법(**조건제시법**)도 있습니다. 세로줄의 왼쪽이 원소의 형태를 나타내고, 오른쪽이 그

에 대한 조건을 나타냅니다. 세로줄을 '...... 의 집합, 단 ......'이라고 읽으면 이해되겠죠.[1]

x가 집합 A의 원소임을 나타낼 때는 $x \in A$라고 표현합니다. 이렇게 집합은 대문자로 쓰는 것이 관례입니다. 대문자라 하더라도 확률변수와 혼동하지 않도록 하세요. $A \subset B$는 집합 A의 원소가 모두 집합 B에도 속한다는 의미입니다. 즉, '$x \in A$면 $x \in B$'가 임의의 x에 대해 성립합니다. $A \subset B$라고 썼을 때 $A = B$도 허용할지는 사람마다 스타일이 다릅니다. 이 책에서는 같은 것끼리도 $A \subset A$라고 칩니다. 한편 '='도 허용하면 $\subseteq$, 허용하지 않으면 $\subset$'로 나눠 쓰는 사람도 있습니다.

공집합 { }를 $\emptyset$라고 씁니다(책에 따라서는 ϕ). 또 집합 A, B에 대해 양쪽에 다 속하는 원소의 집합을 **교집합** $A \cap B$, 적어도 한쪽(양쪽도 좋습니다)에 속하는 원소의 집합을 **합집합** $A \cup B$로 나타냅니다.

$$A \cap B = \{x \mid x \in A \text{ 고 } x \in B\}, \quad A \cup B = \{x \mid x \in A \text{ 또는 } x \in B\}$$

A.3.2 무한집합의 대소

이 책을 읽을 때 필요한 집합 관련 지식은 이전 절에서 설명한 정도면 충분합니다. 다음 내용은 관심 있는 분만 봐도 좋습니다.

자연수의 집합 $\mathbf{N}$ = {0, 1, 2, ...}과 일대일로 대응이 가능한 집합을 **가산집합**이라고 합니다. 가산 무한집합 또는 **가부번집합**이라고 하는 경우도 있으며, 예를 들어 정수의 집합 $\mathbf{Z}$ = {..., −2, −1, 0, 1, 2, ...}은 가산집합입니다. 이렇게 일대일 대응을 할 수 있기 때문입니다.

$\mathbf{N}$	0	1	2	3	4	5	6	$\cdots$
$\mathbf{Z}$	0		1		2		3	$\cdots$
		−1		−2		−3		$\cdots$

또 유리수의 집합 $\mathbf{Q}$도 사실은 가산집합입니다. 익숙해지면, '○○의 집합은 가산집합이다'라고 말하는 대신 짧게 '○○은 가산이다'라고 말할 수도 있습니다. '**고고 가산**'이라고 말하면 '유한 또는 가산'의 의미입니다.

실수의 집합 $\mathbf{R}$은 가산집합이 아닌 것으로 알려져 있습니다. 무한집합끼리도 차이가 있어 $\mathbf{R}$이 $\mathbf{N}$보다 본질적으로 큽니다. $\mathbf{R}$ 대신 '0 이상 1 이하의 모든 실수의 집합'이나 '사각형 영역 내의 모든 점의 집합'에서도 마찬가지입니다. 키워드는 **농도**와 **대각선 논법**입니다. 흥미 있는 분들에게는 참고문헌 [21]을 추천합니다.

---

1 책에 따라서는 세로줄 대신 세미콜론을 사용해 {$2n$; n은 1 이상 5 이하의 정수}처럼 쓰기도 합니다.

A.3.3 본격적으로 수학을 한다면

진지하게 수학에 임한다면 여러 가지를 집합이라는 개념을 써서 나타내므로 집합에 대한 기초를 더 확실히 다지지 않으면 안 됩니다. 예를 들어 다음은 각각 맞는 것일까요?[2]

1. $\{1, 2, 3\} = \{3, 2, 1\}$?
2. $\{1, 2, 3\} = \{1, 2, 2, 3\}$?
3. $1 \in \{1, 2, 3\}$?
4. $1 \subset \{1, 2, 3\}$?
5. $\{1, 3\} \in \{1, 2, 3\}$?
6. $\{1, 3\} \subset \{1, 2, 3\}$?
7. $\{1\} \in \{1, 2, 3\}$?
8. $\{1\} \subset \{1, 2, 3\}$?
9. $2 \in \{1, \{2, 3\}\}$?
10. $2 \subset \{1, \{2, 3\}\}$?
11. $\{2\} \in \{1, \{2, 3\}\}$?
12. $\{2\} \subset \{1, \{2, 3\}\}$?
13. $\{2, 3\} \in \{1, \{2, 3\}\}$?
14. $\{2, 3\} \subset \{1, \{2, 3\}\}$?
15. $\{1, 3\} \in \{1, \{2, 3\}\}$?
16. $\{1, 3\} \subset \{1, \{2, 3\}\}$?
17. $\emptyset \in \{1, 2, 3\}$?
18. $\emptyset \subset \{1, 2, 3\}$?
19. $\emptyset = \{\emptyset\}$?
20. $\emptyset \in \{\emptyset\}$?
21. $\emptyset \subset \{\emptyset\}$?

A.4 합 $\sum$

A.4.1 정의와 기본 성질

$a_1 + a_2 + \cdots + a_9 + a_{10}$을 짧게

$$\sum_{i=1}^{10} a_i$$

---

2 올바른 것은 1, 2, 3, 6, 8, 13, 18, 20, 21번입니다.

로 나타냅니다. 문장에서는 $\sum_{i=1}^{10} a_i$로 나타냅니다. 여기서는

$$\sum_{j=1}^{10} a_j$$

라고 써도 똑같은 뜻이라는 점에 유의해야 합니다. '카운터'에는 i나 j가 아닌 어떤 문자를 써도 상관없습니다.

익숙해지도록 좀 연습해봅시다.

$$\sum_{j=3}^{7} f_j(i, j, k)$$

를 $\sum$를 사용하지 않고 나열해서 쓰면 어떻게 될까요? 답은

$$f_3(i, 3, k) + f_4(i, 4, k) + f_5(i, 5, k) + f_6(i, 6, k) + f_7(i, 7, k)$$

입니다. 결과에 카운터 j는 나타나지 않는 점에 주의하세요. (쓰이지 않은 문자라면) 무엇을 카운터로 사용해도 마찬가지이므로 결과에 카운터가 남는 일은 없습니다.

문제를 하나 더 들어서

$$\sum_{i=1}^{10} g(k, l, m)$$

이라면? 답은

$$\overbrace{g(k, l, m) + g(k, l, m) + \cdots + g(k, l, m)}^{10\,\text{개}} = 10g(k, l, m)$$

입니다. $\sum$의 내용 $g(k, l, m)$이 카운터 i에 의존하지 않으므로(i가 바뀌어도 값이 바뀌지 않음) 조금 전과 마찬가지입니다. 그래서 단순히 알맹이 $\times$ 개수가 됩니다. $g(k, l, m)$이 상수처럼 보이지는 않지만, 지금은 i에 따라 달라지는지의 관점으로 보기에 상수로 취급되는 점에 주의합시다.

비슷한 이야기로

$$\sum_{i=1}^{10} g(k, l)h(i, j) = g(k, l)\sum_{i=1}^{10} h(i, j)$$

라는 것도 알겠죠? $\sum$를 사용하지 않고 쓰면, 이는

$$g(k, l)h(1, j) + g(k, l)h(2, j) + \cdots + g(k, l)h(10, j)$$
$$= g(k, l)\Big(h(1, j) + h(2, j) + \cdots + h(10, j)\Big)$$

처럼 공통항을 묶어 꺼냈을 뿐입니다. 카운터 i에 의존하지 않는 항 $g(k, l)$은 $\sum_i$의 밖으로 꺼내는 것입니다.

A.4.2 이중화

$\sum$가 이중으로 되어 있을 때는 적절히 괄호를 보충해 해석합니다. 예를 들어

$$\sum_{i=1}^{3}\sum_{j=1}^{4} f(i,j)$$

라면

$$
\begin{aligned}
\sum_{i=1}^{3}\left(\sum_{j=1}^{4} f(i,j)\right) &= \sum_{i=1}^{3}\Big(f(i,1) + f(i,2) + f(i,3) + f(i,4)\Big) \\
&= \Big(f(1,1) + f(1,2) + f(1,3) + f(1,4)\Big) \\
&\quad + \Big(f(2,1) + f(2,2) + f(2,3) + f(2,4)\Big) \\
&\quad + \Big(f(3,1) + f(3,2) + f(3,3) + f(3,4)\Big)
\end{aligned}
$$

입니다. 여기서 포인트는

$$\sum_{i=1}^{3}\sum_{j=1}^{4} f(i,j) = \sum_{j=1}^{4}\sum_{i=1}^{3} f(i,j)$$

처럼 $\sum$의 순서를 바꿔놓는 것입니다. 좌변과 우변 모두 요점은 '다음 표의 $f(*, *)$를 전부 더한다'는 뜻이므로 결과는 같습니다.

	$j = 1$	$j = 2$	$j = 3$	$j = 4$
$i = 1$	$f(1, 1)$	$f(1, 2)$	$f(1, 3)$	$f(1, 4)$
$i = 2$	$f(2, 1)$	$f(2, 2)$	$f(2, 3)$	$f(2, 4)$
$i = 3$	$f(3, 1)$	$f(3, 2)$	$f(3, 3)$	$f(3, 4)$

다만 이렇게 단순하게 바꿔놓을 수 있는 것은 i의 범위와 j의 범위가 개별적으로 정해져 있을 때뿐입니다. 다음과 같은 경우는 들어맞지 않습니다.

$$\sum_{i=1}^{4}\sum_{j=1}^{i} f(i,j)$$

j의 범위가 <u>i에 따라</u> 정해지기 때문입니다. 이것을 단순하게 바꿔놓으면 식이 원래 의미를 잃어

버립니다.

$$\sum_{j=1}^{i} \sum_{i=1}^{4} f(i,j) \quad \cdots\cdots \text{잘못된 식}$$

$\sum_{j=1}^{i}$이라고 쓴 시점에서 i를 써버렸으므로, 이미 사용된 문자 i를 내부의 $\sum$ 카운터로 사용할 수 없습니다. 그렇다고

$$\sum_{j=1}^{4} \sum_{i=1}^{j} f(i,j)$$

처럼 i, j를 기계적으로 바꿔놓는 것도 안 됩니다. 그러면 원래 식과는 다른 결과가 나옵니다. 정답은 다음과 같습니다.

$$\sum_{i=1}^{4} \sum_{j=1}^{i} f(i,j) = \sum_{j=1}^{4} \sum_{i=j}^{4} f(i,j)$$

어디가 달라졌는지 잘 비교합시다. 다음 표를 보면 이유를 알 수 있습니다. 좌변과 우변 모두 요점은 다음 표의 $f(*, *)$를 전부 더하라는 뜻이므로 결과는 같습니다. 좌변과 우변이 각각 어떤 순서대로 표의 합계를 구하고 있는지 확인하세요.

	$j = 1$	$j = 2$	$j = 3$	$j = 4$
$i = 1$	$f(1, 1)$			
$i = 2$	$f(2, 1)$	$f(2, 2)$		
$i = 3$	$f(3, 1)$	$f(3, 2)$	$f(3, 3)$	
$i = 4$	$f(4, 1)$	$f(4, 2)$	$f(4, 3)$	$f(4, 4)$

흔히 다음과 같은 부주의한 실수를 저지릅니다.

$$\left(\sum_{i=1}^{5} f(i) \right)^2 = \left(\sum_{i=1}^{5} f(i) \right) \left(\sum_{i=1}^{5} f(i) \right) = \sum_{i=1}^{5} \sum_{i=1}^{5} f(i)f(i) \quad \cdots\cdots \text{잘못된 식}$$

이것도 처음의 $\sum_i$에서 i라는 문자를 썼으니 다음 $\sum$도 사용하지 않은 다른 문자를 카운터로 해야 합니다. 정확히는 다음과 같습니다.

$$\left(\sum_{i=1}^{5} f(i) \right)^2 = \left(\sum_{i=1}^{5} f(i) \right) \left(\sum_{j=1}^{5} f(j) \right) = \sum_{i=1}^{5} \sum_{j=1}^{5} f(i)f(j)$$

A.4.3 범위 지정

여기까지는 합의 범위를 상한과 하한으로 지정했습니다. 그 외에 범위를 집합에서 지정하는 표기법도 있습니다. $A = \{2, 4, 6, 8, 10\}$에 대해

$$\sum_{i \in A} f(i)$$

로 쓰면 $f(2) + f(4) + f(6) + f(8) + f(10)$의 의미입니다. 이 표기법은 지금과 같은 띄엄띄엄한 값 등도 유연하게 다루고, 정수 외에도 사용할 수 있으므로 편리합니다. 또 조건

$$\sum_{\substack{1 \leq i \leq 10 \\ i \text{는 짝수}}} f(i) = f(2) + f(4) + f(6) + f(8) + f(10)$$

처럼 쓰는 방법도 있습니다. 마찬가지로

$$\sum_{1 \leq i \leq 10} f(i) = f(1) + f(2) + \cdots + f(9) + f(10)$$

이 경우 엄밀하게는 'i는 정수'라고 써야 하는데, 문맥으로 알 수 있다면 이런 식으로 줄이곤 합니다. 더 대담하게 범위를 완전히 생략해서

$$\sum_{i} f(i)$$

라고만 쓰는 것도 있습니다. 이러한 경우라면 전후 맥락에서 스스로 범위를 판단하세요.

A.4.4 등비급수

마지막으로 유명한 공식을 언급해둡시다. **등비급수**의 공식입니다. $m \leq n$에 대해

$$\sum_{i=m}^{n} r^i = \frac{r^m - r^{n+1}}{1 - r} = \frac{(\text{초항}) - (\text{말항의 다음 항목})}{1 - (\text{공비})} \qquad (\text{단, } r \neq 1\text{일 때}) \tag{A.2}$$

따라서 특히

$$\sum_{i=1}^{\infty} r^i = \frac{r}{1 - r} \qquad (\text{단, } |r| < 1\text{일 때}) \tag{A.3}$$

만약 $|r| \geq 1$이면 이 무한한 합은 수렴하지 않습니다.

식 (A.2)의 좌변을 s라 두고 $s - rs$를 계산해주세요. 연습을 위해 굳이 거창하게 $\sum$로 써봅시다.

$$s - rs = \sum_{i=m}^{n} r^i - r \sum_{i=m}^{n} r^i = \sum_{i=m}^{n} r^i - \sum_{i=m}^{n} r^{i+1} = \sum_{i=m}^{n} r^i - \sum_{i=m+1}^{n+1} r^i = r^m - r^{n+1}$$

따라서 $(1 - r)s = r^m - r^{n+1}$이므로 식 (A.2)가 됩니다.

이 공식을 응용하면

$$\sum_{i=1}^{\infty} ir^i = \frac{r}{(1 - r)^2} \qquad (\text{단, } |r| < 1 \text{일 때})$$

도 나옵니다. 실제로 지금 식의 좌변을 t라 두고 t와 rt를 나란히 하면 다음과 같습니다.

$$\begin{aligned}
t &= 1 \cdot r &+ 2 \cdot r^2 &+ 3 \cdot r^3 &+ 4 \cdot r^4 &+ 5 \cdot r^5 &+ \cdots \\
rt &= &1 \cdot r^2 &+ 2 \cdot r^3 &+ 3 \cdot r^4 &+ 4 \cdot r^5 &+ \cdots
\end{aligned}$$

그래서 좌변끼리 우변끼리 빼면

$$t - rt = r + r^2 + r^3 + r^4 + r^5 + \cdots = \frac{r}{1 - r}$$

즉, $(1 - r)t = r/(1 - r)$이므로 $t = r/(1 - r)^2$이 됩니다. 혹 대학생이라면 식 (A.3)의 양변을 r로 미분한 다음 r을 곱하는 매끈한 유도 방법도 고려할 수 있습니다.

A.5 지수와 로그

지수와 로그에 대해 간략하게 설명합니다(수학적으로 엄밀한 논의는 아닙니다).

A.5.1 지수함수

$2^3 = 2 \cdot 2 \cdot 2$나 $7^5 = 7 \cdot 7 \cdot 7 \cdot 7 \cdot 7$처럼 a를 b번 곱하는 것을 a^b라 쓰고, a의 b제곱(또는 승)이라 부릅니다. 이 정의에서

$$a^{b+c} = a^b a^c \qquad (\text{예}) \quad 2^{3+4} = \underbrace{\overbrace{2 \cdot 2 \cdot 2}^{\text{(3+4)개}} \cdot \underbrace{2 \cdot 2 \cdot 2 \cdot 2}_{\text{4개}}}_{\text{3개}} = 2^3 2^4 \tag{A.4}$$

$$a^{bc} = \left(a^b\right)^c = \left(a^c\right)^b \qquad \text{(예)} \quad 5^{2\cdot3} = \overbrace{\underbrace{5\cdot5}_{2\text{개}}\cdot\underbrace{5\cdot5}_{2\text{개}}\cdot\underbrace{5\cdot5}_{2\text{개}}}^{2\cdot3\text{개}} = \left(5^2\right)^3 \qquad\qquad (A.5)$$

임을 바로 알 수 있습니다.[3]

지금까지는 '양의 정수'의 경우였습니다. 이것을 차례로 확장합니다. 우선 다음 표를 보세요.

$\cdots$	3^{-2}	3^{-1}	3^0	3^1	3^2	3^3	3^4	$\cdots$
$\cdots$	?	?	?	3	9	27	81	$\cdots$

'?'에는 무엇을 넣는 것이 자연스럽죠? 오른쪽으로 진행하면서 세 배, 세 배가 되므로, 거꾸로 왼쪽으로 가면 1/3배, 1/3배가 되는 규칙입니다. 그래서 이렇게 하는 것이 자연스럽습니다.

$\cdots$	3^{-2}	3^{-1}	3^0	3^1	3^2	3^3	3^4	$\cdots$
$\cdots$	1/9	1/3	1	3	9	27	81	$\cdots$

이것을 일반화하면 0승과 음수승은

$$a^0 = 1, \quad a^{-1} = 1/a, \quad a^{-2} = 1/a^2, \quad a^{-3} = 1/a^3, \quad \cdots \qquad (\text{단}, a \neq 0)$$

으로 정의합니다.

이 이야기는 식 (A.4)가 성립되게 멱승을 확장한 결과라고도 해석할 수 있습니다. $a^3\, a^{-2} = a^{3+(-2)}$과 같은 식으로부터 저절로 $a^{-2} = 1/a^2$이 유도되기 때문입니다. 다른 식 (A.5)에 주목하면 분수 제곱을 어떻게 정의해야 할지가 보입니다. $x = 5^{1/2}$이라 두고, (A.5)가 분수 제곱에도 성립한다면 $x^2 = 5^1 = 5$입니다. 그래서 $x = \sqrt{5}$입니다. 마찬가지로 $y = 5^{1/4}$이면 $y^4 = 5^1 = 5$, 즉 $y = \sqrt[4]{5}$입니다.[4] 일반화하면 이렇게 됩니다.

$$a^{1/2} = \sqrt{a}, \quad a^{1/3} = \sqrt[3]{a}, \quad a^{1/4} = \sqrt[4]{a}, \quad \cdots \qquad (\text{단}, a > 0)$$

이어서 $z = 5^{7/4}$이면 $z^4 = 5^7$, 즉 $z = \sqrt[4]{5^7} = \sqrt[4]{5}^7$이어야 합니다. 일반화하면

$$a^{p/q} = \sqrt[q]{a^p} = \sqrt[q]{a}^p \qquad (\text{단}, a > 0, p\text{는 정수}, q\text{는 정수})$$

분수 제곱을 정의할 수 있다는 것은 유한소수 제곱도 정의할 수 있다는 뜻입니다. $5^{3.14} = 5^{314/100}$ 처럼 분수 제곱으로 바꿀 수 있기 때문입니다. 그러면 $\pi = 3.1415\ldots$과 같은 무한소수 제곱에 대해서는 $5^{3.14}$과 $5^{3.15}$ 사이 정도의 값을 5^π라고 정하고 싶어집니다. 더 정확히는 $5^{3.141}$과 $5^{3.142}$

---

3   또 하나 $(ab)^c = a^c\, b^c$도 바로 알 수 있습니다만, 지금은 쓰지 않습니다. 또한, 괄호 없이 5^{2^3}이라 쓰면 $\left(5^2\right)^3$이 아니라 $5^{\left(2^3\right)}$이라는 의미입니다.

4   $\sqrt[4]{5}$란 '4승 하면 5가 되는 (양의) 실수'입니다. 부호에 대해 집착하면 고차원적인 이야기가 되어버리므로 깊이 들어가지는 않겠습니다(리만 면이 나오는 등).

사이입니다. 더욱더 정확히는 $5^{3.1415}$과 $5^{3.1416}$ 사이입니다. 이렇게 자릿수를 늘려가는 극한으로 5^π를 정의합니다. 다음 수열의 극한이 5^π라고 생각해도 좋습니다.

$$5^3,\ 5^{3.1},\ 5^{3.14},\ 5^{3.141},\ 5^{3.1415},\ \ldots$$

이렇게 드디어 실수승까지 확장됐습니다.

$y = a^x$의 그래프(a가 밑인 **지수함수**)를 여러 가지 a에 대해 그린 것이 그림 A–1입니다. $a > 1$의 경우 x가 늘어나면서 a^x는 급속히 커집니다. 얼마나 빠른가 하면

$$x \to \infty \text{일 때,} \quad \frac{x}{a^x} \to 0, \quad \frac{x^7}{a^x} \to 0, \quad \frac{x^{365.2422}}{a^x} \to 0 \text{ 등} \qquad \text{(단, } a > 1)$$

아무리 큰 상수 $k > 0$을 가져와도 x^k에서는 a^x의 폭발 솜씨를 능가할 수 없습니다. $0 < a < 1$의 경우에는 반대로 x가 늘어나면서 a^x는 급속히 0에 다가갑니다.

❤ **그림 A–1** 여러 a에 대한 $y = a^x$의 그래프

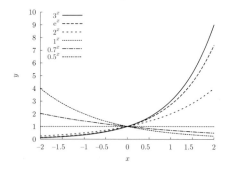

그런데 그림 A–1을 다시 한 번 보세요. $x = 0$일 때는 모두 $a^x = 1$입니다만, $x = 0$의 기울기는 a가 늘어나면서 커지고 있습니다. $x = 0$의 기울기가 막 1이 되는 a를 e라는 기호로 나타냈으며, e^x와 $\exp x$를 함께 씁니다.[5] e의 구체적인 값은 $2.71828\ldots$입니다. 지금까지의 이야기로

$$\exp(b + c) = (\exp b)(\exp c), \quad \exp(bc) = (\exp b)^c = (\exp c)^b, \quad \exp 0 = 1, \quad \exp'(0) = 1$$

이 성립합니다(여기서 ''' 기호는 미분을 나타냅니다). 그렇다면 다음과 같습니다.

$$\exp'(x) = \lim_{h \to 0} \frac{\exp(x + h) - \exp x}{h} = \lim_{h \to 0} \frac{(\exp x)(\exp h) - \exp x}{h}$$
$$= (\exp x) \lim_{h \to 0} \frac{\exp h - \exp 0}{h} = (\exp x)(\exp'(0)) = \exp x$$

---

5 단순히 지수함수(exponential function)라 하면 exp를 말합니다. $e^{(\text{티격태격})}$은 작고 보기 힘들어서 $\exp^{(\text{티격태격})}$이라는 표기를 선호합니다. e에는 **네이피어 수**라는 이름이 일단 붙어 있지만 실제로 그렇게 부르는 사람은 많지 않습니다. 오히려 **자연 로그의 밑**이라는 본말이 전도된 이름이 많이 쓰입니다.

즉, exp라는 함수는 미분해도 exp입니다.

A.2 e의 정의가 즉각 이해되지 않습니다.

그러면 한 가지 다른 이야기에서 e를 소개하겠습니다. 반년 복리라는 말을 들어본 적이 있나요? 연 1% 이자로 돈을 맡겼을 때, 일반적인 방식으로 계산하면 1년 후에 돈은 1.01배가 되어 있습니다. 그러나 같은 연 1%라도 반년 복리라면 반년마다 1%의 절반(즉, 0.5%) 이자가 된다는 계약입니다. 그래서 1년 후에는 $1.005^2 = 1.010025$배입니다. 이자에 이자만큼 반년 복리로 금액이 커집니다. 그러면 연 100%로 이자가 매우 높은 은행이 있다고 합시다.

- 일반적인 방식으로 계산하면 1년 후에는 돈이 두 배
- 반년 복리라면 반년마다 50%의 이자가 붙어서 1년 후에는 $1.5^2 = 2.25$배
- 한 달 복리라면 한 달마다 $(100/12)\%$의 이자가 붙어서 1년 후에는 $(1 + 1/12)^{12} \approx 2.613$배
- 하루 복리라면 하루마다 $(100/365)\%$의 이자가 붙어서 1년 후에는 $(1 + 1/365)^{365} \approx 2.715$배

복리의 기간이 짧을수록 이자의 이자 형태로 이자가 계속 붙어서 금액은 부풀어갑니다. 그러나 끝없이 펼쳐지지는 않습니다. 기간을 0에 접근시킨 극한(일명 순간 복리)으로 1년 후의 금액은 사실 e배입니다. 좀 더 일반적으로 임의의 실수 c에 대해

$$\left(1 + \frac{c}{n}\right)^n \to e^c \qquad (n \to \infty) \tag{A.6}$$

라는 성질이 알려져 있습니다.

또 복소수에 대해서도 exp는 다음과 같이 정의됩니다. $z = \alpha + i\beta(\alpha, \beta$는 실수)에 대해

$$\exp z = \exp(\alpha + i\beta) = (\exp \alpha)(\exp i\beta), \qquad \exp i\beta = \cos \beta + i \sin \beta$$

오른쪽 식이 유명한 **오일러의 공식**입니다. 왜 이렇게 정의하는 것이 자연스러운지 알고 싶다면 해석학을 공부하세요. 참고문헌 [32]의 부록 B에서는 이 정의의 자연스러움을 미분 방정식으로 설명합니다.

A.5.2 가우스 적분

상수 $a > 0$에 대해 다음 공식이 성립합니다(**가우스 적분**).

$$\int_{-\infty}^{\infty} \exp(-ax^2) \, dx = \sqrt{\frac{\pi}{a}} \tag{A.7}$$

이를 도출하려면 다변수의 적분을 교묘하게 사용해야 합니다.[6] 이렇게 $\exp(-ax^2)$을 포함한 적분 계산이 정규분포를 논의할 때는 자주 필요합니다(4.6절 '정규분포와 중심극한정리').

식 (A.7)의 양변을 a로 미분함으로써

$$\int_{-\infty}^{\infty} x^2 \exp(-ax^2)\,dx = \frac{1}{2}\sqrt{\frac{\pi}{a^3}}$$

를 얻을 수 있습니다. 더욱이 그 양변을 a로 미분하면

$$\int_{-\infty}^{\infty} x^4 \exp(-ax^2)\,dx = \frac{3}{4}\sqrt{\frac{\pi}{a^5}}$$

도 얻을 수 있습니다. 특히 $a = 1/(2\sigma^2)$일 때가 정규분포의 논의에 나타납니다.

$$\int_{-\infty}^{\infty} \exp\left(-\frac{x^2}{2\sigma^2}\right)\,dx = \sqrt{2\pi}|\sigma| = \sqrt{2\pi\sigma^2}$$
$$\int_{-\infty}^{\infty} x^2 \exp\left(-\frac{x^2}{2\sigma^2}\right)\,dx = \sqrt{2\pi}|\sigma|^3 = \sigma^2\sqrt{2\pi\sigma^2}$$
$$\int_{-\infty}^{\infty} x^4 \exp\left(-\frac{x^2}{2\sigma^2}\right)\,dx = 3\sqrt{2\pi}|\sigma|^5 = 3\sigma^4\sqrt{2\pi\sigma^2}$$

사족입니다만, 살펴보는 김에 홀수 제곱도 잠깐 다루겠습니다. $\int_0^{\infty} x \exp(-ax^2)\,dx$는 $x^2 = u$라고 둬서 치환적분으로 계산합니다. $du/dx = 2x$에 주의해서

$$\int_0^{\infty} x \exp(-ax^2)\,dx = \frac{1}{2}\int_0^{\infty} \exp(-au)\,du = \frac{1}{2}\left[-\frac{1}{a}\exp(-au)\right]_0^{\infty} = \frac{1}{2a}$$

이 답입니다. 한편, 적분 범위가 $\int_{-\infty}^{\infty}$면 그림 A-2처럼 대칭성으로부터

$$\int_{-\infty}^{\infty} x \exp(-ax^2)\,dx = 0$$

입니다.[7] 마찬가지로 이 형태의 홀수 제곱은 모두 0입니다.

$$\int_{-\infty}^{\infty} x^k \exp(-ax^2)\,dx = 0 \qquad (k = 1, 3, 5, \ldots)$$

---

6 좌변을 I라 두고

$$I^2 = \left(\int_{-\infty}^{\infty} \exp(-ax^2)\,dx\right)\left(\int_{-\infty}^{\infty} \exp(-ay^2)\,dy\right) = \int_{-\infty}^{\infty}\int_{-\infty}^{\infty} \exp(-a(x^2+y^2))\,dy\,dx$$

를 극좌표로 변환해 계산합니다. 자세한 것은 해석학 교과서를 참조하세요.

7 이 적분은 $\int_0^{\infty}$의 결과로부터 제대로 값이 정해집니다. $\infty - \infty$의 부정형은 되지 않습니다.

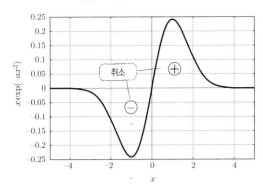

❤ 그림 A-2 $x\exp(-ax^2)$은 기함수이므로, 적분하면 0이다.

안타깝게도 일반적인 적분 범위의 $\int_\alpha^\beta \exp(-ax^2)\,dx$는 친숙한 함수($\sqrt{}$ 나 $\exp$나 $\sin$ 등)로 쓱 쓱 나타낼 수 없습니다. 따라서 많은 프로그래밍 언어에는 **오차함수**(error function)라는 것을 수치 계산하는 루틴이 준비되어 있습니다.[8] 오차함수는

$$\mathrm{erf}(t) \equiv \frac{2}{\sqrt{\pi}} \int_0^t \exp(-x^2)\,dx$$

라 정의되고

$$\mathrm{erf}(-t) = -\,\mathrm{erf}(t), \qquad \lim_{t\to -\infty}\mathrm{erf}(t) = -1, \qquad \lim_{t\to \infty}\mathrm{erf}(t) = 1$$

이라는 성질을 갖습니다. erf를 사용하면, 예를 들어 $\int_{-3}^7 \exp(-x^2)\,dx$는

$$\int_{-3}^7 \exp(-x^2)\,dx = \int_{-3}^0 \exp(-x^2)\,dx + \int_0^7 \exp(-x^2)\,dx$$
$$= -\int_0^{-3} \exp(-x^2)\,dx + \int_0^7 \exp(-x^2)\,dx = -\frac{\sqrt{\pi}}{2}\,\mathrm{erf}(-3) + \frac{\sqrt{\pi}}{2}\,\mathrm{erf}(7)$$

로 계산합니다. 혹은 $\int_{-3}^0 \exp(-x^2)\,dx = \int_0^3 \exp(-x^2)\,dx$가 한눈에 보인다면

$$\int_{-3}^7 \exp(-x^2)\,dx = \int_0^3 \exp(-x^2)\,dx + \int_0^7 \exp(-x^2)\,dx = \frac{\sqrt{\pi}}{2}\big(\mathrm{erf}(3) + \mathrm{erf}(7)\big)$$

이라고 계산해도 좋습니다.

---

8   조금 다른 것을 오차함수라고 부르는 경우도 있을지 모르므로 만일을 위해 정의는 확인하세요.

예제 A.1

$\int_5^\infty \exp(-x^2)\,dx$를 erf로 나타내세요.

답

$$\int_5^\infty \exp(-x^2)\,dx = \int_0^\infty \exp(-x^2)\,dx - \int_0^5 \exp(-x^2)\,dx = \frac{\sqrt{\pi}}{2} - \frac{\sqrt{\pi}}{2}\,\mathrm{erf}(5)$$

예제 A.2

$\int_0^6 \exp(-9x^2)\,dx$를 erf로 나타내세요.

답

($y^2 = 9x^2$이 되도록) $y = 3x$라 하고 치환적분하면 다음과 같다.

$$\int_0^6 \exp(-9x^2)\,dx = \frac{1}{3}\int_0^{18} \exp(-y^2)\,dy = \frac{1}{3}\cdot\frac{\sqrt{\pi}}{2}\,\mathrm{erf}(18)$$

A.5.3 로그함수

$y = a^x$의 역함수를 $\log_a$라 쓰고, a를 밑으로 하는 **로그**(logarithm)라 부릅니다.

$$y = a^x \quad \Leftrightarrow \quad x = \log_a y \qquad (a > 0,\ a \neq 1,\ y > 0)$$

$\log_a y$는 'a를 몇 제곱하면 y가 될까'라는 의미입니다. $2^3 = 8$이므로 $\log_2 8 = 3$, $3^4 = 81$이므로 $\log_3 81 = 4$, 이런 식입니다. 특히 $\log_e$는 **자연 로그**(natural logarithm)라 부르며, 그냥 $\log$라고 씁니다.[9] $\log$의 그래프는 그림 A-3처럼 됩니다.

▼ 그림 A-3 $x = \log_y$의 그래프. $y = \exp x$ 그래프의 세로축과 가로축을 '확' 뒤집어놓은 것

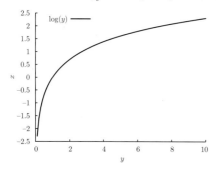

---

9 ln이라고 쓰는 사람도 있습니다. 참고로 $\log_{10}$은 **상용 로그**라고 합니다.

log에 관해서는 특히 'log를 취한다' 혹은 '대수를 취한다'는 말이 잘 쓰입니다. 예를 들어 '$v = f(u)$라는 식의 양변에 log를 취하면 $\log v = \log f(u)$를 얻을 수 있다'는 식입니다.

a^x의 성질로부터 $\log_a y$에 대응하는 성질이 다음과 같이 나옵니다.

$$a^{b+c} = a^b a^c \Rightarrow \log_a u + \log_a v = \log_a(uv) \qquad (a^b = u,\, a^c = v \text{라고 함})$$
$$\cdots\cdots\, a \text{를 몇 제곱하면 } uv(= a^b a^c)\text{일까? 답은 } (b+c) \text{ 제곱이다.}$$
$$a^{bc} = \left(a^b\right)^c \Rightarrow c\log_a u = \log_a(u^c) \qquad (a^b = u \text{라고 함})$$
$$\cdots\cdots\, a \text{를 몇 제곱하면 } u^c(= (a^b)^c)\text{일까? 답은 } bc \text{ 제곱이다.}$$

따라서 특히

$$-\log_a u = \log_a \frac{1}{u}$$

또한, 다른 시각으로 보면

$$a^{bc} = \left(a^b\right)^c \Rightarrow \log_a w = (\log_a u)(\log_u w) \qquad (a^{bc} = w,\, a^b = u \text{라고 함})$$
$$\cdots\cdots\, \text{왼쪽의 성질로부터 } \log_u w = c. \text{ 따라서 화살표 오른쪽 식은 양변 모두 } bc\text{다.}$$

이를 변형한 밑의 변환 공식이 있습니다.

$$\log_u w = \frac{\log_a w}{\log_a u}$$

마지막으로

$$\frac{d}{dx}\exp x = \exp x \text{로부터} \quad \frac{d}{dy}\log y = \frac{1}{y} \quad (y = \exp x \text{라고 함}) \tag{A.8}$$

을 이야기하며 이번 절은 끝냅니다. 여기서 "헉" 소리를 낸 사람은 해석학(역함수의 미분)을 복습하세요.

A.3 이런 것을 알면 뭐가 좋나요?

위 결과의 좌변과 우변을 바꾼 다음 다시 감상해보세요.

$$\log_a(uv) = \log_a u + \log_a v, \qquad \log_a(u^c) = c\log_a u, \qquad \log_a \frac{1}{u} = -\log_a u$$

이런 식으로 log를 함으로써 '곱셈을 덧셈으로', '제곱을 곱셈으로', '나눗셈을 뺄셈으로' 격하시킬 수 있습니다. 계산기가 보급되기 전에는 이 성질을 사용한 도구가 과학자나 기술자들 사이에 널리 사용됐죠. 또 매우 큰 값과 매우 0에 가까운 값으로도 log를 취하면 웬만한 값으로 변환됩니다. 이것도 편리

한 성질입니다. 현재도

- 컴퓨터로 수치 계산을 할 때 오버플로와 언더플로를 막는다.
- 종이와 연필로 문자식을 계산할 때 식을 다루기가 쉽다(8.3절 '정보이론에서', 부록 C.3절 '쿨백 라이블러 정보량과 대편차 원리').
- 그래프를 그릴 때 축을 로그 눈금으로 취함으로써 넓은 범위의 값을 보기 쉽게 표시하거나 제곱 관계를 분명히 나타낸다.

등의 이점을 얻는 데 위의 성질이 활용되고 있습니다. 특히 확률의 응용에서는 log가 잘 나옵니다. 예를 들어 독립적인 확률변수들의 결합분포는 주변분포의 곱셈이므로, 변수가 많으면 '많은 값의 곱셈'이 나타납니다. 그런 계산에서는 log를 취하는 것이 정석입니다.

예제 A.3

2^{100}은 (십진법에서) 몇 자리 수인가요? 단 $\log_{10} 2 = 0.301 \dots$ 입니다.

답

$\log_{10} 2^{100} = 100 \log_{10} 2 = 30.1 \dots$ 으로부터 $10^{30} < 2^{100} < 10^{31}$입니다. 따라서 2^{100}은 31자릿수입니다.[10]

예제 A.4

식 (A.8)을 써서 다음 식을 유도하세요.

$$\log\left(\left(1 + \frac{c}{n}\right)^n\right) \to c \qquad (n \to \infty)$$

답

$c = 0$의 경우에 대해서는 자명하므로, 이제부터 $c \neq 0$으로 합니다. 미분의 정의와 식 (A.8)을 견주면 다음과 같습니다.

$$\lim_{\epsilon \to 0} \frac{\log(y + \epsilon) - \log y}{\epsilon} = \frac{1}{y}$$

---

10 **자릿수**는 다음처럼 셀 수 있습니다. $10^0 = 1 \le n < 10 = 10^1$이면 n은 한 자리, $10^1 = 10 \le n < 100 = 10^2$이면 n은 두 자리, $10^2 = 100 \le n < 1000 = 10^3$이면 n은 세 자리입니다.

특히 $y = 1$일 때를 생각하면($\log 1 = 0$에 주의) 다음과 같고

$$\lim_{\epsilon \to 0} \frac{\log(1 + \epsilon)}{\epsilon} = 1$$

여기에 $c/n = \epsilon$이라 해두면

$$\log\left(\left(1 + \frac{c}{n}\right)^n\right) = n \log\left(1 + \frac{c}{n}\right) = c\frac{\log(1 + \epsilon)}{\epsilon} \to c \quad (\epsilon \to 0)$$

임을 알 수 있습니다. 즉, $n \to \infty$일 때 좌변은 c에 수렴합니다.

위의 논의를 숙지하면 식 (A.6)에도 수긍하게 될 것입니다.[11]

부록

예제 A.5

$d(\log_2 y)/dy$를 구하세요.

답

$\log_2 y = (\log y)/(\log 2)$로부터 $d(\log_2 y)/dy = 1/(y \log 2)$입니다. 또한, $\log 2 = (\log_2 2)/(\log_2 e)$ $= 1/(\log_2 e)$이라는 관계를 사용하면, $d(\log_2 y)/dy = (\log_2 e)/y$처럼 일관되게 $\log_2$로 나타낼 수 있습니다. 8.3절에서는 이쪽을 썼습니다.

A.6 내적과 길이

정규직교기저[12]에서 (실제 수치를 성분으로 한) 종벡터

$$\boldsymbol{x} = \begin{pmatrix} x_1 \\ \vdots \\ x_n \end{pmatrix}, \quad \boldsymbol{y} = \begin{pmatrix} y_1 \\ \vdots \\ y_n \end{pmatrix}$$

의 내적은

$$\boldsymbol{x} \cdot \boldsymbol{y} = x_1 y_1 + \cdots + x_n y_n$$

입니다.

---

11 본문에서는 제대로 설명하지 않았지만, exp와 log 모두 연속입니다($\lim \exp(\cdots) = \exp(\lim \cdots)$, $\lim \log(\cdots) = \log(\lim \cdots)$).

12 각 기저 벡터의 길이가 1이고 게다가 서로 직교하는 기저를 말합니다. 무슨 말인지 즉시 이해되지 않으면 이 책에서는 일단 신경 쓰지 않아도 됩니다.

이것은 행렬의 곱셈으로 $\boldsymbol{x}^T\boldsymbol{y}$라고 쓸 수도 있습니다(이 책에서 $\bigcirc^T$는 전치를 나타냅니다. T 제곱이 아닙니다). 실제로 풀어 써보면

$$\boldsymbol{x}^T\boldsymbol{y} = x_1 y_1 + \cdots + x_n y_n$$

임을 곧 알 수 있을 것입니다. 우변은 $\boldsymbol{x}$와 $\boldsymbol{y}$를 바꿔도 변하지 않으므로, $\boldsymbol{x} \cdot \boldsymbol{y} = \boldsymbol{y} \cdot \boldsymbol{x} = \boldsymbol{x}^T\boldsymbol{y} = \boldsymbol{y}^T\boldsymbol{x}$가 됩니다. 더불어 $\boldsymbol{x}$와 $\boldsymbol{y}$가 이루는 각을 θ라고 하면 내적은

$$\boldsymbol{x} \cdot \boldsymbol{y} = \|\boldsymbol{x}\|\|\boldsymbol{y}\| \cos\theta \tag{A.9}$$

로도 표현됩니다. $\|\boldsymbol{x}\|$는 벡터 $\boldsymbol{x}$의 길이입니다.

벡터 $\boldsymbol{x}$의 길이는 구체적으로

$$\|\boldsymbol{x}\| = \sqrt{x_1^2 + \cdots + x_n^2}$$

으로 계산됩니다. 즉,

$$\|\boldsymbol{x}\|^2 = \boldsymbol{x} \cdot \boldsymbol{x} = \boldsymbol{x}^T\boldsymbol{x} \tag{A.10}$$

입니다. 사실 길이 $\|\boldsymbol{x}\|$ 자체보다 '길이의 2제곱' $\|\boldsymbol{x}\|^2$을 수식으로 다루는 경향이 있습니다. 위의 식과 $\|\boldsymbol{x}\| = \sqrt{\boldsymbol{x}^T\boldsymbol{x}}$를 비교하면 느껴지죠. 이 책에서도 '길이의 2제곱'이 곳곳에서 사용되고 있습니다.[13]

내적이나 길이에 관해 다음 부등식이 성립합니다. $\boldsymbol{x}$, $\boldsymbol{y}$는 같은 차원의 벡터로서

$\|\boldsymbol{x}\| \geq 0$ (등호 성립은 $\boldsymbol{x} = \boldsymbol{o}$)

슈바르츠의 부등식 $|\boldsymbol{x} \cdot \boldsymbol{y}| \leq \|\boldsymbol{x}\|\|\boldsymbol{y}\|$ (등호 성립은 $\boldsymbol{x}$와 $\boldsymbol{y}$가 같은 방향일 때)

삼각부등식 $\left|\|\boldsymbol{x}\| - \|\boldsymbol{y}\|\right| \leq \|\boldsymbol{x} + \boldsymbol{y}\| \leq \|\boldsymbol{x}\| + \|\boldsymbol{y}\|$ (등호 성립은 $\boldsymbol{x}$와 $\boldsymbol{y}$가 같은 방향일 때)

처음의 부등식은 길이(또는 내적)의 정의에서 자명합니다. 슈바르츠의 부등식도 식 (A.9)를 허용하면 $|\cos\theta| \leq 1$에서 당연합니다.[14] 그리고 마지막 삼각부등식도 그림 A-4처럼 도형으로 보면

---

13 3.4.2절의 분산, 3.4.6절의 제곱 오차, 3.6.2절의 최소제곱 예측, 5.2.6절의 임의 방향의 차이 정도, 5.3.6절의 카이제곱분포, 6.1.5절의 추정의 기대 벌금, 8.1.1절의 직선 대입, 8.1.2절의 주성분 분석

14 각도 θ를 거치지 않고, 다음과 같이 도출할 수도 있습니다. 모두 길이가 1인 벡터 $\boldsymbol{u}$, $\boldsymbol{v}$에 대해서는

   $$\|\boldsymbol{u} - \boldsymbol{v}\|^2 = (\boldsymbol{u} - \boldsymbol{v}) \cdot (\boldsymbol{u} - \boldsymbol{v}) = \|\boldsymbol{u}\|^2 + \|\boldsymbol{v}\|^2 - 2\boldsymbol{u} \cdot \boldsymbol{v} = 2 - 2\boldsymbol{u} \cdot \boldsymbol{v}$$

   가 음수가 아니므로 $\boldsymbol{u} \cdot \boldsymbol{v} \leq 1$입니다(등호 성립은 $\boldsymbol{u} = \boldsymbol{v}$일 때만). 마찬가지로 $\|\boldsymbol{u} + \boldsymbol{v}\|^2$을 생각하면 $-1 \leq \boldsymbol{u} \cdot \boldsymbol{v}$입니다(등호 성립은 $\boldsymbol{u} = -\boldsymbol{v}$일 때만). 그러면 임의의 음이 아닌 상수 a, b에 대해 $-ab \leq (a\boldsymbol{u}) \cdot (b\boldsymbol{v}) \leq ab$라는 것에서 임의의 길이의 벡터 $\boldsymbol{x}$, $\boldsymbol{y}$에 대해서도 $-\|\boldsymbol{x}\|\|\boldsymbol{y}\| \leq \boldsymbol{x} \cdot \boldsymbol{y} \leq \|\boldsymbol{x}\|\|\boldsymbol{y}\|$가 성립합니다.

분명하죠.[15]

❤ 그림 A-4 삼각부등식

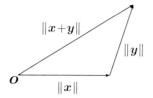

슈바르츠의 부등식은 **코시 부등식**, **코시 슈바르츠 부등식** 등으로도 쓸 수 있습니다.

A.6.1 보충: 고등학생 스타일과 대학생 스타일의 차이

사실 지금까지 설명하면서 전체적으로 어떤 것에서 어떤 것이 유도되는지를 일부러 두루뭉술하게 썼습니다. 그렇게 한 이유는 학습 단계에 따라 이 '어떤 것에서 어떤 것이'가 뒤집히기 때문입니다.

- 고등학생 스타일

  길이나 각도의 개념은 이미 있다고 보고, 그것들을 바탕으로 내적이라는 것을 정의한다.

- 대학생 스타일

  내적이라는 개념을 먼저 추상적으로 도입하고, 내적으로 길이나 각도라는 것을 정의한다.

예를 들면 다음의 중요한 동치성도 고등학생과 대학생의 관점이 다릅니다.

$$\boldsymbol{x} \cdot \boldsymbol{y} = 0 \quad \Leftrightarrow \quad \boldsymbol{x} \text{와 } \boldsymbol{y} \text{가 직교} \tag{A.11}$$

고등학생에게는 내적의 성질입니다. 그러나 대학생에게는 직교라는 말의 **정의**입니다. 그래서 '식 (A.11)이 성립하는 이유'를 대학생에게 물으면 "그것은 원래 그렇게 정해졌기 때문이야"라는 매정한 답밖에 돌아오지 않습니다(2장의 주석 13번). 왜 이런 역전 현상이 일어나는가 하면, 다음과 같이 서로 상대를 받아들일 수 없기 때문이겠죠.

- 대학생 입장에서 보니 고등학생 스타일은 너무 애매하군요. 길이와 각도라고 하는 것의 엄밀한 정의가 주어지지 않거든요.
- 고등학생 입장에서 보면 대학생 스타일은 너무 어렵습니다. 내적이라는 것의 엄밀한 정의가 매우 추상적이기 때문입니다.

---

15 각 변을 2제곱하고 슈바르츠의 부등식과 비교해보면 수식으로도 증명할 수 있습니다.

또한, 식 (A.10)과 식 (A.11)을 허용하면 식 (A.9)는 다음과 같이 이해할 수 있습니다. y를 x에 평행한 성분 ax와 수직인 성분 v로 나눠 $y = ax + v$라고 썼다고 하죠(a는 수, v는 벡터). 이때

$$x \cdot y = x \cdot (ax + v) = x \cdot (ax) + x \cdot v = ax \cdot x + 0 = a\|x\|^2$$

이지만, 그림 A-5로부터 $a\|x\| = \|y\| \cos \theta$일 것입니다.[16] 그것을 위 식에 대입하면 식 (A.9)가 됩니다.

▼ 그림 A-5 $x \cdot y = \|x\|\|y\| \cos \theta$가 되는 이유

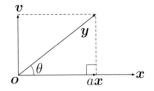

---

16 θ가 $\pi/2$ 라디안(90도)을 넘더라도 부호가 맞도록 $\|ax\|$가 아니라 $a\|x\|$라고 씁니다.

B. 근사식과 부등식

B.1 스털링의 공식

스털링(Stirling)**의 공식**은 큰 수의 계승에 관한 근사식입니다. n이 클 때 $n!$은 대략 $(\sqrt{2\pi n})n^n e^{-n}$ 입니다. 더 정확하게 쓰면 다음과 같습니다.

$$\lim_{n \to \infty} \frac{(\sqrt{2\pi n})n^n e^{-n}}{n!} = 1$$

구체적인 예를 들어보겠습니다.

n	$n!$	$(\sqrt{2\pi n})\, n^n e^{-n}$
5	120	118.02
10	3628800	3598695.6
20	(19자리 수) 2432902008176640000	2.423×10^{18}
50	(65자리 수) 30414093201713378043612608166064768844377641568960512000000000000	3.036×10^{64}

자릿수를 보고 "헉" 소리를 낸 사람은 부록 A.5.3절의 주석 10번을 참조하세요.

B.2 젠센의 부등식

임의의 a, b와 $0 \le s \le 1$에 대해

$$g((1-s)a + sb) \le (1-s)g(a) + sg(b) \tag{B.1}$$

가 성립하는 함수 g는 **아래로 볼록**이라고 합니다. 그림 B-1에 예를 들었습니다. g가 두 번 미분 가능하다면 '모든 x에 대해 $g''(x) \ge 0$'이 '아래로 볼록'입니다.

아래로 볼록인 함수 g에 대해

$$g(\mathrm{E}[X]) \le \mathrm{E}[g(X)] \tag{B.2}$$

가 성립합니다. 이를 **젠센**(Jensen)**의 부등식**이라고 합니다. 젠센의 부등식은 앞으로 나올 몇 가지 유익한 부등식의 토대가 됩니다.

단순한 예로 a, b라는 두 종류의 값이 각각 확률 $(1 - s)$, s로 나오는 확률변수 X를 생각해보겠습니다. 이때 다음과 같습니다.

$$g(\mathrm{E}[X]) = g\big((1 - s)a + sb\big), \qquad \mathrm{E}[g(X)] = (1 - s)g(a) + sg(b)$$

그래서 그림 B-1과 같이 식 (B.2)가 성립합니다. 직관적으로는 '그림 B-2(왼쪽)처럼 추를 설치하면 추의 무게중심은 곡선의 안쪽으로 온다'는 설명이 알기 쉽겠죠. 기댓값이 중심이 되는 것은 질문 3.4에서 말했습니다. 그 이야기를 세로 방향과 가로 방향에 각각 적용했다고 생각하세요.

❤ 그림 B-1 아래로 볼록 함수. '단조롭게 낮아지며 단조롭게 오른다'는 뜻이 아니므로 주의한다.

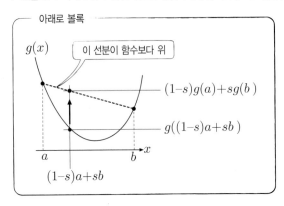

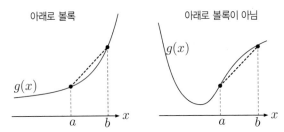

❤ 그림 B-2 확률에 따라 추를 설치하면 추의 무게중심은 곡선의 안쪽으로 온다.

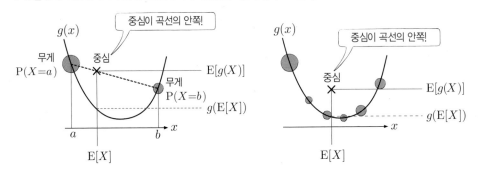

그림 B-2(오른쪽)처럼 추의 개수가 늘어도 역시 무게중심은 곡선의 안쪽으로 올 것입니다. 그러고 보니 젠센의 부등식 이미지가 잡히지 않나요? 젠센의 부등식을 수식으로 보이려면, 그림 B-3처럼 $E[X]$의 접선 $h(x) = cx + d$를 끌어내는 것이 지름길입니다. g가 아래로 볼록이라는 전제에서 $h(x) \leq g(x)$일 것입니다. 또 h는 1차원 함수이므로 $h(E[X]) = E[h(X)]$입니다. 따라서 다음과 같습니다.

$$g(E[X]) = h(E[X]) = E[h(X)] \leq E[g(X)]$$

❤ 그림 B-3 곡선은 접선보다 위에 있다.

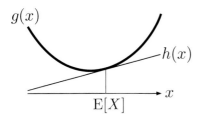

그런데 첫머리에서 말한 정의에 따르면 직선 $g(x) = \alpha x + \beta$도 아래로 볼록이 됩니다. 그런 '곧음'이 아니고 정말로 돌출되어 있음을 말하고 싶다면 다음과 같이 정의합니다. g를 아래로 볼록한 함수라고 합시다. $a \neq b$에 대해 식 (B.1)의 등호가 성립하는 것이 $s = 0$과 $s = 1$에 한정되는 경우 g는 협의의 아래로 볼록이라고 합니다.

g가 **협의의 아래로 볼록**이라면 다음과 같고

식 (B.2)의 등호가 성립 $\Leftrightarrow$ X가 상수(정확히는 '어떤 c로 $P(X = c) = 1$이 된다.')

예를 들어 $\exp E[X] \leq E[\exp X]$가 이에 해당합니다.

또한, 지금까지의 이야기에서 위아래를 뒤집으면 위로 볼록인 경우의 이야기가 가능합니다. $-g$가 아래로 볼록일 때, g는 위로 볼록이라고 합니다. 이때는

$$g(E[X]) \geq E[g(X)]$$

가 성립합니다. 예를 들어 $\log E[X] \geq E[\log X]$입니다($X > 0$이라는 전제에서).

B.3 깁스의 부등식

다음 부등식을 **깁스**(Gibbs)**의 부등식**이라고 부릅니다.

- 이산판

X, Y를 이산값의 확률변수, 그 분포를 $\mathrm{P}(X = i) \equiv q(i)$, $\mathrm{P}(Y = i) \equiv p(i)$라고 해둡니다. 이때

$$D(p\|q) \equiv \mathrm{E}\left[\log \frac{p(Y)}{q(Y)}\right] = \sum_i p(i) \log \frac{p(i)}{q(i)} \geq 0$$

이 성립합니다. 다만 총합의 범위는 '확률이 0이 아닌 곳 모두'로 합니다(이하 동일).[1] 등호가 성립하는 경우는 모든 i에서 $q(i) = p(i)$일 때입니다. 즉, X와 Y의 분포가 동일할 때입니다.

- 연속판

  X, Y를 실숫값의 확률변수, 그 확률밀도함수가 $f_X(u) \equiv q(u)$, $f_Y(u) \equiv p(u)$였다고 합시다. 이때

$$D(p\|q) \equiv \mathrm{E}\left[\log \frac{p(Y)}{q(Y)}\right] = \int p(u) \log \frac{p(u)}{q(u)}\, du \geq 0$$

  이 성립합니다. 다만 적분 범위는 '확률밀도가 0이 아닌 곳 모두'로 합니다(이하 동일). 등호가 성립하는 경우는 X와 Y의 분포가 동일한 때입니다.

이 D는 **쿨백 라이블러 정보량**(Kullback–Leibler divergence)이라고 부릅니다. 분야에 따라서는 **상대 엔트로피**라고도 합니다. 확률통계를 응용한 기법으로 분포 p와 q가 얼마나 다른지를 재기 위해 D가 자주 활약합니다. 그 근거는 부록 C.3절 '쿨백 라이블러 정보량과 대편차 원리'에서 다시 살펴보겠습니다.

깁스의 부등식은 젠센의 부등식을 사용해 멋지게 증명됩니다. 좀 작위적이지만

$$D(p\|q) = \mathrm{E}\left[-\log \frac{q(Y)}{p(Y)}\right] \tag{B.3}$$

로 변형해서[2] $-\log$가 아래로 볼록인 것으로부터 다음과 같습니다.

$$
\begin{aligned}
(\text{B.3}) &\geq -\log \mathrm{E}\left[\frac{q(Y)}{p(Y)}\right] \\
&= \begin{cases} -\log \sum_i \frac{q(i)}{p(i)} \cdot p(i) = -\log \sum_i q(i) = -\log 1 = 0 & (\text{이산판}) \\ -\log \int \frac{q(u)}{p(u)} \cdot p(u)\, du = -\log \int q(u)\, du = -\log 1 = 0 & (\text{연속판}) \end{cases}
\end{aligned}
$$

---

1 $p(i) = 0$일 때는 $p(i) \log p(i) = 0$이라고 하겠습니다. $p(i) \neq 0$이고 $q(i) = 0$일 때, $D(p\|q)$는 정의되지 않습니다(형식적으로 $D(p\|q) = \infty$라고 해석할 수도 있지만). 그다음 연속판도 마찬가지입니다.

2 $\log(1/x) = -\log x$라는 $\log$의 성질에 대해서는 A.5.3절을 참조하세요. 또한, $p(Y) = \mathrm{P}(Y = Y)$ 등과 같이 직접 '대입'해서는 안 됩니다. $\mathrm{P}(Y = Y)$ = $\mathrm{P}(\text{반드시 성립})$ = 1이므로 의미가 달라져 버립니다(8장의 주석 23번과 마찬가지).

B.4 마르코프의 부등식과 체비셰프의 부등식

음의 실숫값을 가지는 확률변수 X와 임의의 상수 $c > 0$에 대해 **마르코프**(Markov)**의 부등식**

$$P(X \geq c) \leq \frac{E[X]}{c} \tag{B.4}$$

가 성립합니다.[3] '만약 $X \geq c$의 확률이 s라면 $E[X]$는 sc보다는 클 것'이라 당연합니다. 여기서 "헉" 소리를 낸 사람은 3.3절이나 4.5.1절의 기댓값 이미지를 생각해보세요(적설량이 c 이상인 지역의 면적이 s라면 그것만으로 벌써 눈의 부피는 sc 이상입니다). 식으로 제대로 쓰면 다음과 같습니다.

$$\begin{aligned}
E[X] &= \int_0^\infty x f_X(x)\,dx \\
&\geq \int_c^\infty x f_X(x)\,dx \qquad (\because x f_X(x) \geq 0 \text{이므로, 적분 범위를 좁히면 값이 줄어드는 한편}) \\
&\geq \int_c^\infty c f_X(x)\,dx \qquad (\because \text{이 적분 범위에서는 } x \geq c) \\
&= c \int_c^\infty f_X(x)\,dx = c\,P(X \geq c)
\end{aligned}$$

여기서는 확률밀도함수 f_X로 나타낸 경우에 대해 설명했습니다만, 이 부등식은 더 일반적인 경우에도 성립합니다.

이상을 응용해 다음과 같이 이야기할 수 있습니다. 확률변수 Y의 기댓값을 $E[Y] = \mu$, 분산을 $V[Y] = \sigma^2$이라고 해둡시다(단, $\sigma > 0$으로 합니다). $X \equiv (Y - \mu)^2$과 $c \equiv a^2 \sigma^2$에 위의 부등식을 적용하면

$$P\left(|Y - \mu| \geq a\sigma\right) \leq \frac{1}{a^2} \qquad \text{(임의의 } a > 0\text{에 성립)} \tag{B.5}$$

을 얻을 수 있습니다. 이는 **체비셰프의 부등식**이라 불리며, 기댓값과 동떨어진 값이 나올 확률이 낮음을 보증하는 식이라 할 수 있습니다. 예를 들어 표준편차 σ의 세 배 이상(기댓값 μ로부터) 떨어진 값이 나올 확률은 $1/3^2 = 1/9$ 이하임을 보증합니다.

B.1 3σ **이상 떨어진 값이 나올 확률은 0.3% 이하라고 배웠는데 다른 것인가요?**

질문 3.8과 같은 착각이군요. 0.3%라는 것은 정규분포를 전제로 한 이야기입니다.

---

3 체비셰프(Chebyshev)의 부등식이라고 부르는 경우도 있습니다.

B.5 체르노프 한계

마르코프 부등식으로부터 임의의 $t > 0$에 대해

$$P(X \geq c) = P(e^{tX} \geq e^{tc}) \leq \frac{E[e^{tX}]}{e^{tc}}$$

가 성립합니다. 위의 식은 t에 따라서는 부등식 중에서도 **빡빡한 부등식**이 됩니다. **빡빡한 부등식**을 얻으려면 우변이 줄어들도록 t를 취하면 좋습니다. 이것이 이른바 **체르노프**(Chernoff) **한계**입니다. 예를 들어 3.2절의 이항분포 $Bn(n, q)$에 이를 끼워 맞춰봅시다($0 < q < 1$). 확률 q로 1, 확률 $(1 - q)$로 0이 되는 i.i.d. 확률변수 $Y_1, \ldots, Y_n$으로부터 $X = Y_1 + \cdots + Y_n$을 만들면 X는 이항분포 $Bn(n, q)$를 따르는 것입니다. 지금 $q < p < 1$에 대해 $c = np$로 취해서 위의 방법을 적용하면 다음과 같습니다.

$$P(X \geq np) \leq \frac{E[e^{tX}]}{e^{tnp}} = \frac{E[e^{tY_1} \cdots e^{tY_n}]}{e^{tnp}} = \frac{E[e^{tY_1}] \cdots E[e^{tY_n}]}{e^{tnp}} = \frac{E[e^{tY_1}]^n}{e^{tnp}}$$

$$= \frac{\left(qe^t + (1 - q)\right)^n}{e^{tnp}} = \left(qe^{t(1-p)} + (1 - q)e^{-tp}\right)^n \tag{B.6}$$

식 (B.6)을 가급적 최소화하려면

$$e^t = \frac{(1 - q)p}{(1 - p)q}, \qquad \text{즉 } t = \log \frac{(1 - q)p}{(1 - p)q}$$

라고 설정하면 됩니다.[4] p의 범위에 대한 전제로부터 이때 $t > 0$도 보증됩니다. 또 식 (B.6)의 괄호 속은 다음과 같습니다.

$$qe^{t(1-p)} + (1 - q)e^{-tp}$$

$$= e^{-tp}\left(qe^t + (1 - q)\right) = \left(\frac{(1 - p)q}{(1 - q)p}\right)^p \left(\frac{(1 - q)p}{(1 - p)} + (1 - q)\right) = \left(\frac{(1 - p)q}{(1 - q)p}\right)^p \frac{1 - q}{1 - p}$$

$$= \left(\frac{q}{p}\right)^p \left(\frac{1 - q}{1 - p}\right)^{1-p} = e^{-d(p\|q)} \quad \text{단, } d(p\|q) \equiv p \log \frac{p}{q} + (1 - p) \log \frac{1 - p}{1 - q} \text{ 라 해뒀다.}$$

이상으로부터 $X \sim Bn(n, q)$에 대해

$$P(X \geq np) \leq e^{-nd(p\|q)} \qquad \text{단, } q < p < 1$$

---

4 $g(t) = qe^{t(1-p)} + (1 - q)e^{-tp}$를 미분하면 $g'(t) = q(1 - p)e^{t(1-p)} - (1 - q)pe^{-tp}$입니다. 따라서 $g'(t) = 0$이 되는 것은 t를 본문과 같이 설정했을 때입니다. $g'(t)$는 단조 증가한다는 것을 식의 형태로부터 알 수 있으므로, 이때 $g(t)$가 최소가 됩니다.

라는 결론을 얻습니다.[5] 또한, 동전의 앞면과 뒷면을 뒤집어서 고찰해도 똑같은 $X \sim \text{Bn}(n, q)$에 대해

$$\text{P}(X \leq np) \leq e^{-nd(p\|q)} \qquad 단, 0 < p < q$$

라 할 수 있습니다.

그런데 $d(p\|q)$가 $\text{Bn}(p, 1)$과 $\text{Bn}(q, 1)$의 쿨백 라이블러 정보량이라는 말에 대해 감이 오나요(부록 B.3절)? 이 절의 결과를 부록 C.3절 '쿨백 라이블러 정보량과 대편차 원리'에서 다룰 대략적인 견적과도 비교해보세요.

B.6 민코프스키 부등식과 헬더 부등식

X, Y를 실숫값의 확률변수라 할 때

$$\text{E}\big[|X + Y|^p\big]^{1/p} \leq \text{E}\big[|X|^p\big]^{1/p} + \text{E}\big[|Y|^p\big]^{1/p} \qquad 단, p > 1 \tag{B.7}$$

가 성립합니다. X와 Y가(신의 관점이라면 $X(\omega)$와 $Y(\omega)$가) 비례하지 않는 때는 $\leq$를 $<$로 바꿔둬도 좋습니다.[6] 이상을 **민코프스키**(Minkowski) **부등식**이라고 부릅니다.

민코프스키 부등식이 왜 말이 되는지, 간단한 경우에 대해 확인합시다. (X, Y)가 (x_1, y_1) 또는 (x_2, y_2)라는 두 가지 값을 각각 확률 1/2로 취한다고 합니다. 이때 식 (B.7)은

$$\sqrt[p]{\frac{(x_1 + y_1)^p + (x_2 + y_2)^p}{2}} \leq \sqrt[p]{\frac{x_1^p + x_2^p}{2}} + \sqrt[p]{\frac{y_1^p + y_2^p}{2}} \qquad 단, p > 1$$

라는 의미입니다. $\boldsymbol{u} = (u_1, u_2)^T$에 대해 $\|\boldsymbol{u}\|_p \equiv \sqrt[p]{|u_1|^p + |u_2|^p}$라는 기호를 도입해 정리하면 요컨대

$$\|\boldsymbol{x} + \boldsymbol{y}\|_p \leq \|\boldsymbol{x}\|_p + \|\boldsymbol{y}\|_p, \qquad \boldsymbol{x} = (x_1, x_2)^T, \quad \boldsymbol{y} = (y_1, y_2)^T \tag{B.8}$$

라는 부등식입니다. 특히 $p = 2$일 때는 부록 A.6절 '내적과 길이'로 나타내는 삼각부등식입니다.

식 (B.8)이 성립하는 이유는 다음과 같습니다. 지금 $\boldsymbol{y}$를 고정하고 더불어 $\|\boldsymbol{x}\|_p$도 일정한 값으로 제한한 후에 $\|\boldsymbol{x} + \boldsymbol{y}\|_p$의 극대화를 시도했다고 합시다. 그림 B–4를 보면 $\boldsymbol{x}$가 $\boldsymbol{y}$와 같은 방향일 때 $\|\boldsymbol{x} + \boldsymbol{y}\|_p$가 최대인 것으로 나타납니다($\|\cdot\|_p$의 등고선이 서로 비슷한 모양이며, 게다가 볼

---

5 '앞이 나올 확률이 q인 동전을 n번 던져 어쩌다 보니 앞의 비율이 p 이상이 될 확률'은 n이 늘어나면서 급속히 0에 다가갈 것입니다. 앞서 공부한 덕분에 예리한 부등식을 얻었습니다. 만약 마르코프의 부등식과 체비셰프의 부등식을 소박하게 적용했다면 더 느슨한 부등식밖에 얻을 수 없습니다.

6 엄밀히 말하면, 확률 0은 무시한다고 치고 비례하는지를 말합니다.

록인 것이 효과가 있습니다). 이때는 식 (B.8)의 등호가 성립합니다. 최대 =인데, 일반적으로는 ≤인 것입니다. 이상으로 식 (B.8)이 성립함을 알 수 있었습니다.

▼ 그림 B-4 민코프스키 부등식이 성립하는 이유

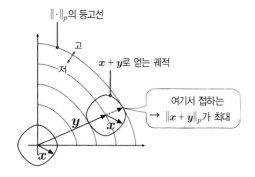

비슷한 느낌의 부등식을 하나 더 소개합니다. X, Y를 실숫값의 확률변수로 할 때 다음 **헬더**(Hölder) **부등식**이 성립합니다.

$$\mathrm{E}\big[|XY|\big] \le \mathrm{E}\big[|X|^p\big]^{1/p}\,\mathrm{E}\big[|Y|^q\big]^{1/q} \qquad 단,\ p > 1,\ q > 1,\ \frac{1}{p} + \frac{1}{q} = 1$$

등호가 성립할 필요충분조건은 $|X|^p$와 $|Y|^q$가 (신의 관점에서라면 $|X(\omega)|^p$와 $|Y(\omega)|^q$가) 비례하고 있는 것입니다.[7]

조금 전의 '간단한 경우'에 대해 헬더 부등식이 말이 되는지 확인하겠습니다. 어차피 모두 절댓값을 생각하므로 처음부터 x_1, x_2, y_1, y_2는 모두 ≥ 0이라고 하겠습니다. 이 경우 헬더의 부등식은 요컨대

$$\boldsymbol{x} \cdot \boldsymbol{y} \le \|\boldsymbol{x}\|_p \|\boldsymbol{y}\|_q \tag{B.9}$$

입니다. 특히 $p = q = 2$일 때는 부록 A.6절 '내적과 길이'에서 풀었던 슈바르츠의 부등식입니다.

그러면 또 $\boldsymbol{y}$를 고정하고, $\|\boldsymbol{x}\|_p$도 일정한 값으로 제한한 후에 $\boldsymbol{x} \cdot \boldsymbol{y}$의 극대화를 시도해보겠습니다. $\boldsymbol{x}$, $\boldsymbol{y}$가 이루는 각을 θ라고 할 때 $\boldsymbol{x} \cdot \boldsymbol{y} = \|\boldsymbol{x}\|\|\boldsymbol{y}\|\cos\theta$입니다. 그것을 근거로 그림 B-5를 보세요. $\boldsymbol{x}$가 취할 수 있는 궤적은 $\|\boldsymbol{x}\|_p$의 등고선입니다. 그 수직인 $\boldsymbol{y}$와 같은 방향일 때 $\boldsymbol{x} \cdot \boldsymbol{y}$가 최대가 됩니다($\|\boldsymbol{x}\|_p$의 등고선이 모두 볼록한 것이 재미있습니다). 일반적으로 ○○의 등고선의 법선 벡터는 ∇○○으로 구할 수 있습니다(벡터 해석에서 배웁니다). 이 예로서

$$\nabla\|\boldsymbol{x}\|_p = \begin{pmatrix} \partial\|\boldsymbol{x}\|_p/\partial x_1 \\ \partial\|\boldsymbol{x}\|_p/\partial x_2 \end{pmatrix} \propto \begin{pmatrix} x_1^{p-1} \\ x_2^{p-1} \end{pmatrix}$$

---

7 이것도 엄밀히는 '확률 0은 무시한 다음' 비례하고 있는지를 말합니다.

이 법선 벡터가 됩니다.[8] 그러므로 x_i^{p-1}과 y_i가 비례할 때 $\boldsymbol{x} \cdot \boldsymbol{y}$가 최대가 됩니다($i = 1, 2$).[9] 그런데 $1/p + 1/q = 1$의 양변에 p를 곱하면 $1 + p/q = p$, 즉 $p - 1 = p/q$입니다. 그래서 $\boldsymbol{x} \cdot \boldsymbol{y}$가 최댓값이 되는 조건은 '$|x_i|^{p/q}$와 $|y_i|$가 비례하는 것'이라고 바꿔 말할 수 있습니다. 달리 말하면 '$|x_i|^p$와 $|y_i|^q$가 비례한다'입니다. 이때는 식 (B.9)의 등호가 성립합니다. 최대 $=$인데, 일반적으로는 $\leq$일 것입니다. 이상으로 식 (B.9)임을 알 수 있었습니다.

❤ 그림 B-5 헬더 부등식이 성립하는 이유

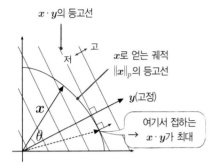

또한, 일반적인 교과서에는 더 멋있는 증명이 나옵니다. 이런 순서입니다.

- 헬더 부등식에 나오는 p, q와 임의의 음의 실수 a, b에 대해 $ab \leq (a^p/p) + (b^q/q)$다.
- 이를 이용해 $\mathrm{E}[|X|^p] = \mathrm{E}[|Y|^q] = 1$의 경우에 헬더 부등식을 가리킨다.
- 일반적인 X, Y에 대해서도 $\tilde{X} \equiv X/\mathrm{E}[|X|^p]^{1/p}$, $\tilde{Y} \equiv Y/\mathrm{E}[|Y|^q]^{1/q}$라 하면 위의 경우에 귀결된다.
- $p > 1$일 때 $\mathrm{E}[|X + Y|^p] = \mathrm{E}[|X + Y| \cdot |X + Y|^{p-1}] \leq \mathrm{E}[|X| \cdot |X + Y|^{p-1}] + \mathrm{E}[|Y| \cdot |X + Y|^{p-1}]$에 헬더 부등식을 적용하면, $\mathrm{E}[|X + Y|^p] \leq \left(\mathrm{E}[|X|^p]^{1/p} + \mathrm{E}[|Y|^p]^{1/p}\right) \mathrm{E}[|X + Y|^{(p-1)q}]^{1/q}$다. 이 식을 써서 민코프스키 부등식을 유도한다. $p - 1 = p/q$에 주의하자.

B.7 산술평균 $\geq$ 기하평균 $\geq$ 조화평균

$u_1, u_2, \ldots, u_n$을 음이 아닌 실수라 할 때

$$\frac{u_1 + u_2 + \cdots + u_n}{n} \geq \sqrt[n]{u_1 u_2 \cdots u_n} \tag{B.10}$$

---

8 $\propto$는 비례를 나타내는 기호입니다. 여기서는 양변의 벡터 방향이 같음을 의미합니다.

9 대학 수준의 해석학을 배웠다면 지금 설명한 것이 라그랑주의 미정 계수법임을 알 것입니다.

이 성립합니다. 이 부등식의 좌변은 $u_1, u_2, \ldots, u_n$의 단순한 평균이지만 다른 ○○평균과 구별해 **산술평균**이라고도 합니다. 한편 우변은 **기하평균**이라고 부릅니다. 그래서 공식은 다음과 같습니다.

산술평균 $\geq$ 기하평균

부등식 (B.10)이 성립하는 것을 손쉽게 증명하려면 좀 일방적이지만 $l_i \equiv \log u_i$라고 둬보세요 ($i = 1, 2, \ldots, n$). 이때 $u_i = \exp l_i$이므로

$$u_1 u_2 \cdots u_n = (\exp l_1)(\exp l_2) \cdots (\exp l_n) = \exp(l_1 + l_2 + \cdots + l_n)$$

이라고 변형할 수 있습니다. 그러면 식 (B.10)의 우변은

$$\sqrt[n]{u_1 u_2 \cdots u_n} = (u_1 u_2 \cdots u_n)^{1/n} = \{\exp(l_1 + l_2 + \cdots + l_n)\}^{1/n} = \exp\left(\frac{l_1 + l_2 + \cdots + l_n}{n}\right)$$

입니다. 이를 젠센의 부등식(부록 B.2절)에 가져가는 것이 힌트입니다. 그러기 위해서는 'l_1, $l_2, \ldots, l_n$ 중의 어느 하나가 각각 확률 $1/n$로 나오는 확률변수 X'를 생각하면 됩니다. 이때 $\mathrm{E}[X] = (l_1, l_2 + \cdots + l_n)/n$이므로 위의 식에 대입하면 다음과 같습니다.

식 (B.10)의 우변 $= \exp(\mathrm{E}[X])$

그리고 젠센의 부등식 $\exp \mathrm{E}[X] \leq \mathrm{E}[\exp X]$로부터 다음과 같습니다.

$$\text{식 (B.10)의 우변} \leq \mathrm{E}[\exp X] = \frac{\exp l_1 + \exp l_2 + \cdots + \exp l_n}{n} = \frac{u_1 + u_2 + \cdots + u_n}{n}$$

이상으로 '식 (B.10)의 우변 $\leq$ 식 (B.10)의 좌변'이라 할 수 있습니다. 즉, 식 (B.10)이 증명됐습니다.[10]

관련된 부등식을 하나 더 소개하겠습니다. $v_1, v_2, \ldots, v_n$을 양의 실수라 할 때, $1/v_i$을 u_i라 하고 식 (B.10)을 적용하면($i = 1, 2, \ldots, n$),

$$\frac{1}{n}\left(\frac{1}{v_1} + \frac{1}{v_2} + \cdots + \frac{1}{v_n}\right) \geq \sqrt[n]{\frac{1}{v_1 v_2 \cdots v_n}}$$

---

10 본문의 논의에는 작은 흠이 있습니다. 어떤 u_i가 0인 경우에는 $l_i = \log u_i$가 정의되지 않기 때문입니다. 그런 경우는 특별히 취급해 별도로 다뤄야 합니다. 만약 $u_i = 0$이면 식 (B.10)의 우변은 반드시 0이 됩니다. 한편 식 (B.10)의 우변은 전제로부터 항상 ≥ 0이 보증됩니다. 그래서 이런 경우 역시 식 (B.10)이 성립합니다. 여기까지 확인해서 정식으로 증명을 완료합니다.

다른 증명으로, 식 (B.10)의 양변 각각의 등고선(또는 등위면)을 떠올려 도식으로 생각할 수도 있습니다. 예를 들어 $n = 2$일 때 가로축을 u_1, 세로축을 u_2로 해서 그래프를 그리면 좌변의 등고선은 직선, 우변의 등고선은 쌍곡선입니다. 그러면 부록 B.6절 '민코프스키 부등식과 헬더 부등식'에서 했던 것과 같은 논의에 따라…

을 얻을 수 있습니다. 일반적으로 $a \geq b(> 0)$일 경우 $1/b \geq 1/a$임을 상기하면

$$\sqrt[n]{v_1 v_2 \cdots v_n} \geq \frac{1}{\frac{1}{n}\left(\frac{1}{v_1} + \frac{1}{v_2} + \cdots + \frac{1}{v_n}\right)}$$

로도 변형할 수 있습니다. 이 부등식의 좌변은 방금 설명한 기하평균이네요. 한편 우변은 v_1, $v_2, \ldots, v_n$의 **조화평균**이라고 부릅니다. 요컨대 '역수의 평균'의 역수가 조화평균입니다. 그래서 공식은 다음과 같습니다.

기하평균 $\geq$ 조화평균

정리하면 결국 양의 실수 $x_1, x2, \ldots, x_n$에 대해

$$\frac{x_1 + x_2 + \cdots + x_n}{n} \geq \sqrt[n]{x_1 x_2 \cdots x_n} \geq \frac{1}{\frac{1}{n}\left(\frac{1}{x_1} + \frac{1}{x_2} + \cdots + \frac{1}{x_n}\right)}$$

산술평균 $\geq$ 기하평균 $\geq$ 조화평균

이 보장됩니다.

C. 확률론의 보충

C.1 확률변수의 수렴

확률변수는 이름은 변수여도 실상은 (Ω 위의) 함수였습니다(1.4절). 이 때문에 수렴도 그 의미에 따라 여러 가지로 구분됩니다. 여러 가지 의미를 차례로 살펴봅시다. 이후부터는 단순히 확률변수라고 하면 '실수를 값으로 하는 확률변수'를 가리킵니다.

C.1.1 개수렴

확률변수 X_0, X_1, X_2, ... 과 X가

$$P(\lim_{n \to \infty} X_n = X) = 1$$

을 만족할 때, X_n은 X에 **개수렴**한다고 합니다. 좀 더 곱씹으면 이런 이야기입니다.

그림 C-1처럼 각각의 세계 ω에서는 $X_0(\omega)$, $X_1(\omega)$, $X_2(\omega)$, ... 이라는 수열이 관측된다. 그리고 이 수열이 $X(\omega)$라는 값에 수렴할지에 관심이 있다(ω를 지정해버리면 $X_n(\omega)$와 $X(\omega)$ 모두 오차가 없는 보통의 수치가 되므로 주의한다). 거기서 각 세계 ω에 조사 인력을 보내 수렴을 체크했다. 신은 그 결과를 듣고 ω에 색을 칠한다. 수렴한 ω는 파랑, 수렴하지 않은 ω는 빨강이다.

…… 그렇게 모든 평행 세계 Ω를 구분해서 칠해보니 파랑의 면적이 1이 됐던 것이다(즉, 빨강의 면적은 0이 됐다).

❤ **그림 C-1 확률변수의 무한 행렬(다시 보기)**

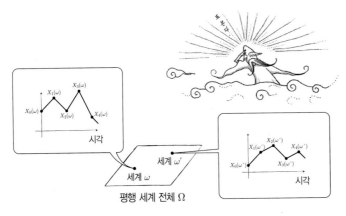

요컨대

$$\lim_{n \to \infty} X_n(\omega) = X(\omega)$$

가 거의 모든 세계 ω에 대해 성립합니다.

개수렴의 특징은 각각의 세계 ω에 묶인 인간이라도 수렴을 직접 느낄 수 있다는 것입니다. 이어서 설명할 각종 ○○수렴이라면 그렇지 않고 신의 입장에서 모든 평행 세계를 관통해 관찰해야 수렴을 알 수 있습니다. 그러므로 가능하다면 개수렴을 보장해주는 것이 우리로서는 실용적이고 고마운 일입니다.

여기서 개수렴을 증명할 때의 한 가지 정석을 소개하겠습니다. 보기 쉽도록 $Y_n \equiv X_n - X$라 하고 $Y_0, Y_1, Y_2, \ldots$ 이 0에 개수렴할지 논의합니다. 자, $Y_0(\omega), Y_1(\omega), Y_2(\omega), \ldots$ 이 0에 수렴하지 않는다면 어떤 상황일까요? 답은 '어떤 $\epsilon > 0$이 존재해 아무리 큰 $m > 0$을 잡아도 $|Y_m(\omega)|$, $|Y_{m+1}(\omega)|, \ldots$ 의 안에 ϵ 이상의 것이 남아버린다'입니다. 다시 말하면 '어떤 $\epsilon > 0$이 존재해 $|Y_0(\omega)|, |Y_1(\omega)|, |Y_2(\omega)|, \ldots$ 이 무한 번 ϵ 이상이 된다'는 것입니다. 이는 곧 만약 그런 상황이면 $S(\omega) \equiv |Y_0(\omega)| + |Y_1(\omega)| + |Y_2(\omega)| + \ldots$은 무한대로 발산해버리고 만다는 것을 의미합니다.[1] 이상을 정리하면 수렴해주지 않는 ω에 대해서는 $S(\omega)$가 무한대로 발산합니다. 따라서 혹시 수렴하지 않는 확률이 조금이라도 있다(확률 > 0)고 한다면, $E[S]$가 유한한 값이 될 수 없습니다. 그래서 $E[S]$가 유한함을 보이면 그것으로 이미 개수렴은 보증됩니다.

참고

우선 '수열이 0으로 수렴한다'를 정의하면

$$\forall_c > 0, \; \exists N \in \mathbb{N}, \; \forall_n \in \mathbb{N}, \; n > N \Rightarrow a_n < \epsilon$$

이 됩니다(수열의 극한 https://ko.wikipedia.org/wiki/ 참조). 수렴하지 않는다면 이 명제의 부정인

$$\exists \epsilon > 0, \; \forall_n \in \mathbb{N}, \; \exists_n \in \mathbb{N}, \; n > N \wedge a_n \geq \epsilon$$

이 참이 됩니다. 즉, 어떤 $\epsilon > 0$이 존재해 모든 자연수 N에 대해 어떤 자연수 n이 존재하므로 $n > N$과 $a_n \geq \epsilon$을 동시에 만족합니다. 이것이 위에서 말한 '아무리 큰 m을 잡아도…'의 이야기입니다.

무한 번 ϵ 이상이 된다는 것은 임의의 자연수 N에 대해 늘 n이 적어도 하나 존재하므로 자연수 N이 무한대로 존재하면 n도 무한대로 존재하고 결국 ϵ 값도 무한대로 나온다는 뜻입니다. 그런데 이렇게 생각할 수 있습니다. '만약 n_0이 매우 큰 수여서 $N = 1 \ldots n_0 - 1$까지는 n_0 하나로 해결될 수 있지 않을까?' 하지만 그 n_0보다 큰 N에 대해서도 만족하는 n이 존재해야 하므로 결국 n도 무한개가 되고 맙니다.

---

1 필요충분조건은 아니라는 점에 주의하세요. 어디까지나 $Y_n(\omega)$가 수렴하지 않으면 $S(\omega)$는 발산한다고 말한 것뿐입니다. 반대로 '$S(\omega)$가 발산한다면 $Y_n(\omega)$는 수렴하지 않는다'는 의미는 아닙니다. 실제 예를 들어 $Y_n(\omega) = 1/n$이라면 $S(\omega)$가 발산하는데 $Y_n(\omega)$는 수렴합니다.

원래 정의대로 개수렴을 보이려면 각 세계 ω에 일일이 들어가서 그 세계에서의 변화를 추적하지 않으면 안 됩니다. 이것은 꽤 어렵죠. 한편 위의 정석을 이용하면 전체적으로 집계한 기댓값을 관찰하면 됩니다. 그 덕분에 증명이 꽤 편해집니다.

다만 도중의 각주에서 설명한 대로 언제나 이 정석으로 증명 가능하다고 할 수는 없습니다. $E[S]$가 발산하지만 Y_n 자신은 개수렴하는 사례도 있기 때문이죠.

C.1.2 확률 수렴

확률변수 X_0, X_1, X_2, ... 과 X가 임의의 상수 $\epsilon > 0$에 대해

$$P(|X_n - X| > \epsilon) \to 0 \qquad (n \to \infty)$$

을 만족할 때 X_n은 X에 **확률 수렴**한다고 합니다. 개수렴과의 차이는 평행 세계를 광범위하게 관찰하는 것입니다. 우선 X_1에 대해 $X_1(\omega)$가 $X(\omega) \pm \epsilon$의 범위에서 벗어나버린 듯한 세계 ω가 어느 정도 있는지 면적을 측정합니다. 그다음에는 X_2에 대해서도 마찬가지로 지정 범위에서 빗나가고 있는 세계들의 면적을 측정합니다. 이하 X_3, X_4, ... 에 이런 측정을 계속해가면 측정되는 면적은 0에 수렴한다는 것이 확률 수렴입니다.

사실 개수렴한다면 자동적으로 확률 수렴도 성립합니다. 역은 성립하지 않습니다. 확률 수렴하는데 개수렴하지 않는 예를 다음과 같이 만들 수 있기 때문이죠.

Ω를 그림 C-2와 같은 정사각형 영역이라고 하면 각 세계는 좌표를 이용해 $\omega = (u, v)$로 나타냅니다. 이 Ω 위에 다음과 같은 확률변수 X_n을 정의합시다. 예를 들어 $n = 3273$에 대해 다음과 같습니다.

$$X_{3273}(u, v) \equiv \begin{cases} 1 & (u = 0.3273\ldots \text{일 때. '}\ldots\text{'은 뭐라도 좋다.}) \\ 0 & (\text{기타}) \end{cases}$$

즉, (십진 표기에서) u의 소수점 이하 모두와 n을 견줘서 X_n의 값을 정의합니다.[2] 그렇다면 이 X_n은 0에 확률 수렴합니다. 실제로 다음과 같습니다.

$$P(X_n \neq 0) = 10^{-(n\text{의 자릿수})}$$

그래서 $n \to \infty$일 때 이 확률은 0에 수렴합니다(그림 C-2 안의 해당 범위를 칠해보면 알 것입니다). 그래도 개수렴은 하지 않습니다. 왜냐하면, $0.1 \le u < 1$인 임의의 $\omega = (u, v)$를 고정하고 관찰하면 $X_0(\omega)$, $X_1(\omega)$, $X_2(\omega)$, ...은 무한 번 1이 되기 때문입니다. 가령 $u = 0.314159\ldots$이면

---

2   $\mu = 0.3273 = 0.3272999\ldots$ 처럼 두 가지로 나타낼 수 있는 수인 u의 경우에는 유한소수 0.3273으로 판정합니다. 또한, 본문의 삽화에 맞춰 여기서는 Ω를 정사각형으로 하고 있습니다만, 실제로는 좌표 (u, v) 중 u 쪽만 쓰고 있으므로 Ω는 선분(구간) [0, 1]로도 사실 충분합니다.

$X_3(\omega)$, $X_{31}(\omega)$, $X_{314}(\omega)$, …이 모두 1입니다.

▼ 그림 C-2 평행 세계 전체의 집합

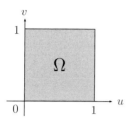

C.1.3 2차 평균 수렴

확률변수 X_0, X_1, X_2, … 과 X가

$$E(|X_n - X|^2) \to 0 \qquad (n \to \infty)$$

을 만족할 때, X_n은 X에 **2차 평균 수렴**한다고 합니다. 2차 평균 수렴하면 반드시 확률 수렴하는 것은 부록 B.4절에서 설명한 마르코프의 부등식에서 알 수 있습니다.

C.1.4 법칙 수렴

지금까지는 확률의 의미로 수렴을 정의해왔습니다. 이 절에서는 확률에 주목해 수렴을 정의합니다.

확률변수 X_0, X_1, X_2, … 과 X의 누적분포함수가 어떤 점 c에서도

$$F_{X_n}(c) \to F_X(c) \qquad (n \to \infty)$$

일 때(단, c가 F_X의 불연속 점인 경우는 제외) X_n은 X에 **법칙 수렴**한다고 합니다.[3] 불연속 점을 제외한 것은 그림 C-3과 같은 예 때문입니다. 특이한 예외를 들고나온 것은 아닙니다. 연속값 확률변수에 대한 큰 수의 법칙(3.5.3절)에서는 오히려 전형적인 상황이죠.[4]

▼ 그림 C-3 F_X의 불연속 점을 제외한 각 점에서 수렴한다.

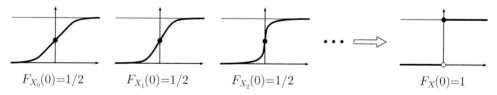

---

3 ‘X_n은 X에 **분포 수렴**한다’거나 ‘X_n의 분포는 X의 분포에 **약수렴**한다’와 같이 말하기도 합니다.

4 무엇을 말하는 것인지 모르겠다면 4.3.1절 ‘확률밀도함수’를 읽은 후 그림에 있는 X_0, X_1, X_2의 확률밀도함수를 그려보세요. 또 X가 결국 어떤 분포인지를 읽어내세요. 누적분포함수의 정의로부터 튀는 부분은 위가 검은 원, 아래가 흰 원이 됩니다.

법칙 수렴에 관해 다음 사실이 알려져 있습니다.

- X_n이 X에 법칙 수렴하는 것은 '임의의 유계 연속 함수 g에 대해

  $$\mathrm{E}[g(X_n)] \to \mathrm{E}[g(X)] \qquad (n \to \infty)$$

  가 성립한다'는 조건과 동치[5]다.

- 확률 수렴하면 반드시 법칙 수렴한다.

또한, X_n이 X에 법칙 수렴한다고 해서 각각의 세계에서 $X_0(\omega)$, $X_1(\omega)$, $X_2(\omega)$, ... 이 $X(\omega)$에 반드시 가까워진다고 할 수는 없습니다. 확률변수가 아니라 확률분포의 이야기밖에 하지 않거든요.

○○수렴 간의 관계(무엇이 성립하면 무엇이 따라오는지)를 정리하면 다음과 같습니다.

```
  개수렴        ↘
                    확률 수렴   →   법칙 수렴
 2차 평균 수렴   ↗
```

C.2 특성함수

실숫값의 확률변수 X에 대해

$$\phi_X(t) \equiv \mathrm{E}[e^{\mathrm{i}tX}]$$

를 X의 **특성함수**라고 합니다.[6] X의 분포를 확률밀도함수로 나타내는 경우에 위의 식은

$$\phi_X(t) = \int_{-\infty}^{\infty} f_X(x) e^{\mathrm{i}tx}\, dx$$

입니다. 요컨대 확률밀도함수 f_X의 **푸리에 변환**입니다(부호 등의 관습적인 차이는 제외).

특성함수는 확률론에서 편리한 도구입니다. 얼핏 손대기 어려울 것 같은 문제가 특성함수를 사용하면 깔끔하게 풀리곤 합니다. 예를 들어 이 책의 내용 중에서 4.6.3절의 중심극한정리는 특성함수를 사용하면 더 스마트하게 쓸 수도 있었습니다. 여기서 특성함수의 유용한 성질을 정리해 보겠습니다.

---

5 함수 g가 유계라 함은 '$|g(x)| \leq a$가 반드시 성립하는 상수 a가 존재한다'는 뜻입니다. 요점을 말하면, 어느 유한 범위에 값이 자리잡고 있다는 것입니다.

6 ϕ는 그리스 문자 '파이'며, φ라고 쓰는 방법도 있습니다. 또 i는 허수 단위 $\sqrt{-1}$입니다. 허수의 정의는 부록 A.5.1절 '지수함수'를 참조하세요. 복소수 값의 확률변수는 실수부와 허수부의 2차원 벡터값의 확률변수처럼 다뤄주면 됩니다. 필요하다면 4.4.7절 '임의 영역의 확률·균등분포·변수 변환'을 참조하길 바랍니다. 다만 복소수는 대소가 정의되지 않아 분포를 $F_Z(w) = \mathrm{P}(Z \leq w)$와 같이 나타낼 수는 없습니다.

- X, Y가 독립일 때 $\phi_{X+Y}(t) = \phi_X(t)\phi_Y(t)$

- $X_1, \ldots, X_n$이 i.i.d.일 때 $\phi_{X_1 + \cdots + X_n}(t) = \big(\phi_{X_1}(t)\big)^n$

- $\phi_X(0) = 1$, $\phi'_X(0) = \mathrm{i}\, \mathrm{E}[X]$, $\phi''_X(0) = -\mathrm{E}[X^2]$ ('는 미분을 나타낸다.)

- (반전 공식) X의 분포가 확률밀도함수 $f_X(x)$로 표시되는 경우[7]

$$f_X(x) = \frac{1}{2\pi} \int_{-\infty}^{\infty} e^{-\mathrm{i}tx} \phi_X(t)\, dt$$

- 법칙 수렴 $\Leftrightarrow$ '특성함수가 각점 수렴'. 즉, $X_1, X_2, \ldots$ 이 X에 법칙 수렴하는 것은 모든 실수 t에서

$$\phi_{X_n}(t) \to \phi_X(t) \qquad (n \to \infty)$$

가 성립함과 동치입니다.

적어도 처음 세 가지 성질은 특성함수의 정의에서 딱 보일 것입니다. X, Y가 독립이면 $\mathrm{E}[e^{\mathrm{i}t(X+Y)}] = \mathrm{E}[e^{\mathrm{i}tX} e^{\mathrm{i}tY}]$의 우변은 $\mathrm{E}[e^{\mathrm{i}tX}]\, \mathrm{E}[e^{\mathrm{i}tY}]$와 같다는 식입니다.

특히 두 번째 성질과 약간의 계산 ($\mathrm{E}[e^{\mathrm{i}t(X/n)}] = \mathrm{E}[e^{\mathrm{i}(t/n)X}]$)에서

- $X_1, \ldots, X_n$ i.i.d.일 때, $\phi_{(X_1 + \cdots + X_n)/n}(t) = \big(\phi_{X_1}(t/n)\big)^n$

인 것을 아래 예제에서 사용합니다.

다변수판의 특성함수는

$$\phi_{X,Y}(s,t) \equiv \mathrm{E}[e^{\mathrm{i}(sX+tY)}]$$

처럼 정의됩니다. 다음 성질도 유용합니다.

- X, Y가 독립일 때 $\phi_{X,Y}(s,t) = \phi_X(s)\,\phi_Y(t)$다. 사실 반대도 성립한다(**Kac의 정리**).

예제 C.1

$X_1, \ldots, X_n$이 i.i.d.이고 확률밀도함수가 모두 그림 C–4와 같이 $f(x) = 1/\{\pi(1 + x^2)\}$이라고 합니다. $Z \equiv (X_1 + \cdots + X_n)/n$의 확률밀도함수를 구하세요(특성함수의 성질 및 $\int_{-\infty}^{\infty} \frac{e^{\mathrm{i}tx}}{1+x^2}\, dx = \pi e^{-|t|}$를 써도 좋습니다).

---

[7] 정확히는 단서가 필요하지만 생략합니다. 자세한 것은 참고문헌 [34]나 [13] 등을 참조하세요.

답

$\phi_{X_1}(t) = e^{-|t|}$에 의해 $\phi_Z(t) = \left(e^{-|t/n|}\right)^n = e^{n(-|t/n|)} = e^{-|t|}$입니다. 따라서 Z의 확률밀도함수도 원래 f와 같습니다.

이 분포는 **코시 분포**라고 하는데, 성질이 나쁜 분포로 유명합니다. 이 분포에는 기댓값이 존재하지 않습니다(3.3.4절). 위 결과는 코시 분포에 대해 큰 수의 법칙이 성립하지 않음을 보여줍니다(몇 개의 평균을 내도, 오차는 작아지지 않고 그대로입니다. 3.5.4절 '큰 수의 법칙에 관한 주의 사항'을 참조하세요).

❤ 그림 C-4 코시 분포의 확률밀도함수 $f(x)$

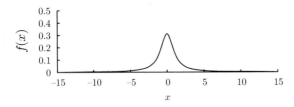

예제 C.2

확률분포 $P(W = 2^k) = P(W = -2^k) = 1/2^{k+1}$ $(k = 1, 2, 3, \dots)$에 대해 큰 수의 법칙이 성립하지 않음을 증명하세요.

답

$W_1, \dots, W_n$이 i.i.d.이고 W와 같은 분포를 따른다고 합시다. $\phi_{W_1}(t) = \sum_{k=1}^{\infty} 2^{-k} \cos(2^k t)$로부터 특성함수 $\phi_{W_1}(t)$는 실수며, 특히

$$\phi_{W_1}(2^{-m}\pi) = \sum_{k=1}^{m-1} 2^{-k} \cos(2^{-(m-k)}\pi) + (-2^{-m}) + \sum_{k=m+1}^{\infty} 2^{-k} = \sum_{k=1}^{m-1} 2^{-k} \cos(2^{-(m-k)}\pi)$$

가 됩니다($m = 2, 3, 4, \dots$). 그러므로 $0 \leq \phi_{W_1}(2^{-m}\pi) \leq \sum_{k=1}^{m-1} 2^{-k} = 1 - 2^{-(m-1)}$입니다. 그러면 $n = 2^m$이라고 했을 때 $0 \leq \phi_{(W_1 + \dots + W_n)/n}(\pi) \leq (1 - 2/n)^n \to e^{-2}$ $(n \to \infty)$입니다. 따라서 $(W_1 + \dots + W_n)/n$은 상수에는 법칙 수렴하지 않습니다(상수 c의 특성함수의 절댓값은 항상 $|\phi_c(t)| = |e^{ict}| = 1$이기 때문입니다). 이는 곧 확률 수렴도 하지 않는다는 의미입니다.

C.3 쿨백 라이블러 정보량과 대편차 원리

앞면과 뒷면이 확률 t와 $(1 - t)$로 나오는 비뚤어진 동전을 n번 던졌다고 가정합니다($0 < t < 1$). n회 중 앞면 비율은 물론 t에 딱 맞아떨어지지 않습니다. 마침 앞면이 많이 나올 수 있을 것이고, 적게 나올 수도 있을 것입니다. 거기서 '앞면의 비율이 마침 어떤 값 s가 될 확률'을 대충 추정해보면 맛깔나는 결과를 얻을 수 있습니다. 더불어 샘플 사이즈 n은 매우 크다고 가정하겠습니다. 6.2절의 첫머리에서 나왔듯이 검정으로 승부의 횟수를 늘릴 경우의 이야기라고 생각해도 좋습니다.

큰 수의 법칙(3.5절)을 되돌아보면 $n \to \infty$의 극한에서 앞면의 비율은 t에 수렴할 것입니다. 그러면 물론 수렴값 t와 어긋난 비율 s가 될 확률은 0에 수렴합니다. 그때 n이 늘어나면서 어떤 모습으로(어떤 속도로) 확률이 줄어들지가 여기서 관심사입니다. 중심극한정리(4.6.3절)와의 차이에 신경 쓰길 바랍니다. 중심극한정리는 지금 말하자면 t로부터 $c/\sqrt{n}$ 정도의 차이가 생길 확률을 평가한 것입니다(c는 임의의 상수). 이 이야기는 n에 상관없이 일정 폭의 차이가 생기는 확률이므로, 중심극한정리보다 더 큰 편차에 주목하고 있습니다.

C.1 **지금 하는 이야기는 중심극한정리로 계산할 수 없을까요?**

없습니다. i번째 동전 던지기의 결과를

$$X_i \equiv \begin{cases} 1 & (\text{앞이 나왔을 때}) \\ 0 & (\text{뒤가 나왔을 때}) \end{cases}$$

으로 나타내면 분명히 $X_1, \dots, X_n$은 i.i.d.이라 $W_n \equiv (X_1 + \cdots + X_n - nt)/\sqrt{n}$의 분포는 정규분포로 수렴합니다. 그러나 그 정확한 의미는 임의의 '고정된' c에 대해 다음과 같았습니다.

$$\mathrm{P}(W_n \leq c) \to \text{정규분포에 따라 성립} \qquad (n \to \infty) \tag{C.1}$$

한편 지금 이야기는 $(X_1 + \cdots + X_n)/n = s$가 될 확률에 대해서죠. 이를 W_n으로 바꾸면 '$W_n = (s - t)\sqrt{n}$이 될 확률'입니다. 우변이 n에 따라 움직이는 모양이기 때문에 이것이 어떻게 될지에 대해서는 식 (C.1)로부터 아무 말도 할 수 없습니다.

그런데 앞이 나오는 횟수는 이항분포 $\mathrm{Bn}(n, t)$를 따릅니다(3.2절).

$$\mathrm{P}(\text{앞면의 비율이 } s) = \mathrm{P}(\text{앞면이 } ns\text{회}) = {}_nC_{ns} t^{ns}(1 - t)^{n(1-s)}$$

$n \rightarrow \infty$일 때 위 식은 얼마나 빨리 0에 다가갈까요? 또한, 대략적으로 접근하는 차원에서 ns가 제대로 정수가 될지는 개의치 않고 대담하게 나가보겠습니다.

위 식은 곱셈과 제곱식이라 이대로 계산하기보다는 그 로그를 생각하는 편이 다루기 쉽습니다.

$$\log \mathrm{P}(\text{앞면의 비율이 } s) = \log {}_nC_{ns} + ns \log t + n(1 - s) \log(1 - t)$$

여기서 부록 B.1절 '스털링의 공식'을 사용하면 다음과 같습니다.

$$
\begin{aligned}
\log {}_nC_{ns} &= \log \frac{n!}{(ns)!(n - ns)!} \\
&= \log(n!) - \log((ns)!) - \log((n - ns)!) \\
&\approx \left(\log \sqrt{2\pi n} + n \log n - n \right) - \left(\log \sqrt{2\pi ns} + ns \log(ns) - ns \right) \\
&\quad - \left(\log \sqrt{2\pi n(1 - s)} + n(1 - s) \log(n(1 - s)) - n(1 - s) \right) \\
&= -n \left(s \log s + (1 - s) \log(1 - s) \right) + o(n)
\end{aligned}
$$

$o(n)$은 'n보다 훨씬 작은 항'을 가리킵니다.[8] 그러면 다음과 같습니다.

$$\log \mathrm{P}(\text{앞면의 비율이 } s) \approx -n \left(s \log \frac{s}{t} + (1 - s) \log \frac{1 - s}{1 - t} \right) + o(n) = -nD(p\|q) + o(n)$$

$$\text{단, } p(k) \equiv \begin{cases} s & (k = \text{앞}) \\ 1 - s & (k = \text{뒤}) \end{cases}, \quad q(k) \equiv \begin{cases} t & (k = \text{앞}) \\ 1 - t & (k = \text{뒤}) \end{cases}$$

부록 B.3절 '깁스의 부등식'에서 도입했던 쿨백 라이블러 정보량 $D(p\|q) \geq 0$이 이런 곳에 얼굴을 내밀었습니다.

지금 문제는 '진정한 분포가 q인데 우연히 p와 같은 샘플이 나오는 확률'입니다만, $D(p\|q)$를 써서 나타냈습니다. 사실 이 이야기는 좀 더 일반적인 상황으로도 확장되어 **대편차 원리**라고 부릅니다(정확한 설명은 참고문헌 [40] 등을 참조하길 바랍니다. 부록 B.5절 '체르노프 한계'와도 비교해보세요).

이것은 꽤 깊이 있는 결과입니다. 한마디로 말해 $D(p\|q)$는 분포 q와 p의 구분하기 쉬운 정도를 나타내고 있습니다. 예를 들어 다음과 같습니다.

- $t = 0.5$, $s = 0.6$일 때

$$D(p\|q) = 0.6 \log \frac{0.6}{0.5} + 0.4 \log \frac{0.4}{0.5} \approx 0.020$$

---

8 정확히는 $n \rightarrow \infty$일 때 (그 항)$/n \rightarrow 0$이 되는 항입니다.

- $t = 0.1$, $s = 0.2$일 때

$$D(p\|q) = 0.2\log\frac{0.2}{0.1} + 0.8\log\frac{0.8}{0.9} \approx 0.044$$

- $t = 0.9$, $s = 0.8$일 때

$$D(p\|q) = 0.8\log\frac{0.8}{0.9} + 0.2\log\frac{0.2}{0.1} \approx 0.044$$

더 극단적으로는 다음과 같습니다.

- $t \to 0$, $s = 0.1$일 때

$$D(p\|q) \to \infty$$

실제로 확률 0.1을 0.2와 구분하는 것은 확률 0.5와 0.6을 구분하는 것보다 간단합니다.[9] 이 때문에 통계학뿐만 아니라 정보이론이나 패턴 인식 등에서도 분포의 차이를 잰 양이라며 $D(p\|q)$가 활약합니다. 이런 뉘앙스 때문에 D를 '쿨백 라이블러 거리'라고 부르는 사람도 있습니다. 다만 일반적으로 $D(p\|q) \neq D(q\|p)$이므로 진짜 '거리'는 아닙니다.[10] 비대칭성에 눈을 감고서라도 D는 '거리 자체'보다 사실은 '거리의 제곱'에 상당하는 것으로 알려져 있습니다. 여기서는 생뚱맞은 그림 C-5만 아래에 실었습니다. 이 그림과 관련 이론이 마음에 걸린다면 **정보 기하**에 대해 알아보세요. 정보 기하에서는 확률통계를 휘어진 공간의 기하학(**미분 기하**)으로 해석합니다.

▼ 그림 C-5 **확장 피타고라스의 정리** $D(p\|q) + D(q\|r) = D(p\|r)$. 어떠할 때 이 등식이 성립하는지(휘어진 변이나 직각의 기호가 무엇을 나타내는지)는 이 책에서 설명하지 않는다.

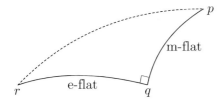

또한, D가 변수 변환으로 불변인 것도 짚고 넘어갑시다. 이산값에서는 당연하므로 연속값의 경우에 대해 알아봅시다. 확률변수 X, Y의 확률밀도함수가 $f_X(u) = q(u)$, $f_Y(u) = p(u)$라면

---

9 딱 와닿지 않으면 더 극단적으로 확률 0을 0.1과 구분한다고 생각해보세요. 동전을 몇 번 던져서 한 번이라도 앞이 나오면 자신감을 가지고 '확률 0이 아닌 것 같다'고 판단할 수 있습니다. 그러나 확률 0.5를 0.6과 구별하려고 하면 아무리 많은 동전을 던져도 장담하기는 어렵습니다. '우연히 그렇게 치우칠 확률'도 0이 아니기 때문이죠. 이런 의미에서 '0과 0.1'은 '0.5와 0.6'보다 무한히 구분이 용이합니다.

10 지금 문맥에서 보면 이 비대칭성은 오히려 자연스러운 것입니다. '앞면의 확률이 0.1인 동전을 열 번 던져 앞면의 비율이 우연히 0이 될 확률(= 0.9^{10})'과 '앞면의 확률이 0인 동전을 열 번 던져 앞면의 비율이 우연히 0.1이 될 확률(= 0)'은 다르죠.

$$D(p\|q) = \mathrm{E}\left[\log \frac{p(Y)}{q(Y)}\right]$$

였습니다. 어떤 함수 g를 가져와서 $\tilde{X} = g(X)$, $\tilde{Y} = g(Y)$로 (일대일) 변환했을 때, 각각의 확률밀도함수를 $f_{\tilde{X}}(\tilde{u}) = \tilde{q}(\tilde{u})$, $f_{\tilde{Y}}(\tilde{u}) = \tilde{p}(\tilde{u})$로 둡니다. 그러면 $\tilde{u} = g(u)$에 대해 $\tilde{p}(\tilde{u})/\tilde{q}(\tilde{u}) = p(u)/q(u)$이므로 다음과 같습니다.

$$\mathrm{E}\left[\log \frac{p(Y)}{q(Y)}\right] = \mathrm{E}\left[\log \frac{\tilde{p}(\tilde{Y})}{\tilde{q}(\tilde{Y})}\right]$$

(같은 것의 기댓값이므로 같습니다). 따라서 확실히 $D(p\|q) = D(\tilde{p}\|\tilde{q})$라 할 수 있습니다. 이는 D가 뭔가 본질적 의미를 지닌 양임을 보여주는 결과입니다.[11]

C.2 정보이론이나 패턴 인식에서 활약한 예로는 무엇이 있나요?

패턴 인식은 이 책에서 언급하지 않으므로 참고문헌 [39] 등을 참조해주세요. 이 책에서는 정보이론 쪽으로 답하겠습니다.

8.3.3절 '정보원 부호화'에서는 이야기하지 못했지만 다음과 같은 문제에도 $D(p\|q)$가 나타납니다. 대상 문자열의 분포가 사실은 p인데, 잘못해서 '분포 q용으로 최적인 부호화'에 적합했다면 얼마나 성능(부호 길이의 기댓값)이 악화될까?

또 그림 8-26의 상호 정보량 $\mathrm{I}[X; Y]$도 다음과 같이 D로 나타낼 수 있습니다. X, Y의 결합분포를 $\mathrm{P}(X = x, Y = y) \equiv r(x, y)$, 주변분포를 $\mathrm{P}(X = x) \equiv p_1(x)$, $\mathrm{P}(Y = y) \equiv p_2(y)$로 하고 $q(x, y) \equiv p_1(x) p_2(y)$라 하면 다음과 같습니다.

$$\begin{aligned}
D(r\|q) &= \sum_x \sum_y r(x,y) \log \frac{r(x,y)}{p_1(x)p_2(y)} \\
&= \sum_x \sum_y r(x,y) \log r(x,y) - \sum_x \sum_y r(x,y)\big(\log p_1(x) + \log p_2(y)\big) \\
&= \mathrm{E}[\log r(X,Y)] - \mathrm{E}[\log p_1(X)] - \mathrm{E}[\log p_2(Y)] \\
&= -H(X,Y) + H(X) + H(Y) = \mathrm{I}[X;Y] \qquad \cdots\cdots \text{ 그림 8-26}
\end{aligned}$$

즉, 상호 정보량은 독립적인 분포와 얼마나 다른지를 D로 재고 있다고 해석됩니다. 이 사실로부터 다음을 바로 알 수 있습니다.

---

11 확률 이외의 분야에서는 함수 p, q의 차이를 재는 $\int_{-\infty}^{\infty} |p(u) - q(u)|^2 \, du$라는 제곱 오차를 사용하곤 합니다. 하지만 이 측정 방법을 이용하면 본문과 같은 '변수 변환에 대한 불변성'은 성립하지 않습니다.

- $I[X;Y] \geq 0$
- $I[X;Y] = 0$은 'X, Y가 독립'과 동치

또는 $r(y|x) \equiv r(x,\, y)/p_1\,(x)$라 하면

$$I[X;Y] = \sum_x p_1(x) \left(\sum_y r(y|x) \log \frac{r(y|x)}{p_2(y)} \right)$$

처럼 변신하는 것도 흥미롭습니다. 이 식을 각자 해석해보세요.

[1] William Feller : An Introduction to Probability Theory and Its Applications Vol. 1, 2, John Wiley and Sons Ltd, 1960 ~ 1970.

[2] 竹内啓 : 数理統計学, 東洋経済新報社, 1963.

[3] Darrell Huff : How to Lie with Statistics, W. W. Norton & Company, 1993.

[4] 伊理正夫, 韓太舜 : ベクトルとテンソル第Ⅰ部ベクトル解析, シリーズ新しい応用の数学 1-Ⅰ, 教育出版, 1973.

[5] 伊理正夫, 韓太舜 : ベクトルとテンソル第Ⅱ部テンソル解析入門, シリーズ新しい応用の数学 1-Ⅱ, 教育出版, 1973.

[6] 小倉久直 : 物理·工学のための確率過程論, コロナ社, 1978.

[7] 杉浦光夫 : 解析入門 (1), 東大出版, 1980.

[8] 伊理正夫, 藤野和建 : 数値計算の常識, 共立出版, 1985.

[9] 小倉久直 : 続物理·工学のための確率過程論, コロナ社, 1985.

[10] 高橋武則 : 統計的推測の基礎, 文化出版局, 1986.

[11] 伏見正則 : 乱数, UP 応用数学選書 12, 東京大学出版会, 1989.

[12] 竹内啓(編) : 統計学辞典, 東洋経済新報社, 1989.

[13] 伊藤清 : 確率論, 岩波基礎数学選書, 岩波書店, 1991.

[14] 竹村彰通 : 現代数理統計学, 創文社, 1991.

[15] 楠岡成雄 : 確率と確率過程, 岩波講座 応用数学[基礎 13], 岩波書店, 1993.

[16] José M. Bernardo and Adrian F. M. Smith: Bayesian theory, Wiley series in probability and mathematical statistics, John Wiley & Sons, Ltd., 1993.

[17] 韓太舜·小林欣吾 : 情報と符号化の数理, 岩波講座 応用数学[対象 11], 岩波書店, 1994.

[18] 渡辺治 : 「一方向関数の基礎理論」, 離散構造とアルゴリズム Ⅲ(室田一雄 編), 近代科学社, pp.77~114, 1994.

[19] 伏見正則 : 確率的方法とシミュレーション, 岩波講座 応用数学[方法 10], 岩波書店, 1994.

[20] 岡田章 : ゲーム理論, 有斐閣, 1996.

[21] 野矢茂樹：無限論の教室, 講談社, 1998.

[22] 池口徹, 他：カオス時系列解析の基礎と応用, 産業図書, 2000.

[23] 甘利俊一, 他：多変量解析の展開 ——— 隠れた構造と因果を推理する(統計科学のフロンティア5), 岩波書店, 2002.

[24] 汪金芳, 他：計算統計 I ——— 確率計算の新しい手法(統計科学のフロンティア 11), 岩波書店, 2003.

[25] 金谷健一：これなら分かる応用数学教室 ——— 最小二乗法からウェーブレットまで, 共立出版, 2003.

[26] David MacKay: Information Theory, Inference and Learning Algorithms, Cambridge University Press, 2003.

[27] Kevin S. Van Horn: "Constructing a logic of plausible inference: a guide to Cox's theorem", International Journal of Approximate Reasoning, 34-1, pp. 3-24, 2003.

[28] 杉田洋：「複雑な関数の数値積分とランダムサンプリング」, 数学, 第 56 巻, 第 1 号, pp.1-17, 2004.

[29] 宮川雅巳：統計的因果推論 ——— 回帰分析の新しい枠組み(シリーズ·予測と発見の科学), 朝倉書店, 2004.

[30] Donald E. Knuth: The Art of Computer Programming (2), Addison-Wesley Professional, 1997.

[31] 高橋信：マンガでわかる統計学, オーム社, 2004.

[32] 平岡和幸, 堀玄：プログラミングのための線形代数, オーム社, 2004.

[33] 竹内啓, 他：モデル選択 ——— 予測·検定·推定の交差点(統計科学のフロンティア 3), 岩波書店, 2004.

[34] Gunnar Blom, Lars Holst, Dennis Sandell : Problems and Snapshots from the World of Probability, Springer, 2005.

[35] 小谷眞一：測度と確率, 岩波書店, 2005.

[36] 渡辺澄夫, 村田昇：確率と統計 ——— 情報学への架橋, コロナ社, 2005.

[37] 伊庭幸人, 他：計算統計 II ——— マルコフ連鎖モンテカルロ法とその周辺(統計科学のフロンティア 12), 岩波書店, 2005.

[38] 石谷茂：∀ と ∃ に泣く ——— 数学の盲点とその解明, 新装版, 現代数学社, 2006.

[39] Christopher M. Bishop：Pattern Recognition and Machine Learning, Springer, 2007-2008.

[40] 千代延大造：「大偏差原理と数理物理学」, 数理科学, No. 546, pp.40-46, 2008.

[41] 結城浩：新版 暗号技術入門 ——— 秘密の国のアリス, ソフトバンク クリエイティブ 株式会社, 2008.

[42] Avram Joel Spolsky: More Joel on Software, Apress, 2008.